21·世·纪·经·济·学·系·列·教·材

经济学基础

（第二版）

名誉主编　高鸿业

本书编写组　刘文忻（北京大学）

冯金华（上海财经大学）

尹伯成（复旦大学）

吴汉洪（中国人民大学）

中国人民大学出版社

·北京·

21世纪经济学系列教材

总　序

改革开放以来，经济社会的发展对中国经济学教育、教学产生了重要的影响，提出了新的要求。为了使经济学教育、教学根植于我国改革开放和现代化建设的肥沃土壤，服务于时代和实践的需求，中国人民大学出版社从本世纪初就开始组织国内知名经济学者编写适应新时期经济学教学的“21世纪经济学系列教材”。

十多年来，21世纪经济学系列教材已经逐步推出了许多适合中国特点的经济学教科书，影响了一批又一批的青年学子。这其中，我国经济学界杰出教育家、西方经济学学科主要奠基人之一高鸿业先生主编的《西方经济学》，已成为我国高校经济学专业的权威性教材，读者早已超过千万！中国马克思主义政治经济学的奠基人宋涛先生的《政治经济学》，对马克思主义政治经济学在中国的传播、普及和发展发挥了重要作用。该系列已经出版的其他教材，如孙久文教授的《区域经济学》、彭刚教授的《发展经济学》、王则柯教授的《博弈论教程》、黄卫平教授的《国际经济学》等等，都产生了广泛的影响，为中国的经济学教育作出了贡献。

近几年来，中国的经济学教育、教学面临新的形势，取得了长足的进步：一是我国经济学界教育思想、教育观念已经发生了重大转变，更加重视素质教育；二是教学内容有了重大改革，在学科专业调整建设、课程体系、教学内容改革方面取得了进展；三是教育、教学方法有了重大进步，更加重视理论联系实际，实验、实践、案例教学逐步加强，现代化教学手段被广泛应用。

有鉴于此，为了应对新的形势与变化，中国人民大学出版社在认真调查研究高等学校经济学专业本科培养方案和课程教学大纲的基础上，组织专家学者，经过反复研究论证、合理定位、精心写作、吐故纳新，进一步整合优化了“21世纪经济学系列教材”。这套教材将涵盖经济学专业所有的基础课、主干课、核心课，使学生通过《政治经济学》、《微观经济学》、《宏观经济学》等基础理论教材的学习，掌握经济学的基础理论，培养厚实的经济学理论功底；通过《产业经济学》、《区域经济学》、《国际经济学》等应用类主干课程教材的学习，掌握现实经济部门的运行和发展；通过《经济学说史》、《经济思想史》、《世界经济史》等经济史学类教材的学习，理解经济学的发展和演变规律；通过《计量经济学》、《统计学》等经济学方法类教材的学习，掌握经济学的思考方法和具体的研究方法；通过《博弈论》、《行为经济学》等专业教材的学习，了解经济学理论的前沿进展；通过《西方经济学典型题题解》、《政治经济学学习与教学手册》等基础课程的配套教辅书，牢固掌握所学经济学理论。

这套教材的编写特色主要体现在以下几个方面：

第一，作者阵容强大，教学经验丰富。作者大都是来自中国人民大学、北京大学、清华大学、南开大学、复旦大学、浙江大学、武汉大学等国内重点大学的学科带头人，有很高的科研水平和丰富的教学经验。

第二，在教材编写和内容安排上，强调基础知识、基本理论、基本技能。同时充分吸收国内外优秀教材的优点，定位明确，体系科学，概念准确，深入浅出。

第三，融合本学科现有的研究成果，反映本学科研究的最新进展，反映中国改革开放和现代化建设实践中的新成果，反映当今世界发生的深刻变革对经济学理论和实践产生的影响。

第四，教材重视加入现实经济生活中的案例、新闻素材等内容，使教材的可读性更强，更能够与当前中国经济现实结合起来，使学生能够学以致用。

中国人民大学出版社希望通过这套教材的出版，与广大教师、学生一起研究和探讨，进一步提高中国经济学教材的编写水平，提高经济学教学质量，为经济学的发展，为培养具有创新能力与实践能力、具有国际视野又了解中国国情的高层次经济学人才作出新的贡献。

前言

多年以来，由我国著名经济学家高鸿业教授主编的《西方经济学》教材，由于其内容深浅适中、理论体系完整、论述比较清晰等诸多优点而在国内各高等院校广泛使用，影响较大，该教材至今已经出版到第六版。然而，对于某些高校的学生来说，受“西方经济学”课程教学时数的限制，上述教材的篇幅和涉及的内容似乎显得过多。

有鉴于此，为了适应有关院校相关专业的教学需要，我们在上述《西方经济学》教材基础上编写了这本《经济学基础》，本书在一定程度上可以看作上述《西方经济学》教材的“简写版”。虽然高鸿业教授已经去世了，但高教授生前曾与本书编写者商讨过编写西方经济学“简写版”的事项。从这一点上说，本书的编写和出版也是本书编写者对高鸿业教授的一种怀念。

为了更好地服务于高等院校较少课时“西方经济学”课程的教学需要，我们在编写这本《经济学基础》时力求做到：第一，既涵盖现代西方经济学的基本原理，又尽量突出重点，让读者能以尽可能少的时间与精力理解和把握原理；第二，以文字表述为主，尽量深入浅出，通俗易懂；第三，删去一些章节和所有章后“结束语”，以减少篇幅，简明扼要；第四，每一章仍旧设立一些重要的复习思考题，以便于读者复习消化。

本教材可供高等院校相关专业“西方经济学”课程一学期使用，同时也可以供高职高专院校相关课程教学使用。

限于我们的水平，本书差误在所难免，敬请读者批评指正。

本书编写组

目　录

专栏目录

第一章

引　论

这本教材的学习对象是西方经济学，因此，有必要对什么是西方经济学等问题先加以说明。

第一节　什么是西方经济学

一、西方经济学泛指的几类内容

西方经济学是一个内容相当广泛而松散的名词，迄今在世界上尚不存在一个众所同意的定义，但其一般说来含有下列三种类别的内容。

第一，企事业的经营管理方法和经验，如行情研究、存货管理、产品质量控制、车间生产流程布局等。

第二，对一个经济部门或经济领域或经济问题的集中研究成果，如资源经济学、商业经济学、农业经济学、石油经济学，以及对税收、财政、通货膨胀问题的论述等。

第三，对经济理论的研究和考察，如微观经济学、宏观经济学、数理经济学、动态经济学、福利经济学、经济思想史等。这一方面的主要内容为经济理论以及根据经济理论而制定的经济政策和有关问题的解决途径。例如，宏观经济学企图建立理论或模型，以便说明社会经济中的各个总量之间的关系，从而为宏观经济政策奠定理论基础。

很显然，和上述第一种、第二种类别相比，第三种在理论上具有更大的比重，纯粹技术的成分则相对小一些，仅限于一些分析的概念和方法以及某些具体的论点，而抽象成分则较多。

上述三种类别不但没有明确的界限，而且缺乏统一的划分标准，它不过是一种粗略的区别方式。然而，从这种概括的划分方式中，我们可以看到：按照第一种、第二种和第三种的顺序，纯技术的内容越来越少，而经济理论的成分则越来越多。本书所涉及的西方经济学系就第三种类别而言，也就是说，我们在这里所论述的主要是现代西方经济学偏重于理论的部分。即使就这种类别而言，内容仍然相当广泛，因为西方经济学中存在着许多不同的派别。其中一些派别居于统治地位，其他一些派别则处于次要和受冷遇的状态。本书的内容主要包括居于统治地位的流行说法。它构成西方院校所讲授的经济学概论课程的基本内容，一般也被认为是西方经济学最基本和最重要的部分。

二、西方经济学的研究对象

这样理解的西方理论经济学的研究对象，通常认为是经济资源的配置和利用，原因是人类一切经济活动都是为了满足他们的欲望以及由这些欲望引起的对各种物品和服务的需求。人的欲望和需求是无穷无尽的，而满足这些需要的经济资源（包括它们生产的产品）在一定时期内总是有限的，这就是稀缺性。由于资源相对需求而言的稀缺性，便产生了如何利用稀缺资源去生产“经济物品”（人类必须用代价才能得到的物品）来更好满足人类需要的所谓选择问题。选择所要解决的问题包括：（1）生产什么（what）以及多少？（2）如何（how）生产？（3）为谁（for whom）生产？（4）何时（when）生产？

从经济资源稀缺性事实出发解决人类经济生活的上述四个基本问题，实际上就是要解决资源的合理配置和充分利用问题。资源配置和利用方式就是所谓的经济体制问题。迄今为止，人类经济体制大体上经历了以下四种类型：一是自给自足经济，即每个家庭或者村落生产它们所需要的大部分物品，经济效率十分低下。二是计划经济，即生产资料归由政府代表的国家所有，政府用行政计划来解决生产什么、生产多少、如何生产以及为谁生产等问题。事实证明，这种经济体制的效率也很低下，由此产生了社会主义国家的经济体制改革问题。三是市场经济，其基本特征是产权明晰，经济决策高度分散，资源配置和利用由市场价格机制解决。事实表明，这种机制虽然效率较高，但市场在配置和利用资源的一些领域和时期也会失灵，需要政府出来发挥作用。这就有了第四类经济体制，即混合经济，其基本特征是经济的私人所有和国家所有相结合，自由竞争和国家干预相结合。目前世界上大多数国家都采用这种经济体制。

以解决资源配置和利用为对象来划分，现代西方经济理论总体上又分为微观经济学和宏观经济学两大部分。微观经济学以单个经济单位（家庭、企业和单个产品市场）为考察对象，运用个量分析方法，研究单个经济单位的经济行为以及相应的经济变量如何决定，分析的是资源配置问题。由于资源配置在市场经济中是通过价格机制决定的，故微观经济理论又称为价格理论。宏观经济学以整个国民经济活动作为考察对象，运用总量分析方法，研究社会总体经济问题以及相应的经济变量如何决定，研究这些经济变量的相互关系。这些变量中的关键变量是国民收入，因此宏观经济学又称国民收入决定理论。宏观经济学研究国民收入决定和波动，实际就是研究资源利用问题以及用什么政策改善资源的利用。

微观经济学以研究资源配置为目标时假定资源利用不成问题；相反，宏观经济学以研究资源利用为目标时假定资源配置不成问题。由于分析问题角度不同，故一些问题从微观角度看可行或者有效，但是从宏观角度看就不行或者无效，这一点本书后面会讲到。还有一点要注意，即微观经济学和宏观经济学不是仅从名称上就可以区分的。例如，价格、产出、消费、投资、供给、需求等名称在微观、宏观经济学中都出现，但含义不一样。例如，价格这个词在微观经济学中指一个个商品的价格，而在宏观经济学中指物价总水平。前者是个量概念，后者是总量概念。

第二节　现代西方经济学的由来和演变

西方经济学在我国通常称作资产阶级经济学。它是伴随着资本主义生产方式的产生、发展而逐渐演变过来的。在资本主义兴起时期，资产阶级的主要任务是反封建，因此，那时资产阶级经济学家的主要任务是论证资本主义制度为什么比封建制度优越，经济为什么必须自由发展。这一阶段的资产阶级经济学就是资产阶级古典经济学。直到 18 世纪末，古典学派仍然居于主要地位。1830 年以后，资产阶级经济学从古典学派的阶段走上了庸俗经济学的道路。马克思指出：在当时，“资产阶级在法国和英国夺得了政权。从那时起，阶级斗争在实践方面和理论方面采取了日益鲜明的和带有威胁性的形式。它敲响了科学的资产阶级经济学的丧钟。现在问题不再是这个或那个原理是否正确，而是它对资本有利还是有害，方便还是不方便，违背警章还是不违背警章。”① 马克思所指的庸俗经济学在 19 世纪 60 年代前，其主要任务在于反对当时的空想社会主义。

19 世纪 70 年代起，西方经济学经历了一次以边际效用学派的兴起为代表的重大变动。那时，杰文斯在英国、门格尔在奥地利、瓦尔拉斯在瑞士，顺次建立了英国学派、奥地利学派和洛桑学派。这三个派别的学说并不完全一致，但是，它们具有一个重要的共同点，即放弃了斯密和李嘉图的劳动价值论，提出边际效用价值论来与马克思的劳动价值论相对立。

到了 1890 年，英国剑桥大学教授马歇尔把三个派别的边际效用论和当时资产阶级经济学的一些其他说法，如供求论、节欲论、生产费用论等综合在一起，构成了一个折中的理论体系。以马歇尔的理论体系为基础，再加上瓦尔拉斯、庇古、克拉克、威克斯迪特等人提出的新论点，形成了以马歇尔和瓦尔拉斯为代表的西方经济学且广泛流行于西方世界。这套理论企图把资本主义说成是一个理想的社会。在这种宣扬资本主义的理论之下，自由放任、国家不干预经济生活的政策总被解释为最好的政策。这种思想随着资本主义的发展而有所削弱，但是直到 20 世纪 30 年代，它仍然具有很大的影响。

在 20 世纪 30 年代，由于历史条件的变迁，传统的西方经济学先后经历了几次比较重大的修改和补充。

第一次修改和补充涉及垄断问题。西方经济学者张伯伦和罗宾逊提出了垄断竞争理论。

第二次修改和补充出现于 1936 年。凯恩斯于 1936 年出版了《就业、利息和货币通论》（一般被简称为《通论》）。② 在这本书里，凯恩斯宣称：资本主义的自发作用不能保证资源的使用达到充分就业的水平，因此，资本主义国家必须干预经济生活以便解决失业

---

① 马克思：《资本论》，2 版，第 1 卷，17 页，北京，人民出版社，2004。

② 凯恩斯：《就业、利息和货币通论》，伦敦，麦克米伦公司，1936。

和经济的周期性波动的问题。

第二次世界大战以后，以萨缪尔森为首的一些西方经济学者逐渐建立了新古典综合派的理论体系。它宣称：微观经济学和宏观经济学这两种理论是相辅相成的，可以被纳入同一体系之中，而传统的自由放任和凯恩斯的国家干预的主张不过是代表同一理论体系所涉及的两种不同的情况。与此同时，该学派还把现代资本主义说成是“混合经济”，由“私营”和“公营”两个部分组成，前者的不足之处可以由后者加以弥补。前者的作用系由微观经济学所分析，后者的必要性则由宏观经济学所论证。这样，新古典综合派不但企图弥补西方经济理论体系内部的漏洞，而且企图通过理论体系的一致性来维护资本主义是理想社会的说法。

新古典综合派的理论体系在第二次世界大战以后一直居于正统地位，并且在西方经济学界享有威信。这种状况大致在20世纪60年代中期以后由于历史条件的变迁而有所改变。改变之处在于下列四点：

首先，进入20世纪70年代以后，西方世界出现的滞胀，即失业与通货膨胀的并存，给新古典综合派的宏观经济学部分以很大的打击。按照该派宏观部分的理论，当经济活动处于充分就业状态时，通货膨胀率应该为零。如果经济活动小于充分就业，那么，不但不存在通货膨胀，而且价格水平会下降。只有当经济活动大于充分就业时，才会出现通货膨胀的现象。这就是说，该学派的理论表明，失业（经济活动小于充分就业）和通货膨胀是不可能共存的。这一结论显然违背存在于西方的滞胀的事实。

理论的困难和政策的无能严重地动摇了新古典综合派的宏观理论的正确性。许多西方经济学中的其他派别纷纷对该学派进行抨击和责难，企图以自己的理论在整体或部分上取代新古典综合派，并且按照自己的理论提出政策建议。① 参与抨击和责难的各个派别包括货币主义、供给学派、新剑桥学派、新奥地利学派、新制度学派和理性预期学派，其中在政策实践上影响较大的有货币主义和理性预期学派。

其次，对新古典综合派所含有的原有的微观经济学部分，一部分西方学者对它的基本假设前提提出了质疑，并且根据质疑提出了新的见解。在某些情况下，这种新见解甚至逐渐形成了新的经济学分支学科，例如信息经济学。

再次，一些西方学者也分别从不同的角度和领域来研究经济现象。这些研究成果有：人文经济学、演化经济学、国际政治经济学等等。它们顺次从人类学、社会学、国际政治学等角度或领域来解释经济现象，从而给原有的新古典综合派的学说增添了新的内容。

最后，西方学者使用了更多的研究方法。除了使用比以往更为复杂和高深的数学和计量经济学的方法以外，他们还试图设计出一套目标和操作程序来对实际的人的经济行为进行试验，以便找出实际的人的经济行为。此外，他们也运用计算机来模拟不同条件下人类的经济行为，企图探索这种行为所导致的结果。

目前，宏观和微观经济学的综合已经成为西方学者的共识，从而综合的字样便失去了它存在的意义。很可能由于这一原因，以萨缪尔森为代表的新古典综合派已经放弃了“新

① 在西方经济学中，“学派”这一名词可以指较严格意义上的不同派别，也可以指较为松散意义上的派别。本书所说的学派系就后者的意义而言，它的含义仅仅指具有某些共同学术思想的人们。因此，不同学派之间的共同之处可以远多于它们之间的分歧。

古典综合”的名称，把自己称为现代经济学或现代主流经济学。① 他们以现代经济学或现代主流经济学的名义，尽量吸收和容纳其他派别的论点，特别是货币主义和理性预期的说法，采纳其中有用的论点，认为新的论点可以扩大经济学的解释能力。

第三节 正确对待西方经济学

一、西方经济学想要解决的两个问题

西方经济学作为西方社会上层建筑的一部分，必然要为西方资本主义经济基础服务。

第一，在意识形态上宣传资本主义经济制度的合理性、优越性和永恒性。西方经济学断定，由于资本主义经济制度是建立在私有财产制度基础上的，私有财产制度是唯一符合人的利己本性的制度，因而不仅是合理的，也是永恒的。至于资本主义经济制度的优越性，早在200多年以前西方经济学的鼻祖亚当·斯密就提出所谓“看不见的手”的原理，用以说明资本主义相对于封建制度的巨大优越性。在他以后的西方经济学家则纷纷致力于论证斯密提出的基本原理，努力构建一套合乎逻辑的理论体系来说明资本主义制度是“有效率”的，因此其具有不可替代性。

第二，作为资本主义经济制度的上层建筑，西方经济学也必须为这一制度所面临的经济问题提供政策建议。例如，当失业、经济萧条、通货膨胀、垄断、劳资对立、贫富悬殊等问题达到十分严重的程度时，西方经济学家就会提出各种各样的政策建议以及论证这些政策建议的种种理论。这里面包含了不少对西方市场经济运行的经验总结。

从上述西方经济学要解决的两个问题中可以看到西方经济学具有双重性质，它既是资本主义的意识形态，又是资本主义市场经济运行的经验总结。

二、对西方经济学应持有的正确态度

基于对上述西方经济学双重性质的认识，我们对西方经济学就应持有正确的态度。

第一，西方经济学既然具有资本主义意识形态属性，我们就应当在总体倾向上对它加以鉴别批评，识别西方经济学家的各种理论和说法的阶级利益意图。

第二，对西方经济学中关于现代市场经济运行的经验总结及反映社会化大生产规律与先进经营管理的方法，应当加以借鉴和吸收。我国社会主义经济制度和西方国家经济制度尽管有所区别，但都实行市场经济，都是社会化大生产，都需要市场对资源配置起决定性作用，都需要政府的政策调节，因此西方经济学中关于市场经济运行经验的总结和国家调控经济的那些政策建议都对我们有参考价值。

当然，西方经济学中哪些是属于和社会主义相对立的资本主义意识形态一面，哪些是属于对发展我们社会主义市场经济有用的经验总结和管理方法一面，西方经济学文献并不会直接标明，需要我们通过认真研究才能作出判断。为此我们就必须认真学习这些理论，弄清其精神实质。根本否定（或者总体否定）以及全盘照搬的方法和态度都是要不得的。

---

① 参见萨缪尔森，诺德豪斯，《经济学》，19版，纽约，麦格劳-希尔公司，2009。

三、要重视对西方经济学的学习和研究

我们之所以要重视学习和研究西方经济学，除了上面说到的由于我国也实行市场经济体制，因此西方经济学中那些关于市场经济运行经验的总结和国家调控经济的那些政策建议都对我们有参考价值以外，还有两点值得注意。

一是随着我国改革开放的不断深入，我国经济融入全球化的程度也日益加深，与西方世界的交往更加频繁，西方国家中论述经济情况的著作、文件、新闻报道中包含有大量西方经济学的术语、概念、理论，我们要了解和弄清它们，也需要学一点西方经济学。

二是西方经济学在不同程度上构成了现代经济学科课程的理论基础，如市场学、财政学、国际贸易、国际金融、货币银行学、公司金融、财务会计、证券分析等。这些课程学习的许多内容都离不开西方经济学的基础理论知识。这就是为什么涉及财经管理类的几乎所有专业都会把西方经济学作为一门基础课程的道理。

第四节　结 束 语

本章要点可归结如下：

（1）西方经济学是一个内容相当广泛而松散的名词。本书所涉及的西方经济学是指西方经济理论。

（2）西方经济学的研究对象，通常认为是经济资源的配置和利用。经济资源的配置和利用方式是所谓的经济体制问题。迄今为止，人类经济体制大体上经历了自给自足、计划经济、市场经济和混合经济四种类型。以经济资源的配置和利用的对象来划分，西方经济理论大体上可划分为微观经济学和宏观经济学两大部分。

（3）西方经济学从产生到现在经历了重商主义、古典经济学、庸俗经济学和庸俗经济学后这样几个阶段。

（4）西方经济学作为资本主义社会上层建筑的一部分，具有既是资本主义的意识形态，又是资本主义市场经济运行的经验总结的双重性质，因此，我们对西方经济学应持有的正确态度是：一方面在总体上对它要加以鉴别和批评，另一方面对西方经济学内容中关于市场经济运行经验的总结及国家政策调控的手段和经验教训要加以借鉴。

本章是全书的一个引论，主要是概括介绍一下西方经济学的研究对象、西方经济学的大体演变过程以及如何正确对待西方经济学等问题。这里值得我们注意的是关于介绍西方经济学的研究对象时所涉及的资源配置四种方式的内容，其中说到市场经济机制在资源配置中效率较高，我们在领会这一点时可结合我国改革开放的实际。我国的经济改革取向是社会主义市场经济化。应当认为我国经济改革不断深化实际上就是不断朝市场化道路逐步迈进。2013 年党的十八届三中全会提出的一个重大理论观点是，要使市场在资源配置中起决定性作用和更好发挥政府作用。正如习近平同志所说，市场经济本质上就是市场决定资源配置的经济。健全社会主义市场经济必须遵循这条规律，着力解决市场体系不完善、政府干预过多和监管不到位问题。作出“使市场在资源配置中起决定性作用”的定位，有利于在全党全社会树立关于政府和市场关系的正确观念，有利于转变经济发展方式，有利

于转变政府职能，有利于抑制消极腐败现象。[①] 这些重要论述使我们深刻认识到，改革开放以来，尽管我国经济朝市场化方向发展已取得了不小成绩，但市场与政府的关系还未能从根本定位上处理好：一方面应该由市场解决的问题却让政府过多干预，严重束缚了企业的手脚，这就是政府的“越位”；另一方面应该由政府管的事，政府却不作为，这就是政府的“缺位”。政府的“越位”，对市场经济主体活动干预过多，权力过大，引发了消极腐败、产能过剩、行政垄断等一系列问题；政府作用的“缺位”，对市场公平竞争的忽视、对环境污染等外部性的漠视、对贫富悬殊放任不管等等，都阻碍了经济发展方式的转变和经济的进一步发展。可见，只有真正认识“使市场在资源配置中起决定性作用”的定位，才能夺取我国经济改革的更大红利，实现中华民族伟大复兴的“中国梦”。

复习与思考

1. 西方经济学的研究对象是什么？

2. 人类历史上的资源配置方式有哪几类？哪一类的经济效率较高？

3. 为什么西方微观经济学又称为价格理论，西方宏观经济学又称为国民收入决定理论？

4. 略述西方经济学的双重性质。你认为应当怎样正确对待西方经济学？

5. 你能举出一些正确借鉴西方经济学取得成果的例子和误解或误用它造成损害的例子吗？

---

① 参见习近平：《关于〈中共中央关于全面深化改革若干重大问题的决定〉的说明》。

第二章

需求、供给和均衡价格

学习微观经济学，有必要首先了解微观经济学的研究对象、基本假设条件和理论体系的框架，这便是本章第一节的主要内容。该节将介绍微观经济学的特点，使读者能够在掌握微观经济学的研究对象和基本假设条件的基础上，对微观经济学理论体系的框架以及据此所安排的微观经济学各章之间的相互关系有一个大致的了解。

微观经济学通过对个体经济单位的经济行为的研究，说明现代西方经济社会市场机制的运行和作用，以及改善这种运行的途径。价格分析是微观经济学分析的核心，微观经济学也被称为价格理论。在微观经济学中，任何商品市场的价格都是由商品的需求和供给这两个因素共同决定的。正因为如此，对需求曲线和供给曲线的初步论述，通常被当作微观经济学分析的出发点。本章自第二节起将简要地考察需求曲线、供给曲线和均衡价格等基本概念。

第一节　微观经济学的特点

一、微观经济学的研究对象

微观经济学的具体研究对象是个体经济单位。个体经济单位指单个消费者、单个生产者和单个市场等。

微观经济学对个体经济单位的考察是在三个逐步深入的层次上进行的。第一个层次是分析单个消费者和单个生产者的经济行为。它分析单个消费者如何进行最优的消费决策以获得最大的效用，以及单个生产者如何进行最优的生产决策以获取最大的利润。第二个层次是分析单个市场的均衡价格的决定。这种单个市场均衡价格的决定是作为单个市场中所有消费者和所有生产者最优经济行为的相互作用的结果而出现的。第三个层次是分析所有单个市场均衡价格的同时决定。这种决定是作为所有单个市场相互作用的结果而出现的，或者说，是作为由经济社会中全部市场上的全部消费者和全部生产者的最优经济行为的相互作用的结果而出现的。

显然，微观经济分析所涉及的经济变量都是经济个量及其相互关系，也正是从这个意义上，它才被称为微观经济学或个量分析。

二、微观经济学的一个基本假设条件

微观经济理论的建立是以一定的假设条件作为前提的。在微观经济分析中，根据所研究的问题和所要建立的理论的不同需要，假设条件存在着差异。但是，在众多不同经济理论的各自假设条件中，有一个假设条件是所有的经济理论均具备的基本假设条件，这个微观经济学的基本假设条件就是“合乎理性的人”的假设条件。

“合乎理性的人”的假设条件也被简称为“理性人”或者“经济人”的假设条件。西方经济学家指出，所谓“理性人”或者“经济人”的假设是对在经济社会中从事经济活动的所有人的基本特征的一个一般性的抽象。这个被抽象出来的基本特征就是：每一个从事经济活动的人都是利己的。也可以说，每一个从事经济活动的人所采取的经济行为都是力图以自己的最小经济代价去获得自己的最大经济利益。西方经济学家认为，在任何经济活动中，只有这样的人才是“合乎理性的人”，否则，就是非理性的人。

三、对微观经济学的鸟瞰

在学习微观经济学之初，可以对它所涉及的领域作一鸟瞰，以便大致了解微观经济学理论体系的框架。下面用图 2—1 加以说明。

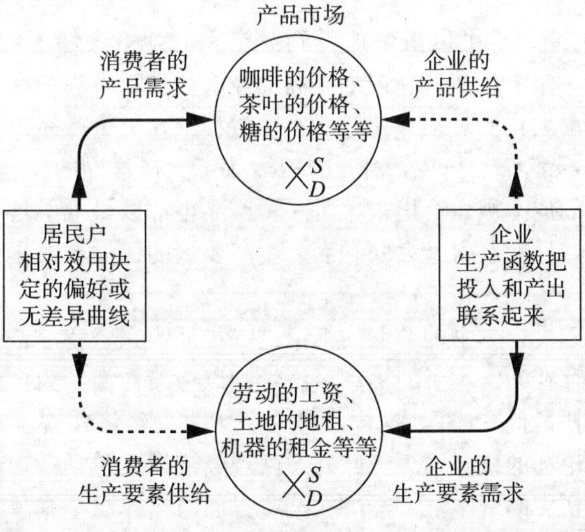

图 2—1　产品市场和生产要素市场的循环流动图

首先要指出的是，在该图中出现的一些专门术语和基本原理，在本书后面的有关内容中都会得到详细的说明。在此，初学者只需要对该图的内容有一个大致的了解，从而对微观经济学的理论体系掌握一个粗略的轮廓。

该图的左、右两个方框分别表示居民户和企业。居民户指的是消费者，企业指的是厂商。这里的每一个消费者和每一个厂商都具有双重身份：单个消费者和单个厂商分别以产品的需求者和产品的供给者的身份出现在产品市场上，又分别以生产要素的供给者和生产要素的需求者的身份出现在生产要素市场上。图的上方和下方分别表示产品市场和生产要素市场。消费者和厂商的经济活动通过产品市场和生产要素市场的供求关系的相互作用而联系起来。图中的需求关系都用实线表示，供给关系都用虚线表示。

从图中的居民户方面看，出于对自身经济利益的追求，消费者的经济行为首先表现为在生产要素市场上提供生产要素，如提供一定数量的劳动、土地等，以取得收入；然后，在产品市场上购买所需的商品，如一定数量的咖啡、茶叶等；最后，在消费中得到最大的效用满足。从图中的企业方面看，同样也是出于对自身经济利益的追求，厂商的经济行为首先表现为在生产要素市场上购买生产所需的生产要素，如雇用一定数量的工人，租用一定数量的土地等；然后，进入生产过程进行生产，生产出一定数量的产品，如咖啡、茶叶等；最后，通过商品的出售获得最大的利润。

在图的上半部，消费者对产品（如咖啡、茶叶）的需求和厂商对产品（如咖啡、茶叶）的供给相遇于产品市场，由此便决定了每一种产品（如咖啡、茶叶）市场的均衡价格和均衡数量。在完全竞争的产品市场的长期均衡条件下，厂商的超额利润为零，产品市场的均衡价格会降至长期平均成本的最低水平，也就是说，厂商是以最低的价格出售产品。在图的下半部，消费者对生产要素（如劳动、土地）的供给和厂商对生产要素（如劳动、土地）的引致需求相遇于生产要素市场，由此又决定了每一种生产要素（如劳动、土地）市场的均衡价格（如工资、地租）和均衡数量，并进一步决定厂商对生产要素供给者的报酬支付。

通过对图 2—1 的介绍，可以清楚地看到：在完全竞争条件下，无论是在产品市场，还是在生产要素市场，单个消费者和单个厂商的经济活动都表现为在市场机制的作用下各自追求自身经济利益最大化的过程。正是在这一过程中，每个产品市场和每个生产要素市场，进而所有的市场，都实现了供求相等的均衡状态。在这样的完全竞争的均衡状态中，每一种产品都以最低的成本被生产出来，每一种产品也都以最低的价格在市场上出售，消费者获得最大的满足，厂商获得最大的利润，生产要素的提供者根据各自对生产的贡献都得到了相应的报酬。

在以上内容的基础上，本书的一般均衡论进一步证明完全竞争条件下所有单个市场同时均衡的状态是可以存在的。本书的福利经济学则以一般均衡论为出发点，进而论述一般均衡状态符合“帕累托最优状态”。这样，整个资本主义经济实现了有效的资源配置。这就是微观经济学所要论证的核心思想。此外，微观经济学还包括微观经济政策分析。因为西方经济学家认为，现实的资本主义经济在某些方面与上述完全竞争经济的最优状态是有偏离的，这就需要执行一定的微观经济政策来加以矫正，以克服“市场失灵”，使得现实的经济尽可能有效运行。

按照上面介绍的微观经济理论体系的框架，本书微观部分的内容是这样安排的：作为微观经济理论分析的出发点，第二章首先简要介绍价格理论的两个基本概念——市场的需求和供给，以及由需求和供给所决定的市场均衡价格。第三章消费者选择介绍消费者行为理论，其内容涉及图 2—1 的左上方。第四章生产函数、第五章成本和第六章、第七章的市场论介绍生产者行为理论和市场理论，其内容涉及图 2—1 的右上方。以上六章所涉及的领域都是产品市场，也就是图 2—1 的上半部分。第八章转入对生产要素市场的分析。该章首先分别介绍了生产要素的需求者即生产者的经济行为和生产要素的供给者即消费者的经济行为，也就是图 2—1 的右下方和左下方，然后，介绍了生产要素市场由供求所决定的均衡价格。第八章的生产要素市场理论亦称为分配理论，涉及的是图 2—1 的下半部分。此外，第九章介绍一般均衡论和福利经济学。第十章介绍市场失灵和微观经济政策。这两章涉及图 2—1 的整体。

第二节 需求曲线

在市场经济中，价格是经济活动参与者相互之间联系和传递经济信息的机制，并且，价格机制也使经济资源得到有效的配置。例如，当某种稀缺的昂贵原料被用来生产一种产品时，这种产品在市场上的价格必然表现得很高。于是，生产者就会节省对这种原料的使用，甚至会有积极性去寻找某种新技术，以减少或替代对这种原料的使用。而且，消费者也会因为产品的高价而自愿减少对产品的需求量。既然在市场经济中价格的作用如此重要，那么，市场价格是如何形成的呢?

我们在上一节对图 2—1 的分析中已经清楚地看到，消费者和厂商的经济行为的相互联系表现为产品市场和生产要素市场供求关系的相互作用，而正是这种供求关系的相互作用形成了市场的均衡价格。任何商品市场的价格都是由需求和供给两方面的因素共同决定的，因此，作为微观经济学分析的起点，从本节开始将介绍竞争性市场环境中的需求、供给和均衡价格决定模型。所谓竞争性市场有一个主要特征，即在这样的市场上有很多买者和很多卖者，因此，任何一个买者或卖者的行为都不可能对整个市场的价格产生影响。本节和下一节将介绍竞争性市场的需求与供给这两个基本概念，即竞争性市场条件下的需求曲线和供给曲线。

一、需求函数

一种商品的需求是指消费者在一定时期内在各种可能的价格水平愿意而且能够购买的该商品的数量。根据定义，如果消费者对某种商品只有购买的欲望而没有购买的能力，就不能算作需求。需求必须是指消费者既有购买欲望又有购买能力的有效需求。

一种商品的需求数量是由许多因素共同决定的，其中主要的因素有：该商品的价格、消费者的收入水平、相关商品的价格、消费者的偏好、消费者对该商品的价格预期，以及消费者的人数等。它们各自对商品的需求数量的影响如下：

关于商品的自身价格。一般说来，一种商品的价格越高，该商品的需求量就会越小；

相反，价格越低，需求量就会越大。

关于消费者的收入水平。对于大多数商品来说，当消费者的收入水平提高时，就会增加对商品的需求量；相反，当消费者的收入水平下降时，就会减少对商品的需求量。

关于相关商品的价格。当一种商品本身的价格保持不变，而与它相关的其他商品的价格发生变化时，这种商品本身的需求量也会发生变化。例如，在其他条件不变的前提下，当馒头的价格不变而花卷的价格上升时，人们往往就会增加对馒头的购买，从而使得馒头的需求量上升。

关于消费者的偏好。当消费者对某种商品的偏好程度增强时，该商品的需求量就会增加；相反，当偏好程度减弱时，需求量就会减少。

关于消费者对商品的价格预期。当消费者预期某种商品的价格在下一期会上升时，就会增加对该商品的现期需求量；当消费者预期某商品的价格在下一期会下降时，就会减少对该商品的现期需求量。

关于消费者人数的变化。一个商品市场上消费者人数的增减会直接影响该市场上需求数量的多少。

需求函数表示一种商品的需求数量和影响该需求数量的各种因素之间的相互关系。也就是说，在以上分析中，影响需求数量的各因素是自变量，需求数量是因变量。一种商品的需求数量是所有影响这种商品需求数量的因素的函数。但是，如果我们对影响一种商品需求量的所有因素同时进行分析，这就会使问题变得复杂起来。在处理这种复杂的多变量问题时，通常可以将问题简化，即一次把注意力集中在一个影响因素上，而同时假定其他影响因素保持不变。在这里，由于一种商品的价格是决定需求数量的最基本的因素，所以，我们假定其他因素保持不变，仅仅分析一种商品的价格对该商品需求数量的影响，即把一种商品的需求数量仅仅看成是这种商品的价格的函数，于是，需求函数就可以用下式表示：

$$Q^d = f(P) \tag{2.1}$$

式中，P 为商品的价格；Q^d 为商品的需求数量。

二、需求表和需求曲线

需求函数 $Q^d = f(P)$ 表示一种商品的需求数量和该商品的价格之间存在着一一对应的关系。这种函数关系可以分别用商品的需求表和需求曲线来加以表示。

商品的需求表是表示某种商品的各种价格水平和与各种价格水平相对应的该商品需求数量之间关系的数字序列表。表 2—1 是某商品的需求表。

从表 2—1 可以清楚地看到某商品的价格与需求量之间的函数关系。譬如，当商品价

表 2—1　　某商品的需求表

价格—需求量组合	A	B	C	D	E	F	G
价格（元）	1	2	3	4	5	6	7
需求量（单位数）	700	600	500	400	300	200	100

格为 1 元时，商品的需求量为 700 单位；当价格上升为 2 元时，需求量下降为 600 单位；当价格进一步上升为 3 元时，需求量下降为更少的 500 单位；如此等等。

商品的需求曲线是根据需求表中商品不同的价格—需求量组合在平面坐标图上所绘制的一条曲线。图 2—2 是根据表 2—1 绘制的一条需求曲线。

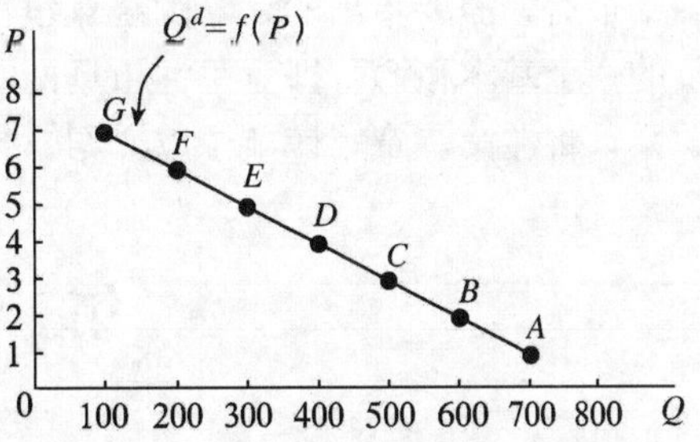

图 2—2　某商品的需求曲线

在图 2—2 中，横轴 OQ 表示商品的数量，纵轴 OP 表示商品的价格。应该指出的是，与数学上的习惯相反，在微观经济学分析需求曲线和供给曲线时，通常以纵轴表示自变量 P，以横轴表示因变量 Q。

图中的需求曲线是这样得到的：根据表 2—1 中每一个商品的价格—需求量组合，在平面坐标图中描绘相应的各点 A、B、C、D、E、F、G，然后顺次连接这些点，便得到需求曲线 $Q^d=f(P)$。它表示在不同价格水平下消费者愿意而且能够购买的商品数量。所以，需求曲线是以几何图形来表示商品的价格和需求量之间的函数关系的。

微观经济学在论述需求函数时，一般都假定商品的价格和相应的需求数量的变化具有无限分割性，即具有连续性。正是由于这一假定，在图 2—2 中才可以将商品的各个价格—需求量的组合点 A、B、C……连接起来，从而构成一条平滑的、连续的需求曲线。

图 2—2 中的需求曲线是一条直线，实际上，需求曲线可以是直线形的，也可以是曲线形的。在线性需求函数时，相应的需求曲线是一条直线，直线上各点的斜率是相等的。在非线性需求函数时，相应的需求曲线是一条曲线，曲线上各点的斜率是不相等的。在微观经济分析中，为了简化分析过程，在不影响结论的前提下，大多使用线性需求函数。线性需求函数的通常形式为：

$$Q^d - \alpha - \beta \cdot P \tag{2.2}$$

式中，α、β 为常数，且 α、$\beta>0$。① 该函数所对应的需求曲线为一条直线。

建立在需求函数基础上的需求表和需求曲线都反映了商品市场的价格变动和需求量变动二者之间的关系。从表 2—1 可见，商品的需求量随着商品价格的上升而减少。相应地，在图 2—2 中的**需求曲线具有一个明显的特征，它是向右下方倾斜的，即它的斜率为负值。它们都表示商品的需求量和价格之间成反方向变动的关系。**②

在此，我们只是利用需求曲线描述了关于商品的价格和需求量这两个变量之间相互关系的现象，之后，我们将在第三章消费者选择行为的分析中，推导和进一步理解需求曲线的含义。

---

① 在需求函数 $Q^d=\alpha-\beta \cdot P$ 中，α 表示需求曲线在横轴上的截距，即：当 $P=0$ 时，$Q^d=\alpha$。$-\beta$ 表示需求曲线相对于价格轴的斜率，即：$-\beta=\frac{\Delta Q^d}{\Delta P}$，或者 $-\beta=\lim\limits_{\Delta P \to 0}\frac{\Delta Q^d}{\Delta P}=\frac{\mathrm{d}Q^d}{\mathrm{d}P}$。

② 在大多数场合，商品的价格和需求量之间成反方向变动的关系。但是，在商品为吉芬品的特殊场合，商品的价格和需求量之间会成同方向变动的关系。关于吉芬品的需求曲线特征，读者可参见高鸿业主编：《西方经济学（微观部分·第六版）（专栏案例版）》第二章第五节，北京，中国人民大学出版社，2015。

最后，需要指出的是，围绕竞争性市场均衡价格决定模型，本节关注的是该模型所涉及的一个基本概念，即竞争性市场的需求。至于如何理解个体需求及其与市场需求之间的关系，将在第三章第四节予以介绍。

第三节 供给曲线

一、供给函数

一种商品的供给是指生产者在一定时期内在各种可能的价格下愿意而且能够提供出售的该种商品的数量。根据上述定义，如果生产者对某种商品只有提供出售的愿望，而没有提供出售的能力，则不能形成有效供给，也不能算作供给。

一种商品的供给数量取决于多种因素的影响，其中主要的因素有：该商品的价格、生产的成本、生产的技术水平、相关商品的价格、生产者对未来的预期，以及生产者的人数等。它们各自对商品的供给量的影响如下：

关于商品的自身价格。一般说来，一种商品的价格越高，生产者提供的产量就越大；相反，商品的价格越低，生产者提供的产量就越小。

关于生产的成本。在商品自身价格不变的条件下，生产成本上升会减少利润，从而使得商品的供给量减少；相反，生产成本下降会增加利润，从而使得商品的供给量增加。

关于生产的技术水平。在一般情况下，生产技术水平的提高可以降低生产成本，增加生产者的利润，生产者会提供更多的产量。

关于相关商品的价格。在一种商品的价格不变，而其他相关商品的价格发生变化时，该商品的供给量会发生变化。例如，对蔬菜大棚种植户们来说，在黄瓜价格不变而西红柿价格上升时，就可能减少黄瓜的种植面积和产量，而增加西红柿的种植面积和产量。

关于生产者对未来的预期。如果生产者对未来的预期看好，如预期商品的价格会上涨，生产者往往会扩大生产，增加商品供给。如果生产者对未来的预期是悲观的，如预期商品的价格会下降，生产者往往会缩减生产，减少商品供给。

关于生产者人数。一个商品市场上生产者数量增加，会使市场上该产品的供给数量增加；或者相反。

一种商品的供给量是所有影响这种商品供给量的因素的函数。如果假定其他因素均不发生变化，仅考虑一种商品的价格变化对其供给数量的影响，即把一种商品的供给数量只看成是这种商品价格的函数，则供给函数就可以表示为：

$$Q^s = f(P) \tag{2.3}$$

式中，P 为商品的价格；Q^s 为商品的供给数量。

二、供给表和供给曲线

供给函数 $Q^s = f(P)$ 表示一种商品的供给数量和该商品价格之间存在着一一对应的关系。这种函数关系可以分别用供给表和供给曲线来表示。

商品的供给表是表示某种商品的各种价格和与各种价格相对应的该商品供给数量之间

关系的数字序列表。表 2—2 是某商品的供给表。

表 2—2　　　　　　　　　　　　某商品的供给表

价格—供给量组合	A	B	C	D	E
价格（元）	2	3	4	5	6
供给量（单位数）	0	200	400	600	800

表 2—2 清楚地表示了商品的价格和供给量之间的函数关系。例如，当价格为 6 元时，商品的供给量为 800 单位；当价格下降为 4 元时，商品的供给量减少为 400 单位；当价格进一步下降为 2 元时，商品的供给量减少为零。

商品的供给曲线是根据供给表中的商品的价格—供给量组合在平面坐标图上所绘制的一条曲线。图 2—3 便是根据表 2—2 所绘制的一条供给曲线。

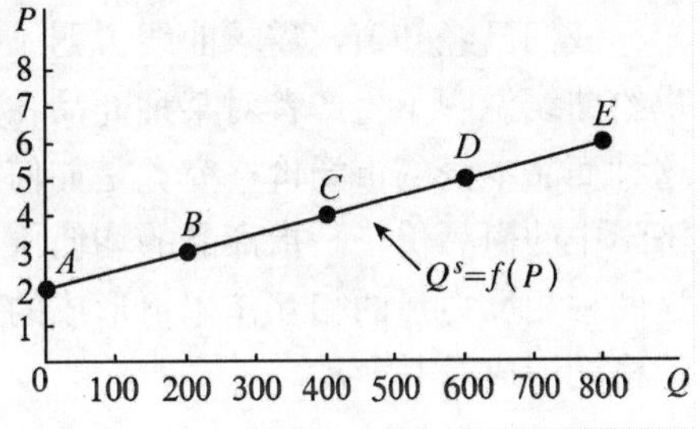

图 2—3　某商品的供给曲线

图中的横轴 OQ 表示商品数量，纵轴 OP 表示商品价格。在平面坐标图上，把根据供给表中商品的价格—供给量组合所得到的相应的坐标点 A、B、C、D、E 连接起来的线，就是该商品的供给曲线 $Q^s=f(P)$。它表示在不同的价格水平下生产者愿意而且能够提供出售的商品数量。供给曲线是以几何图形表示商品的价格和供给量之间的函数关系。和需求曲线一样，供给曲线也是一条平滑、连续的曲线，它是建立在商品的价格和相应的供给数量的变化具有无限分割性即连续性的假设上的。

如同需求曲线一样，供给曲线可以是直线形的，也可以是曲线形的。如果供给函数是线性函数，则相应的供给曲线为直线形的，如图 2—3 中的供给曲线。如果供给函数是非线性函数，则相应的供给曲线就是曲线形的。直线形供给曲线上各点的斜率是相等的，曲线形供给曲线上各点的斜率则不相等。在微观经济分析中，使用较多的是线性供给函数。它的通常形式为：

$$Q^s=-\delta+\gamma\cdot P \tag{2.4}$$

式中，δ、γ 为常数，且 δ、$\gamma>0$。① 与该函数相对应的供给曲线为一条直线。

以供给函数为基础的供给表和供给曲线都反映了商品市场的价格变动和供给量变动二者之间的规律。从表 2—2 可见，商品的供给量随着商品价格的上升而增加。相应地，在图 2—3 中的**供给曲线表现出向右上方倾斜的特征，即供给曲线的斜率为正值。它们都表**

---

① 在供给函数 $Q^s=-\delta+\gamma\cdot P$ 中，$-\delta$ 是供给曲线（严格地说，是供给曲线的延长线）在横轴上的截距，它表示商品价格为零时的供给量；它意味着：能使生产者提供产量的价格必定是 $P>\dfrac{\delta}{\gamma}$。γ 表示供给曲线相对于价格轴的斜率，即：$\gamma=\dfrac{\Delta Q^s}{\Delta P}$，或者 $\gamma=\lim\limits_{\Delta P\to 0}\dfrac{\Delta Q^s}{\Delta P}=\dfrac{dQ^s}{dP}$。

示商品的供给量和价格成同方向变动的规律。

本节利用供给曲线描述了关于商品市场的价格和供给量这两个变量之间相互关系的现象，之后我们将在第六章对完全竞争厂商行为的分析中，推导和进一步理解供给曲线的含义。

最后，与前面对市场需求的分析相类似，在此需要指出的是，围绕竞争性市场均衡价格决定模型，本节关注的是该模型所涉及的另一个基本概念，即竞争性市场的供给。至于如何理解个体供给及其与市场供给之间的关系，我们将在第六章第三节展开分析。

第四节 均衡价格

我们已经知道，需求曲线说明了消费者对某种商品在每一价格水平的需求量是多少，供给曲线说明了生产者对某种商品在每一价格水平的供给量是多少。但是，它们都没说明这种商品本身的市场价格究竟是如何决定的。那么，商品的价格是如何决定的呢？微观经济学中的商品价格是指商品的均衡价格。商品的均衡价格是在商品的市场需求和市场供给这两种相反力量的相互作用下形成的。下面，将需求曲线和供给曲线结合在一起分析均衡价格的形成及其变动。

一、均衡的含义

在西方经济学中，均衡是一个被广泛运用的重要的概念。**均衡的最一般的含义是指经济事物中有关的变量在一定条件的相互作用下所达到的一种相对静止的状态。**经济事物之所以能够处于这样一种静止状态，是由于在此状态中有关该经济事物的各参与者的力量能够相互制约和相互抵消，也由于在此状态中有关该经济事物的各方面的经济行为者的愿望在一定条件下都能得到满足。正因为如此，西方经济学家认为，经济学的研究往往在于寻找在一定条件下经济事物的变化最终趋于相对静止之点的均衡状态。

在微观经济分析中，市场均衡可以分为局部均衡和一般均衡。**局部均衡**是就单个市场或部分市场的供求与价格之间的关系和均衡状态进行分析。**一般均衡**是就一个经济社会中的所有市场的供求与价格之间的关系和均衡状态进行分析。一般均衡假定各种商品的供求和价格都是相互影响的，一个市场的均衡只有在其他所有市场都达到均衡的条件下才能实现。本节将分析单个市场均衡价格的决定与变动，属于局部均衡分析。

二、均衡价格的决定

在西方经济学中，**一种商品的均衡价格是指该种商品的市场需求量和市场供给量相等时的价格。**在均衡价格水平下相等的供求数量被称为**均衡数量**。从几何意义上说，一种商品市场的均衡出现在该商品的市场需求曲线和市场供给曲线的交点上，该交点被称为均衡点。均衡点上的价格和相等的供求量分别被称为均衡价格和均衡数量。在市场均衡价格水平上需求量和供给量相等的状态，也被称为市场出清状态。

现在把前面图 2—2 中的需求曲线和图 2—3 中的供给曲线结合在一起，用图 2—4说明一种商品的市场均衡价格的决定。

在图 2—4 中，假定 D 曲线为市场的需求曲线，S 曲线为市场的供给曲线。需求曲线 D 和供给曲线 S 相交于 E 点，E 点为均衡点。在均衡点 E，均衡价格 $\overline{P}=4$ 元，均衡数量 $\overline{Q}=400$。显然，在均衡价格 4 元的水平，消费者的购买量和生产者的销售量是相等的，都为 400 单位。也可以反过来说，在均衡数量 400 单位的水平，消费者愿意支付的最高价格和生产者愿意接受的最低价格是相等的，都为 4 元。因此，这样一种状态便是一种使买卖双方都感到满意并愿意持续下去的均衡状态。

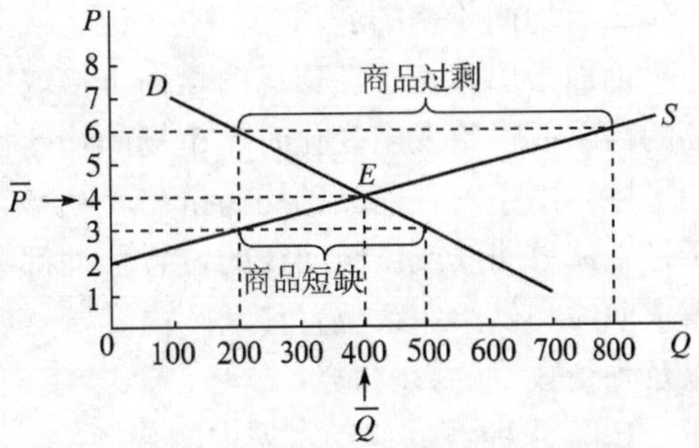

图 2—4　均衡价格的决定

均衡价格的决定也可以用与图 2—4 相对应的表 2—3 来说明。由表 2—3 清楚可见，商品的均衡价格为 4 元，商品的均衡数量为 400 单位。

商品的均衡价格是如何形成的呢?

商品的均衡价格表现为商品市场上需求和供给这两种相反力量共同作用的结果，它是在市场供求力量的自发调节下形成的。当市场价格偏离均衡价格时，市场上会出现需求量和供给量不相等的非均衡的状态。一般说来，在市场机制的作用下，这种供求不相等的非均衡状态会逐步消失，实际的市场价格会自动地回复到均衡价格水平。

表 2—3　　某商品市场均衡价格的决定

价格（元）	6	5	**4←均衡**	3	2
需求量（单位数）	200	300	**400**	500	600
供给量（单位数）	800	600	**400**	200	0

仍用图 2—4 或相应的表 2—3 来说明均衡价格的形成。当市场的实际价格高于均衡价格，譬如为 6 元时，商品的需求量为 200 单位，供给量为 800 单位。面对这种供给量大于需求量的商品过剩或超额供给的市场状况，一方面会使需求者压低价格来购买商品，另一方面，也会使生产者降低商品的销售价格。这样，该商品的市场价格必然下降，一直下降到均衡价格 4 元的水平。与此同时，随着价格由 6 元下降为 4 元，商品的需求量逐步地由 200 单位增加为 400 单位，商品的供给量逐步地由 800 单位减少为 400 单位，从而实现供求量相等的均衡数量 400 单位。相反，当市场的实际价格低于均衡价格，譬如为 3 元时，商品的需求量为 500 单位，供给量为 200 单位。面对这种需求量大于供给量的商品短缺或超额需求的市场状况，一方面，迫使需求者提高价格来得到他所要购买的商品量，另一方面，生产者也会提高商品的销售价格。这样，该商品的市场价格必然上升，一直上升到均衡价格 4 元的水平。在价格由 3 元上升为 4 元的过程中，商品的需求量逐步地由 500 单位减少为 400 单位，商品的供给量逐步地由 200 单位增加为 400 单位，最后达到供求量相等的均衡数量 400 单位。由此可见，当市场上的实际价格偏离均衡价格时，市场上总存在着变化的力量，最终达到市场的均衡或市场出清。

三、均衡价格的变动

前面指出，竞争性市场的均衡价格取决于市场需求和供给的相互作用，这意味着当市场的需求或供给发生变化时，市场的均衡价格水平也会随之发生变化。换句话说，在几何图形中，由于一种商品的均衡价格是由该商品市场的需求曲线和供给曲线的交点决定的，于是，需求曲线或供给曲线的位置移动都会使均衡价格水平发生变动。下面将先介绍有关需求曲线和供给曲线位置移动的内容，然后再说明需求曲线和供给曲线的移动对均衡价格以及均衡数量的影响。

1. 需求曲线的移动：需求的变动

我们已经了解，市场需求可以用需求曲线来刻画。**任何一条市场需求曲线都表示在其他条件不变时，由某商品的价格变动所引起的该商品需求数量的变动。**具体表现为商品的价格—需求数量组合点沿着一条既定的需求曲线的运动。例如，在图 2—2 中，当商品的价格发生变化由 2 元逐步上升为 5 元，它所引起的商品需求数量由 600 单位逐步地减少为 300 单位时，商品的价格—需求数量组合由 B 点沿着既定的需求曲线 $Q^d=f(P)$，经过 C、D 点，运动到 E 点。需要指出的是，这种仅由商品自身价格的变化引起的价格—需求数量组合点的变动都发生在既定的同一条需求曲线上，可以说，它并不体现整个需求状态的变化。

事实上，在一种商品的价格保持不变时，还有其他一系列因素会影响该商品市场的需求数量。这些其他因素通常包括消费者收入水平的变动、相关商品的价格变动、消费者偏好的变化、对商品的价格预期的变化，以及消费者人数的变化等等。**除商品自身价格以外的这些其他因素变化所导致的市场需求数量的变化，通常称为需求的变动。**譬如，由于居民收入的增加，商品的需求增加了。**在几何图形中，需求的变动表现为需求曲线的位置发生移动。**以图 2—5 加以说明。

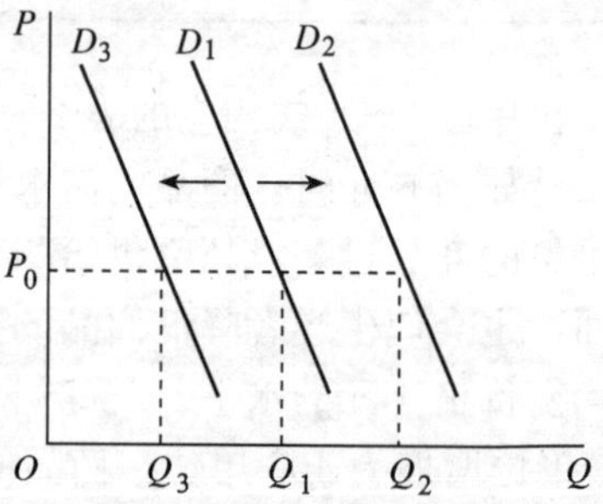

图 2—5　需求的变动和需求曲线的移动

图中原有的需求曲线为 D_1。在该商品价格水平不变的前提下，如果其他因素的变化使得需求增加，则需求曲线向右平移，如由图中的 D_1 曲线向右平移到 D_2 曲线的位置。如果其他因素的变化使得需求减少，则需求曲线向左平移，如由图中的 D_1 曲线向左平移到 D_3 曲线的位置。由需求变动所引起的这种需求曲线位置的移动，表示在每一个既定的价格水平需求数量都增加或者都减少了。例如，在既定的价格水平 P_0，原来的需求数量为 D_1 曲线上的 Q_1，需求增加后的需求数量为 D_2 曲线上的 Q_2，需求减少后的需求数量为 D_3 曲线上的 Q_3。而且，这种在原有价格水平上所发生的需求增加量 Q_1Q_2 或需求减少量 Q_3Q_1 都是由其他因素的变动所引起的。譬如说，它们分别是由居民收入水平的提高或下降所引起的。显然，需求的变动所引起的需求曲线的位置的移动，表示整个需求状态的变化。

2. 供给曲线的移动：供给的变动

与上面的市场需求相对应，市场供给用供给曲线来表示。**在影响商品供给数量的诸多**

因素中，如果在其他条件不变时，只考虑商品自身价格的变化对该商品供给数量的影响，则用一条供给曲线来表示。它具体表现为商品的价格—供给数量组合点沿着一条既定的供给曲线的运动。如前面的图 2—3 所示：随着商品价格上升所引起的供给数量的逐步增加，A 点沿着同一条供给曲线逐步运动到 E 点。显然，这种价格—供给数量组合点的变动都发生在既定的同一条供给曲线上，故可以认为它并不体现整个供给状态的变化。

此外，在一种商品的自身价格保持不变时，其他一些因素也会影响该商品市场的供给数量。这些其他因素可以是生产成本的变动、生产技术的变化、相关商品价格的变动、生产者对未来预期的变化，以及生产者人数的变化等等。**除商品自身价格以外的这些其他要素变化所导致的市场供给数量的变化，通常称为供给的变动。**譬如，在商品自身价格不变而生产成本下降的条件下，厂商往往会增加产量，从而使得市场的供给增加。**在几何图形中，供给的变动表现为供给曲线的位置发生移动，**如图 2—6 所示。

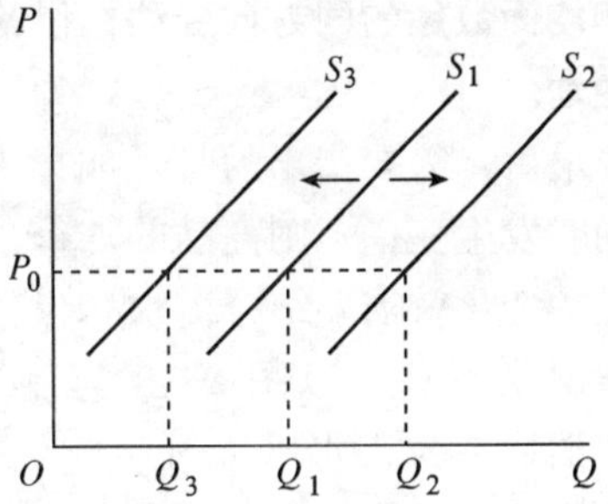

图 2—6　供给的变动和供给曲线的移动

在图 2—6 中，原有的供给曲线为 S_1。在除该商品价格以外的其他因素变动的影响下，供给增加，则使供给曲线 S_1 向右平移到 S_2 曲线的位置；供给减少，则使供给曲线 S_1 向左平移到 S_3 曲线的位置。由供给的变化所引起的供给曲线位置的移动，表示在每一个既定的价格水平供给数量都增加或者都减少了。例如，在既定的价格水平 P_0，供给增加，使供给数量由 S_1 曲线上的 Q_1 上升到 S_2 曲线上的 Q_2；相反，供给减少，使供给数量由 S_1 曲线上的 Q_1 下降到 S_3 曲线上的 Q_3。这种在原有价格水平所发生的供给增加量 Q_1Q_2 或减少量 Q_3Q_1，都是由其他因素的变化所带来的。譬如说，它们分别是由生产成本的下降或上升所引起的。很显然，供给的变动引起供给曲线位置的移动，它表示整个供给状态的变化。

3. 需求的变动和供给的变动对均衡价格和均衡数量的影响

先分析需求变动的影响。

在供给不变的情况下，需求增加会使需求曲线向右平移，从而使得均衡价格和均衡数量都增加；需求减少会使需求曲线向左平移，从而使得均衡价格和均衡数量都减少。如图 2—7 所示。

在图 2—7 中，既定的供给曲线 S 和最初的需求曲线 D_1 相交于 E_1 点。在均衡点 E_1，均衡价格为 P_1，均衡数量为 Q_1。需求增加使需求曲线 D_1 向右平移至 D_2 曲线的位置，D_2 曲线与 S 曲线相交于 E_2 点。在均衡点 E_2，均衡价格上升为 P_2，均衡数量增加为 Q_2。相反，需求减少使需求曲线 D_1 向左平移至 D_3 曲线的位置，D_3 曲线与 S 曲线相交于 E_3 点。在均衡点 E_3，均衡价格下降为 P_3，均衡数量减少为 Q_3。

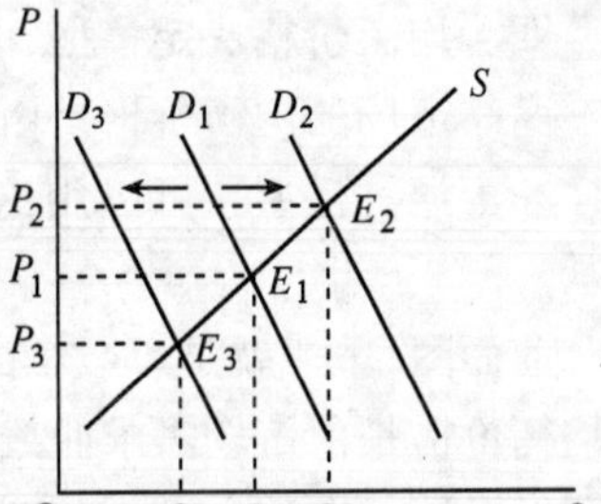

图 2—7　需求的变动对均衡的影响

再分析供给变动的影响。

在需求不变的情况下，供给增加会使供给曲线向右平移，从而使得均衡价格下降，均衡数量增加；供给减少会使供给曲线向左平移，从而使得均衡价格上升，均衡数量减少。如图2—8所示。

在图2—8中，既定的需求曲线D和最初的供给曲线S_1相交于E_1点。在均衡点E_1的均衡价格和均衡数量分别为P_1和Q_1。供给增加使供给曲线S_1向右平移至S_2曲线的位置，并与D曲线相交于E_2点。在均衡点E_2，均衡价格下降为P_2，均衡数量增加为Q_2。相反，供给减少使供给曲线S_1向左平移至S_3曲线的位置，且与D曲线相交于E_3点。在均衡点E_3，均衡价格上升为P_3，均衡数量减少为Q_3。

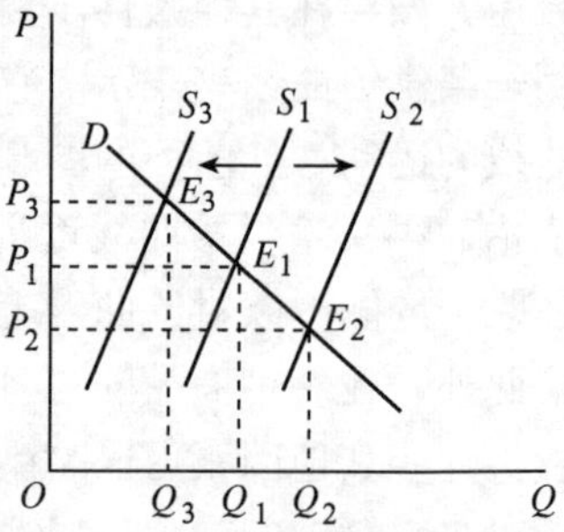

图2—8　供给的变动对均衡的影响

综上所述，可以得到**供求定理：在其他条件不变的情况下，需求变动分别引起均衡价格和均衡数量的同方向变动；供给变动引起均衡价格的反方向变动，引起均衡数量的同方向变动。**

最后，需要指出的是，如果需求和供给都同时发生变动，则商品的均衡价格和均衡数量的变化就需要结合需求和供给变化的具体情况来考虑。以图2—9为例进行分析。假定消费者收入水平上升引起的需求增加，使得需求曲线由D_1向右平移至D_2；同时，厂商的技术进步引起供给增加，使得供给曲线由S_1向右移至S_2。比较S_1曲线分别与D_1曲线和D_2曲线的交点E_1和E_3可见，收入水平上升引起的需求增加，使得均衡价格上升。再比较D_1曲线分别与S_1曲线和S_2曲线的交点E_1和E_2可见，技术进步引起的供给增加，又使均衡价格下降。最后，这两种因素同时作用下的均衡价格，将取决于需求和供给各自增长的幅度。由D_2曲线和S_2曲线的交点E_4可得：对于均衡价格的影响而言，由于需求增长的作用大于供给增加的作用，所以，最终的均衡价格是上升了，为P_2。①

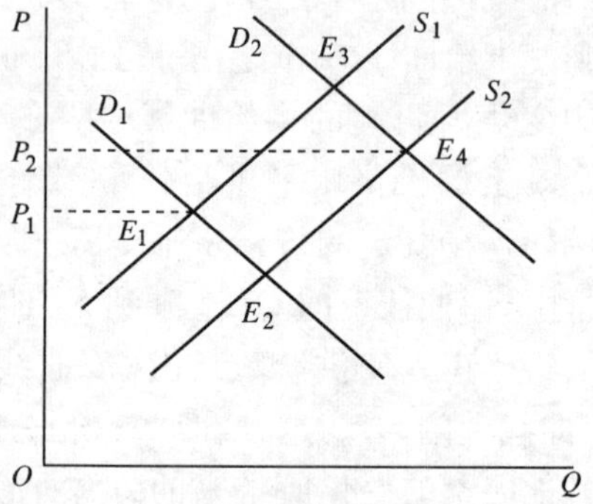

图2—9　需求和供给的同时变动对均衡的影响

四、均衡价格决定模型

商品市场的均衡价格是由商品的市场需求量和市场供给量相等时的价格水平所决定的这样一个经济模型，可以用这样的文字语言的形式来表示，也可以用数学模型的形式来表示。

前面图2—4就是以数学的几何图形来表示的均衡价格决定模型。该图形准确地说明了均衡价格是由市场需求曲线D和市场供给曲线S的交点的价格水平所决定的。除了几何图形以外，在数学方面，还可以用方程式来表示均衡价格决定模型。该模型可以表示为

① 读者可以自己画出需求和供给同时变化时市场均衡价格和均衡数量变化的其他各种情况的图形。

一个方程组：

$$\begin{cases} Q^d=\alpha-\beta\cdot P & (2.5)\\ Q^s=-\delta+\gamma\cdot P & (2.6)\\ Q^d=Q^s & (2.7)\end{cases}$$

式中，α、β、δ、γ 均为常数，且均大于零。

（2.5）式和（2.6）式分别为需求曲线和供给曲线的方程，由于它们分别表示参与者的供求经济行为，所以也被称为行为方程式。（2.7）式是均衡条件，也被称为均衡方程式。将需求曲线方程（2.5）和供给曲线方程（2.6）代入均衡方程（2.7），就可以求得价格和数量的均衡解。

假定：$Q^d=800-100P$

$Q^s=-400+200P$

$Q^d=Q^s$

求：均衡价格 $\bar{P}$ 和均衡数量 $\bar{Q}$。

解：将供求函数代入均衡条件得：

$$800-100P=-400+200P$$

解得均衡价格 $\bar{P}=4$。

将 $\bar{P}=4$ 代入需求函数得均衡数量为：

$$\bar{Q}=\bar{Q}^d=800-100\times4=400$$

或将 $\bar{P}=4$ 代入供给函数得均衡数量为：

$$\bar{Q}=\bar{Q}^s=-400+200\times4=400$$

所以，均衡解$(\bar{P},\bar{Q})=(4,400)$

下面，我们以两种情况为例，进一步用数学模型表示需求的变动及其对均衡的影响，以及供给的变动及其对均衡的影响。

第一种情况：需求的变动及其对均衡的影响。

我们假定：在以上的模型中，供给函数不变，即仍为 $Q^s=-400+200P$；需求曲线由于收入水平提高而向右平移，即需求曲线的横截距增加，例如需求函数由原来的 $Q^d=800-100P$ 改变为 $Q^d=1\,100-100P$。于是，根据均衡条件有

$$-400+200P=1\,100-100P$$

解得：$\bar{P}=5$，且 $\bar{Q}=600$。

显然，与原模型相比，收入增加导致的需求增加，不仅使得均衡价格提高，而且使得均衡数量也增加了。

第二种情况：供给的变动及其对均衡的影响。

我们假定：在原模型中，需求函数不变，即仍为 $Q^d=800-100P$；供给曲线由于生产成本的上升而向左平移，即供给曲线的横截距变小，例如供给函数由原来的 $Q^s=-400+200P$

改变为 $Q^s=-700+200P$。于是，根据均衡条件有

$$800-100P=-700+200P$$

解得：$\bar{P}=5$，且 $\bar{Q}=300$。

显然，与原模型相比，生产成本上升导致的供给减少，不仅使得均衡价格提高，而且使得均衡数量也减少了。

☞专栏 2—1

羊肉价格的上涨

从 2001 年开始，我国羊肉市场的价格持续上涨了 13 年。其中，2007—2013 年间羊肉价格上涨的势头较猛。根据我国农业部的相关数据，当时的羊肉价格从 2007 年的 18.63 元/公斤大幅上涨到 2013 年的 61.88 元/公斤，即 7 年间羊肉价格上涨了约 232%，年均上涨高达 18.7%。[①] 由此，羊肉价格成了当时价格上涨最快的消费食品之一。

那么，是什么原因导致了 2001—2013 年期间羊肉市场价格大幅上涨？虽然在此期间我国居民消费价格指数（CPI）的上升对同期羊肉价格的上涨产生了一定的影响，但其根本原因在于：在此期间，一方面，我国羊肉市场的需求旺盛，羊肉消费量大幅增加；而另一方面，我国羊肉市场的供给虽然也在逐年增加，但相对于大幅增加的羊肉需求量而言，羊肉供给量是相对不足的，这便是支撑羊肉市场价格持续大幅上涨的基本面。以下，我们便从羊肉市场的需求和供给两个方面展开具体分析。

先看需求方面的情况。具体地说，导致我国羊肉消费量大幅度增加的因素可以包括如下几点。首先，在此期间，我国城乡居民收入水平仍然保持上升趋势[②]，收入水平的提高使得人们有购买能力去增加对于羊肉这种价格相对比较高的肉类食品的消费量。其次，人们对于健康食品的推崇。基于人们对自身健康的关心，包括对于“三高”（即高血脂、高血压、高血糖）等疾病防治的关注，羊肉由于其具有低脂肪、高蛋白质、丰富的营养价值等优点，很受广大消费者的欢迎。再次，人们对于食品安全的关心。由于肉羊主要以草料为饲料，而且大多为草场放牧饲养，所以，羊肉被认为是更安全的餐桌上的绿色食品而受到青睐。最后，我国餐饮业的快速发展也为我国羊肉市场消费量的大幅度增加作出了重要贡献。事实上，人们对羊肉的消费相当大一部分是通过户外消费实现的，所以，餐饮业的迅速发展，包括餐馆数量的迅速增加，以及烹调技术的提高和普及，都促进了羊肉消费需求量的增加。

从传统意义上讲，羊肉的消费区域原本主要集中在北方，羊肉的消费季节原本也主要集中在秋冬季，尤其是寒冷的冬季。但是，正是在以上这些具体因素的作用下，近十多年来，羊肉消费的区域从北方迅速扩展到南方，而且，南方羊肉消费量的增速还快于北方；羊肉消费的季节也很快延伸到一年四季。人们对羊肉的消费量大增，尤其是各具特色的涮羊肉火锅，更是不受季节限制地畅销于大江南北的大小餐馆。

---

① 资料来源：中国畜牧网，http://www.chinafarming.com/yang/2014/11/3/20141131041590474.html。

② 参见本书第 39 页，表 2—6“我国城乡居民人均收入和恩格尔系数（1978—2013 年）”。

再看供给方面的情况。表2—4是一张关于我国1996—2013年期间羊肉产量的统计表，由表中数据可见，在这18年间，羊肉供给的绝对数量除个别年份（2008年、2011年）外均是持续增加的。但是，羊肉供给量的增长率逐步下降的趋势却是明显的，尤其是，自2008年之后羊肉供给增长率放慢的趋势愈加明显，在个别年份（2008年、2011年）甚至还出现了负增长的局面。

那么，又是哪些因素制约了我国羊肉供给的更大幅度增长呢？具体来说，其一，肉羊生产成本的上升，主要包括舍饲圈养和非放牧期的饲料等成本、人工成本、销售流通环节费用等持续上升。肉羊生产成本的上升，不利于肉羊产业扩大生产、增加产量，尤其是在大多数散养农户资金流量有限的情况下，有的农户有可能支撑不了高成本的肉羊生产。其二，我国肉羊产业尚未形成规模经济，生产效率不高。另外，再考虑到出于对保护和恢复草原生态环境的需要，一些地区实行了草场的休牧、轮牧等措施，这也在一定程度上延缓了规模经济的形成。其三，肉羊的生产周期比较长，不仅如此，肉羊生产率的提高还受到现有肉羊良种数量的限制。其四，相对于其他一些畜产品而言，肉羊的出肉率是比较低的。

表2—4　　我国羊肉产量（1996—2013年）

年份	羊肉产量（万吨）	较上年增加产量（万吨）	较上年增长率（%）
1996	181.0		
1997	212.8	31.8	17.6
1998	234.6	21.8	10.2
1999	251.3	16.7	7.1
2000	264.1	12.8	5.1
2001	271.8	7.7	2.9
2002	283.5	11.7	4.3
2003	308.7	25.2	8.9
2004	332.9	24.2	7.8
2005	350.1	17.2	5.2
2006	363.8	13.7	3.9
2007	382.6	18.8	5.2
2008	380.3	−2.3	−0.6
2009	389.4	9.1	2.4
2010	398.9	9.5	2.4
2011	393.1	−5.8	−1.5
2012	401.0	7.9	2.0
2013	408.1	7.1	1.8

资料来源：《中国统计年鉴2014》，386～387页，12-14“畜产品产量”。

综上所述，我们就不难理解为什么在2001—2013年期间我国羊肉市场价格会大幅上涨了。简而言之，相对于大幅度增长的羊肉消费需求，羊肉产量的供给是相对不足的，因而导致了在此期间我国羊肉市场价格的大幅上涨。表2—4中的数据很好地支持了这一结论：在2008—2013年期间羊肉产量增长率明显放慢，在2008年、2011年还出现了负增长。相应地，正如本专栏开始提到的，羊肉市场的价格从 2007 年的 18.63 元/公斤大幅上涨到 2013 年的 61.88 元/公斤。

☞专栏 2—2

2014 年国际石油价格的暴跌

在 2014 年下半年，全球经济最令人关注的一个现象无疑就是国际原油价格的暴跌。它成了各国新闻媒体的热点报道，无论是各国的政界、工商实业界和金融界，还是经济学界，都紧盯着国际油价的变化。石油是重要的经济资源，油价暴跌的影响是深刻的，其影响渗透到各国实际的经济活动之中，而且在相当程度上左右了一些国家经济政策的调整。

在国际原油交易市场上有两个主要的基准价格指标，一个是美国纽约商品交易所的西得克萨斯中质原油（West Texas Intermediate，WTI）价格，另一个是英国伦敦国际石油交易所的北海布伦特原油价格，它们通常被分别简称为 WTI 原油价格和布伦特原油价格。下面，我们回顾一下发生在 2014 年下半年的 WTI 原油价格和布伦特原油价格的急剧深跌。

1. 国际石油价格的暴跌

2014 年国际油价下降之迅猛是令人吃惊的，用"暴跌"一词来形容绝不言过其实。根据中宇资讯公布的数据，当时的事实是：WTI 原油价格从 2014 年 6 月 20 日每桶 107.26 美元的年内高价位持续下跌，仅半年时间就暴跌腰斩至当年 12 月 18 日的每桶 54.11 美元，创近五年新低；此暴跌行情继续迅速发展，到 2015 年初 WTI 原油价格便跌穿每桶 50 美元，至 1 月 28 日居然下探到每桶 44.45 美元，更是创近六年新低。同期，布伦特原油价格也同样暴跌不止：布伦特原油价格从年内高价位即 2014 年 6 月 19 日每桶 115.06 美元，在半年内便跌穿每桶 60 美元，暴跌至当年 12 月 18 日每桶 59.27 美元；此暴跌行情持续到 2015 年 1 月 13 日，布伦特原油价格深跌到每桶 46.59 美元。布伦特原油价格也分别在 2014 年底和 2015 年 1 月创下了近五年新低和近六年新低。[①] 也就是说，自 2014 年 6 月中旬以来，在大约 7 个月的时间内，国际原油价格下跌了约 60%，即 WTI 原油价格的跌幅为 58.56%，布伦特原油价格的跌幅为 59.51%。国际原油价格的暴跌引发世界恐慌，并且是构成欧美等一些国家的能源及相关公司的股票价格狂泻、股指下跌的一个重要因素。

2. 国际石油价格暴跌的原因

到底是什么原因导致了自 2014 年 6 月中旬以来国际原油价格的暴跌呢？这次国际原油价格暴跌是错综复杂的各种因素相互作用的结果，面对这一复杂的经济现象，我们可以运用供给和需求分析作为基本框架来寻找问题的答案。从整体来说，全球石油供给量大幅度超过需求量，即全球石油市场的供给严重过剩，是此轮原油价格暴跌的根本原因。下面从供给和需求两个角度进行具体分析。

先看供给方面，到底是哪些因素导致石油供给大幅增加呢？

由于石油是不可再生的能源，美国作为世界上最大的石油生产国和出口国，自 20 世

① 资料来源：中宇资讯网，http://oil.chem365.net/Web/yuanyou/qhsc/page1.htm。

纪70年代以来石油产量逐步下降，探明石油储量不足，石油进口量越来越大。在2008年中期，国际原油价格已高达每桶147美元。正是在人们普遍对石油资源短缺甚至枯竭担忧的背景下，一项开采天然气和原油的技术创新在美国开始了。这项创新包括两项开发油气的新技术，即水力压裂法和水平井钻井开发技术，美国由此开始了对页岩气和页岩油的大规模开采。受益于这场技术创新，美国的页岩气产量逐步攀升，到2014年页岩气产量占其天然气总产量的一半左右，美国超越俄罗斯，成为世界第一大天然气生产国。紧接着，美国的页岩油产量开始大幅攀升，到2014年底美国的原油产量比2008年增长了80%，每天增加的410万桶原油量大于除沙特阿拉伯以外任何一个欧佩克成员国的产量。① 此外，在美国页岩油高产低价的打压下，另一个世界产油大国加拿大则大幅增加油砂产量，并急剧扩大油砂的出口量。

与此同时，随着新技术带来油气产量的大幅增加，一些国家的石油库存也在不断增加，尤其是作为油气生产大国的美国，石油库存更是持续地超预期增加。

总之，在以上各因素的作用下，无论是原油产量还是原油库存量，都给世界原油市场的供给带来了巨大的过剩风险。

再看需求方面。到2014年，欧洲和日本经济仍然没有起色，全球经济仍然复苏乏力。作为新兴发展大国的中国，处于经济结构升级、经济增长速度放缓的阶段，对原油的需求不会过分增长。也就是说，全球经济的基本情况制约了世界石油需求的增加。此外，近些年，随着世界范围内对新能源开发的迅猛发展，人们增加了对太阳能、风能等可再生能源以及核能的利用，这也在一定程度上构成了对原油需求的替代。

综上所述，在世界原油市场上，一方面是供给的强劲增加，另一方面是需求的疲软不振，由此造成的世界原油市场供给的持续过剩和积累，是引爆这次国际原油价格暴跌的根本原因。除此之外，美元的逐步走强、国际投机资本的趁机炒作、对油价的悲观疑虑预期，以及世界重要石油产区中东形势的动荡变化等因素，都对原油价格的暴跌起到了推波助澜的作用。

还要提及的是，尽管当时欧佩克成员国的石油产量占到全球产量的三分之一，其巨大的石油生产能力对国际原油价格的变动能够起到举足轻重的作用，但是，面对国际油价暴跌的态势，欧佩克在2014年11月决定不减产，继续坚持其保持日产量稳定的做法，而不是减少产量提振油价。其目的在于维持其在世界石油市场的份额和地位，并以此保持销售石油带来的巨额收入。

3. 国际石油价格的振荡调整

自2015年3月下旬以来，国际原油市场价格开始出现小幅反弹态势，并呈现涨跌交错互补的局面。例如，根据中宇资讯的数据和报道②，2015年4月1日受到伊朗核谈暂停、美元走软、原油库存增速放缓的影响，国际原油价格上扬，按WTI价格，达每桶50.09美元；按布伦特价格，达每桶57.10美元。但是，紧接着，受美国原油库存增幅意外扩大和美联储倾向收紧货币政策的影响，2015年4月8日国际原油价格又下跌，按

① 参见《美成为机动产油国　将深刻影响国际油价》，载《经济参考报》，2015-02-13。
② 参见中宇资讯网，http://oil.chem365.net/Web/yuanyou/qhoc/page1.htm。

WTI价格，为每桶50.42美元；按布伦特价格，为每桶55.55美元。这种涨跌交错互补的局面持续到2015年5月18日，WTI价格为每桶59.43美元，布伦特价格为每桶66.27美元。

业内人士普遍认为，只要国际原油市场供给过剩的基本面没有发生根本变化，那么，供给过剩仍然会制约油价的上升，原油价格在近期会继续维持在低价位区间运行，呈现小幅振荡调整、涨跌交错互补的态势。至于2015年下半年甚至更远些时期的国际原油市场的变化，则有一点是可以肯定的，只有当政治、经济、技术等因素使得国际原油市场的供给、需求或供求都发生较大变化时，国际原油价格才会发生趋势性的变化，包括国际原油价格的持续上升或下降，以及价格的降升转折。

第五节　需求弹性和供给弹性

一、弹性的一般含义

我们已经知道，当一种商品的价格发生变化时，这种商品的需求量会发生变化。除此之外，当消费者的收入水平或者相关商品的价格等其他因素发生变化时，这种商品的需求量也会发生变化。相对应地，当一种商品的价格发生变化，或者这种商品的生产成本等其他因素发生变化时，这种商品的供给量会发生变化。由此，我们会很自然地想知道，譬如，当一种商品的价格下降1%时，这种商品的需求量或供给量究竟分别会上升和下降多少呢？又如，当消费者的收入水平上升1%时，商品的需求量究竟增加了多少？等等。弹性概念就是专门为解决这一类问题而设立的。

弹性概念在经济学中得到广泛的应用。一般说来，只要两个经济变量之间存在着函数关系，我们就可用弹性来表示因变量对自变量变化的反应敏感程度。具体地说，它是这样一个数字，它告诉我们，当一个经济变量发生1%的变动时，由它引起的另一个经济变量变动的百分比。例如，弹性可以表示当一种商品的价格上升1%时，相应的需求量变化的百分比具体是多少。

在经济学中，**弹性的一般公式为：**

$$\text{弹性系数}=\frac{\text{因变量的变动比例}}{\text{自变量的变动比例}}$$

设两个经济变量之间的函数关系为$Y=f(X)$，则弹性的一般公式还可以表示为：

$$e=\frac{\frac{\Delta Y}{Y}}{\frac{\Delta X}{X}}=\frac{\Delta Y}{\Delta X}\cdot\frac{X}{Y} \tag{2.8}$$

式中，e为弹性系数；ΔX、ΔY分别为变量X、Y的变动量。该式表示：当自变量X变化百分之一时，因变量Y变化百分之几。

若经济变量的变化量趋于无穷小，即：当（2.8）式中的$\Delta X\to 0$，且$\Delta Y\to 0$时，则弹性公式为：

$$e=\lim_{\Delta X\to 0}\frac{\frac{\Delta Y}{Y}}{\frac{\Delta X}{X}}=\frac{\frac{\mathrm{d}Y}{Y}}{\frac{\mathrm{d}X}{X}}=\frac{\mathrm{d}Y}{\mathrm{d}X}\cdot\frac{X}{Y} \tag{2.9}$$

通常将（2.8）式称为**弧弹性**公式，将（2.9）式称为**点弹性**公式。

需要指出的是，由弹性的定义公式可以清楚地看到，弹性是两个变量各自变化比例的一个比值，所以，弹性是一个具体的数字，它与自变量和因变量的度量单位无关。

本节将以需求的价格弹性为重点，考察与需求和供给有关的几个弹性概念。

二、需求的价格弹性的含义

需求方面的弹性主要包括需求的价格弹性、需求的交叉价格弹性和需求的收入弹性。其中，需求的价格弹性又被简称为需求弹性。下面将详细考察需求的价格弹性。

需求的价格弹性表示在一定时期内一种商品的需求量变动对于该商品的价格变动的反应程度。或者说，表示在一定时期内当一种商品的价格变化百分之一时所引起的该商品的需求量变化的百分比。其公式为：

$$\text{需求的价格弹性系数}=-\frac{\text{需求量变动率}}{\text{价格变动率}}\text{①}$$

需求的价格弹性可以分为弧弹性和点弹性。

需求的价格弧弹性表示某商品需求曲线上两点之间的需求量的变动对于价格的变动的反应程度。简单地说，它表示需求曲线上两点之间的弹性。假定需求函数为 $Q=f(P)$，ΔQ 和 ΔP 分别表示需求量的变动量和价格的变动量，以 e_d 表示需求的价格弹性系数，则需求的价格弧弹性的公式为：

$$e_d=-\frac{\frac{\Delta Q}{Q}}{\frac{\Delta P}{P}}=-\frac{\Delta Q}{\Delta P}\cdot\frac{P}{Q} \tag{2.10}$$

在通常情况下，由于商品的需求量和价格是成反方向变动的，即 $\frac{\Delta Q}{\Delta P}$ 为负值，所以，为了便于比较，就在（2.10）式中加了一个负号，以使需求的价格弹性系数 e_d 取正值。

当需求曲线上两点之间的变化量趋于无穷小时，需求的价格弹性要用点弹性来表示。也就是说，它表示需求曲线上某一点的需求量变动对于价格变动的反应程度。在（2.10）式的基础上，需求的价格点弹性的公式为：

$$e_d=\lim_{\Delta P\to 0}-\frac{\Delta Q}{\Delta P}\cdot\frac{P}{Q}=-\frac{\mathrm{d}Q}{\mathrm{d}P}\cdot\frac{P}{Q} \tag{2.11}$$

比较（2.10）式和（2.11）式可见，需求的价格弧弹性和点弹性的本质是相同的。它们的区别仅在于：前者表示价格变动量较大时需求曲线上两点之间的弹性，而后者表示价格变动量无穷小时需求曲线上某一点的弹性。

---

① 关于公式中的负号，会在下面对（2.10）式的解释中得到说明。

三、需求的价格弹性：弧弹性

1. 需求的价格弧弹性的计算

图 2—10 是需求函数 $Q^d=2\ 400-400P$ 的几何图形。

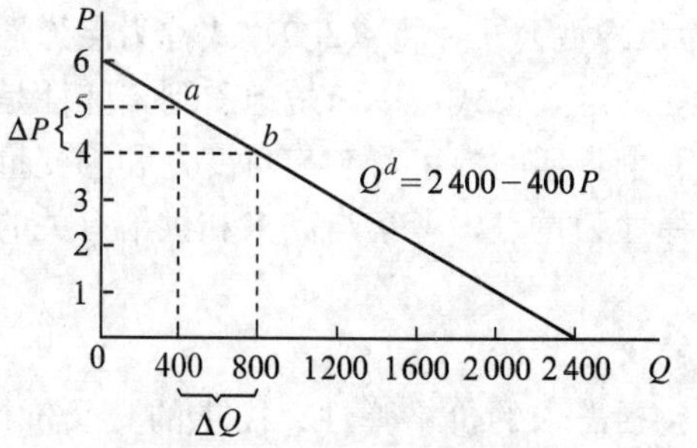

图 2—10　需求的价格弧弹性

图中需求曲线上 a、b 两点的价格分别为 5 和 4，相应的需求量分别为 400 和 800。当商品的价格由 5 下降为 4 时，或者当商品的价格由 4 上升为 5 时，应该如何计算相应的弧弹性值呢？根据（2.10）式，相应的弧弹性分别计算如下。

由 a 点到 b 点（即降价时）：

$$e_d=-\frac{\Delta Q}{\Delta P}\cdot\frac{P}{Q}=-\frac{Q_b-Q_a}{P_b-P_a}\cdot\frac{P_a}{Q_a}=-\frac{800-400}{4-5}\times\frac{5}{400}=5$$

由 b 点到 a 点（即涨价时）：

$$e_d=-\frac{\Delta Q}{\Delta P}\cdot\frac{P}{Q}=-\frac{Q_a-Q_b}{P_a-P_b}\cdot\frac{P_b}{Q_b}=-\frac{400-800}{5-4}\times\frac{4}{800}=2$$

显然，由 a 点到 b 点和由 b 点到 a 点的弧弹性系数值是不相同的。其原因在于：尽管在上面两个计算中，ΔQ 和 ΔP 的绝对值都相等，但由于 P 和 Q 所取的基数值不相同，所以，两种计算结果便不相同。这样一来，在需求曲线的同一条弧上，涨价和降价产生的需求的价格弹性系数值便不相等。所以，要根据涨价和降价的具体情况来求得不同的 e_d 值。

但是，如果仅仅是一般地计算需求曲线上某一段的需求的价格弧弹性，而不是具体地强调这种需求的价格弧弹性是作为涨价还是降价的结果，则为了避免不同的计算结果带来的不便，一般通常取两点价格的平均值（$\frac{P_1+P_2}{2}$）和两点需求量的平均值（$\frac{Q_1+Q_2}{2}$）来分别代替（2.10）式中的 P 值和 Q 值，因此，需求的价格弧弹性计算公式（2.10）又可以写为：

$$e_d=-\frac{\Delta Q}{\Delta P}\cdot\frac{\frac{P_1+P_2}{2}}{\frac{Q_1+Q_2}{2}} \tag{2.12}$$

该公式也被称为需求的价格弧弹性的中点公式。

根据中点公式（2.12），上例中 a、b 两点间的需求的价格弧弹性为：

$$e_d=\frac{400}{1}\times\frac{\frac{5+4}{2}}{\frac{400+800}{2}}=3$$

由此可见，需求的价格弧弹性的计算可以有三种情况，它们分别是涨价时计算的 e_d、降价时计算的 e_d，以及按中点公式计算的 e_d。至于到底应该采用哪一种计算方法，这需要视具体情况和需要而定。

2. 需求的价格弧弹性的五种类型

我们已经知道，需求的价格弹性是告诉我们，当商品的价格变动 1%时需求量的变动究竟有多大的百分比。于是，我们完全可以设想：在商品的价格变化 1%的前提下，需求量的变化率可能大于 1%，这时有 $e_d>1$；需求量的变化率也可能小于 1%，这时有$e_d<1$；需求量的变化率也可能恰好等于 1%，这时有$e_d=1$。进一步讲，由于 $e_d>1$ 表示需求量的变动率大于价格的变动率，即需求量对于价格变动的反应是比较敏感的，所以，$e_d>1$ 被称为**富有弹性**。由于 $e_d<1$ 表示需求量的变动率小于价格的变动率，即需求量对于价格变动的反应欠敏感，所以，$e_d<1$ 被称为**缺乏弹性**。$e_d=1$ 是一种巧合的情况，它表示需求量和价格的变动率刚好相等。$e_d=1$ 被称为**单一弹性**或**单位弹性**。以上这三种类型的需求的价格弧弹性分别如图 2—11 中的（a）、（b）和（c）所示。

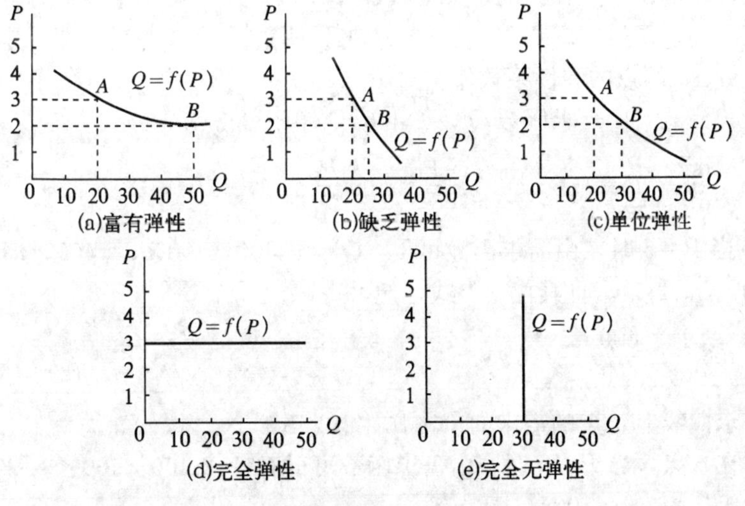

图 2—11　需求的价格弧弹性的五种类型

读者可以根据需求的价格弧弹性的中点公式（2.12），计算出图（a）、（b）、（c）中每条需求曲线 A、B 两点之间的需求的价格弧弹性系数值顺次大约为：2.1、0.6 和 1，也就是说，它们顺次是 $e_d>1$、$e_d<1$ 和$e_d=1$。

比较图（a）和图（b）可以看出，就需求的价格弧弹性而言，富有弹性的需求曲线相对比较平坦，缺乏弹性的需求曲线相对比较陡峭。但是，特别需要引起注意的是，尽管在经济学中，往往把富有弹性的需求绘制成一条相对平坦的曲线和把缺乏弹性的需求描绘成一条相对陡峭的曲线已成为一种习惯，这种绘制方法通常也是可行的，但是，在有些场合，这种绘制方法便会成为一种不好的甚至是错误的方法。譬如，当图（a）中横轴上每0.5厘米的刻度由10、20、30、40、50改为11、12、13、14、15以后，那么，平坦的需求曲线就是缺乏弹性的了。所以在使用这种绘制方法时必须十分小心。

再看图（d）和图（e）。图（d）中需求曲线为一条水平线。水平的需求曲线表示在既定的价格水平（如图中的 $P=3$）需求量是无限的。从需求的价格弹性的角度看，对于水平的需求曲线来说，只要价格有一个微小的上升，就会使无穷大的需求量一下子减少为零。也就是说，相对于无穷小的价格变化率，需求量的变化率是无穷大的，即有 $e_d=\infty$，这种情况被称为**完全弹性**。图（e）中的需求曲线是一条垂直线。垂直的需求曲线表示相对于任何价格水平需求量都是固定不变的（如图中总是有 $Q=30$）。从需求的价格弹性的角度看，对于垂直的需求曲线来说，无论价格如何变化，需求量的变化量总是为零，即有 $e_d=0$，这种情况被称为**完全无弹性**。

利用图2—11以弧弹性为例分析的需求弹性的五种情况，是区分需求弹性大小的五种基本类型。在需求的价格点弹性的事例中，这五种基本类型也同样存在。下面的分析会说明这一点。

最后需要指出，这五种基本类型也适用于其他任何一个具体的弹性概念。

四、需求的价格弹性：点弹性

可以利用需求的价格点弹性的定义公式即（2.11）式，来计算给定的需求曲线上某一点的弹性。仍用需求函数 $Q^d=2\,400-400P$ 来说明这一计算方法，即分别计算图2—10中需求曲线上 a、b 两点的弹性系数值。

根据（2.11）式，由需求函数 $Q^d=2\,400-400P$ 可得：

$$e_d=-\frac{\mathrm{d}Q}{\mathrm{d}P}\cdot\frac{P}{Q}=-(-400)\cdot\frac{P}{Q}=400\,\frac{P}{Q}$$

在 a 点，当 $P=5$ 时，由需求函数可得：$Q^d=2\,400-400\times5=400$，即相应的价格—需求量组合为（5，400）。将其代入上式，便可得：

$$e_d=400\,\frac{P}{Q}=\frac{400\times5}{400}=5$$

即图2—10需求曲线上 a 点的需求的价格弹性值为5。

同样地，在 b 点，当 $P=4$ 时，由需求函数可得 $Q^d=2\,400-400\times4=800$，即相应的价格—需求量组合为（4，800），于是有：

$$e_d=400\,\frac{P}{Q}=\frac{400\times4}{800}=2$$

即图2—10中需求曲线上 b 点的需求的价格弹性值为2。

五、需求的价格弹性和厂商的销售收入

在实际经济生活中会发生这样一些现象：有的厂商提高自己的产品价格，能使自己的销售收入增加，而有的厂商提高自己的产品价格，却反而使自己的销售收入减少了。这意味

着，以降价促销来增加销售收入的做法，对有的产品适用，对有的产品却不适用。如何解释这些现象呢？这便涉及到商品的需求的价格弹性和厂商的销售收入两者之间的相互关系。

我们知道，厂商的销售收入等于商品的价格乘以商品的销售量。在此假定厂商的商品销售量等于市场上对其商品的需求量。这样，厂商的销售收入就又可以表示为商品的价格乘以商品的需求量，即厂商销售收入＝$P \cdot Q$，其中，P 表示商品的价格，Q 表示商品的销售量即需求量。

前面已经讲过，商品的需求的价格弹性表示商品需求量的变化率对于商品价格的变化率的反应程度。这意味着，当一种商品的价格 P 发生变化时，这种商品需求量 Q 的变化情况，进而提供这种商品的厂商的销售收入 $P \cdot Q$ 的变化情况，将必然取决于该商品的需求的价格弹性大小。所以，在商品的需求价格弹性和提供该商品的厂商的销售收入之间存在着密切的关系。这种关系可归纳为以下三种情况。

第一种情况：**对于 $e_d > 1$ 的富有弹性的商品，降低价格会增加厂商的销售收入；相反，提高价格会减少厂商的销售收入，即厂商的销售收入与商品的价格成反方向变动。**这是因为，当 $e_d>1$ 时，厂商降价所引起的需求量的增加率大于价格的下降率。这意味着价格下降所造成的销售收入的减少量必定小于需求量增加所带来的销售收入的增加量。所以，降价最终带来的销售收入 $P \cdot Q$ 值是增加的。相反，在厂商提价时，最终带来的销售收入 $P \cdot Q$ 值是减少的。这种情况如图 2—12（a）所示。

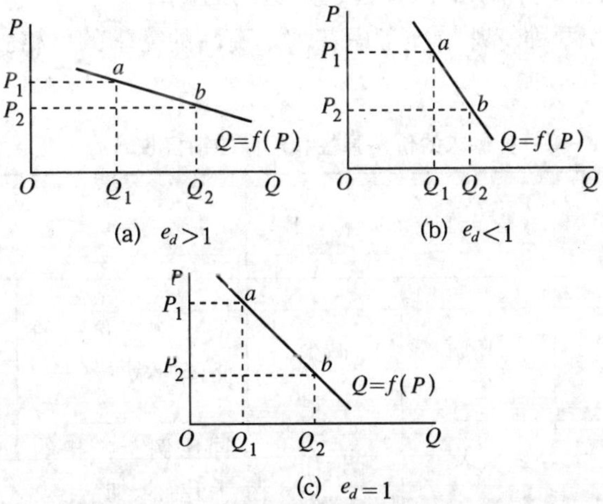

图 2—12　需求弹性与销售收入

图（a）中需求曲线上 a、b 两点之间是富有弹性的，两点之间的价格变动率引起一个较大的需求量的变动率。具体地看，当价格为 P_1，需求量为 Q_1 时，销售收入 $P \cdot Q$ 相当于矩形 OP_1aQ_1 的面积；当价格为 P_2，需求量为 Q_2 时，销售收入 $P \cdot Q$ 相当于矩形 OP_2bQ_2 的面积。显然，前者面积小于后者面积。这就是说，若厂商从 a 点运动到 b 点，则降价的结果会使销售收入增加；若从 b 点运动到 a 点，则提价的结果会使销售收入减少。

第二种情况：**对于 $e_d < 1$ 的缺乏弹性的商品，降低价格会使厂商的销售收入减少；相反，提高价格会使厂商的销售收入增加，即销售收入与商品的价格成同方向变动。**其原因

在于：当 $e_d<1$ 时，厂商降价所引起的需求量的增加率小于价格的下降率。这意味着需求量增加所带来的销售收入的增加量并不能全部抵消价格下降所造成的销售收入的减少量。所以，降价最终使销售收入 $P\cdot Q$ 值减少。相反，在厂商提价时，最终带来的销售收入 $P\cdot Q$ 值是增加的。用图 2—12（b）说明这种情况。图中需求曲线上 a、b 两点之间的需求是缺乏弹性的，两点之间的价格变动率引起一个较小的需求量的变动率。当价格分别为 P_1 和 P_2 时，销售收入分别为矩形 OP_1aQ_1 的面积和矩形 OP_2bQ_2 的面积，且前者面积大于后者面积。这就是说，当厂商降价，即由 a 点运动到 b 点时，销售收入是减少的；相反，当厂商提价，即由 b 点运动到 a 点时，销售收入是增加的。

第三种情况：**对于 $e_d=1$ 的单位弹性的商品，降低价格或提高价格对厂商的销售收入都没有影响。**这是因为，当 $e_d=1$ 时，厂商变动价格所引起的需求量的变动率和价格的变动率是相等的。这样一来，由价格变动所造成的销售收入的增加量或减少量刚好等于由需求量变动所带来的销售收入的减少量或增加量，所以，无论厂商是降价还是提价，销售收入 $P\cdot Q$ 值是不变的。如图 2—12（c）所示。图中需求曲线上 a、b 两点之间为单位弹性。价格为 P_1 时的销售收入即矩形 OP_1aQ_1 的面积等于价格为 P_2 时的销售收入即矩形 OP_2bQ_2 的面积。显然，不管厂商是因降价由 a 点运动到 b 点，还是因提价由 b 点运动到 a 点，其销售收入是不变的。

以上三种情况都是以需求的弧弹性为例进行分析的。事实上，经数学证明，对这三种情况分析所得到的结论，对需求的点弹性也是适用的。①

将 $e_d=\infty$ 和 $e_d=0$ 两种特殊情况考虑在内，商品的需求的价格弹性和厂商的销售收入之间的综合关系如表 2—5 所示。

表 2—5　　需求的价格弹性和厂商的销售收入

价格＼销售收入＼弹性	$e_d>1$	$e_d=1$	$e_d<1$	$e_d=0$	$e_d=\infty$
降价	增加	不变	减少	同比例于价格的下降而减少	在既定价格下，收益可以无限增加，因此，厂商不会降价
涨价	减少	不变	增加	同比例于价格的上升而增加	收益会减少为零

六、影响需求的价格弹性的因素

影响需求的价格弹性的因素很多，其中主要有以下几个。

第一，**商品的可替代性。**一般说来，一种商品的可替代品越多，相近程度越高，则该

① 假定需求函数为 $Q=f(P)$，于是，厂商的销售收入为 $P\cdot Q=P\cdot Q(P)$，进一步可以得到以下式子：

$$\frac{\mathrm{d}(P\cdot Q)}{\mathrm{d}P}=Q+P\cdot\frac{\mathrm{d}Q}{\mathrm{d}P}=Q\left(1+\frac{P}{Q}\cdot\frac{\mathrm{d}Q}{\mathrm{d}P}\right)=Q(1-e_d)$$

由上式可得以下关系式：当 $e_d\begin{matrix}<\\=\\>\end{matrix}1$ 时，有 $\frac{\mathrm{d}(P\cdot Q)}{\mathrm{d}P}\begin{matrix}>\\=\\<\end{matrix}0$。

商品的需求的价格弹性往往就越大；相反，该商品的需求的价格弹性往往就越小。例如，在苹果市场，当国光苹果的价格上升时，消费者就会减少对国光苹果的需求量，增加对相近的替代品如香蕉苹果的购买。这样，国光苹果的需求弹性就比较大。又如，对于食盐来说，没有很好的可替代品，所以，食盐价格的变化所引起的需求量的变化几乎等于零，它的需求的价格弹性是极其微小的。

对一种商品所下的定义越明确、越狭窄，这种商品的相近的替代品往往就越多，需求的价格弹性也就越大。譬如，某种特定商标的豆沙馅面包的需求要比一般的甜馅面包的需求更有弹性，甜馅面包的需求又比一般的面包的需求更有弹性，而面包的需求的价格弹性比一般的面粉制品的需求的价格弹性又要大得多。

第二，**商品用途的广泛性。**一般说来，一种商品的用途越广泛，它的需求的价格弹性就可能越大；相反，用途越狭窄，它的需求的价格弹性就可能越小。这是因为，如果一种商品具有多种用途，当它的价格较高时，消费者只购买较少的数量用于最重要的用途。当它的价格逐步下降时，消费者的购买量就会逐渐增加，将商品越来越多地用于其他各种用途。

第三，**商品对消费者生活的重要程度。**一般说来，生活必需品的需求的价格弹性较小，非必需品的需求的价格弹性较大。例如，馒头的需求的价格弹性往往是较小的，电影票的需求的价格弹性可以是较大的。

第四，**商品的消费支出在消费者预算总支出中所占的比重。**消费者在某商品上的消费支出在预算总支出中所占的比重越大，该商品的需求的价格弹性可能越大；反之，则越小。例如，食盐、铅笔、肥皂等商品的需求的价格弹性就是比较小的。因为消费者每月在这些商品上的支出是很小的，消费者往往不太在意这类商品价格的变化。

第五，**所考察的消费者调节需求量的时间。**一般说来，所考察的调节时间越长，则需求的价格弹性就可能越大。因为在消费者决定减少或停止对价格上升的某种商品的购买时，他一般需要花费时间去寻找和了解该商品的替代品。例如，当石油价格上升时，消费者在短期内通常不会较大幅度地减少需求量。但设想在长期内，消费者可能找到替代品，于是，石油价格上升会导致石油的需求量较大幅度地下降。

需要指出，一种商品需求的价格弹性的大小是各种影响因素综合作用的结果。所以，在分析一种商品的需求的价格弹性的大小时，要根据具体情况进行全面的综合分析。

☞专栏 2—3

春节期间商家的降价与提价

在我国传统节日春节期间，市场总是呈现熙熙攘攘、生意兴隆的场面。商家们都会抓住春节的消费旺盛时机，运用各种促销手段来增加销售收入。对商品价格进行调整，便是商家们通常会采取的一个重要销售策略。

在春节期间，一方面，商家们色彩鲜艳的各种打折促销海报及“sale”标志在市场随处醒目可见，市场的降价促销气氛也因此被营造得更加红火。但另一方面，也有不少商家会果断提价，而且它们的商品也照样被追逐热捧。那么，在春节期间，为什么有的商品降价，有的商品却提价呢？或者说，商家到底是应该降价还是提价，才不至错失春节这一销售良机，甚至赚个盆满钵溢呢？

我们已经知道，对于商品价格的变动而言，如果该商品的需求是富有弹性的，则降价出售可以增加销售收入；相反，如果该商品的需求是缺乏弹性的，则提价出售可以增加销售收入。尽管商品的价格水平受到诸多因素的影响，但是，商品的需求价格弹性的大小始终是影响商家定价高低的一个重要因素。由此出发，我们就不难理解在春节期间商品市场上降价和提价并存的热销场景了。

1. 春节期间商品的降价

在春节期间通常哪些商品会降价呢？譬如，很多服装类和鞋类商品在春节期间都会打折，尤其是中低档服装和鞋的打折力度更大。不少服装和鞋会打7～8折，甚至以更低的折扣出售；有的商家会打出诸如"购物满200元可享受9折，满300元可享受8.5折……满888元可享受6.5折"之类的优惠；还有"买第二件享受更低折扣"等等，名目繁多，一派热闹景象。

其实，在打折促销背后是商家们之间的激烈竞争，它不仅来自各商场实体店之间的竞争，还来自网购和实体店之间的竞争。这种激烈竞争的压力也可以表述为：商家们所销售的同类服装或同类鞋都是很接近的替代品，消费者在购买某种服装或鞋时总能面对较多的同类服装或鞋，消费者的购买选择余地很大，即这些商品的需求是富有弹性的。于是，当一个商家将某种服装或鞋的价格下降一定比例时，通常会吸引更多的消费者，甚至顾客盈门，从而使得销售数量以更大的比例增加，此商家的销售收入也因降价而增加。

当然，在这一片打折声中，有的商家可能由于商店位置、店面装潢、进货的质量、宣传力度等方面的欠缺，降价后并没有吸引到足够多的消费者，甚至店面依然冷清、顾客稀少，那么，其降价的后果很可能是销售收入的减少。这意味着，此时此地，消费者对这些商家的商品需求实际上是缺乏弹性的。

此外，我们还可以发现，即便是在春节购物旺季，一些出售高端品牌服装的商家是拒绝降价的，价格依然维持在高位。这主要是因为，高端品牌服装的消费群体主要是高收入人群，他们通常并不太在意商品价格的变化。无论是提价还是降价，他们对高端品牌服装的购买数量都不会发生较大变化，即高收入人群对高端品牌服装的需求是缺乏弹性的。既然如此，出售高端品牌服装的商家自然就不会降价而是继续维持原高价位，以保持高额销售收入。

2. 春节期间商品的提价

在春节期间有些商品会提价，例如热门航线的机票总是全面涨价，其主要原因之一是春节期间热门航线机票的需求是缺乏弹性的。

在平时，各航空公司会根据乘客预订机票的提前天数、航班起飞时间与到达时间、机型、航线等因素，向乘客出售各种折扣程度不同的机票，个别航线在淡季甚至还会出售1～2折的特价机票。一般说来，大多数出行乘客购买的都是折扣机票。除非由于在出发前较短时间内才临时订票等原因，这些乘客才购买高价或全价机票。

春节是中国最重要的传统节日，人们在春节期间总要"回家看看"与亲人团聚，这是中国人割舍不了的一份浓浓亲情。近几十年来，随着中国社会经济的迅速发展，远离家乡在外求学、工作的人口数量急剧增加，因此，春节期间形成了人口数量庞大的"回乡潮"，尤其是从北上广深等一线城市出发的人流量更大。由于航空载客规模是既定的，于是，一时间热门航线的机票供不应求，甚至出现一票难求的局面。

在票源紧张的情况下，对于那些急切要回家过年，尤其是期盼能在除夕和大年初一合家团圆的人们来说，只要能买到机票就行，他们根本不在意票价的高低比较。也就是说，他们此时对机票的需求是缺乏弹性的。在这种情况下，航空公司很清楚，对于从北上广深等一线城市出发的热门航线，即便机票以全价出售也总能售罄。所以，在春节假期，各航空公司的热门航线都会在适当时点取消平时的折扣机票，将票价上涨到全价位。显然，航空公司因机票涨价而增加了收入。

当然，对于少数由于各种原因只能在除夕当天或大年初一登机出发的人来说，他们还是有可能买到某个航空公司某条航线的折扣机票的。其中的原因也是显而易见的。

上面分别以一般服装、鞋类商品和机票为例，利用需求的价格弹性，讨论了春节期间商家的降价和提价策略。类似地，读者还可以将讨论扩展到其他更多的商品。

七、弹性概念的扩大

根据本节一开始给出的弹性概念的一般公式可知，在任何两个具有函数关系的经济变量之间都可以建立弹性，以研究这两个经济变量变动的相互影响。在西方经济学中有许多弹性，下面将先后考察供给的价格弹性、需求的交叉价格弹性和需求的收入弹性。

1. 供给的价格弹性

在西方经济学中，供给方面的弹性包括供给的价格弹性、供给的交叉价格弹性和供给的预期价格弹性等。在此考察的是供给的价格弹性，它通常被简称为供给弹性。

供给的价格弹性表示在一定时期内一种商品的供给量变动对于该商品价格变动的反应程度。或者说，表示在一定时期内当一种商品的价格变化百分之一时所引起的该商品供给量变化的百分比。它是商品的供给量变动率与价格变动率之比。

与需求的价格弹性一样，供给的价格弹性也分为弧弹性和点弹性。

供给的价格弧弹性表示某商品供给曲线上两点之间的弹性。供给的价格点弹性表示某商品供给曲线上某一点的弹性。假定供给函数为 $Q=f(P)$，以 e_s 表示供给的价格弹性系数，则供给的价格弧弹性的公式为：

$$e_s=\frac{\frac{\Delta Q}{Q}}{\frac{\Delta P}{P}}=\frac{\Delta Q}{\Delta P}\cdot\frac{P}{Q} \tag{2.13}$$

供给的价格点弹性的公式为：

$$e_s=\frac{\frac{\mathrm{d}Q}{Q}}{\frac{\mathrm{d}P}{P}}=\frac{\mathrm{d}Q}{\mathrm{d}P}\cdot\frac{P}{Q} \tag{2.14}$$

在通常情况下，商品的供给量和商品的价格是成同方向变动的，供给量的变化量和价格的变化量的符号是相同的。所以，在上面两个公式中，$\frac{\Delta Q}{\Delta P}$和$\frac{\mathrm{d}Q}{\mathrm{d}P}$两项均大于零，作为计算结果的 e_s 为正值。

供给的价格弹性根据 e_s 值的大小也分为五种类型。$e_s>1$ 表示富有弹性；$e_s<1$ 表示缺乏弹性；$e_s=1$ 表示单一弹性或单位弹性；$e_s=\infty$表示完全弹性；$e_s=0$ 表示完全无弹性。

供给的价格弹性的计算方法和需求的价格弹性是类似的。给定具体的供给函数，则可以根据要求，由（2.13）式求出价格上升或价格下降时的供给的价格弧弹性，也可以由中点公式一般地求出供给的价格弧弹性。供给的价格弧弹性的中点公式为：

$$e_s=\frac{\Delta Q}{\Delta P}\cdot\frac{\frac{P_1+P_2}{2}}{\frac{Q_1+Q_2}{2}} \tag{2.15}$$

供给的价格点弹性可以直接用（2.14）式计算求出。

在影响供给的价格弹性的众因素中，时间因素很重要。当商品的价格发生变化时，厂商对产量的调整需要一定的时间。在很短的时间内，厂商若要根据商品的涨价及时地增加产量，或者根据商品的降价及时地缩减产量，都存在不同程度的困难，相应地，供给弹性是比较小的。但是，在长期内，生产规模的扩大与缩小，甚至转产，都是可以实现的，供给量可以对价格变动作出较充分的反应，供给的价格弹性也就比较大了。

除此之外，在其他条件不变时，生产成本随产量变化而变化的情况及产品的生产周期的长短，也是影响供给的价格弹性的另外两个重要因素。就生产成本来说，如果产量增加只引起边际成本的轻微提高，则意味着厂商的供给曲线比较平坦，供给的价格弹性可能是比较大的；相反，如果产量增加引起边际成本较大的提高，则意味着厂商的供给曲线比较陡峭，供给的价格弹性可能是比较小的。① 就产品的生产周期来说，对于生产周期较短的产品，厂商可以根据市场价格的变化较及时地调整产量，供给的价格弹性相应就比较大；相反，生产周期较长的产品的供给的价格弹性就往往较小。

2. 需求的交叉价格弹性

如前所述，一种商品的需求量受多种因素的影响，相关商品的价格就是其中的一个因素。假定其他因素都不发生变化，仅仅研究一种商品的价格变化和它的相关商品的需求量变化之间的关系，则需要运用需求的交叉价格弹性的概念。需求的交叉价格弹性也简称为需求的交叉弹性。

需求的交叉价格弹性表示在一定时期内一种商品的需求量的变动对于它的相关商品的价格的变动的反应程度。或者说，表示在一定时期内当一种商品的价格变化百分之一时所引起的另一种商品的需求量变化的百分比。它是该商品的需求量的变动率和它的相关商品的价格的变动率的比值。

假定商品 X 的需求量 Q_X 是它的相关商品 Y 的价格 P_Y 的函数，即 $Q_X=f(P_Y)$，则商品 X 的需求的交叉价格弧弹性公式为：

---

① 读者在学习了本书第六章的内容以后，就可以理解这一说法。

$$e_{XY}=\frac{\frac{\Delta Q_X}{Q_X}}{\frac{\Delta P_Y}{P_Y}}=\frac{\Delta Q_X}{\Delta P_Y}\cdot\frac{P_Y}{Q_X} \tag{2.16}$$

式中，ΔQ_X 为商品 X 的需求量的变化量；ΔP_Y 为相关商品 Y 的价格的变化量；e_{XY}为当 Y 商品的价格发生变化时，X 商品的需求的交叉价格弹性系数。

当 X 商品的需求量的变化量 ΔQ_X 和相关商品价格的变化量 ΔP_Y 均为无穷小时，则商品 X 的需求的交叉价格点弹性公式为：

$$e_{XY}=\lim_{\Delta P_Y\to 0}\frac{\frac{\Delta Q_X}{Q_X}}{\frac{\Delta P_Y}{P_Y}}=\frac{\frac{\mathrm{d}Q_X}{Q_X}}{\frac{\mathrm{d}P_Y}{P_Y}}=\frac{\mathrm{d}Q_X}{\mathrm{d}P_Y}\cdot\frac{P_Y}{Q_X} \tag{2.17}$$

需求的交叉价格弹性系数的符号取决于所考察的两种商品的相关关系。

商品之间的相关关系可以分为两种，一种为替代关系，另一种为互补关系。一般可以简单地说，**如果两种商品之间可以互相代替以满足消费者的某一种欲望，则称这两种商品之间存在着替代关系，这两种商品互为替代品。**如苹果和梨可以是互为替代品。**如果两种商品必须同时使用才能满足消费者的某一种欲望，则称这两种商品之间存在着互补关系，这两种商品互为互补品。**如网球和网球拍就是互为互补品。

若两种商品之间存在着替代关系，则一种商品的价格与它的替代品的需求量之间成同方向变动，相应的需求的交叉价格弹性系数为正值。这是因为，例如，当苹果的价格上升时，人们会在减少苹果的购买量的同时，增加对苹果的替代品如梨的购买量。**若两种商品之间存在着互补关系，则一种商品的价格与它的互补品的需求量之间成反方向变动，相应的需求的交叉价格弹性系数为负值。**这是因为，例如，当网球拍的价格上升时，人们会减少对网球拍的需求量，这样，作为网球拍的互补品的网球的需求量也会因此而下降。**若两种商品之间不存在相关关系，则意味着其中任何一种商品的需求量都不会对另一种商品的价格变动作出反应，相应的需求的交叉价格弹性系数为零。**

同样的道理，反过来，可以根据两种商品之间的需求的交叉价格弹性系数的符号，来判断两种商品之间的相关关系。若两种商品的需求的交叉价格弹性系数为正值，则这两种商品之间为替代关系。若为负值，则这两种商品之间为互补关系。若为零，则这两种商品之间无相关关系。

3. 需求的收入弹性

前面所考察的需求的价格弹性、供给的价格弹性和需求的交叉价格弹性都是就商品的供求数量与商品的价格相互之间的关系进行研究。实际上，弹性关系并不仅限于商品的供求数量和价格之间，弹性概念被广泛地运用于各种相关的经济变量之间。需求的收入弹性就是建立在消费者的收入和商品的需求量之间关系上的一个弹性概念，它也是一个在西方经济学中被广泛运用的弹性概念。

需求的收入弹性表示在一定时期内消费者对某种商品的需求量的变动对于消费者收入量变动的反应程度。或者说，表示在一定时期内当消费者的收入变化百分之一时所引起的商品

需求量变化的百分比。它是商品的需求量的变动率和消费者的收入量的变动率的比值。

假定某商品的需求量 Q 是消费者收入水平 M 的函数，即 $Q=f(M)$，则该商品的需求的收入弹性公式为：

$$e_M=\frac{\frac{\Delta Q}{Q}}{\frac{\Delta M}{M}}=\frac{\Delta Q}{\Delta M}\cdot\frac{M}{Q} \tag{2.18}$$

或

$$e_M=\lim_{\Delta M\to 0}\frac{\Delta Q}{\Delta M}\cdot\frac{M}{Q}=\frac{\mathrm{d}Q}{\mathrm{d}M}\cdot\frac{M}{Q} \tag{2.19}$$

以上（2.18）式和（2.19）式分别为需求的收入弧弹性和点弹性公式。

根据商品的需求的收入弹性系数值，可以给商品分类。首先，商品可以分为两类，分别是**正常品**和**劣等品**（亦称低档品）。其中，正常品是指消费者对该商品的需求量与收入成同方向变化的商品；劣等品是指消费者对该商品的需求量与收入成反方向变化的商品。对于消费者来说，大多数商品都是正常品。然后，将正常品再进一步区分为**必需品**和**奢侈品**两类。以上的商品分类方法，可以用需求的收入弹性来表示。具体地说，$e_M>0$ 的商品为正常品，因为 $e_M>0$ 意味着消费者对该商品的需求量与收入水平成同方向变化。$e_M<0$ 的商品为劣等品，因为 $e_M<0$ 意味着消费者对该商品的需求量与收入水平成反方向变化。在正常品中，$e_M<1$ 的商品为必需品，$e_M>1$ 的商品为奢侈品。这是因为，例如，当消费者的收入水平下降时，尽管消费者对必需品和奢侈品的需求量都会有所减少，但对必需品的需求量的减少是有限的，或者说，是缺乏弹性的；而对奢侈品的需求量的减少是较多的，或者说，是富有弹性的。

在需求的收入弹性的基础上，如果具体地研究消费者用于购买食物的支出量对于消费者收入量变动的反应程度，就可以得到食物支出的收入弹性。西方经济学中的**恩格尔定律指出：在一个家庭或在一个国家中，食物支出在收入中所占的比例随着收入的增加而减少。**① **用弹性概念来表述恩格尔定律可以是：对于一个家庭或一个国家来说，富裕程度越高，则食物支出的收入弹性就越小；反之，则越大。**许多国家经济发展过程的统计资料表明恩格尔定律是成立的。

其实，无论是在实际应用还是在理论研究中，弹性都是一个被广泛使用的概念。我们可以根据具体情况和不同需要来建立各种弹性，并加以运用。

☞专栏 2—4

我国居民收入和恩格尔系数

我们已经知道，恩格尔定律是指，在一个家庭或在一个国家中，食物支出在收入中所

① 恩格尔（1821—1896）是德国的统计学家，他于 1857 年在一个研究报告中提出了该定律。恩格尔以后的经济学家有时也用食物支出的收入弹性来表述该定律。

占的比例会随着收入的增加而减少。恩格尔在研究中还提出，可以用食物支出占总支出的比重来衡量家庭的富裕程度，即随着家庭收入水平的提高，食物支出占总支出的比重是下降的。之后，通常将食物支出占总消费支出的比重称为恩格尔系数，并将其作为衡量一国居民富裕程度和生活水平的一个重要指标。

表 2—6 是一张关于我国 1978—2013 年间城乡居民人均收入和恩格尔系数的统计表。

表 2—6　　我国城乡居民人均收入和恩格尔系数（1978—2013 年）

年份	城镇居民人均可支配收入		农村居民人均纯收入		城镇居民恩格尔系数（%）	农村居民恩格尔系数（%）
	绝对数（元）	指数（1978 年=100）	绝对数（元）	指数（1978 年=100）		
1978	343.4	100.0	133.6	100.0	57.5	67.7
1980	477.6	127.0	191.3	139.0	56.9	61.8
1985	739.1	160.4	397.6	268.9	53.3	57.8
1990	1 510.2	198.1	686.3	311.2	54.2	58.8
1991	1 700.6	212.4	708.6	317.4	53.8	57.6
1992	2 026.6	232.9	784.0	336.2	53.0	57.6
1993	2 577.4	255.1	921.6	346.9	50.3	58.1
1994	3 496.2	276.8	1 221.0	364.3	50.0	58.9
1995	4 283.0	290.3	1 577.7	383.6	50.1	58.6
1996	4 838.9	301.6	1 926.1	418.1	48.8	56.3
1997	5 160.3	311.9	2 090.1	437.3	46.6	55.1
1998	5 425.1	329.9	2 162.0	456.1	44.7	53.4
1999	5 854.0	360.6	2 210.3	473.5	42.1	52.6
2000	6 280.0	383.7	2 253.4	483.4	39.4	49.1
2001	6 859.6	416.3	2 366.4	503.7	38.2	47.7
2002	7 702.8	472.1	2 475.6	527.9	37.7	46.2
2003	8 472.2	514.6	2 622.2	550.6	37.1	45.6
2004	9 421.6	554.2	2 936.4	588.0	37.7	47.2
2005	10 493.0	607.4	3 254.9	624.5	36.7	45.5
2006	11 759.5	670.7	3 587.0	670.7	35.8	43.0
2007	13 785.8	752.5	4 140.4	734.4	36.3	43.1
2008	15 780.8	815.7	4 760.6	793.2	37.9	43.7
2009	17 174.7	895.4	5 153.2	860.6	36.5	41.0
2010	19 109.4	965.2	5 919.0	954.4	35.7	41.1
2011	21 809.8	1 046.3	6 977.3	1 063.2	36.3	40.4
2012	24 564.7	1 146.7	7 916.6	1 176.9	36.2	39.3
2013	26 955.1	1 227.0	8 895.9	1 286.4	35.0	37.7

资料来源：《中国统计年鉴 2014》，158 页，6-4“城乡居民人均收入及恩格尔系数”。

首先，由表中的数据可以清楚地看到，在我国改革开放以来的三十多年间，随着我国经济的迅速增长，我国城镇居民人均可支配收入和农村居民人均纯收入都得到大幅度的增长，其绝对数值分别从 1978 年的 343.4 元和 133.6 元提高到 2013 年的 26 955.1 元和

8 895.9元；相应地，我国城镇居民恩格尔系数和农村居民恩格尔系数都呈现较快的下降趋势，分别从1978年的57.5和67.7下降到2013年的35.0和37.7。这些数据都说明在1978—2013年间我国城乡居民的生活富裕程度和生活水平得到大幅度提升。

此外，分析表中数据还可以进一步看到，在这三十多年间，我国城乡居民的人均收入指数也都得到大幅度增长，在2013年该指数分别达到1 227.0和1 286.4（以1978年=100）。而且，到2011年我国农村居民人均纯收入的增长指数达到1 063.2，已经赶上并略超过城镇居民人均可支配收入的增长指数1 046.3。同期，农村居民恩格尔系数的下降幅度也大于城镇居民恩格尔系数的下降幅度。这些数据都表明这三十多年来我国城乡居民的收入水平和生活水平的差距正在逐步缩小。

但是，尽管如此，表中的数据还告诉我们，在这三十多年间，城镇居民人均可支配收入的绝对数值始终远高于农村居民人均纯收入的绝对数值，而且，城镇居民的恩格尔系数也始终低于农村居民的恩格尔系数，这些又都表明城乡居民的富裕程度和生活水平仍然存在较大的差距。所以，逐步缩小甚至消除城乡居民收入水平和生活水平的差距，将是我国今后较长一段时间内经济发展和建设富裕强国的一个重要目标。

第六节　运用供求曲线的事例

供求曲线描述了商品的供求数量和价格之间的关系。在实际经济生活中，可以运用这种关系来解释许多经济现象，并且有助于解决一些实际经济问题。本节介绍这方面的几个事例。

一、最高限价和最低限价

政府根据不同的经济形势会采取不同的经济政策，在此介绍有关政府的价格政策的两种做法：最高限价和最低限价。

1. 最高限价

最高限价也称为限制价格。它是政府所规定的某种产品的最高价格。最高限价总是低于市场的均衡价格。

图2—13表示政府对某种产品实行最高限价的情形。开始时，该产品市场的均衡价格为P_e，均衡数量为Q_e。若政府实行最高限价政策，规定该产品的市场最高限价为P_0。由图中可见，最高限价P_0小于均衡价格P_e，且在最高限价P_0的水平，市场需求量Q_2大于市场供给量Q_1，市场上出现供不应求的情况。

政府实行最高限价的目的往往是为了抑制某些产品的价格上涨，尤其是为了应对通货膨胀。有时，为了限制某些行业，特别是限制一些垄断性很强的公用事业的价格，政府也会采取最高限价的做法。但政府实行最高限价的做法也会带来一些不良的影响。最高限价下的供不应求会导致市场上消费者排队抢购和黑市交易盛行。在这种情况下，政府往往又不得不采取配给的方法来分配产品。此外，生产者也可能粗制滥造，降低产品质量，形成变相涨价。

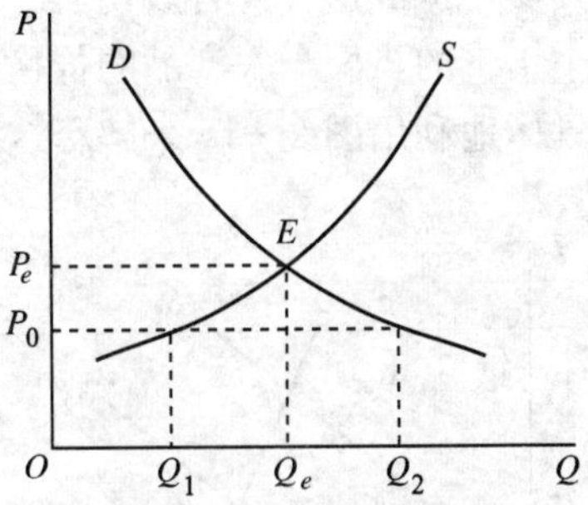

图 2—13　最高限价

2. 最低限价

最低限价也称为支持价格。它是政府所规定的某种产品的最低价格。最低限价总是高于市场的均衡价格。

图 2—14 表示政府对某种产品实行最低限价的情形。开始时的市场均衡价格为 P_e，均衡数量为 Q_e。以后，政府实行最低限价所规定的市场价格为 P_0。由图中可见，最低限价 P_0 大于均衡价格 P_e，且在最低限价 P_0 水平，市场供给量 Q_2 大于市场需求量 Q_1，市场上出现产品过剩的情况。

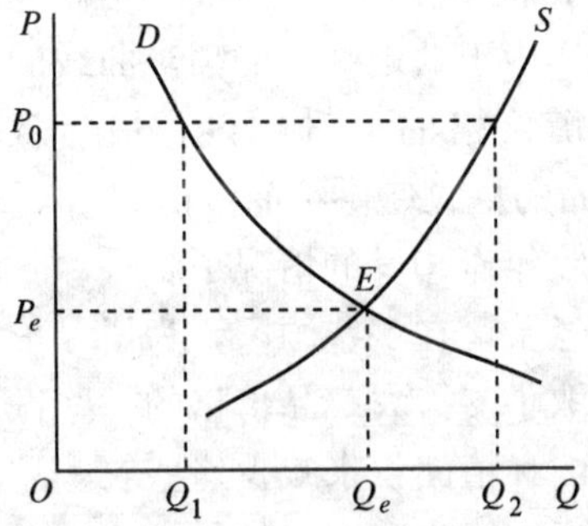

图 2—14　最低限价

政府实行最低限价的目的通常是为了扶持某些行业的发展。农产品的支持价格就是一些西方国家所普遍采取的政策，在实行这一政策时，政府通常收购市场上过剩的农产品。除了农产品的支持价格以外，政府也可以采取其他办法来扶植农业的发展，这一点在下一个问题中还会提及。

二、谷贱伤农

在农业生产活动中，存在着这么一种经济现象：在丰收的年份，农民的收入却反而减少了。这种现象在我国民间被形象地称为“谷贱伤农”。其实，这种表面看起来难以理解的现象，是可以用需求的价格弹性原理来加以解释的。

在前面分析需求的价格弹性与厂商的销售收入时，我们得到这样一个结论：对于缺乏弹性的商品来说，商品的价格与厂商的销售收入成同方向变化。现在，我们可以把这一结论具体运用到农产品的场合。其实，造成这种“谷贱伤农”经济现象的根本原因在于：农产品的需求的价格弹性往往是小于1的，即当农产品的价格发生变化时，农产品的需求往往是缺乏弹性的。下面，我们具体地利用图2—15来解释这种经济现象。

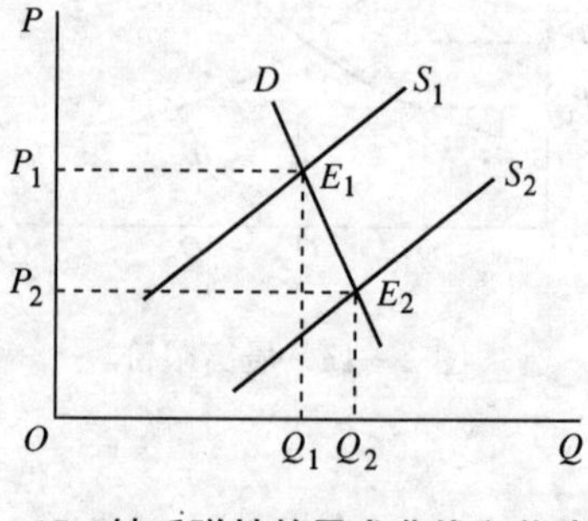

图2—15　缺乏弹性的需求曲线和谷贱伤农

在图2—15中，农产品的需求曲线D是缺乏弹性的。农产品的丰收使供给曲线由S_1的位置向右平移至S_2的位置，在缺乏弹性的需求曲线的作用下，农产品的均衡价格大幅度地由原先的P_1下降到P_2。由于农产品均衡价格的下降幅度大于农产品的均衡数量的增加幅度，最后致使农民总收入量减少，即谷贱伤农的情景。其总收入的减少量相当于图中矩形$OP_1E_1Q_1$和$OP_2E_2Q_2$的面积之差。

类似地，在歉收年份，同样由于缺乏弹性的需求曲线的作用，农产品均衡数量减少的幅度将小于由它所引起的均衡价格的上升幅度，最后致使农民的总收入量增加。在图2—15中，只需先假定农产品的歉收使供给曲线由S_2的位置向左平移至S_1的位置，随后便可以具体地说明这种与丰收年份相反的情况了。

基于以上的经济事实及其经验，在一些国家，为了保护农场主和农民的利益，为了保护和支持农业的发展，纷纷采取了支持农产品价格的一些做法，其中包括：在一定的条件下，通过适当减少某些农产品的种植面积来减少这些农产品的供给，从而将这些农产品的价格维持在一定的水平，以保证农场主和农民的收入。

复习与思考

1. 已知某一时期内某商品的需求函数为$Q^d=50-5P$，供给函数为$Q^s=-10+5P$。

（1）求均衡价格P_e和均衡数量Q_e，并作出几何图形。

（2）假定供给函数不变，由于消费者收入水平提高，使需求函数变为$Q^d=60-5P$。求出相应的均衡价格P_e和均衡数量Q_e，并作出几何图形。

（3）假定需求函数不变，由于生产技术水平提高，使供给函数变为$Q^s=-5+5P$。求出相应的均衡价格P_e和均衡数量Q_e，并作出几何图形。

（4）利用（1）、（2）和（3），说明需求变动和供给变动对均衡价格和均衡数量的影响。

2. 假定表2—7是需求函数$Q^d=500-100P$在一定价格范围内的需求表。

表 2—7　　某商品的需求表

价格（元）	1	2	3	4	5
需求量	400	300	200	100	0

（1）求出在价格 2 元和 4 元之间的需求的价格弧弹性。

（2）根据给出的需求函数，求 $P=2$ 元时的需求的价格点弹性。

3. 假定表 2—8 是供给函数 $Q^s=-2+2P$ 在一定价格范围内的供给表。

表 2—8　　某商品的供给表

价格（元）	2	3	4	5	6
供给量	2	4	6	8	10

（1）求出在价格 3 元和 5 元之间的供给的价格弧弹性。

（2）根据给出的供给函数，求 $P=3$ 元时的供给的价格点弹性。

4. 假定需求函数为 $Q=MP^{-N}$，其中 M 表示收入，P 表示商品价格，N（$N>0$）为常数。

求：需求的价格点弹性和需求的收入点弹性。

5. 假定某消费者的需求的价格弹性 $e_d=1.3$，需求的收入弹性 $e_M=2.2$。求：

（1）在其他条件不变的情况下，商品价格下降 2%对需求数量的影响。

（2）在其他条件不变的情况下，消费者收入提高 5%对需求数量的影响。

6. 假定在某市场上 A、B 两厂商是生产同种有差异的产品的竞争者；该市场对 A 厂商的需求曲线为 $P_A=200-Q_A$，对 B 厂商的需求曲线为 $P_B=300-0.5Q_B$；两厂商目前的销售量分别为 $Q_A=50$，$Q_B=100$。求：

（1）A、B 两厂商的需求的价格点弹性 e_{dA} 和 e_{dB} 各是多少？

（2）如果 B 厂商降价后，使得 B 厂商的需求量增加为 $Q'_B=160$，同时使竞争对手 A 厂商的需求量减少为 $Q'_A=40$。那么，A 厂商的需求的交叉价格弹性 e_{AB} 是多少？

（3）如果 B 厂商追求销售收入最大化，那么，你认为 B 厂商的降价是一个正确的行为选择吗？

7. 利用图阐述需求的价格弹性的大小与厂商的销售收入之间的关系，并举例加以说明。

8. 利用图 2—1 简要说明微观经济学的理论体系框架和核心思想。

21世纪经济学系列教材

第三章

消费者选择

上一章介绍了需求曲线和供给曲线的基本特征，即需求曲线一般向右下方倾斜，供给曲线一般向右上方倾斜。在微观经济学里，构造需求曲线和供给曲线是分别以对消费者行为和生产者行为的分析作为依据的。作为上一章内容的深入，本章将分析需求曲线背后的消费者的选择行为，并从对消费者选择行为的分析中推导出需求曲线。以后的三章（即第四章、第五章、第六章）将分析供给曲线背后的生产者行为，即从对生产者决策行为的分析中推导出供给曲线，并把需求曲线和供给曲线结合在一起，进一步分析产品市场的均衡状态。通过第三章到第六章的分析，将使得供求曲线的相互作用及其结果（即均衡价格）体现为产品市场中的消费者行为和生产者行为的相互作用及其结果。

第一节　无差异曲线

本章将运用无差异曲线分析法，研究消费者追求效用最大化的行为，并由此推导消费者的需求曲线。

一、效用与偏好

效用是对商品满足人的欲望的能力评价，或者说，效用是指消费者在消费商品时所感受到的满足程度。一种商品对消费者是否具有效用，取决于消费者是否有消费这种商品的欲望，以及这种商品是否具有满足消费者欲望的能力。效用这一概念与人的欲望是联系在一起的，它是消费者对商品满足自己欲望的能力的一种主观心理评价。

商品给消费者带来的效用可以用偏好来表示。所谓偏好，就是爱好或喜欢的意思。对于不同的商品组合，消费者的偏好程度是有差别的，正是这种偏好程度的差别，反映了消费者对不同的商品组合的效用水平的评价。具体地讲，给定 A、B 两个商品组合，如果某消费者对 A 商品组合的偏好程度大于 B 商品组合，那也就是说，这个消费者认为 A 组合的效用水平大于 B 组合，或者说，A 组合给该消费者带来的满足程度大于 B 组合。

关于消费者偏好，有三个基本的假定：

第一个假定是**偏好的完全性**。偏好的完全性指消费者总是可以比较和排列所给出的不同商品组合。换言之，对于任何两个商品组合 A 和 B，消费者总是可以作出，而且也仅仅只能作出以下三种判断中的一种：对 A 的偏好大于对 B 的偏好；或者对 B 的偏好大于对 A 的偏好；或者对 A 和 B 的偏好相同（即 A 和 B 是无差异的）。偏好的完全性的假定保证消费者对于偏好的表达方式是完备的（即完全的），消费者总是可以把自己的偏好评价准确地表达出来。

第二个假定是**偏好的可传递性**。可传递性指对于任何三个商品组合 A、B 和 C，如果消费者对 A 的偏好大于对 B 的偏好，对 B 的偏好大于对 C 的偏好，那么，在 A、C 这两个组合中，消费者必定有对 A 的偏好大于对 C 的偏好。偏好的可传递性假定保证了消费者偏好的一致性，因而也是理性的。

第三个假定是**偏好的非饱和性**。该假定指如果两个商品组合的区别仅在于其中一种商品的数量不相同，那么消费者总是偏好于含有这种商品数量较多的那个商品组合。这就是说消费者对每一种商品的消费都没有达到饱和点，或者说，对于任何一种商品，消费者总是认为数量多比数量少好。此外，这个假定还意味着，消费者认为值得拥有的商品都是“好的东西”（goods），而不是“坏的东西”（bads）。在这里，“坏的东西”指诸如空气污染、噪音等只能给消费者带来负效用的东西。在我们以后的分析中，不涉及“坏的东西”。

二、效用函数

消费者通过消费商品所获得的效用水平可以用效用函数来表示。令消费者对两种商品的消费数量分别为 X_1、X_2，效用水平为 U，则效用函数为：

$$U=U(X_1,X_2) \tag{3.1}$$

相应的两商品的边际效用函数分别为：

$$MU_1=\frac{\Delta U(X_1,X_2)}{\Delta X_1} \qquad MU_2=\frac{\Delta U(X_1,X_2)}{\Delta X_2} \tag{3.2}$$

式中，ΔX_1 和 ΔX_2 分别为商品 1 和商品 2 的消费增加量，ΔU 为相应的效用增加量；第一种商品的边际效用函数 MU_1 表示消费者对第一种商品增加一单位消费量时所获得的效用增量，第二种商品的边际效用函数 MU_2 表示消费者对第二种商品增加一单位消费量时所获得的效用增量。显然，边际效用表示消费者对某一种商品增加一单位消费量时所获得的效用增加量。

当商品的增加量趋于无穷小时，两商品的边际效用函数分别为：

$$MU_1=\lim_{\Delta x1\to 0}\frac{\Delta U(X_1,X_2)}{\Delta X_1}=\frac{\partial U(X_1,X_2)}{\partial X_1}\quad MU_2=\lim_{\Delta x2\to 0}\frac{\Delta U(X_1,X_2)}{\Delta X_2}=\frac{\partial U(X_1,X_2)}{\partial X_2}\tag{3.3}$$

这里要指出的是，在西方经济学中，边际分析方法是最基本的分析方法之一，“边际”概念则是很重要的一个基本概念。边际效用是本书出现的第一个边际概念。在此，我们有必要强调一下，边际量的一般含义是表示自变量的一单位变化量所引起的因变量的变化量，即边际量的一般定义公式为：

$$\text{边际量}=\frac{\text{因变量的变化量}}{\text{自变量的变化量}}$$

三、无差异曲线及其特点

为了简化分析，假定消费者只消费两种商品，即我们讨论的是二维平面图上的无差异曲线。

无差异曲线是用来表示消费者偏好相同的两种商品的所有组合的。或者说，它是表示能够给消费者带来相同的效用水平或满足程度的两种商品的所有组合的。下面用表 3—1 和图 3—1 具体说明无差异曲线的构建。

表 3—1　某消费者的无差异表

商品组合	无差异表 a		无差异表 b		无差异表 c	
	X_1	X_2	X_1	X_2	X_1	X_2
A	20	130	30	120	50	120
B	30	60	40	80	55	90
C	40	45	50	63	60	83
D	50	35	60	50	70	70
E	60	30	70	44	80	60
F	70	27	80	40	90	54

表 3—1 是某消费者关于商品 1 和商品 2 的无差异表，表中列出了关于这两种商品各种不同的组合。该表由三个子表即无差异表 a、无差异表 b 和无差异表 c 组成，每一个子表中都包含六个商品组合，且假定每一个子表中六个商品组合的效用水平是相同的。以无差异表 a 为例：表 a 中有 A、B、C、D、E 和 F 六个商品组合。在 A 组合中，商品 1 和商品 2 的数量各为 20 和 130；在 B 组合中，商品 1 和商品 2 的数量各为 30 和 60，如此等等。而且，消费者对这六个组合的偏好程度是无差异的。同样地，消费者对无差异表 b 中的所有六个商品组合的偏好程度也都是相同的，无差异表 c 中六个商品组合给消费者带来的满足程度也都是相同的。

但需要注意的是，无差异表 a、无差异表 b 和无差异表 c 各自所代表的效用水平的大小是不一样的。只要对表中的商品组合进行仔细观察和分析，就可以发现，根据偏好的非饱和性假定，或者说，根据商品数量“多比少好”的原则，可以得出结论：无差异表 a 所代表的效用水平低于无差异表 b，无差异表 b 又低于无差异表 c。

根据表 3—1 绘制的无差异曲线如图 3—1 所示。图中的横轴和纵轴分别表示商品 1 的数量 X_1 和商品 2 的数量 X_2，曲线 U_1、U_2、U_3 顺次代表与无差异表 a、无差异表 b 和无差异表 c 相对应的三条无差异曲线。这三条无差异曲线是这样得到的：以无差异曲线 U_1 为例，先根据无差异表 a 描绘出相应的六个商品组合点 A、B、C、D、E 和 F，然后用曲线把这六个点连接起来（在假定商品数量可以无限细分的前提下），便形成了平滑的无差异曲线 U_1。用相同的方法，可以根据无差异表 b 和无差异表 c，分别绘制出无差异曲线 U_2 和 U_3。

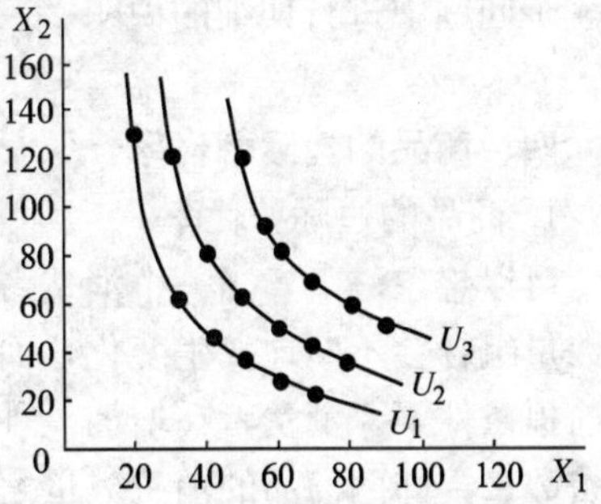

图 3—1　某消费者的无差异曲线

需要指出，在表 3—1 中只列出了三个无差异子表，相应地，在图 3—1 中只得到了三条无差异曲线。实际上，我们可以假定消费者的偏好程度可以无限多，也就是说，我们可以有无数个无差异子表，从而得到无数条无差异曲线。表 3—1 和图 3—1 只不过是一种分析的简化而已。

无差异曲线具有以下三个基本特征：

第一个特征，由于通常假定效用函数是连续的，所以，在同一坐标平面上的任何两条无差异曲线之间，可以有无数条无差异曲线。可以这样想象：我们可以画出无数条无差异曲线，以至覆盖整个平面坐标图。所有这些无差异曲线之间的相互关系是：离原点越远的无差异曲线代表的效用水平越高，离原点越近的无差异曲线代表的效用水平越低。

第二个特征，在同一坐标平面图上的任何两条无差异曲线均不会相交。这一点可用图 3—2 来说明。

图中，两条无差异曲线相交于 a 点，这种画法是错误的。其理由在于：根据无差异曲线的定义，由无差异曲线 U_1 可得 a、b 两点的效用水平是相等的，由无差异曲线 U_2 可得 a、c 两点的效用水平是相等的。于是，根据偏好的可传递性假定，必定有 b 和 c 这两点的效用水平是相等的。但是，观察和比较图中 b 和 c 这两点的商品组合，可以发现 c 组合中的每一种商品的数量都多于 b 组合，于是，根据偏好的非饱和性假定，必定有 c 点的效用水平大于 b 点的效用水平。这样一来，矛盾便产生了：该消费者在认为 b 点和 c 点无差异的同时，又认为 c 点要优于 b 点，这就违背了偏好的完全性假定。由此证明：对于任何一个消费者来说，两条无差异曲线相交的画法是错误的。

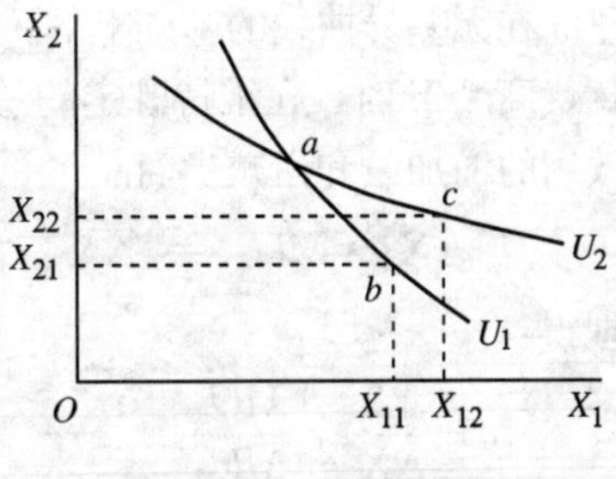

图 3—2　违反偏好假定的无差异曲线

第三个特征，无差异曲线是凸向原点的。这就是说，无差异曲线不仅向右下方倾斜，即无差异曲线的斜率为负值，而且，无差异曲线是以凸向原点的形状向右下方倾斜的，即无差异曲线的斜率的绝对值是递减的。这一特征在图 3—1 中表现得很明显。为什么无差异曲线具有凸向原点的特征呢？这取决于商品的边际替代率递减规律。关于这一点，将在下一个问题中进行详细的说明。

四、商品的边际替代率

1. 商品的边际替代率

可以想象一下，当一个消费者沿着一条既定的无差异曲线上下滑动的时候，两种商品的数量组合会不断地发生变化，而效用水平却保持不变。这就说明，在维持效用水平不变的前提条件下，消费者在增加一种商品消费数量的同时，必然会放弃一部分另一种商品的消费数量，即两商品的消费数量之间存在着替代关系。由此，经济学家建立了商品的边际替代率（英文简写为 MRS①）的概念。**在维持效用水平不变的前提下，消费者增加一单位某种商品的消费数量时所需要放弃的另一种商品的消费数量，被称为商品的边际替代率。**商品 1 对商品 2 的边际替代率的定义公式为：

$$MRS_{12}=-\frac{\Delta X_2}{\Delta X_1} \tag{3.4}$$

式中，ΔX_1 和 ΔX_2 分别为商品 1 和商品 2 的变化量。由于 ΔX_1 是增加量，ΔX_2 是减少量，两者的符号肯定是相反的，所以，为了使 MRS_{12} 的计算结果是正值，以便于比较，就在公式中加了一个负号。

当商品数量的变化趋于无穷小时，则商品的边际替代率公式为：

$$MRS_{12}=\lim_{\Delta X1\to 0}-\frac{\Delta X_2}{\Delta X_1}=-\frac{\mathrm{d}X_2}{\mathrm{d}X_1} \tag{3.5}$$

显然，由（3.5）式可知，**无差异曲线上某一点的边际替代率就是无差异曲线在该点的斜率的绝对值。**

商品的边际替代率还可以表示为两商品的边际效用之比。这是因为，边际替代率的概念是建立在无差异曲线的基础上的，所以，对于任意一条给定的无差异曲线而言，当用商品 X 去替代商品 Y 时，在维持既定的总效用水平不变的前提下，由增加商品 X 的消费所带来的总效用的增加量和由减少商品 Y 的消费所带来的总效用的减少量必定是相等的，即必有：

$$|\Delta X_1 \cdot MU_1|=|\Delta X_2 \cdot MU_2|$$

整理得：

$$-\frac{\Delta X_2}{\Delta X_1}=\frac{MU_1}{MU_2}$$

由边际替代率的定义公式得：

$$MRS_{12}=-\frac{\Delta X_2}{\Delta X_1}=\frac{MU_1}{MU_2} \tag{3.6}$$

或者有

---

① 在有些西方经济学教科书中，也将商品的边际替代率的英文简写为 RCS。

$$MRS_{12}=-\frac{dX_2}{dX_1}=\frac{MU_1}{MU_2} \tag{3.7}$$

可见，边际替代率可以表示为两商品的边际效用之比。

2. 商品的边际替代率递减规律

西方经济学家指出，在两商品的替代过程中，普遍存在一种现象，这种现象被称为商品的边际替代率递减规律。具体地说，**商品的边际替代率递减规律是指：在维持效用水平不变的前提下，随着一种商品的消费数量的连续增加，消费者为得到每一单位的这种商品所需要放弃的另一种商品的消费数量是递减的。**之所以会普遍发生商品的边际替代率递减的现象，其原因在于：随着一种商品的消费数量的逐步增加，消费者想要获得更多的这种商品的愿望就会递减，从而，他为了多获得一单位的这种商品所愿意放弃的另一种商品的数量就会越来越少。

从几何意义上讲，由于无差异曲线上某一点的两商品的边际替代率就是无差异曲线在该点的斜率的绝对值，所以，在连续的意义上，边际替代率递减规律决定了无差异曲线的斜率的绝对值是递减的，即无差异曲线是凸向原点的。

下面，再利用图 3—3 从商品离散的角度来具体说明商品的边际替代率递减规律和无差异曲线形状之间的关系。在图中，当消费者沿着既定的无差异曲线由 a 点运动到 b 点时，商品 1 的增加量为 ΔX_1，相应的商品 2 的减少量为 ΔX_2。这两个变量的比值的绝对值即 $-\frac{\Delta X_2}{\Delta X_1}$，就是 MRS_{12}。在图中，由于无差异曲线是凸向原点的，这就保证了当商品 1 的数量一单位一单位地逐步增加时，即由 a 点经 b、c、d 点运动到 e 点的过程中，每增加一单位的商品 1 所需放弃的商品 2 的数量是递减的。

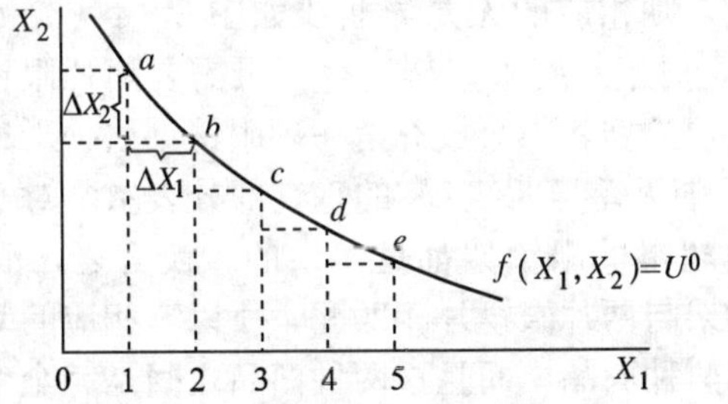

图 3—3　商品的边际替代率递减规律和无差异曲线的形状

五、无差异曲线的特殊形状

无差异曲线的形状刻画了在维持效用水平不变的前提下一种商品对另一种商品的替代程度。由边际替代率递减规律决定的无差异曲线的形状是凸向原点的，这是无差异曲线的一般形状。下面，介绍两种特殊情况下的无差异曲线的特殊形状。

1. 完全替代品

完全替代品指两种商品之间的替代比例固定不变的情况。在完全替代的情况下，两商品之间的边际替代率就是一个常数，相应的无差异曲线是一条斜率不变的直线。例如，在某消费者看来，一杯牛奶和一杯咖啡之间是无差异的，两者总是可以以 1∶1 的比例相互替代，相应的无差异曲线如图 3—4（a）所示。

假定某消费者只消费两种商品，而且这两种商品之间是完全替代的关系，则相应的效用函数的通常形式为：

$$U(x_1, x_2) = ax_1 + bx_2 \tag{3.8}$$

式中，x_1、x_2 分别表示两种商品的数量；常数 a、$b>0$。该效用函数也被称为线性效用函数，与其相对应的无差异曲线是一条直线。而且，在任何一条无差异曲线上，两商品的边际替代率保持不变，即均有 $MRS_{12}=a/b$。

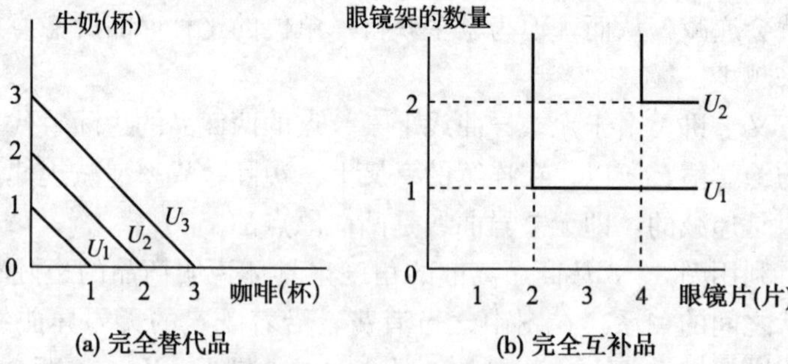

图 3—4　完全替代品和完全互补品的无差异曲线

2. 完全互补品

完全互补品指两种商品必须按固定不变的比例同时被使用的情况。在完全互补的情况下，相应的无差异曲线为直角形状。例如，一副眼镜架必须和两片眼镜片同时配合，才能构成一副可供使用的眼镜，则相应的无差异曲线如图 3—4（b）所示。图（b）中无差异曲线 U_1 的水平部分表示，对于一副眼镜架而言，只需要两片眼镜片即可，任何超量的眼镜片都是多余的。换言之，消费者不会放弃这一副眼镜架去换取额外的眼镜片，所以，相应的 $MRS_{12}=0$。图（b）中无差异曲线 U_1 的垂直部分表示，对于两片眼镜片而言，只需要一副眼镜架即可，任何超量的眼镜架都是多余的。换言之，消费者会放弃所有超量的眼镜架，只保留一副眼镜架与两片眼镜片相匹配，所以，相应的$MRS_{12}=\infty$。

假定某消费者只消费两种商品，而且这两种商品之间是完全互补的关系，则相应的效用函数的通常形式为：

$$U(x_1, x_2) = \min\{ax_1, bx_2\} \tag{3.9}$$

式中，x_1、x_2 分别表示两种商品的数量；常数 a、$b>0$；符号 min 表示效用水平由括号中最小的一项决定。只有在无差异曲线的直角点上，两种互补商品刚好按固定比例被消费，所以，在任何一条关于完全互补品的无差异曲线的直角点上，都有 $U=ax_1=bx_2$。

第二节　预算线

无差异曲线描述了消费者对不同商品组合的偏好，它仅仅表示了消费者的消费意愿。

这种意愿构成分析消费者行为的一个方面。另一方面，消费者在购买商品时必然会受到自己的收入水平和市场上商品价格的限制，这就是预算约束。预算约束可以用预算线来说明。

一、预算线的含义

预算线又称为**预算约束线、消费可能线**和**价格线**。**预算线表示在消费者的收入和商品的价格给定的条件下，消费者的全部收入所能购买到的两种商品的各种组合。**

假定某消费者的一笔收入为 120 元，全部用来购买商品 1 和商品 2，其中，商品 1 的价格$P_1=$ 4 元，商品 2 的价格$P_2=3$ 元。那么，全部收入都用来购买商品 1 可得 30 单位，全部收入都用来购买商品 2 可得 40 单位。由此作出的预算线为图 3—5中的线段 AB。

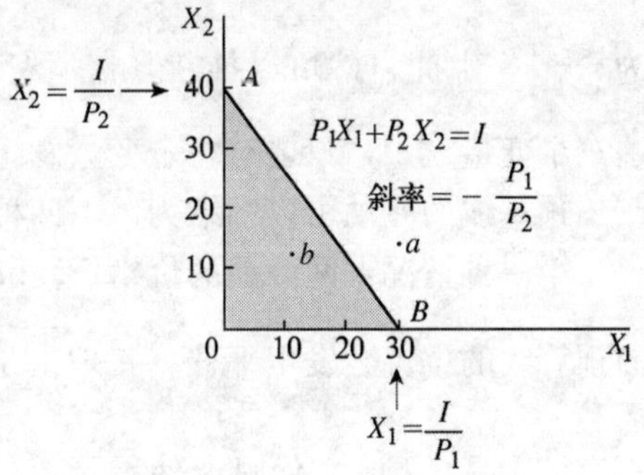

图 3—5　预算线

图中预算线的横截距 OB 和纵截距 OA 分别表示全部收入用来购买商品 1 和商品 2 的数量。预算线的斜率是两商品的价格之比的负值即$-\frac{P_1}{P_2}$，因为预算线的斜率可以写为：

$$-\frac{OA}{OB}=-\frac{\frac{120}{P_2}}{\frac{120}{P_1}}=-\frac{P_1}{P_2}$$

下面，我们由以上的具体例子转向对预算线的一般分析。

假定以 I 表示消费者的既定收入，以 P_1 和 P_2 分别表示商品 1 和商品 2 的既定价格，以 X_1 和 X_2 分别表示商品 1 和商品 2 的数量，那么，相应的预算等式为：

$$P_1X_1+P_2X_2=I \tag{3.10}$$

该式表示：消费者购买商品 1 和商品 2 的总支出等于他的全部收入。而且，可以用$\frac{I}{P_1}$和$\frac{I}{P_2}$来分别表示全部收入仅购买商品 1 或商品 2 的数量，即预算线的横截距和纵截距。此外，(3.10) 式可以改写成如下形式：

$$X_2=-\frac{P_1}{P_2}X_1+\frac{I}{P_2} \tag{3.11}$$

(3.11) 式的预算线方程告诉我们，预算线的斜率为$-\frac{P_1}{P_2}$，纵截距为$\frac{I}{P_2}$。

除此之外，从图 3—5 中还可以看到，预算线 AB 把平面坐标图划分为三个区域：预算线 AB 以外的区域中的任何一点，如 a 点，是消费者利用全部收入都不可能实现的商品购买的组合点。预算线 AB 以内的区域中的任何一点，如 b 点，表示消费者的全部收入在购买该点的商品组合以后还有剩余。唯有预算线 AB 上的任何一点，才是消费者的全部收入刚好花完所能购买到的商品组合点。图中的阴影部分的区域（包括直角三角形的三条边），被称为消费者的预算可行集或预算空间。

二、预算线的变动

从以上分析可知，只要给定消费者的收入 I 及两商品的价格 P_1 和 P_2，则相应的预算线的位置和形状也就决定了。因为预算线的横、纵轴截距分别为$\frac{I}{P_1}$和$\frac{I}{P_2}$，预算线的斜率为$-\frac{P_1}{P_2}$。由此自然可以推断，在消费者的收入 I、商品 1 的价格 P_1 和商品 2 的价格 P_2 这三个变量之中，只要有一个变量发生变化，原有的预算线就会发生变动。

预算线的变动可以归纳为以下四种情况。

第一种情况：两商品的价格 P_1 和 P_2 不变，消费者的收入 I 发生变化。这时，相应的预算线的位置会发生平移。其理由是，P_1 和 P_2 不变，意味着预算线的斜率$-\frac{P_1}{P_2}$保持不变。于是，I 的变化只能使得预算线的横、纵截距$\frac{I}{P_1}$和$\frac{I}{P_2}$发生变化。如图 3—6(a)所示，假定原有的预算线为 AB，消费者收入 I 增加，使预算线由 AB 向右平移至 $A'B'$；相反，消费者收入 I 减少，使预算线 AB 向左平移至 $A''B''$。前者表示消费者的全部收入用来购买任何一种商品的数量都因收入的增加而增加；相反，后者表示消费者的全部收入用来购买任何一种商品的数量都因收入的减少而减少。

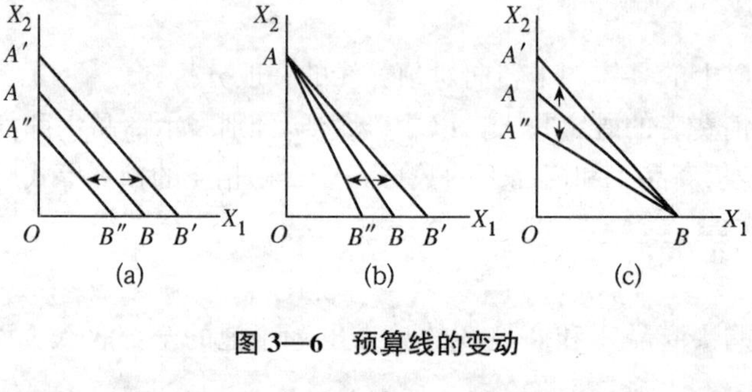

图 3—6　预算线的变动

第二种情况：消费者的收入 I 不变，两种商品的价格 P_1 和 P_2 同比例同方向发生变化。这时，相应的预算线的位置也会发生平移。其理由是，P_1 和 P_2 同比例同方向的变化，并不影响预算线的斜率$-\frac{P_1}{P_2}$，而只能使预算线的横、纵截距$\frac{I}{P_1}$和$\frac{I}{P_2}$发生变化。仍如图 3—6 (a) 所示：P_1 和 P_2 的同比例上升，使预算线 AB 向左平移至 $A''B''$；相反，P_1 和 P_2 的同比例下降，却使得预算线 AB 向右平移至 $A'B'$。前者表示消费者的全部收入用来购买其中任何一种商品的数量都同比例于价格的上升而减少，而后者则同比例于价格的下降而增加。

第三种情况：当消费者的收入 I 不变，商品 1 的价格 P_1 发生变化而商品 2 的价格 P_2

保持不变。这时，预算线的斜率$-\frac{P_1}{P_2}$会发生变化，预算线的横截距$\frac{I}{P_1}$也会发生变化，但是，预算线的纵截距$\frac{I}{P_2}$保持不变。如图 3—6（b）所示：P_1 下降，使得预算线由 AB 移至 AB'。它表示消费者的全部收入用来购买商品 1 的数量因 P_1 的下降而增加，但全部收入用来购买商品 2 的数量并未受到影响。相反，P_1 上升，使得预算线由 AB 移至 AB''。它表示消费者的全部收入用来购买商品 1 的数量因 P_1 的上升而减少，但全部收入用来购买商品 2 的数量并未受到影响。

同样道理，在图 3—6（c）中，仅由商品 2 价格 P_2 的下降与提高，分别引起预算线由 AB 移至 $A'B$ 和 $A''B$。读者可以自己分析其理由和经济含义。

第四种情况：消费者的收入 I 与两种商品的价格 P_1 和 P_2 都同比例同方向发生变化。这时预算线不发生变化。其理由是，此时预算线的斜率$-\frac{P_1}{P_2}$以及预算线的截距$\frac{I}{P_1}$和$\frac{I}{P_2}$都不会发生变化。它表示消费者的全部收入用来购买任何一种商品的数量都未发生变化。

第三节　消费者均衡

在已知消费者偏好和预算线约束的前提下，就可以分析消费者对最优商品组合的选择。具体的做法是，把前面考察过的消费者的无差异曲线和预算线结合在一起，来分析消费者追求效用最大化的购买选择行为。

下面，利用图 3—7 来具体说明消费者的最优购买选择行为。

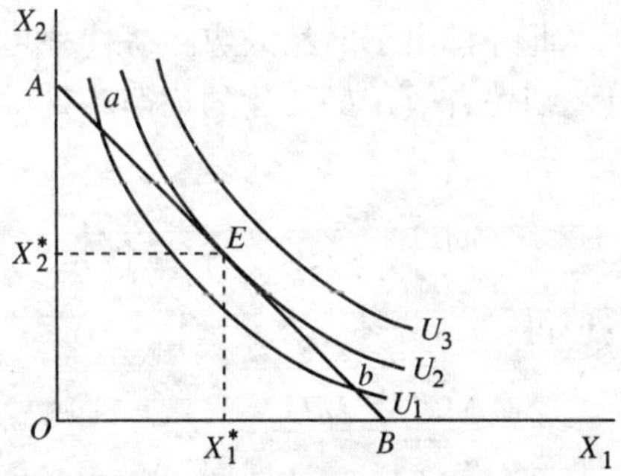

图 3—7　消费者均衡

首先，把要分析的问题准确表述如下：假定消费者的偏好给定，再假定消费者的收入和两种商品的价格给定，那么，消费者应该如何选择最优的商品组合，以获得最大的效用呢？认真考虑一下这个问题，可以得到以下两点：第一，消费者偏好给定的假定，意味着给定了一个由该消费者的无数条无差异曲线所构成的无差异曲线簇。为了简化分析，我们从中抽取三条，这便是图 3—7 中三条无差异曲线 U_1、U_2 和 U_3 的由来。第二，消费者的收入和两商品的价格给定这一假定，意味着给定了该消费者的一条预算线，这便是图 3—7 中唯一的一条预算线 AB 的由来。

其次，在图 3—7 中找出该消费者实现效用最大化的最优商品组合。面对图 3—7 中的一条预算线和三条无差异曲线，我们说，只有预算线 AB 和无差异曲线 U_2 的切点 E，才是消费者在给定的预算约束下能够获得最大效用的均衡点。在均衡点 E 处，相应的最优购买组合为（X_1^*，X_2^*），所实现的最大效用水平由无差异曲线 U_2 表示。

为什么唯有 E 点才是消费者效用最大化的均衡点呢？这是因为，就无差异曲线 U_3 来说，虽然它代表的效用水平高于无差异曲线 U_2，但它与既定的预算线 AB 既无交点又无切点。这说明消费者在既定的收入水平下无法实现无差异曲线 U_3 上的任何一点的商品组合的购买。就无差异曲线 U_1 来说，虽然它与既定的预算线 AB 相交于 a、b 两点，这表明消费者利用现有收入可以购买 a 点或 b 点的商品组合。但是，这两点的效用水平低于无差异曲线 U_2，因此，理性的消费者不会用全部收入去选择购买无差异曲线 U_1 上 a 点或 b 点的商品组合。事实上，就 a 点或 b 点来说，若消费者能改变购买组合，选择 AB 线段上位于 a 点右边或 b 点左边的任何一点的商品组合，则都可以达到比 U_1 更高的无差异曲线，以获得比 a 点或 b 点更大的效用水平。这种沿着 AB 线段由 a 点往右或由 b 点往左的运动，最后必定在 E 点达到均衡。显然，只有当既定的预算线 AB 和无差异曲线 U_2 相切于 E 点时，消费者才在既定的预算约束条件下获得最大的满足。故 E 点就是消费者实现效用最大化的均衡点。

最后，找出消费者实现效用最大化的均衡条件。在切点 E，无差异曲线和预算线两者的斜率是相等的。我们已经知道，无差异曲线的斜率的绝对值就是两商品的边际替代率 MRS_{12}，预算线的斜率的绝对值可以用两商品的价格之比 $\frac{P_1}{P_2}$ 来表示。由此，在均衡点 E 有：

$$MRS_{12}=\frac{P_1}{P_2} \tag{3.12}$$

这就是消费者效用最大化的均衡条件。它表示：**在一定的预算约束下，为了实现最大的效用，消费者应该选择最优的商品组合，使得两商品的边际替代率等于两商品的价格之比。**

此外，由于商品的边际替代率可以表示为两商品的边际效用之比（见（3.7）式），所以，消费者效用最大化的均衡条件（3.12）式，也可以写为

$$\frac{MU_1}{MU_2}=\frac{P_1}{P_2} \tag{3.13}$$

整理得：

$$\frac{MU_1}{P_1}=\frac{MU_2}{P_2} \tag{3.14}$$

上式是消费者效用最大化的均衡条件的又一表达式。它的含义是：**消费者应选择最优的商品组合，使得自己花费在各种商品上的最后一元钱所带来的边际效用相等，从而获得最大的效用。**

第四节　消费者的需求曲线

本节将考察商品价格变化对消费者均衡的影响，并在此基础上推导消费者的需求曲线。

一、价格变化：价格—消费曲线

在其他条件均保持不变时，一种商品价格的变化会使消费者效用最大化的均衡点的位置发生移动，并由此可以得到价格—消费曲线。**价格—消费曲线是在消费者的偏好、收入以及其他商品价格不变的条件下，与某一种商品的不同价格水平相联系的消费者效用最大化的均衡点的轨迹。**具体以图 3—8 来说明价格—消费曲线的形成。

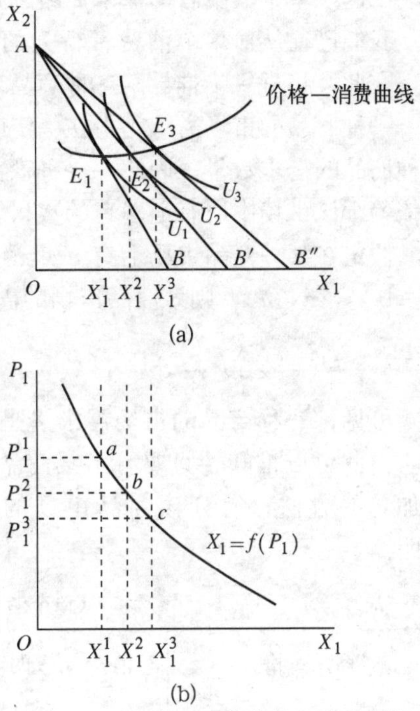

图 3—8 价格—消费曲线和消费者的需求曲线

在图中，假定商品 1 的初始价格为 P_1^1，相应的预算线为 AB，它与无差异曲线 U_1 相切于效用最大化的均衡点 E_1。如果商品 1 的价格由 P_1^1 下降为 P_1^2，相应的预算线由 AB 移至 AB'，于是，AB' 与另一条较高的无差异曲线 U_2 相切于均衡点 E_2。如果商品 1 的价格再由 P_1^2 继续下降为 P_1^3，相应的预算线由 AB' 移至 AB''，于是，AB'' 与另一条更高的无差异曲线 U_3 相切于均衡点 E_3……不难发现，随着商品 1 的价格的不断变化，可以找到无数个诸如 E_1、E_2 和 E_3 那样的均衡点，它们的轨迹就是价格—消费曲线。

二、消费者的需求曲线

由消费者的价格—消费曲线可以推导出消费者的需求曲线。

分析图 3—8（a）中价格—消费曲线上的三个均衡点 E_1、E_2 和 E_3 可以看出，在每一个均衡点上，都存在着商品 1 的价格与商品 1 的需求量之间一一对应的关系。这就是：在均衡点 E_1 处，商品 1 的价格为 P_1^1，则商品 1 的需求量为 X_1^1。在均衡点 E_2 处，商品 1 的价格由 P_1^1 下降为 P_1^2，则商品 1 的需求量由 X_1^1 增加为 X_1^2。在均衡点 E_3 处，商品 1 的价格进一步由 P_1^2 下降为 P_1^3，则商品 1 的需求量由 X_1^2 再增加为 X_1^3。根据商品 1 的价格和需求量之间的这种对应关系，把每一个 P_1 数值和相应的均衡点上的 X_1 数值绘制在商品的价格—数量坐标图上，便可以得到单个消费者的需求曲线。这便是图3—8（b）中的需求曲线$X_1=f(P_1)$。在图（b）中，横轴表示商品 1 的数量 X_1，纵轴表示商品 1 的价格 P_1。图（b）中需求曲线 $X_1=f(P_1)$上的 a、b、c 点分别和图（a）中的价格—消费曲线上的均衡点 E_1、E_2、E_3 相对应。

至此，我们介绍了如何从对消费者经济行为的分析中推导出消费者的需求曲线。由图 3—8 可见，由无差异曲线分析法推导出的**需求曲线**一般是向右下方倾斜的，它表示商品的价格和需求量成反方向变化。尤其是，需求曲线上与每一价格水平相对应的商品需求量都是可以给消费者带来最大效用的均衡数量。

三、从单个消费者的需求曲线到市场需求曲线

我们已往从对单个消费者行为的分析中，推导出了单个消费者对某种商品的需求曲线，在此，将进一步推导某一种商品市场的需求曲线。

一种商品的市场需求是指在一定时期内在各种不同的价格水平上市场中所有消费者对该种商品的需求数量。因此，一种商品的市场需求不仅依赖于每一个消费者的需求函数，还依赖于该市场中所有消费者的数目。

假定在某一商品市场上有 n 个消费者，他们都具有不同的个人需求函数$Q_i^d = f_i(P)$ $(i=1, 2, \cdots, n)$，则该商品市场的需求函数为：

$$Q^d = \sum_{i=1}^{n} f_i(P) = F(P) \tag{3.15}$$

可见，**一种商品的市场需求量是每一个价格水平上对该商品的所有个人需求量的加总**。由此可以推知，只要有了某商品市场的每个消费者的需求表或需求曲线，就可以通过加总的方法，得到该商品市场的需求表或需求曲线。下面用表 3—2 和图 3—9 来说明。

表 3—2　　从单个消费者的需求表到市场需求表

商品价格 (1)	消费者 A 的需求量 (2)	消费者 B 的需求量 (3)	市场需求量 (4)=(2)+(3)
0	20	30	50
1	16	24	40
2	12	18	30
3	8	12	20
4	4	6	10
5	0	0	0

在表 3—2 中，假设某商品市场上只有 A、B 两个消费者，他们各自在每一个价格水平上的需求量分别为表中第（2）、（3）栏。通过把每一个价格水平上的 A、B 两个消费者的需求量加总，便得到每一个价格水平上的市场需求量，即为表中第（4）栏。

图 3—9 是根据表 3—2 绘制的需求曲线。图中的市场需求曲线是 A、B 两个消费者的需求曲线的水平加总，即在每一个价格水平上，都有市场需求量$Q^d = Q_A^d + Q_B^d$。

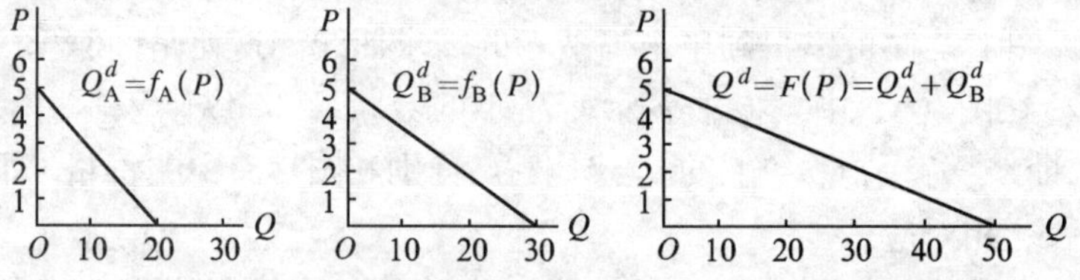

(a) 消费者 A 的需求曲线　(b) 消费者 B 的需求曲线　(c) 市场的需求曲线

图 3—9　从单个消费者的需求曲线到市场需求曲线

由于**市场需求曲线是单个消费者的需求曲线的水平加总**，所以，如同单个消费者的需求曲线一样，**市场需求曲线一般也是向右下方倾斜的**。市场需求曲线表示某商品市场在一定时期内在各种不同的价格水平上所有消费者愿意而且能够购买的该商品的数量。更重要的是，根据上述推导过程可知，**市场需求曲线上的每个点都表示在相应的价格水平上可以给全体消费者带来最大的效用水平或满足程度的市场需求量。**

四、消费者剩余

消费者剩余是分析经济效率和社会福利的重要概念之一。

1. 消费者剩余

在此，我们以单个消费者的需求曲线为基础，提出消费者剩余的概念。理解这一概念的关键在于区分消费者在购买商品时愿意支付的最高价格和实际支付的价格。消费者在购买每一单位商品时，他所愿意支付的最高价格取决于该消费者对该单位商品的评价，而事实上，他对该单位商品实际支付的价格则取决于该商品的实际市场价格。于是，在消费者愿意支付的最高价格和实际的市场价格之间就产生了一个差额，这个差额便构成了消费者剩余的基础。例如：某种包子的市场价格为 3 元，某消费者在消费第一个包子时，根据对第一单位包子的评价（即边际效用），他认为值得付 5 元去购买，即他愿意支付的最高价格为 5 元。当这个消费者以市场价格 3 元购买这个包子时，就创造了额外的 2 元的消费者剩余。设想，如果该消费者对包子的消费数量逐步增加，那么，他对每一单位包子的评价（即边际效用）就会递减，相应地，他为购买第二个、第三个、第四个包子所愿意支付的最高价格分别递减为 4.50 元、4.00 元和 3.50 元。这样，他为购买总共 4 个包子所愿意支付的最高总价格＝5.00 元＋4.50 元＋4.00 元＋3.50 元＝17 元。但他实际上按市场价格支付的总价格＝3.00 元×4＝12 元。两者的差额＝17 元－12 元＝5 元，这个差额便表示为消费者剩余。也正是从这种感觉上，他认为购买 4 个包子是值得的，是能使自己从中获得利益的。由此可见，**消费者剩余是消费者在购买一定数量的某种商品时愿意支付的最高总价格和实际支付的总价格之间的差额。**

消费者剩余可以用几何图形来表示。简单地说，消费者剩余可以用消费者需求曲线以下、市场价格线以上的面积来表示，如图 3—10 中的阴影部分面积 P_0AB 所示。具体地看，在图 3—10 中，需求曲线以反需求函数的形式 $P^d=f(Q)$ 给出，它可以表示消费者对每一单位商品所愿意支付的最高价格。假定该商品的市场价格为 P_0，消费者的购买量为 Q_0。那么，根据消费者剩余的定义，我们可以推断，在商品数量 0 到 Q_0 区间内需求曲线以下的面积表示消费者为购买 Q_0 数量的商品所愿意支付的最高总金额（即总价格），即相当于图中的面积 $OABQ_0$；而实际支付的总金额（即总价格）等于市场价格 P_0 乘以购买量 Q_0，即相当于图中的矩形面积 OP_0BQ_0。这两块面积之间的差额即图中的阴影部分面积 P_0AB，就是消费者剩余。需要指出，消费者剩

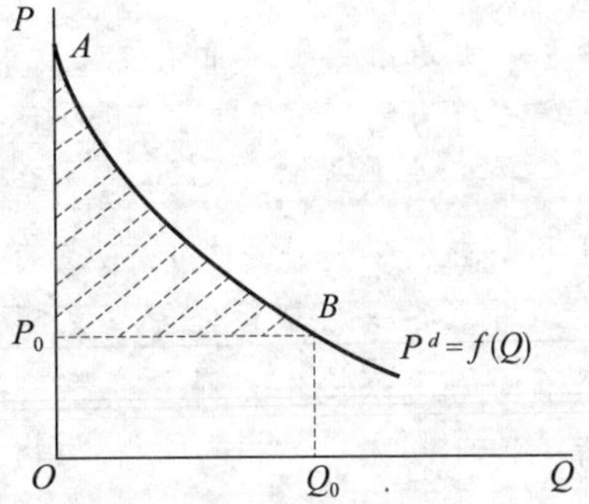

图 3—10　消费者剩余

余是消费者的主观评价，它反映消费者通过购买和消费商品所感受到的福利。

2. 市场的消费者剩余

市场的消费者剩余是市场上所有单个消费者剩余的加总。所以，市场的消费者剩余用市场价格线以上、市场需求曲线以下的面积来表示，如图3—11所示。在图中，曲线D和曲线S分别是市场的需求曲线和供给曲线，市场的均衡价格和均衡数量分别为P_0和Q_0；阴影部分的面积表示市场的消费者剩余，它是该市场中全体购买者所获得的消费者剩余之和。

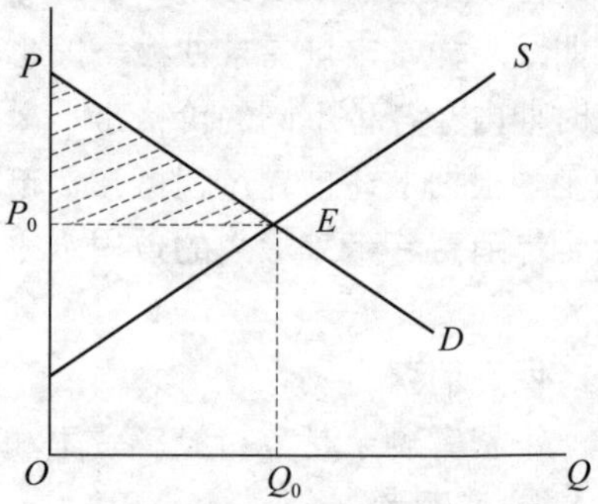

图3—11 市场的消费者剩余

☞**专栏3—1**

互联网和消费者选择

在我国，互联网技术被广泛运用于商业领域，电子商务发展迅猛。根据中国电子商务研究中心2015年提供的数据：在2014年度，截至12月，我国网络零售市场交易规模达28 211亿元，同比增长49.7%；网络零售市场交易规模占到社会消费品零售总额的10.6%，同比增长32.5%。2015年1月我国网络零售额同比增长37.4%，增速较上月加快6.3个百分点。① 2014年我国餐饮行业在线用户规模达到1.89亿，超过中国网民比例的三分之一，预计2015年在线餐饮用户将达2.21亿。2014年餐饮行业O2O（online to offline）市场规模达到943.7亿元，相比2013年增长51.5%，预计到2017年将突破2 000亿元。② 2014年我国在线旅游市场交易规模达3 077.9亿元，同比增长38.9%。③

互联网在我国被迅速广泛运用所产生的深刻影响渗透到社会生活的方方面面，人们消费方式的变化便是一个重要的体现。在十多年前，人们消费行为的基本特征是到商店去购买商品，即消费者和销售者是在一个实实在在的场所（如商店或餐馆等）完成交易活动。然而，互联网使得消费者的行为方式发生了根本性变化，它不仅催生了商业服务业的创新变革，更是给消费者带来了更大的利益。在此，我们从消费者的角度，来看一下互联网对消费者行为的影响及其给消费者选择所带来的好处。

首先在零售业，网购成了一种时尚便捷的购物方式。当消费者购买商品时，只需打开一个自己偏好或习惯的在线购物网站，大量逼真的商品图片便立马呈现在眼前，其品种之丰富齐全，超过任何一家实体商店或购物中心。购物网站上的同类商品通常是由多个不同的商家提供，而且商家的出价通常也会相对便宜一些。当然，如果消费者愿意的话，还可以先后“逛”几个购物网站，来个货比三家；如果消费者拿不定主意的话，还

① 参见中国电子商务研究中心网站，http://www.100ec.cn/detail-6241684.html，http://www.100ec.cn/detail-6233221.html。

② 参见中国电子商务研究中心网站，http://www.100ec.cn/detail-6228349.html，http://www.100ec.cn/detail-6204397.html。

③ 参见中国电子商务研究中心网站，http://www.100ec.cn/detail-6246611.html。

可以点击进入已购者的评价，听听他人的意见，受益于他人的消费体验。最后，消费者只需将自己所选购的商品放入网上购物车，在网上支付，等着快递送货上门就可以了。显然，网购这种零售商业模式，不仅仅免去了消费者在各实体店之间的奔波劳累，更重要的是，它非常便利、有效率，极大地扩展了消费者的商品选择范围，更有利于消费者购买到自己满意的商品。

其次在餐饮业，互联网也带来了全新的局面。如果消费者要外出就餐，只要事先进入餐饮网站，便可以看到各类餐馆信息和美食图片，消费者便可以在网上浏览比较，并参考他人的评价，从中选择自己最喜好的餐馆和菜肴。此外，消费者可以在网上提前预订，以免去排队等候的时间。消费者还可以在网上进行团购或领取优待券，以享受价格优惠。如果消费者为了节省时间等原因不想去餐馆，他们愿意宅在家里或在其他场合享用餐馆的菜肴，那么，只要在餐饮网站上选择“外卖”就可以了，这便是时下流行的“外卖 O2O”模式。如果消费者想在节庆日的家宴上享受到餐馆的地道美味佳肴，那么，餐饮网站还为消费者提供厨师上门服务模式。总之，互联网在餐饮业大显身手，一系列餐饮经营创新模式被消费者广泛接受并受到热捧。

最后在旅游业，由互联网支撑的在线旅游网站也很受消费者的青睐。当消费者计划外出旅游时，事先登录旅游网站便可获得一条龙服务，包括机票预订、酒店预订、旅游线路和景点选择，甚至接站服务预订等等，于是，这些原本费时费力的烦琐事务，在出游前全部都可以在旅游网站上轻松搞定，而且消费者通常还能享受到一些折扣甚至特价优惠。旅游网站不仅提供随团旅游项目，还提供自助游项目及各种旅游攻略，以供客户参考与选择。正因为如此，在线旅游网站自然受到消费者的偏爱，尤其是那些热爱旅游的消费者。

综上所述，在零售业、餐饮业和旅游业中，互联网对消费者行为的影响是极其广泛和深刻的，消费者也由此获得更多的利益。至于互联网在其他商业服务领域对消费者行为的类似影响，在此便不再赘述了。

我们在上文描述了互联网影响消费者选择的一些场合和表现。下面，我们将透过这些现象，更深入地探讨这样一个问题：从整体而言，互联网到底是通过哪些方面影响消费者行为，并使消费者获利的呢？具体分析如下：

第一，各类消费网站的出现，极大地扩展了消费者可选择的商品范围，更有利于消费者根据自身的偏好去选择最优的商品组合，以实现最大的效用。

第二，利用各类消费网站来购买各种商品和劳务，为消费者节省了大量的时间和精力，即节约了消费者购物的“隐性”成本，使得购物的过程变得便捷有效，从而增加了消费者的满足程度。此外，还应该看到，这些被节省下来的大量宝贵时间和精力，无论是被消费者用于工作、学习，还是被用于闲暇，最终都会增进消费者的效用。①

第三，在网站上商家们提供的商品和劳务的价格通常是比较低的。其原因可能是在网上开店由于省去了实体店的巨额投资而降低了销售成本，也可能是互联网带来的产销对接的环节简化而降低了人力成本等支出，还可能是不少商家由于利用网站销售模式聚集了人气，能够大批量采购而获得低价位进货，等等。此外，网站上提供同种商品的众多商家之

---

① 读者可参阅本书第五章第一节“成本的概念”中有关“机会成本”的内容。

间存在着激烈的竞争，其类似于垄断竞争市场结构①，这种竞争也往往压低了商品的价格。所以，消费者通常总能够在网站上购买到相对便宜的商品和劳务，这显然有利于扩大消费者的预算可行集和提高消费者的效用水平或满足程度。

第四，当网站商家以较低价格出售商品时，消费者在既定收入水平下就可以购买更多数量的商品，这意味着消费者的实际收入水平上升了。尤其是，随着消费者网购商品种类的不断扩大以及参与网购的消费者人数的大幅增加，这种由商品价格下降所导致的消费者实际收入水平提高的作用也愈加显著，这无疑提高了众多消费者的效用水平。

当然，我们还看到，在将互联网运用到商业、服务业发展的过程中，也还面临着一些亟待解决的问题和挑战。譬如，如何更好地维护网上消费者的权益；如何建立和完善相关的法律和法规，以更好地维护商业网站的市场运行秩序与效率；网站商家如何更有效地利用物流与快递模式等等。总之，我们相信在我国互联网这一技术创新将会更多、更好地被运用于消费领域，它所带来的商业模式的变革将会继续使得消费者得到更多的实惠与利益。

复习与思考

1. 假设某消费者的均衡如图 3—12 所示。其中，横轴 OX_1 和纵轴 OX_2 分别表示商品 1 和商品 2 的数量，线段 AB 为消费者的预算线，曲线 U 为消费者的无差异曲线，E 点为效用最大化的均衡点。已知商品 1 的价格 $P_1=2$ 元。

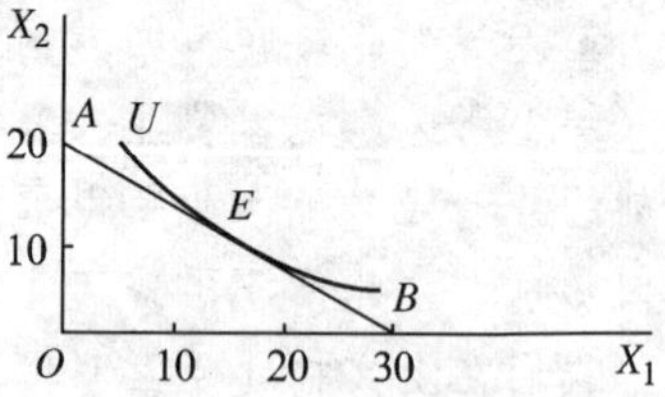

图 3—12　某消费者的均衡

(1) 求消费者的收入。

(2) 求商品 2 的价格 P_2。

(3) 写出预算线方程。

(4) 求预算线的斜率。

(5) 求 E 点的 MRS_{12} 的值。

2. 请画出以下各位消费者对两种商品（咖啡和热茶）的无差异曲线，同时对（2）和（3）分别写出消费者 B 和消费者 C 的效用函数。

(1) 消费者 A 喜欢喝咖啡，但对喝热茶无所谓。他总是喜欢有更多杯的咖啡，而从不在意有多少杯热茶。

(2) 消费者 B 喜欢一杯咖啡和一杯热茶一起喝，他从来不喜欢单独只喝咖啡或者单独只喝热茶。

(3) 消费者 C 认为，在任何情况下，1 杯咖啡和 2 杯热茶是无差异的。

(4) 消费者 D 喜欢喝热茶，但厌恶喝咖啡。

3. 对消费者实行补助有两种方法：一种是发给消费者一定数量的实物补助，另一种是发给消费者一笔现金补助，这笔现金额等于按实物补助折算的货币量。试用无差异曲线

① 读者可参阅本书第七章第二节“垄断竞争”的内容。

分析法，说明哪一种补助方法能给消费者带来更大的效用。

4. 已知某消费者每年用于商品 1 和商品 2 的收入为 540 元，两商品的价格分别为 $P_1=20$元和 $P_2=30$ 元，该消费者的效用函数为 $U=3X_1X_2^2$，该消费者每年购买这两种商品的数量应各是多少？每年从中获得的总效用是多少？

5. 假设某商品市场上只有 A、B 两个消费者，他们的需求函数各自为 $Q_A^d=20-4P$ 和 $Q_B^d=30-5P$。

(1) 列出这两个消费者的需求表和市场需求表。

(2) 根据 (1)，画出这两个消费者的需求曲线和市场需求曲线。

6. 假定某消费者的效用函数为 $U=x_1^{\frac{3}{8}}x_2^{\frac{5}{8}}$，两商品的价格分别为 P_1、P_2，消费者的收入为 M。分别求该消费者关于商品 1 和商品 2 的需求函数。

7. 利用图分析消费者追求效用最大化的行为选择，并在此基础上推导单个消费者的需求曲线。

第四章

生产函数

在上一章，从对消费者选择行为的分析中推导出了消费者的需求曲线。在本章和下两章，将从对生产者行为的分析中推导供给曲线，然后，将需求曲线和供给曲线结合在一起，深入探讨和理解商品市场的均衡。

企业进行生产既要考虑技术问题，还要考虑经济问题。本章即第四章将考察企业的生产技术，第五章将考察企业的经济成本。然后，在第六章考察企业追求利润最大化的行为，并由此推导生产者的供给曲线。

生产者，亦称厂商或企业，它是指能够作出统一的生产决策的单个经济单位。在微观经济学中，根据理性人的基本前提，一般总是假定**厂商的生产目标是追求自身的最大利润。**

本章旨在考察生产者在生产过程中投入的生产要素数量和产品的产出数量之间的技术关系，这种关系通常用生产函数来表示。**生产函数表示在一定时期内，在技术水平不变的条件下，厂商生产中所使用的各种生产要素的数量与所能生产的最大产量之间的关系。**

假定 X_1，X_2，…，X_n 顺次表示某产品生产过程中所使用的 n 种生产要素的投入数量，Q 表示所能生产的最大产量，则生产函数可以写成以下形式：

$$Q=f(X_1, X_2, \cdots, X_n) \tag{4.1}$$

为了简化分析，通常假定生产中只使用劳动和资本这两种生产要素。若以 L 表示劳动投入数量，以 K 表示资本投入数量，则生产函数就写为：

$$Q=f(L, K) \tag{4.2}$$

第一节　短期生产函数

微观经济学的生产理论可以分为短期生产理论和长期生产理论。如何区分短期生产和长期生产呢？**短期指生产者来不及调整全部生产要素的数量，至少有一种生产要素的数量是固定不变的时间周期。长期指生产者可以调整全部生产要素的数量的时间周期。**相应地，在短期内，生产要素投入可以区分为不变投入和可变投入。生产者在短期内无法进行数量调整的那部分要素投入是不变要素投入，例如机器设备、厂房等。生产者在短期内可以进行数量调整的那部分要素投入是可变要素投入。例如劳动、原材料、燃料等。在长期，生产者可以调整全部的要素投入。例如，生产者根据企业的经营状况，可以缩小或扩大生产规模，甚至还可以加入或退出一个行业的生产。由于在长期所有的要素投入量都是可变的，因而也就不存在可变要素投入和不变要素投入的区分。显然，短期和长期的划分是以生产者能否变动全部要素投入的数量为标准的。

在上述生产函数（4.2）式的基础上，微观经济学通常以一种可变生产要素的生产函数考察短期生产理论，以两种可变生产要素的生产函数考察长期生产理论。本节和下节将分别介绍短期生产函数和长期生产函数。

一、短期生产函数

由(4.2)式的生产函数 $Q=f(L, K)$出发，假定资本投入量是固定的，用 $\overline{K}$ 表示，劳动投入量是可变的，用 L 表示，则生产函数可以写成：

$$Q=f(L, \overline{K}) \tag{4.3}$$

这就是通常采用的一种可变生产要素的生产函数的形式，也被称为短期生产函数。

二、总产量、平均产量和边际产量

1. 总产量、平均产量和边际产量的概念

短期生产函数 $Q=f(L,\overline{K})$表示：在资本投入量固定时，由劳动投入量变化所带来的最大产量的变化。由此，可以得到劳动的总产量（total product）、劳动的平均产量（average product）和劳动的边际产量（marginal product）这三个概念，它们的英文简写顺次是 TP、AP 和 MP。

劳动的总产量 TP_L 指与一定的可变要素劳动的投入量相对应的最大产量。它的定义公式为：

$$TP_L=f(L, \overline{K}) \tag{4.4}$$

劳动的平均产量 AP_L 指平均每一单位可变要素劳动的投入量所生产的产量。它的定义公式为：

$$AP_L=\frac{TP_L(L, \overline{K})}{L} \tag{4.5}$$

劳动的边际产量 MP_L 指增加一单位可变要素劳动的投入量所增加的产量。它的定义公式为：

$$MP_L = \frac{\Delta TP_L(L, \bar{K})}{\Delta L} \tag{4.6}$$

或

$$MP_L = \lim_{\Delta L \to 0} \frac{\Delta TP_L(L, \bar{K})}{\Delta L} = \frac{\mathrm{d}TP_L(L, \bar{K})}{\mathrm{d}L} \tag{4.7}$$

类似地，对于生产函数 $Q=f(\bar{L}, K)$ 来说，它表示：在劳动投入量固定时，由资本投入量变化所带来的最大产量的变化。由该生产函数可以得到相应的资本的总产量、资本的平均产量和资本的边际产量，它们的定义公式分别是：

$$TP_K = f(\bar{L}, K) \tag{4.8}$$

$$AP_K = \frac{TP_K(\bar{L}, K)}{K} \tag{4.9}$$

$$MP_K = \frac{\Delta TP_K(\bar{L}, K)}{\Delta K} \tag{4.10}$$

或

$$MP_K = \lim_{\Delta K \to 0} \frac{\Delta TP_K(\bar{L}, K)}{\Delta K} = \frac{\mathrm{d}TP_K(\bar{L}, K)}{\mathrm{d}K} \tag{4.11}$$

根据以上的定义公式，可以编制一张关于一种可变生产要素的短期生产函数的总产量、平均产量和边际产量的表。表 4—1 就是一个例子，表中 $Q=f(L, \bar{K})$。

表 4—1　　总产量、平均产量和边际产量　　$K=\bar{K}$

劳动投入量 L	劳动的总产量 TP_L	劳动的平均产量 AP_L	劳动的边际产量 MP_L
0	0	0	
1	3	3	3
2	8	4	5
3	12	4	4
4	15	$3\frac{3}{4}$	3
5	17	$3\frac{2}{5}$	2
6	17	$2\frac{5}{6}$	0
7	16	$2\frac{2}{7}$	−1
8	13	$1\frac{5}{8}$	−3

2. 总产量曲线、平均产量曲线和边际产量曲线

图 4—1 是根据表 4—1 绘制的产量曲线图。①

图中的横轴表示可变要素劳动的投入数量 L，纵轴表示产量 Q；TP_L、AP_L 和 MP_L 三条曲线顺次表示劳动的总产量曲线、劳动的平均产量曲线和劳动的边际产量曲线。这三条曲线都是先呈上升趋势，而后达到各自的最高点以后，再呈下降的趋势。

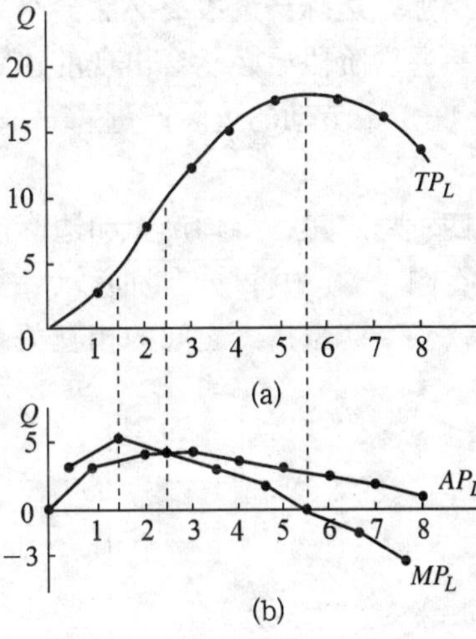

图 4—1　一种可变生产要素的短期生产函数的产量曲线（一）

三、边际报酬递减规律

由表 4—1 和图 4—1 可以清楚地看到，对一种可变生产要素的短期生产函数来说，边际产量表现出先上升而后最终下降的特征，这一特征被称为边际报酬递减规律，有时也被称为边际产量递减规律或边际收益递减规律。

西方经济学家指出，**在生产中普遍存在一种现象：在技术水平不变的条件下，在连续等量地把某一种可变生产要素增加到其他一种或几种数量不变的生产要素上去的过程中，当这种可变生产要素的投入量小于某一特定值时，增加该要素投入所带来的边际产量是递增的；当这种可变要素的投入量连续增加并超过这个特定值时，增加该要素投入所带来的边际产量是递减的。这就是边际报酬递减规律**。边际报酬递减规律是短期生产的一条基本规律。例如，对于给定的 10 公顷麦田来说，在技术水平和其他投入不变的前提下，考虑仅变动化肥使用量的效果。如果只使用一公斤化肥，那可想而知，这一公斤化肥所带来的总产量的增加量即边际产量是很小的，可以说是微不足道的。但随着化肥使用量的增加，其边际产量会逐步提高，直至达到最佳的效果，即最大的边际产量。但必须看到，若超过化肥的最佳使用量后，还继续增加化肥使用量，就会对小麦生长带来不利影响，化肥所带来的小麦的边际产量就会下降。甚至过多的化肥会烧坏庄稼，导致负的边际产量。

从理论上讲，边际报酬递减规律成立的原因在于：对于任何产品的短期生产来说，可变要素投入和固定要素投入之间都存在着一个最佳的数量组合比例。在开始时，由于不变要素投入量给定，而可变要素投入量为零，因此，生产要素的投入量远远没有达到最佳的组合比例。随着可变要素投入量的逐渐增加且逐步接近最佳的组合比例，相应的可变要素的边际产量呈现出递增的趋势。一旦生产要素的投入量达到最佳的组合比例，可变要素的边际产量达到最大值。在这一点之后，随着可变要素投入量的继续增加且越来越偏离最佳的组合比例，相应的可变要素的边际产量便呈现出递减的趋势了。

边际报酬递减规律强调的是：在任何一种产品的短期生产中，随着一种可变要素投入

① 根据表 4—1 的数据，在图 4—1 中，当边际产量为 3 时，对应的劳动投入量为 0.5；当边际产量为 5 时，对应的劳动投入量为 1.5；如此等等。这样做的原因在于：边际产量是由增加一个单位的劳动投入量引起的，所以边际产量值在图中一般总是标在两个劳动投入数量中间。

量的增加，**边际产量最终必然会呈现出递减的特征。**或者说，该规律提醒人们要看到在边际产量递增阶段后必然会出现的边际产量递减阶段。正是边际报酬递减规律决定了表 4—1 和图 4—1 中劳动的边际产量 MP_L 表现出先上升后下降的特征。

四、总产量、平均产量和边际产量相互之间的关系

在图 4—2 中将总产量曲线、平均产量曲线和边际产量曲线置于同一个坐标系中，来分析这三个产量概念之间的相互关系。

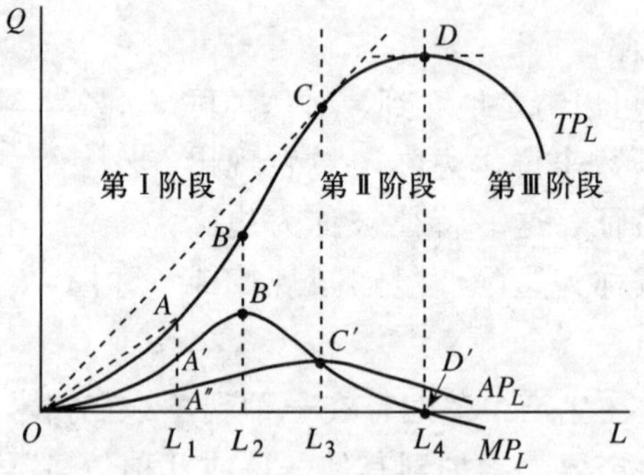

图 4—2　一种可变生产要素的短期生产函数的产量曲线（二）

在图 4—2 中可以清楚地看到，由**边际报酬递减规律**决定的劳动的边际产量 MP_L 曲线先是上升的，并在 B' 点达到最高点，然后再下降。由短期生产的边际产量曲线体现的这一基本特征出发，我们利用图 4—2 从以下三个方面来分析总产量、平均产量和边际产量相互之间的关系。

第一，关于边际产量和总产量之间的关系。根据边际产量的定义公式 $MP_L = \frac{\mathrm{d}TP_L(L, \bar{K})}{\mathrm{d}L}$ 可以推知，过 TP_L 曲线任何一点的切线的斜率就是相应的 MP_L 值。例如，在图中，当劳动投入量为 L_1 时，过 TP_L 曲线上 A 点的切线的斜率，就是相应的 MP_L 值，它等于 $A'L_1$ 的高度。

正是由于每一个劳动投入量上的边际产量 MP_L 值就是相应的总产量 TP_L 曲线的斜率，所以，在图中 MP_L 曲线和 TP_L 曲线之间存在着这样的对应关系：在劳动投入量小于 L_4 的区域，MP_L 均为正值，则相应的 TP_L 曲线每一点的斜率为正，即 TP_L 曲线是上升的；在劳动投入量大于 L_4 的区域，MP_L 均为负值，则相应的 TP_L 曲线每一点的斜率为负，即 TP_L 曲线是下降的。当劳动投入量恰好为 L_4 时，MP_L 为零值，则相应的 TP_L 曲线在该点的斜率为零，即 TP_L 曲线达到极大值点，亦即 MP_L 曲线的零值点 D' 和 TP_L 曲线的最大值点 D 是相互对应的。以上这种关系可以简单地表述为：**只要边际产量是正的，总产量总是增加的；只要边际产量是负的，总产量总是减少的；当边际产量为零时，总产量达到最大值点。**

第二，关于平均产量和总产量之间的关系。根据平均产量的定义公式 $AP_L =$

$\frac{TP_L(L,\ \bar{K})}{L}$可以推知，连接 TP_L 曲线上任何一点和坐标原点的线段的斜率，就是相应的 AP_L 值。例如，在图中，当劳动投入量为 L_1 时，连接 TP_L 曲线上 A 点和坐标原点的线段 OA 的斜率即$\frac{AL_1}{OL_1}$，就是相应的 AP_L 值，它等于 $A''L_1$ 的高度。

正是由于这种关系，所以，在图中当 AP_L 曲线在 C' 点达最大值时，TP_L 曲线必然有一条从原点出发的最陡的切线，其切点为 C 点。

第三，关于边际产量和平均产量之间的关系。在图中，我们可以看到 MP_L 曲线和 AP_L 曲线之间存在着这样的关系：两条曲线相交于 AP_L 曲线的最高点 C'。在 C' 点以前，MP_L 曲线高于 AP_L 曲线，MP_L 曲线将 AP_L 曲线拉上；在 C' 点以后，MP_L 曲线低于 AP_L 曲线，MP_L 曲线将 AP_L 曲线拉下。不管是上升还是下降，MP_L 曲线的变动都快于 AP_L 曲线的变动。

为什么 MP_L 曲线和 AP_L 曲线之间会存在这样的关系？这是因为，就任何一对边际量和平均量而言，只要边际量大于平均量，边际量就把平均量拉上；只要边际量小于平均量，边际量就把平均量拉下。举一个简单的实际例子：假定一个篮球队的队员平均身高为 1.90 米。如果新加入的一名球员的身高为 1.95 米（相当于边际量），那么全队的平均身高就会增加。相反，如果新加入的一名球员的身高为 1.85 米（相当于边际量），那么，全队的平均身高会下降。因此，就平均产量 AP_L 和边际产量 MP_L 来说，**当 $MP_L > AP_L$ 时，AP_L 曲线是上升的；当 $MP_L < AP_L$ 时，AP_L 曲线是下降的；当 $MP_L = AP_L$ 时，AP_L 曲线达到极大值。**又由于边际报酬递减规律作用下的 MP_L 曲线是先升后降的，所以，当 MP_L 曲线和 AP_L 曲线相交时，AP_L 曲线必达到最大值。

此外，由于在可变要素劳动投入量的变化过程中，边际产量的变动相对平均产量的变动而言要更敏感一些，所以，不管是增加还是减少，边际产量的变动都快于平均产量的变动。

五、短期生产的三个阶段

根据短期生产的总产量曲线、平均产量曲线和边际产量曲线之间的关系，可将短期生产划分为三个阶段，如图 4—2 所示。

在第Ⅰ阶段，产量曲线的特征为：劳动的平均产量始终是上升的，且达到最大值；劳动的边际产量上升达到最大值，然后开始下降，且劳动的边际产量始终大于劳动的平均产量；劳动的总产量始终是增加的。这说明：在这一阶段，不变要素资本的投入量相对过多，生产者增加可变要素劳动的投入量是有利的。或者说，生产者只要增加可变要素劳动的投入量，就可以较大幅度地增加总产量。因此，任何理性的生产者都不会在这一阶段停止生产，而是连续增加可变要素劳动的投入量，以增加总产量，并将生产扩大到第Ⅱ阶段。

在第Ⅲ阶段，产量曲线的特征为：劳动的平均产量继续下降，劳动的边际产量降为负值，劳动的总产量也呈现下降趋势。这说明：在这一阶段，可变要素劳动的投入量相对过多，生产者减少可变要素劳动的投入量是有利的。因此，这时即使劳动要素是免费供给的，理性的生产者也不会增加劳动投入量，而是通过减少劳动投入量来增加总产量，以摆脱劳动的边际产量为负值和总产量下降的局面，即退回到第Ⅱ阶段。

由此可见，任何理性的生产者既不会将生产停留在第Ⅰ阶段，也不会将生产扩张到第Ⅲ阶段，所以，生产只能在第Ⅱ阶段进行。在生产的第Ⅱ阶段，生产者可以得到由第Ⅰ阶段增加可变要素投入所带来的全部好处，又可以避免将可变要素投入增加到第Ⅲ阶段而带来的不利影响。因此，**第Ⅱ阶段是生产者进行短期生产的合理决策区间**。在第Ⅱ阶段的起点处，劳动的平均产量曲线和边际产量曲线相交，即劳动的平均产量达到最高点。在第Ⅱ阶段的终点处，劳动的边际产量曲线与水平轴相交，即劳动的边际产量等于零。至于在生产的第Ⅱ阶段，生产者所应选择的利润最大化的最佳投入数量究竟在哪一点，这一问题还有待以后结合成本、收益和利润进行深入的分析。

☞专栏 4—1

关于边际报酬递减规律

边际报酬递减规律揭示了在短期生产中普遍存在的一个事实：在其他条件不变的前提下，随着任何一种可变生产要素投入数量的连续增加，该可变要素的边际产量在递增达到最高水平之后一定会呈现递减的状态，甚至递减为负值。该规律通常也被称为边际产量递减规律。

在生产过程中，有些人会认为，生产要素的投入数量总是多多益善的，要素投入量越多则产量越高。这实际上是一种错觉。因为在固定要素投入量既定的短期生产中，固定要素和可变要素之间存在一个最佳的投入数量组合，一旦可变要素的投入量超过最佳投入数量组合的要求，其边际产量自然也就递减了，从而导致总产量的增速放缓，甚至总产量下降。这便是边际产量递减规律成立的原因。可见，在生产过程中可变要素的投入数量绝不是简单的多多益善，而是要数量恰当，要与固定要素投入量相匹配。

我们还可以换一个角度来理解边际产量递减规律。假定边际产量不是递减而是始终保持不变或者保持上升，那么，这就意味着，在固定要素给定的前提下随着可变要素的无休止投入，总产量便可以无限地增加。这是在实际经济活动中绝对不可能发生的事情，除非在神话世界里。

由此，不难理解，譬如，在固定的机器设备下不恰当地使用过多的劳动，就会导致劳动的边际产量递减，甚至在极端场合还会导致总产量下降。再譬如，在固定的耕地面积上使用过多的化肥，那么，对农作物的生长肯定是不利的，甚至还会伤害农作物从而导致减产。在此，我们可以联想到“大跃进”的年代，当时提出“人有多大力，地有多高产”的口号，这显然是不现实、不科学的，所报道的过万斤的超高亩产量也是虚假的、根本不可信的。因为在当时给定的技术条件和土地资源条件下，无论投入多少数量的劳动力或肥料等可变要素，其亩产量都不会无限度地增长；在边际产量递减规律的制约下，亩产量在达到自身的一个最高水平之后，必然会下降。

下面，我们再来谈另一个相关的话题，此话题与马尔萨斯的人口论有关。英国政治经济学家马尔萨斯（1766—1834）于 1798 年出版了著作《人口原理》，并于 1803 年增订再版。马尔萨斯的人口论有一个基本的假定：在人类社会，人口在无所妨碍时，以几何级数增长；而生活资料只能以算术级数增长。他还援引美国人口每25年翻一番，土地生产物只能依算术级数增加作为例证。于是，他认为，人类社会会发生大饥荒和危机，未来的前景是可悲的。一般认为，马尔萨斯的这种说法的主要依据是边际产量递减规律。

但是，实际情况并不像马尔萨斯所描述的那么糟糕，这通常主要归因于20世纪以来的技术进步发挥了积极的作用。从理论上说，尽管与其他产业一样，农业生产的边际产量也会递减，但是，由于技术进步的作用，不仅使得农产品生产的边际产量最高点的位置可能推迟出现，而且边际产量曲线的整体位置也可能不断向上移动，于是，“边际”意义上的农产品的产量不断提高，其总产量也是不断增加的。

下面来看一下我国的实际情况。我国近几十年来人口增长迅速，作为一个人口大国，我国居民对粮食等农产品的需求是巨大的。表4—2和表4—3分别是我国在1978—2013年间主要农产品单位面积产量和人均主要农产品产量的统计表。由表可见，在1978—2013年间，除少数个别年份外，我国主要农产品（包括谷物、棉花、花生、油菜籽等9种农产品）的单位面积产量都呈现持续上升的趋势；同时，我国人均主要农产品（包括粮食、棉花、油料、猪牛羊肉、水产品、牛奶）的产量也是持续增加的。中国之所以能够在较短的时间内较好地解决庞大人口对粮食的巨额需求问题，或者说吃饭问题，主要由于制度和技术两方面的原因。从制度层面看，自20世纪70年代末开始的农业领域的经济体制改革和制度创新，包括家庭联产承包责任制、农产品市场化、全面取消农业税、农村土地制度改革等等，激发了农民的生产积极性，提高了农业生产率，这些也被称为制度“红利”。从技术层面看，农业新技术的不断涌现和应用，包括良种的研发及应用、农田基础设施的改善、农业机械的使用推广、高效化肥和农药的广泛施用等等，都极大地提高了农业生产率。这些制度和技术因素的作用，最终具体表现为农产品的单位面积产量、总产量以及人均农产品产量的持续增加，从而较好地满足了人们对农产品的需求。

表4—2　　我国主要农产品单位面积产量（1978—2013年）　　单位：公斤/公顷

年份	谷物	棉花	花生	油菜籽	芝麻	黄红麻	甘蔗	甜菜	烤烟
1978		445	1 344	718	506	2 639	38 496	8 166	1 717
1980		550	1 539	838	333	3 497	47 562	14 242	1 806
1985		807	2 008	1 248	657	4 154	53 430	15 913	1 927
1990		807	2 191	1 264	702	2 421	57 118	21 668	1 683
1995	4 659	879	2 687	1 415	908	2 534	58 133	20 132	1 584
2000	4 753	1 093	2 973	1 519	1 034	2 516	57 626	24 518	1 763
2005	5 225	1 129	3 076	1 793	1 054	2 670	63 970	37 523	1 956
2010	5 524	1 229	3 455	1 775	1 312	3 686	65 700	42 498	2 219
2013	5 894	1 449	3 663	1 920	1 490	3 581	70 576	50 922	2 062

资料来源：《中国统计年鉴2014》，382页，12-11“主要农产品单位面积产量”。

表 4—3　　我国人均主要农产品产量（1978—2013 年）　　单位：公斤

年份	粮食	棉花	油料	猪牛羊肉	水产品	牛奶
1978	319	2.3	5.5	9.1	4.9	
1980	327	2.8	7.8	12.3	4.6	1.2
1985	361	3.9	15.0	16.8	6.7	2.4
1990	393	4.0	14.2	22.1	10.9	3.7
1995	387	4.0	18.7	27.4	20.9	4.8
2000	366	3.5	23.4	37.6	29.4	6.6
2005	371	4.4	23.6	42.0	33.9	21.1
2010	409	4.5	24.1	45.8	40.2	26.7
2013	443	4.6	25.9	48.6	45.5	26.1

资料来源：《中国统计年鉴 2014》，390 页，12-16“人均主要农产品产量”。

最后，需要指出的是，在当今世界的一些国家和地区，饥荒仍然存在。而且，从长期看，随着耕地面积的减少、自然条件的恶化，以及人口增多和粮食需求增大等等各种可能的影响，人类所面临的粮食问题的挑战依然是严峻的和万不可掉以轻心的。

第二节　长期生产函数

本节以长期生产函数为基础，介绍关于长期生产技术的一个基础性分析工具，即等产量曲线。

一、长期生产函数

假定生产者使用劳动和资本两种可变生产要素来生产一种产品，则长期生产函数可以写为：

$$Q=f(L,K) \tag{4.12}$$

式中，L 为可变要素劳动的投入量；K 为可变要素资本的投入量；Q 为产量。

二、等产量曲线

1. 等产量曲线

在两种可变要素的长期生产函数（4.12）式的基础上，可以构造等产量曲线。生产理论中的等产量曲线和消费者选择理论中的无差异曲线是很相似的。**等产量曲线是在技术水平不变的条件下，生产同一产量的两种生产要素投入量的所有不同组合的轨迹。**以常数 Q^0 表示既定的产量水平，则与等产量曲线相对应的生产函数为：

$$Q=f(L,K)=Q^0 \tag{4.13}$$

对（4.13）式稍加观察，便会直观地想到，如果产量 Q^0 给定，那么，一般说来，两种可变要素之间会存在替代关系，这就是说，可以用劳动去替代资本，即采用较多的劳动和较少的资本，或者，可以用资本去替代劳动，即采用较多的资本和较少的劳动，它们都可以生产同一个给定的产量。这一想法是理解等产量曲线的基础。

下面用图 4—3 来说明等产量曲线的含义及其特点。

图 4—3 中有三条等产量曲线，它们分别表示可以生产 50 单位、100 单位和 150 单位产量的各种生产要素的组合。以生产产量 50 单位的等产量曲线为例，50 单位的产量既可以使用 A 点的要素组合（OL_1 单位的劳动和 OK_1 单位的资本）生产出来，也可以使用 B 点的要素组合（OL_2 单位的劳动和 OK_2 单位的资本），还可以使用 C 点的要素组合（OL_3 单位的劳动和 OK_3 单位的资本）生产出来。

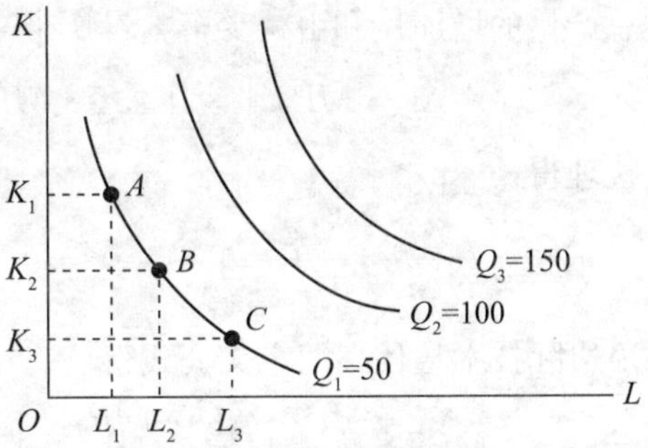

图 4—3　等产量曲线

与无差异曲线相似，等产量曲线与坐标原点的距离的大小表示产量水平的高低：离原点越近的等产量曲线代表的产量水平越低；离原点越远的等产量曲线代表的产量水平越高。同一平面坐标上的任意两条等产量曲线不会相交。等产量曲线是凸向原点的。

2. 边际技术替代率

与等产量曲线相联系的一个概念是边际技术替代率，其英文缩写为 MRTS①。

一条等产量曲线表示一个既定的产量水平可以由两种可变要素的各种不同数量的组合生产出来。这意味着，生产者可以通过对两要素之间的相互替代，来维持一个既定的产量水平。例如：为了生产 50 单位的某种产品，生产者可以使用较多的劳动和较少的资本，也可以使用较少的劳动和较多的资本。前者可以看成是劳动对资本的替代，后者可以看成是资本对劳动的替代。想象一下，在图 4—3 中，为了维持固定的 50 单位产量，在厂商的产量沿着既定的等产量曲线由 A 点滑动到 C 点的过程中，劳动投入量必然会随着资本投入量的不断减少而增加；相反，在由 C 点运动到 A 点的过程中，劳动投入量必然会随着资本投入量的不断增加而减少。由两要素之间这种相互替代的关系，可以得到边际技术替代率的概念。**在维持产量水平不变的条件下，增加一单位某种生产要素的投入量时所减少的另一种要素的投入数量，被称为边际技术替代率。**劳动对资本的边际技术替代率的定义公式为：

$$MRTS_{LK}=-\frac{\Delta K}{\Delta L} \tag{4.14}$$

式中，ΔK 和 ΔL 分别为资本投入量的变化量和劳动投入量的变化量。公式中加一个负号是为了使 $MRTS$ 值在一般情况下为正值，以便于比较。或者，

① 有的西方经济学教科书中，也将边际技术替代率的英文缩写为 RTS。

$$MRTS_{LK}=\lim_{\Delta L\to 0}-\frac{\Delta K}{\Delta L}=-\frac{\mathrm{d}K}{\mathrm{d}L} \tag{4.15}$$

显然，**等产量曲线上某一点的边际技术替代率就是等产量曲线在该点斜率的绝对值。**

边际技术替代率还可以表示为两要素的边际产量之比。这是因为，边际技术替代率的概念是建立在等产量曲线的基础上的，所以，对于任意一条给定的等产量曲线来说，当用劳动投入去替代资本投入时，在维持产量水平不变的前提下，由增加劳动投入量所带来的总产量的增加量和由减少资本量所带来的总产量的减少量必定是相等的，即必有：

$$|\Delta L\cdot MP_L|=|\Delta K\cdot MP_K|$$

整理得：

$$-\frac{\Delta K}{\Delta L}=\frac{MP_L}{MP_K}$$

由边际技术替代率的定义公式得：

$$MRTS_{LK}=-\frac{\Delta K}{\Delta L}=\frac{MP_L}{MP_K} \tag{4.16}$$

或者有：

$$MRTS_{LK}=-\frac{\mathrm{d}K}{\mathrm{d}L}=\frac{MP_L}{MP_K} \tag{4.17}$$

可见，边际技术替代率还可以表示为两要素的边际产量之比。

3. 边际技术替代率递减规律

在两种生产要素相互替代的过程中，普遍地存在一种现象：**在维持产量不变的前提下，当一种生产要素的投入量不断增加时，每一单位的这种生产要素所能替代的另一种生产要素的数量是递减的。这一现象被称为边际技术替代率递减规律。**以图 4—4 为例，在两要素的投入组合沿着既定的等产量曲线 Q^0 由 a 点顺次运动到 b、c 和 d 点的过程中，劳动投入量等量地由 L_1 增加到 L_2，再增加到 L_3 和 L_4，即有 $OL_2-OL_1=OL_3-OL_2=OL_4-OL_3$，而相应的资本投入量的减少量为 $OK_1-OK_2>OK_2-OK_3>OK_3-OK_4$。这表示：在产量不变的条件下，在劳动投入量不断增加和资本投入量不断减少的替代过程中，边际技术替代率是递减的。

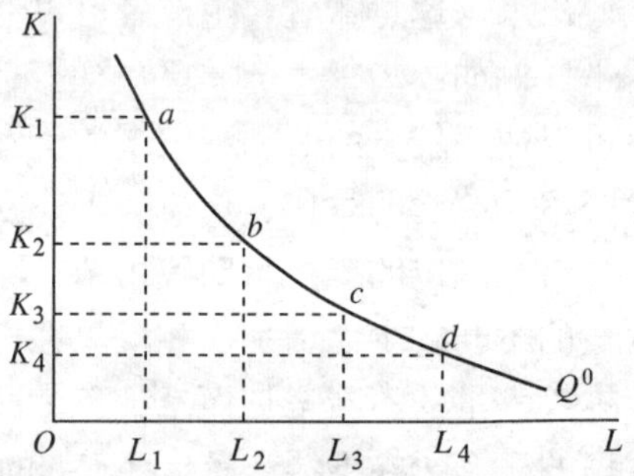

图 4—4　边际技术替代率递减

边际技术替代率递减的主要原因在于：任何一种产品的生产技术都要求各要素投入之间有适当的比例。在劳动投入量很少和资本投入量很多的情况下，减少一些资本投入量可以很容易地通过增加劳动投入量来弥补，以维持原有的产量水平，即劳动对资本的替代是很容易的。但是，在劳动投入增加到相当多的数量和资本投入减少到相当少的数量的情况下，再用劳动去替代资本就将是很困难的了。

前面提到，等产量曲线一般具有凸向原点的特征，这一特征是由边际技术替代率递减规律所决定的。因为由边际技术替代率的定义公式（4.15）可知，等产量曲线上某一点的边际技术替代率就是等产量曲线在该点的斜率的绝对值，又由于边际技术替代率是递减的，所以，等产量曲线的斜率的绝对值是递减的，即等产量曲线一般是凸向原点的。

三、等产量曲线的特殊形状

一般说来，在边际技术替代率递减规律作用下的等产量曲线是凸向原点的，但也有特殊的情况，下面介绍两种特殊情况的等产量曲线。

1. 固定替代比例的生产函数（也被称为线性生产函数）

固定替代比例的生产函数表示在每一产量水平上任何两种生产要素之间的替代比例都是固定的。假定生产过程中只使用劳动和资本两种要素，则固定替代比例的生产函数的通常形式为：

$$Q=aL+bK \tag{4.18}$$

式中，Q 为产量；L 和 K 分别表示劳动和资本的投入量；常数 a、$b>0$。显然，与这一线性生产函数相对应的等产量曲线是一条直线。假定劳动和资本之间的固定替代比例为 2：1，则相应的等产量曲线如图 4—5（a）所示。

2. 固定投入比例的生产函数（也被称为里昂惕夫生产函数）

固定投入比例的生产函数表示在每一个产量水平上任何一对要素投入量之间的比例都是固定的。假定生产过程中只使用劳动和资本两种要素，则固定投入比例的生产函数的通常形式为：

$$Q=\min\left\{\frac{L}{u},\ \frac{K}{v}\right\} \tag{4.19}$$

式中，Q 为产量；L 和 K 分别为劳动和资本的投入量；常数 u、$v>0$，分别为固定的劳动和资本的生产技术系数，它们分别表示生产一单位产品所需要的固定的劳动投入量和固定的资本投入量。（4.19）式的生产函数表示：产量 Q 取决于 $\frac{L}{u}$ 和 $\frac{K}{v}$ 这两个比值中较小的那一个，即使其中的一个比例数值较大，也不会提高产量 Q。需要指出的是，在该生产函数中，一般又通常假定生产要素投入量 L、K 都满足最小的要素投入组合的效率要求，所以有：

$$Q=\frac{L}{u}=\frac{K}{v} \tag{4.20}$$

进一步地，可以有：

$$\frac{K}{L}=\frac{v}{u} \tag{4.21}$$

（4.21）式清楚地体现了该生产函数的固定投入比例的性质：当产量发生变化时，各要素的投入量将以相同的比例发生变化，所以，各要素的投入量之间的比例维持不变。关于固定投入比例生产函数的这一性质，可以用几何图形来加以说明。

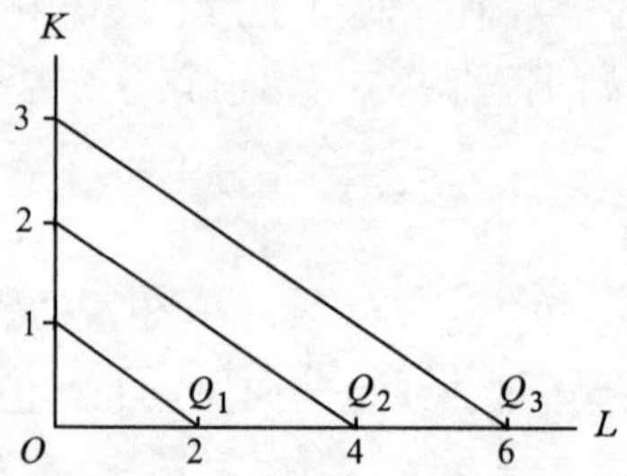

图 4—5（a）　固定替代比例的生产函数

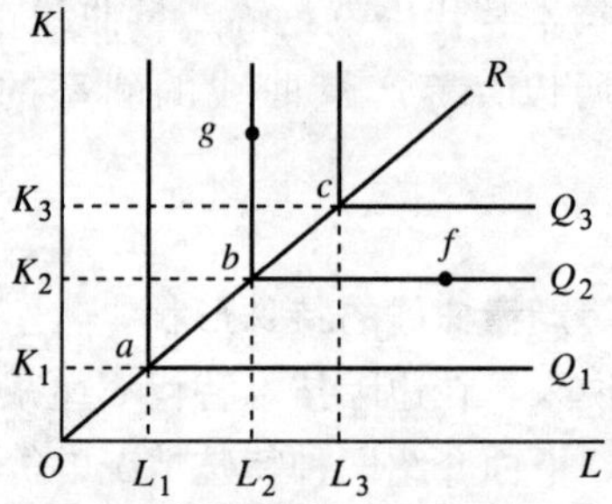

图 4—5（b）　固定投入比例的生产函数

在图 4—5（b）中，横轴和纵轴分别表示劳动和资本的投入数量，各自以 a、b 和 c 为顶点的三条含有直角的实线为三条等产量曲线，它们顺次表示生产既定的产量 Q_1、Q_2 和 Q_3 的各种要素组合。以等产量曲线 Q_2 来说，b 点的要素组合（K_2，L_2）是生产产量 Q_2 的最小的要素投入量组合。以 b 点为顶点的两条直角边上的任何一点（不包括 b 点），都不是生产 Q_2 产量的最小的要素投入量组合，例如，g 点表示资本投入量过多，f 点表示劳动投入量过多。如果产量由 Q_2 增加为 Q_3，或由 Q_2 减少为 Q_1 时，则最小要素投入组合相应地会由 b 点移至 c 点，或由 b 点移至 a 点。此时，两要素投入量以相同的比例增减，两要素投入比例保持不变，即：

$$\frac{K_1}{L_1}=\frac{K_2}{L_2}=\frac{K_3}{L_3}=\frac{v}{u}$$

因此，从原点出发经过 a、b 和 c 点的射线 OR 表示了这一固定投入比例生产函数的所有产量水平的最小要素投入量的组合。

复习与思考

1. 下面是一张一种可变生产要素的短期生产函数的产量表（表 4—4）：

表 4—4

可变要素的数量	可变要素的总产量	可变要素的平均产量	可变要素的边际产量
1		2	
2			10
3	24		
4		12	
5	60		
6			6
7	70		
8			0
9	63		

（1）在表中填空。

（2）该生产函数是否表现出边际报酬递减？如果是，是从第几单位的可变要素投入量开始的？

2. 已知生产函数 $Q=f(L, K)=2KL-0.5L^2-0.5K^2$，假定厂商目前处于短期生产，且 $K=10$。

（1）写出在短期生产中该厂商关于劳动的总产量 TP_L 函数、劳动的平均产量 AP_L 函数和劳动的边际产量 MP_L 函数。

（2）分别计算当劳动的总产量 TP_L、劳动的平均产量 AP_L 和劳动的边际产量 MP_L 各自达到极大值时厂商的劳动投入量。

（3）什么时候 $AP_L=MP_L$？它的值又是多少？

3. 已知生产函数为 $Q=\min\{2L, 3K\}$。求：

（1）当产量 $Q=36$ 时，L 与 K 值分别是多少？

（2）如果生产要素的价格分别为 $P_L=2$，$P_K=5$，则生产 480 单位产量时的最小成本是多少？

4. 假设某厂商的短期生产函数为 $Q=35L+8L^2-L^3$。求：

（1）该企业的平均产量函数和边际产量函数。

（2）如果企业使用的生产要素的数量为 $L=6$，则是否处于短期生产的合理决策区间？为什么？

5. 从边际报酬递减规律出发，利用图说明短期产量曲线的特征及其相互关系。

第五章

成　本

上一章介绍了厂商生产的技术问题，包括短期生产和长期生产的技术特征。从本章开始将对厂商生产的经济问题进行探讨。本章涉及的是成本分析，而成本是下一章分析厂商追求利润最大化经济行为的基础。

本章的内容安排如下：第一节介绍成本及其相关概念。第二节从成本最小化的角度来理解生产成本的概念。第三节和第四节将分别系统考察各类短期成本曲线和长期成本曲线。

在本章学习的起点，需要指出的是，“成本最小化”是对成本的一个基本规定，这一点对理解本章的内容来说很重要。除此之外，还需要指出，厂商采取什么样的生产技术就会产生与之相匹配的生产成本，即厂商的生产技术决定厂商的生产成本，这一点是很直观的。由于厂商的生产技术的特征在短期和长期是不相同的，这也就决定了短期和长期成本各具自身的特征。鉴于此，成本分析通常分为两部分，即短期成本分析和长期成本分析，这便是本章内容的基本框架。在第三、四节将会看到：短期生产的边际报酬递减规律是理解短期各类成本曲线的基础，长期生产的规模经济和规模不经济的变化规律是理解长期各类成本曲线的基础。

第一节　成本的概念

企业的生产成本通常被看成是企业对所购买的生产要素的货币支出。然而，在经济学的分析中，仅从这样的角度来理解成本概念是不够的。下面，将介绍机会成本的概念以及显成本和隐成本的概念。

一、机会成本

西方经济学家认为，经济学是研究一个经济社会如何对稀缺的经济资源进行有效配置的问题。从经济资源稀缺性这一前提出发，当一个社会或一个企业使用一定的经济资源生产某种产品时，这些经济资源就不可能同时被使用在其他的生产用途中。这就是说，这个社会或这个企业对该产品的生产，是以放弃使用相同的经济资源在生产其他产品时所能获得的收入作为代价的，所谓代价就是成本。进一步地，这个代价（即成本）到底应该以什么标准来衡量呢？经济学家指出，它必须按照使用同样的经济资源在其他各种生产用途中所能获得的最高收入来衡量。由此，便产生了机会成本的概念。**机会成本是指生产者所放弃的使用相同的生产要素在其他生产用途中所能获得的最高收入。**例如，既定的一组经济资源既可以全部用来生产A产品，也可以全部用来生产B产品或C产品。那么，在面临这些不同生产机会的条件下，当决定生产A产品时，就意味着不可能将相同的经济资源使用在B产品或C产品的生产中。再假定相同的经济资源使用在B产品或C产品的生产中所能得到的收入分别为900万元和1 000万元。于是，可以说，生产A产品的机会成本是所放弃的生产B产品或C产品中所能得到的最高收入，即1 000万元。换言之，如果生产A产品的收入低于1 000万元，那么，就不应该生产A产品，而应该把相同的经济资源使用在C产品的生产用途中。由此可以体会到，机会成本的概念是与稀缺经济资源的有效配置联系在一起的。在经济学中，企业的生产成本应该从机会成本的角度来理解。

二、显成本和隐成本

企业的生产成本可以分为显成本和隐成本两个部分。

企业生产的显成本是指厂商在生产要素市场上购买或租用他人所拥有的生产要素的实际支出。例如，某厂商雇用了一定数量的工人、从银行获得了一定数量的贷款，并租用了一定数量的土地，为此，这个厂商就需要向工人支付工资、向银行支付利息、向土地所有者支付地租，这些支出便构成了该厂商生产的显成本。从机会成本的角度讲，这笔支出的总价格必须等于这些生产要素的所有者将相同的生产要素使用在其他用途时所能得到的最高收入。否则，这个企业就不能购买或租用到这些生产要素，并保持对它们的使用权。

企业生产的隐成本是指厂商自己所拥有的且被用于自己企业生产过程的那些生产要素的总价格。例如，为了进行生产，一个厂商除了雇用一定数量的工人、从银行获得一定数量的贷款和租用一定数量的土地之外（这些均属于显成本支出），还动用了自己拥有的资金和土地，并亲自管理企业。观察实际经济生活，我们会发现，厂商对自己所拥有的生产要素往往是无偿使用的，即厂商通常并不领取相应的工资、利息和地租。从经济学的角度看，这种不计成本的做法是错误的。因为从机会成本的概念出发，当厂商利用自己所拥有的生产要素进行生产时，事实上就放弃了使用相同的生产要素在其他生产用途中所获得的收入，这便是厂商从事当前生产的代价，即机会成本，而且其总额应该等于相同生产要素在其他生产用途中所能获得的最高收入。所以，这笔被放弃的最高收入的总价格应该计入成本。由于这笔成本不像显成本那么明显，故被称为隐成本。此外，西方经济学家还指出，既然借用了他人的资本需支付利息、租用了他人的土地需支付地租，聘用他人来管理企业需支付薪金，那么，同样道理，在这个例子中，当厂商使用了自有生产要素时，也应该得到报酬。所不同的是，现在是厂商应该自己向自己支付利息、地租和薪金。当然，这笔报酬必须按照企业自有生产要素在其他用途中所能得到的最高收入来支付，否则，厂商会把自有生产要素转移出自己的企业，以便在其他生产机会中获得更高的报酬。

三、利润

根据前面对成本的分析可知，企业的成本应该包括显成本和隐成本这两部分。但是，在企业的现实经营活动中，显成本总是被计入会计成本，隐成本却往往被忽视而未计入成本。如此按照会计成本所计算出的利润便被不恰当地扩大了，这显然有悖于有效配置经济资源的理念。所以，在经济学中使用的利润不是会计利润，而是经济利润的概念。

企业的所有显成本和隐成本之和构成总成本。企业的经济利润指企业的总收益和总成本之间的差额，简称企业的利润。企业所追求的最大利润，指的就是最大的经济利润。经济利润也被称为超额利润。

在西方经济学中，还需区别经济利润和正常利润。**正常利润通常指厂商对自己所提供的企业家才能的报酬支付。**需要强调的是，正常利润是厂商生产成本的一部分，它是以隐成本计入成本的。为了理解正常利润是成本的一部分这一说法，我们需要运用前面讲到的机会成本的概念。从机会成本的角度看，当一个企业所有者同时又拥有管理企业的才能时，他将会面临两种选择机会，一种选择是在自己的企业当经理，另一种选择是到别人所拥有的企业当经理。如果他到别人所拥有的企业当经理，他可以获得收入报酬。如果他在自己的企业当经理，他就失去了到别的企业当经理所能得到的收入报酬，而他所失去的这份报酬就是他在自己的企业当经理的机会成本。或者说，如果他在自己的企业当经理的话，他应当自己向自己支付报酬，而且这份报酬数额应该等于他到别的企业当经理时所可以得到的最高报酬。所以，从机会成本的角度看，正常利润属于成本，并且属于隐成本。

由于正常利润属于成本，因此，经济利润中不包含正常利润。又由于厂商的经济利润等于总收益减去总成本，所以，当厂商的经济利润为零时，厂商仍然得到了全部的正常利润。

☞**专栏 5—1**

服装店的张老板是盈利还是亏损的?

假定张老板是某服装店的所有者，并亲自管理服装店。此外，再假定张老板还面临其他两种选择：选择之一是把所拥有的相同资源（包括经营管理才能、资金及店铺）投入赵老板的商店，即为赵老板管理商店，并将资金和店铺租借给赵老板使用，则他每年可以获得相应的工资收入 80 万元、利息收入 40 万元及店铺租金收入 30 万元，总计收入 150 万元。选择之二是把所拥有的相同资源投入王老板的商店，类似地，则他每年可以获得各类收入总计 180 万元。在这些条件下，事实上亲自管理服装店的张老板在去年的总收益中扣除当年付给他人的成本支出后，计算得到的会计利润是 120 万元。那么，你认为，“张老板去年盈利 120 万元”的说法是对的还是错的?

正确答案是：“张老板去年盈利 120 万元”的说法是错误的。我们知道，企业的利润，即经济利润＝总收益－总成本，而总成本既含显成本，还含隐成本。所以，正确的计算应该是在会计利润中再继续扣除隐成本，即张老板去年的经济利润＝120－180＝－60 万元。这就是说，张老板去年不是盈利的，而是亏损60 万元！

为什么张老板去年不是盈利而是亏损的呢？这要从机会成本的角度来理解。当张老板将自己所拥有的全部资源投入自己的服装店时，他便失去了运用相同的资源在其他两种场合所可能得到的收入，这就是张老板亲自经营服装店的代价，即机会成本，显然这种机会成本应该得到补偿，此机会成本亦被称为隐成本。而且，机会成本的度量总是以生产者所失去的相同资源在其他场合所能获得的最高收入为标准，因为唯有如此，才能使得经济资源能够被使用并被保持使用在效率最高的场合。正鉴于此，在计算张老板去年的经济利润时，首先要确认应该从会计利润中再扣除隐成本，然后再确认此隐成本应该以张老板在其他场合所失去的最高收入为标准。于是，张老板去年的经济利润＝120－180＝－60 万元，而不是 120－150＝－30 万元，更不是所谓的盈利 120 万元。

此外，更直观地讲，既然张老板把所拥有的资源投入他人的商店，他人需向张老板支付工资、利息和地租收入，那么，张老板把相同的资源投在自己的服装店时，自然就应该自己向自己支付工资、利息和地租收入，这就是隐成本支出。否则，张老板对自己资源的使用是没有得到应有的补偿的。

我们可以发现，在现实经济活动中，一些小生产者，尤其是个体生产者，从来不向自己支付本该得到的工资、利息和地租收入。由于这些生产者在账目中缺少这一部分的成本支出项目，以至于他们有时在亏损的状态下还自以为是盈利的。这不仅损害了生产者本人的经济利益，而且不利于经济资源的有效配置。事实上，在上例中张老板的最优选择应该是放弃自己经营服装店，而是把他所拥有的资源投入王老板的商店，即为王老板管理商店，并把资金和店铺借租给王老板使用，由此获得 180 万元的年收入。

资料来源：高鸿业主编：《西方经济学（第五版）学习与教学手册》，3 页，北京，中国人民大学出版社，2011。

第二节 成本最小化

对于追求利润最大化的厂商而言，每一产量水平的生产成本必须是最小的，即成本最小化是对生产成本的基本要求。所以，在微观经济学中，成本最小化问题是成本分析的起点。本节将从成本最小化问题出发来理解生产成本。

一、等成本线

为了分析成本最小化问题，需要先介绍等成本线。

等成本线是和消费者选择理论中的预算线非常相似的一个分析工具。[①] **等成本线是在**

① 由于本节的等成本线和第三章第二节的预算线是十分相似的分析工具，而且，我们在前面对预算线已经展开了详尽的介绍，所以，本节对等成本线的介绍将会简要一些。读者在需要时，可以参考前面有关预算线的内容。

既定的成本和生产要素价格条件下，生产者可以购买到的两种生产要素的各种不同数量组合的轨迹。假定要素市场上既定的劳动的价格即工资率为 w，既定的资本的价格即利息率为 r，厂商既定的成本支出为 C，则成本方程为：

$$C=wL+rK \tag{5.1}$$

由成本方程可得：

$$K=-\frac{w}{r}L+\frac{C}{r} \tag{5.2}$$

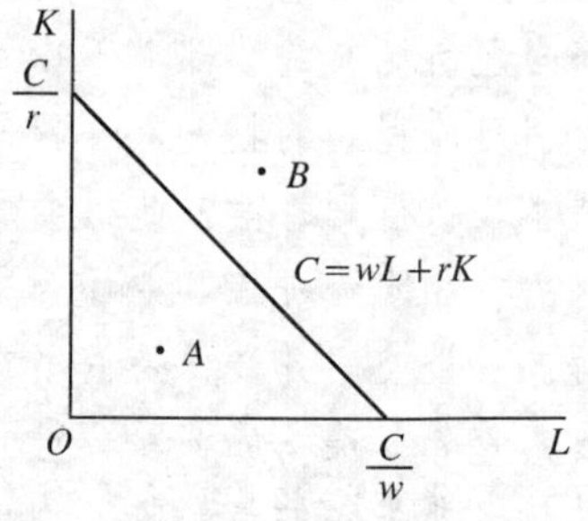

图 5—1　等成本线

根据以上式子可以得到等成本线，如图 5—1 所示。由于（5.2）式的成本方程式是线性的，所以，等成本线必定是一条直线。图中横截距$\frac{C}{w}$表示既定的全部成本都使用劳动时的数量，纵截距$\frac{C}{r}$表示既定的全部成本都使用资本时的数量，连接这两点的线段就是等成本线。它表示既定的全部成本所能使用的劳动和资本的各种组合。根据（5.2）式，等成本线的纵截距为$\frac{C}{r}$，等成本线的斜率为$-\frac{w}{r}$，即为两种生产要素价格之比的负值。

在图 5—1 中，等成本线以内区域中的任何一点，如 A 点，表示既定的全部成本都用来购买该点的劳动和资本的组合以后还有剩余。等成本线以外的区域中的任何一点，如 B 点，表示用既定的全部成本购买该点的劳动和资本的组合是不够的。唯有等成本线上的任何一点，才表示用既定的全部成本能刚好购买的劳动和资本的组合。

由于给定成本和要素价格，便有一条等成本线与其相对应，所以，任何关于成本和要素价格的变动都会使等成本线发生变化。关于这种变动的具体情况，与第三章第二节对预算线的分析是类似的，读者可以自己参照进行分析。

二、成本最小化

我们知道，追求利润最大化的厂商的生产成本总是最小的。现将这一问题具体表述为：假定在一定的技术条件下厂商使用两种可变生产要素劳动和资本生产一种产品，且劳动的价格 w 和资本的价格 r 是给定的。如果企业要以最小的成本来生产既定的产量 Q，那么，它应该如何选择最优的劳动投入量和资本投入量的组合呢？简而言之，厂商如何实现既定产量条件下的成本最小化？

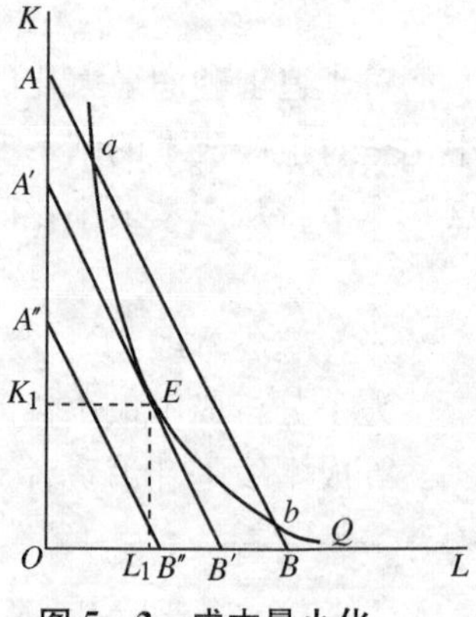

图 5—2　成本最小化

把厂商的等产量曲线和等成本线置于同一个平面坐标系中，就可以确定厂商在既定产量条件下实现最小成本的最优要素组合点，即生产的均衡点。下面用图 5—2 来说明。

图中有一条等产量曲线 Q 和三条等成本线 AB、$A'B'$ 和 $A''B''$。唯一的等产量曲线 Q 代表既定的产量。三条等成本线具有相同的斜率（即表示两要素的价格是既定的），但代表三个不同的成本量，其中，等成本线 AB 代表的成本大于等成本线 $A'B'$，等成本线 $A'B'$ 代表的成本大于等成本线 $A''B''$。唯一的等产量曲线 Q 与其中一条等成本线 $A'B'$ 相切于 E 点，这就是生产的均衡点或最优要素组合点。它表示：在既定的产量条件下，生产者应该选择 E 点的要素组合（L_1，K_1），才能实现最小的成本。

这是因为，等成本线 $A''B''$ 虽然代表的成本较低，但它与既定的等产量曲线 Q 既无交点又无切点，它无法实现等产量曲线 Q 所代表的产量。等成本线 AB 虽然与既定的等产量曲线 Q 相交于 a、b 两点，但它代表的成本过高，通过沿着等产量曲线 Q 由 a 点向 E 点或者由 b 点向 E 点移动，都可以获得相同的产量而使成本下降。所以，只有在切点 E，才是在既定产量条件下实现最小成本的要素组合。

由于等产量曲线斜率的绝对值可以用边际技术替代率 $MRTS$ 表示，等成本线的斜率可以表示为生产要素相对价格的负值 $-\frac{w}{r}$，于是，在生产均衡点的切点 E 有：

$$MRTS_{LK}=\frac{w}{r} \tag{5.3}$$

它表示：**厂商应该选择最优的生产要素组合，使得两要素的边际技术替代率等于两要素的价格之比，从而实现既定产量条件下的最小成本。**

由于边际技术替代率可以表示为两要素的边际产量之比，所以，上式可以写为：

$$MRTS_{LK}=\frac{MP_L}{MP_K}=\frac{w}{r} \tag{5.4}$$

进一步，可以有：

$$\frac{MP_L}{w}=\frac{MP_K}{r} \tag{5.5}$$

它表示：**为了实现既定产量条件下的最小成本，厂商应该通过对两要素投入量的不断调整，使得花费在每一种要素上的最后一单位的成本支出所带来的边际产量相等。**

三、对偶问题：产量最大化

与成本最小化问题相联系的另一个问题是产量最大化。它们之间的联系是：追求成本最小化的厂商必然会追求产量最大化，也可以反过来说，追求产量最大化的厂商必然会追求成本最小化，即成本最小化和产量最大化之间存在对偶关系。在此，作为对成本最小化问题的深入理解，对产量最大化问题也作一介绍。

1. 产量最大化

现在分析的问题是：厂商如何实现既定成本条件下的产量最大化？具体利用图 5—3 加以说明。在图 5—3 中，有一条等成本线 AB 和三条等产量曲线 Q_1、Q_2 和 Q_3。唯一的等成本线 AB 与其中一条等产量曲线 Q_2 相切于 E 点，该点就是生产的均衡点。它表示：在既定成本条件下，厂商应该按照 E 点的生产要素组合进行生产，即劳动投入量和资本投

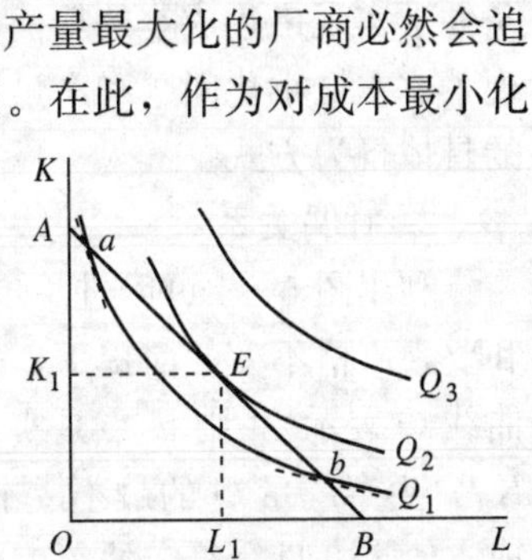

图 5—3　产量最大化

入量分别为 L_1 和 K_1，这样，厂商就会获得最大的产量。

为什么 E 点就是最优的生产要素组合点呢？这就需要分析代表既定成本的唯一的等成本线 AB 与三条等产量曲线 Q_1、Q_2 和 Q_3 之间的关系。先看等产量曲线 Q_3，其代表的产量虽然高于等产量曲线 Q_2，但唯一的等成本线 AB 与等产量曲线 Q_3 既无交点，又无切点。这表明产量 Q_3 是企业在既定成本下无法实现的产量，因为厂商利用既定成本只能购买到位于等成本线 AB 上或等成本线 AB 以内区域的要素组合。再看等产量曲线 Q_1，等产量曲线 Q_1 虽然与唯一的等成本线 AB 相交于 a、b 两点，但等产量曲线 Q_1 所代表的产量是比较低的。此时厂商在不增加成本的情况下，只需由 a 点出发向右或由 b 点出发向左沿着既定的等成本线 AB 改变要素组合，就可以增加产量，所以，只有在唯一的等成本线 AB 和等产量曲线 Q_2 的切点 E，才是实现既定成本条件下的最大产量的要素组合。任何更高的产量在既定成本条件下都是无法实现的，任何更低的产量都是无效率的。

总之，在图中唯一的等成本线 AB 和等产量曲线 Q_2 的切点 E 才是厂商的生产均衡点。于是，在生产均衡点 E 有：

$$MRTS_{LK}=\frac{w}{r} \tag{5.6}$$

它表示：**为了实现既定成本条件下的最大产量，厂商应该选择最优的生产要素组合，使得两要素的边际技术替代率和两要素的价格之比相等。**

因为边际技术替代率可以表示为两要素的边际产量之比，所以，上式可以写为：

$$MRTS_{LK}=\frac{MP_L}{MP_K}=\frac{w}{r} \tag{5.7}$$

进一步，可以有：

$$\frac{MP_L}{w}=\frac{MP_K}{r} \tag{5.8}$$

它表示：**厂商可以通过对两要素投入量的不断调整，使得最后一单位的成本支出无论用来购买哪一种生产要素所获得的边际产量都相等，从而实现既定成本条件下的最大产量。**

以上就是厂商在既定成本条件下实现最大产量的均衡原则。该原则与厂商在既定产量条件下实现最小成本的均衡原则是相同的，见（5.3）式、（5.4）式和（5.5）式。这也体现了成本最小化问题和产量最大化问题之间的联系，其实，它们都是厂商追求利润最大化的具体行为方式。

2. 对偶关系

利用图 5—4 可以进一步说明成本最小化和产量最大化之间的对偶关系。在生产技术和要素价格不变的前提下，先考虑成本最小化问题：令约束条件产量 Q 给定（以等产量曲线 Q 表示），则 E 点是实现最小成本的均衡点，相应的劳动和资本投入量分别为 L_1 和 K_1，生产产量 Q 的最小成本由等成本线 AB 表示。再考虑产量最大化问题：令约束条件成本给定，且令给定的约束成本值就是前面实现的最小成本，即等成本线 AB 所表示的成本，于是，可以看到图中的 E 点还是实现最大产量的均衡点，相应的劳动和资本投入量

仍然分别为 L_1 和 K_1，实现的最大产量则由等产量曲线 Q 表示。所以，成本最小化和产量最大化之间的对偶关系可以进一步理解为：在其他条件不变的前提下，如果以其中任何一个极值问题所实现的最小成本或最大产量作为另一个极值问题的约束条件的话，那么，这两个问题的最优要素组合是相同的，或者说，这两个问题的均衡点 E 的位置是相同的。

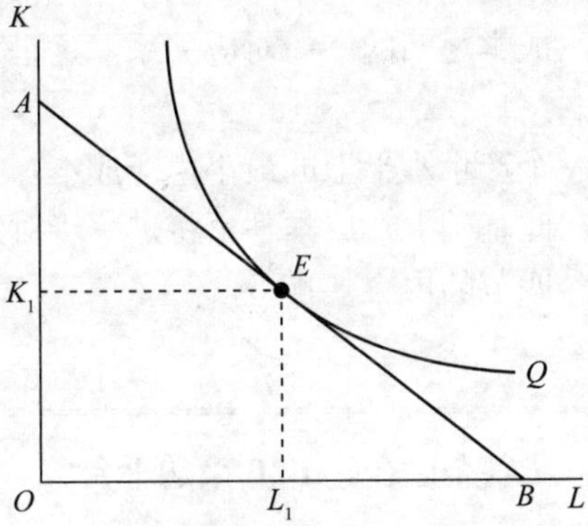

图 5—4　对偶关系：成本最小化和产量最大化

四、扩展线和生产成本

下面将先介绍扩展线，然后利用扩展线来进一步理解生产成本这一概念的本质要求。

1. 扩展线

上面的成本最小化和产量最大化分析是推导和理解扩展线的基础。

在生产要素的价格、生产技术和其他条件不变时，如果企业改变成本，等成本线就会发生平移；如果企业改变产量，等产量曲线就会发生平移。这些不同的等产量曲线将与不同的等成本线相切，形成一系列不同的生产均衡点，这些生产均衡点的轨迹就是扩展线。如图 5—5 所示，图中的曲线 ON 是一条扩展线。显然，扩展线上每一个生产均衡点都满足成本最小化或产量最大化的均衡原则：两要素的边际技术替代率等于两要素的价格比例，即有

$$MRTS_{LK}=\frac{w}{r} \tag{5.9}$$

或者

$$MRTS_{LK}=\frac{MP_L}{MP_K}=\frac{w}{r} \tag{5.10}$$

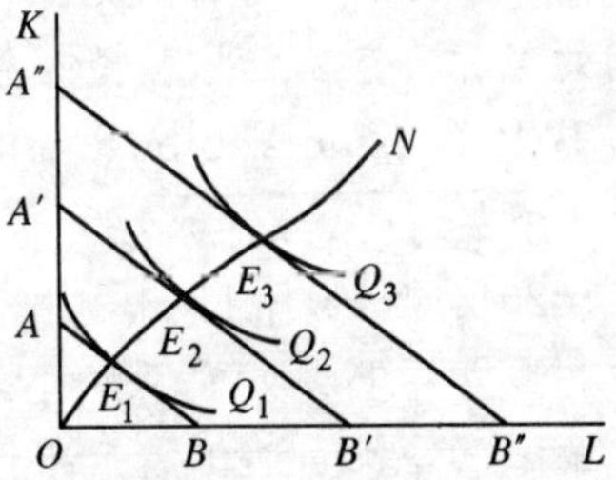

图 5—5　扩展线

扩展线表示：在生产要素价格、生产技术和其他条件不变的情况下，当生产的成本或产量发生变化时，厂商必然会沿着扩展线来选择最优的生产要素组合，从而实现既定产量条件下的最小成本，或实现既定成本条件下的最大产量。**扩展线是厂商在长期扩张或收缩生产时所必须遵循的最优路径。**

2. 由扩展线到成本概念

在经济分析中，厂商的生产成本是指其生产一定产量时所花费的最小成本，这是追求利润最大化的厂商有效配置经济资源的必然体现。下面，利用扩展线，从成本最小化角度

来推导并理解成本的“最小化”特征。

在图 5—5 中，令扩展线上的 E_1、E_2 和 E_3 分别是三个成本最小化均衡点，它们分别表示：产量 Q_1 的最小生产成本由相切于 E_1 点的等成本线 AB 所代表，相类似，产量 Q_2 的最小生产成本由等成本线 $A'B'$ 所代表，产量 Q_3 的最小生产成本由等成本线 $A''B''$ 所代表。依此类推，在扩展线上连续变化的每一个产量水平上，都可以找到相应的最小生产成本，由此便建立了产量和最小成本之间的一一对应关系，这是对成本这一概念（亦即成本函数）的基本要求。

总之，成本是表示在每一个产量水平上的最小生产成本。“最小生产成本”这一性质，是对成本概念的本质认识。在此基础上，成本理论将进一步对短期成本及长期成本展开系统的分析，这便是下面第三、四节的内容。

☞专栏 5—2

餐企联合建 B2B 采购平台

餐饮业是我国规模最大的产业之一。2013 年，中国餐饮企业超过 300 万家，餐饮产业营业规模超过 6 万亿元，产业链上下游从业人员超过 1 亿人。根据中国烹调协会发布的信息，2014 年 1—10 月，我国餐饮行业的经营状况有所提升，但行业的景气度依然不太理想。

在新的市场条件下，餐饮业面临着重大挑战。譬如，为应对公务员、公款消费的直线下降，高端餐饮企业应如何尽快转型，与市场需求相契合？又譬如，随着居民消费水平的提高，对大众餐饮的需求迅速增加，大众餐饮企业又应如何提升发展空间？其间，很重要的一点是，餐饮企业共同面临着高成本、低利润的严峻压力。数据显示，2013 年我国餐饮酒店业的食材成本和设备成本上升近两成，利润率的上升不到 5%。这种高成本、低利润的经营状态，威胁着餐饮企业的生存与发展，餐饮商家们在此压力下联合起来，尝试利用 B2B（business to business）电子商务，通过抱团建立行业自己的采购平台来降低成本，谋求发展。

2014 年 12 月 11 日，由 300 家领袖品牌餐饮企业联合发起的众美联 B2B 云采购平台宣告成立并上线交易，这也是中国最大的餐饮酒店 B2B 全球采购平台。据称，当时的协议订单就已经达到 120 亿元；相比传统的线下交易模式，预计餐饮企业至少可以节省成本 10%，利润率可以增加 5%以上。

我们知道，在生产活动中为了实现最大的利润，厂商必定会追求成本最小化。那么，餐饮企业联合起来触网求变，其 B2B 采购平台又是通过哪些渠道来降低餐饮企业的成本呢？

第一，采购平台省去了传统供货渠道的层层中间商，从供应链上游直接供货，从而为餐饮企业节省了大量的采购成本。采购平台还为餐饮企业省去了在传统采购模式中所消耗的大量人力、物力和财力。

第二，采购平台聚集了大量的餐饮商家，大规模的食材和设备采购数量，使得餐饮商家能够获得较低的采购价格，致使成本下降。而且，采购平台上供货商之间的市场竞争，也将有利于餐饮商家的成本下降。

第三，采购平台可以在规模意义上有效地使用物流服务，从采购运输的角度为餐饮企业节省成本。

第四，采购平台模式引入了银行和供应链金融公司，为采购平台交易活动提供有效便捷的金融服务。这有利于B2B交易双方合理控制资金周转期，保持现金流量的适度规模及稳定性，从而提高资金利用效率，降低资金使用成本。

第五，采购平台有能力去处理传统行业解决不了的庞大数据、信息处理问题，为餐饮企业提供关于供应商的全面信息和行业信息，在较大程度上克服了传统模式的信息不对称、行业信息闭塞、市场信息不透明等问题。从信息收集、处理和使用的角度，为餐饮企业节约大量成本。

第六，商品安全是对我国餐饮业的一个冲击。采购环节对食品安全尤为重要。原本一家餐饮企业需要配置一定数量的人力进行采购和监督，现在由一个统一的采购平台来帮助企业寻找、筛选供应商并监督食品安全，可以帮助企业节约食品安全的监督成本，而且还能较好地避免由于商品安全问题可能导致的巨大经济损失。众美联在前期招募了7 000多家食品供应商，最后被选择进入平台的不到三分之一。

2014年底我国餐饮业由买方商家联合发起成立的网上众美联商城，是我国互联网B2B餐饮业采购平台的又一个具有相当规模的新商城。相信它将和其他的B2B食材与食品设备采购平台一起在自身不断完善的过程中，有力地促进我国餐饮业的成本节约与全面发展。

资料来源：《第一财经日报》，2014-12-12；众美联商城网站，http://www.ccjoin.com。

第三节　短期成本曲线

厂商的生产技术及其特征决定厂商的成本曲线的特征。本节主要考察的问题是：随着产量的变化，各类短期成本曲线所呈现的特征及其相互之间的关系。我们将会看到短期生产的边际报酬递减规律对于理解短期成本曲线的特征是至关重要的。

一、短期成本的分类

在短期，厂商的成本有不变成本部分和可变成本部分之分。具体地讲，厂商的短期成本有以下七种：总不变成本、总可变成本、总成本、平均不变成本、平均可变成本、平均总成本和边际成本。它们的英文缩写顺次为：*TFC*、*TVC*、*TC*、*AFC*、*AVC*、*AC*和*MC*。

总不变成本*TFC*是厂商在短期内为生产一定数量的产品对不变生产要素所支付的总成本。例如，建筑物和机器设备的折旧费等。由于在短期内不管企业的产量为多少，这部分不变要素的投入量都是不变的，所以，总不变成本是一个常数，它不随产量的变化而变化。即使产量为零时，总不变成本也仍然存在。如图5—6（a）所示，图中的横轴Q表示产量，纵轴C表示成本，总不变成本*TFC*曲线是一条水平线。它表示在短期内，无论产量如何变化，总不变成本 TFC 都是固定不变的。

总可变成本 TVC 是厂商在短期内为生产一定数量的产品对可变生产要素支付的总成本。例如，厂商对原材料、燃料动力和工人工资的支付等。总可变成本 TVC 曲线如图 5—6（b）所示，它是一条由原点出发向右上方倾斜的曲线。TVC 曲线表示：由于在短期内厂商是根据产量的变化不断地调整可变要素的投入量，所以，总可变成本随产量的变动而变动。当产量为零时，总可变成本也为零；总可变成本随着产量的增加而增加。总可变成本的函数形式为：

$$TVC=TVC(Q) \tag{5.11}$$

总成本 TC 是厂商在短期内为生产一定数量的产品对全部生产要素所支出的总成本。它是总固定成本和总可变成本之和。总成本 TC 曲线如图 5—6（c）所示，它是从纵轴上相当于总固定成本 TFC 高度的点出发的一条向右上方倾斜的曲线。TC 曲线表示：在每一个产量上的总成本由总固定成本和总可变成本共同构成。总成本用公式表示为：

$$TC(Q)=TFC+TVC(Q) \tag{5.12}$$

平均不变成本 AFC 是厂商在短期内平均每生产一单位产品所支付的不变成本。平均不变成本 AFC 曲线如图 5—6（d）所示，它是一条向两轴渐近的双曲线。[①] AFC 曲线表示：在总不变成本固定的前提下，随着产量的增加，平均不变成本是越来越小的。平均不变成本用公式表示为：

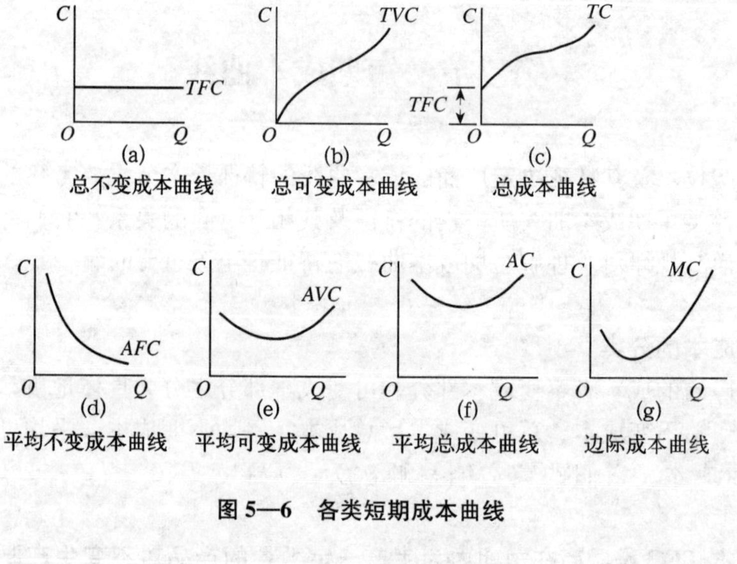

图 5—6　各类短期成本曲线

① 为了便于作图，在图 5—6 中，假定分图（a）、（b）和（c）中的纵轴的单位刻度均大于分图（d）、（e）、（f）和（g）中的单位刻度，所有分图的横轴的单位刻度是相同的。这一假定对于本章后面相类似的图都是适用的。

$$AFC(Q)=\frac{TFC}{Q} \tag{5.13}$$

平均可变成本 *AVC* 是厂商在短期内平均每生产一单位产品所支付的可变成本。用公式表示为：

$$AVC(Q)=\frac{TVC(Q)}{Q} \tag{5.14}$$

平均总成本 *AC* 是厂商在短期内平均每生产一单位产品所支付的全部成本。它等于平均不变成本和平均可变成本之和。用公式表示为：

$$AC(Q)=\frac{TC(Q)}{Q}=AFC(Q)+AVC(Q) \tag{5.15}$$

边际成本 *MC* 是厂商在短期内增加一单位产量时所增加的总成本。用公式表示为：

$$MC(Q)=\frac{\Delta TC(Q)}{\Delta Q} \tag{5.16}$$

或者

$$MC(Q)=\lim_{\Delta Q\to 0}\frac{\Delta TC(Q)}{\Delta Q}=\frac{\mathrm{d}TC}{\mathrm{d}Q} \tag{5.17}$$

由（5.17）式可知，在每一个产量水平上的边际成本 MC 值就是相应的总成本 TC 曲线的斜率。

平均可变成本 AVC 曲线、平均总成本 AC 曲线和边际成本 MC 曲线顺次如图 5—6（e）、（f）和（g）所示。这三条曲线都呈现出 U 形特征。它们表示：随着产量的增加，平均可变成本、平均总成本和边际成本都是先递减，各自达到自身的最低点之后再递增。

二、短期成本曲线的综合图

在图 5—6 中，分别画出了 7 条不同类型的短期成本曲线。现在，将把这些不同类型的短期成本曲线置于同一张图中，以分析不同类型的短期成本曲线相互之间的关系。这项工作将通过表 5—1 和图 5—7 来完成。

表 5—1　　短期成本表

产量 Q	总成本			平均成本			边际成本
	总不变成本 TFC	总可变成本 TVC	总成本 TC	平均不变成本 AFC	平均可变成本 AVC	平均总成本 AC	边际成本 MC
0	1 200	0	1 200				
1	1 200	600	1 800	1 200.0	600.0	1 800.0	600
2	1 200	800	2 000	600.0	400.0	1 000.0	200
3	1 200	900	2 100	400.0	300.0	700.0	100
4	1 200	1 050	2 250	300.0	262.5	562.5	150
5	1 200	1 400	2 600	240.0	280.0	520.0	350
6	1 200	2 100	3 300	200.0	350.0	550.0	700

表 5—1 是一张某厂商的短期成本表。表中的平均成本和边际成本的各栏均可以分别由相应的总成本的各栏推算出来。该表体现了各种短期成本之间的相互关系。

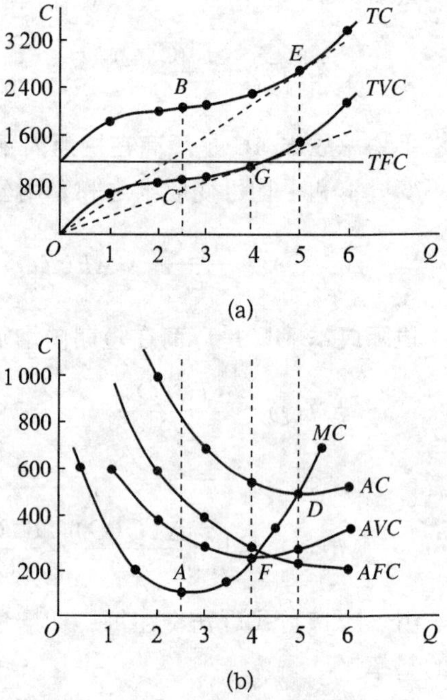

图 5—7 短期成本曲线

图 5—7 是根据表 5—1 绘制的短期成本曲线图，它是一张典型的短期成本曲线的综合图。

仔细观察图 5—7，除了发现那些在图 5—6 中已经得到体现的短期成本曲线的特征以外，还可以发现以下特征。

先分析图 5—7(a)。由图中可见，*TC* 曲线是一条由水平的 *TFC* 曲线与纵轴的交点出发的向右上方倾斜的曲线。在每一个产量上，*TC* 曲线和 *TVC* 曲线两者的斜率都是相同的，并且，*TC* 曲线和 *TVC* 曲线之间的垂直距离都等于固定的总不变成本 *TFC*。这显然是由于 *TC* 曲线是通过把 *TVC* 曲线向上垂直平移 *TFC* 的距离而得到的。

此外，在图 5—7(a)中，*TC* 曲线和 *TVC* 曲线在同一个产量水平(2.5 单位)各自存在一个拐点 *B* 和 *C*。在拐点以前，*TC* 曲线和 *TVC* 曲线的斜率是递减的；在拐点以后，*TC* 曲线和 *TVC* 曲线的斜率是递增的。

再分析图 5—7(b)。由图中可见，不仅 *AVC* 曲线、*AC* 曲线和 *MC* 曲线均呈 U 形特征，而且，*MC* 曲线与 *AVC* 曲线相交于 *AVC* 曲线的最低点 *F*，与 *AC* 曲线相交于 *AC* 曲线的最低点 *D*。

最后，将图 5—7(a)和图 5—7(b)结合在一起分析。我们可以发现，图 5—7(b)中 *MC* 曲线的最低点 *A* 恰好对应图 5—7(a)中 *TC* 曲线的拐点 *B* 和 *TVC* 曲线的拐点 *C*，或者说，*A*、*B*、*C* 三点同时出现在同一个产量水平(2.5 单位)。在图 5—7(b)中的 *AVC* 曲线达到最低点 *F* 时，图 5—7(a)中的 *TVC* 曲线恰好有一条从原点出发的切线，与 *TVC* 曲线相切于 *G* 点。或者说，*G*、*F* 两点同时出现在同一个产量水平(4 单位)。类似地，在图 5—7(b)中的 *AC* 曲线达到最低点 *D* 时，图 5—7(a)中的 *TC* 曲线恰好有一条从原点出发的切线，与 *TC* 曲线相切于 *E* 点。或者说，*E*、*D* 两点同时出现在同一个产量水平(5 单位)。

至于短期成本曲线所体现的这些特征的原因，将在下面运用短期生产的边际报酬递减规律进行深入的解释。

三、短期成本变动的决定因素：边际报酬递减规律

边际报酬递减规律是短期生产的一条基本规律，因此，它也决定了短期成本曲线的特征。

边际报酬递减规律是指在短期生产过程中，在其他条件不变的前提下，随着一种可变要素投入量的连续增加，它所带来的边际产量先是递增的，达到最大值以后再递减。关于这一规律，我们也可以从产量变化所引起的边际成本变化的角度来理解：假定生产要素的

价格是固定不变的，在开始时的边际报酬递增阶段，增加一单位可变要素投入所产生的边际产量递增，则意味着可以反过来说：在这一阶段增加一单位产量所需要的边际成本是递减的。在以后的边际报酬递减阶段，增加一单位可变要素投入所产生的边际产量递减，则意味着也可以反过来说：在这一阶段增加一单位产量所需要的边际成本是递增的。显然，边际报酬递减规律作用下的短期边际产量和短期边际成本之间存在着一定的对应关系。这种对应关系可以简单地表述如下：**在短期生产中，边际产量的递增阶段对应的是边际成本的递减阶段，边际产量的递减阶段对应的是边际成本的递增阶段，与边际产量的最大值相对应的是边际成本的最小值。正因为如此，在边际报酬递减规律作用下的边际成本 *MC* 曲线表现出先降后升的 U 形特征。**

从边际报酬递减规律所决定的 U 形的 *MC* 曲线出发，可以解释其他的短期成本曲线的特征以及短期成本曲线相互之间的关系。

第一，关于 *TC* 曲线、*TVC* 曲线和 *MC* 曲线之间的相互关系。由于在每一个产量水平上的 *MC* 值就是相应的 *TC* 曲线的斜率，又由于在每一产量上的 *TC* 曲线和 *TVC* 曲线的斜率是相等的，所以，在每一产量水平的 *MC* 值同时就是相应的 *TC* 曲线和 *TVC* 曲线的斜率。[①] 于是，在图5—7中的 *TC* 曲线、*TVC* 曲线和 *MC* 曲线之间表现出这样的相互关系：与边际报酬递减规律作用的 *MC* 曲线的先降后升的特征相对应，*TC* 曲线和 *TVC* 曲线的斜率也由递减变为递增。而且，*MC* 曲线的最低点 *A* 与 *TC* 曲线的拐点 *B* 和 *TVC* 曲线的拐点 *C* 相对应。

第二，关于 *AC* 曲线、*AVC* 曲线和 *MC* 曲线之间的相互关系。我们已经知道，对于任何一对边际量和平均量而言，只要边际量小于平均量，边际量就把平均量拉下；只要边际量大于平均量，边际量就把平均量拉上；当边际量等于平均量时，平均量必达本身的极值点。将这种关系具体到 *AC* 曲线、*AVC* 曲线和 *MC* 曲线的相互关系上，可以推知，由于在边际报酬递减规律作用下的 *MC* 曲线有先降后升的 U 形特征，所以，*AC* 曲线和 *AVC* 曲线也必定有先降后升的 U 形特征。而且，如图 5—7 所示，U 形的 *MC* 曲线分别与 U 形的 *AC* 曲线相交于 *AC* 曲线的最低点 *D*，与 U 形的 *AVC* 曲线相交于 *AVC* 曲线的最低点 *F*。在 *AC* 曲线的下降段，*MC* 曲线低于 *AC* 曲线；在 *AC* 曲线的上升段，*MC* 曲线高于 *AC* 曲线。类似地，在 *AVC* 曲线的下降段，*MC* 曲线低于 *AVC* 曲线；在 *AVC* 曲线的上升段，*MC* 曲线高于 *AVC* 曲线。

此外，对于产量变化的反应，边际成本 *MC* 要比平均成本 *AC* 和平均可变成本 *AVC* 敏感得多。反映在图 5—7 中，不管是下降还是上升，*MC* 曲线的变动都快于 *AC* 曲线和 *AVC* 曲线。

最后，比较图 5—7 中 *AC* 曲线和 *MC* 曲线的交点 *D* 与 *AVC* 曲线和 *MC* 曲线的交点 *F*，可以发现，前者的出现慢于后者，并且前者的位置高于后者。也就是说，*AVC* 曲线降到最低点 *F* 时，*AC* 曲线还没有降到最低点 *D*，而且 *AC* 曲线的最小值大于 *AVC* 曲线的

---

① 这一点可以证明如下：

$\because \quad TC(Q)=TVC(Q)+TFC$

$\therefore \quad MC=\dfrac{dTC}{dQ}=\dfrac{dTVC}{dQ}+0$

最小值。这是因为：在平均总成本中不仅包括平均可变成本，还包括平均不变成本。正是由于平均不变成本的作用，才使得 AC 曲线的最低点 D 的出现既慢于又高于 AVC 曲线的最低点 F。

第三，关于 AVC 曲线的最低点和 AC 曲线的最低点的一种几何理解。因为 $AVC(Q)=\frac{TVC(Q)}{Q}$，所以，任何产量水平上的 AVC 值都可以由连接原点到 TVC 曲线上的相应点的线段的斜率给出。观察图 5—7（a）可以发现，在原点与 TVC 曲线上的每一个点的所有连线中，当产量 $Q=4$ 时有一条由原点出发的直线与 TVC 曲线相切于 G 点，这条切线是所有连线中最平坦的一条（即该连线的斜率最小），它意味着此时 AVC 达最小值。这也就是在图 5—7 中 TVC 曲线上的切点 G 与 AVC 曲线的最低点 F 相对应的原因。当然，MC 曲线与 AVC 曲线也相交于 F 点。

类似地，因为 $AC(Q)=\frac{TC(Q)}{Q}$，所以，任何产量水平上的 AC 值都可以由连接原点到 TC 曲线上的相应点的线段的斜率给出。在图 5—7（a）可以发现，在原点与 TC 曲线上的每一个点的所有连线中，当产量 $Q=5$ 时有一条由原点出发的直线与 TC 曲线相切于 E 点，该切线是所有连线中最平坦的一条（即该连线的斜率最小），它意味着此时 AC 达最小值。于是，在图 5—7 中有 TC 曲线上的切点 E 与 AC 曲线的最低点 D 相对应。当然，MC 曲线与 AC 曲线也相交于 D 点。

第四节　长期成本曲线

在长期内，厂商所有的成本都是可变的，厂商的长期成本可以分为长期总成本、长期平均成本和长期边际成本。它们的英文缩写顺次为 LTC、LAC 和 LMC。本节将顺次对长期平均成本曲线、长期边际成本曲线和长期总成本曲线进行分析，并进一步考察这三条长期成本曲线之间的相互关系。

从本节开始，为了区分短期成本和长期成本，在短期总成本、平均成本和边际成本的英文缩写前都冠之以“S”，如短期总成本写为 STC 等；在长期成本的英文缩写前都冠之以“L”，如长期总成本写为 LTC 等。

一、长期平均成本曲线

长期平均成本 *LAC* 表示厂商在长期内按产量平均计算的最低成本。长期平均成本函数可以写为：

$$LAC(Q)=\frac{LTC(Q)}{Q} \tag{5.18}$$

1. U 形的长期平均成本曲线

我们已经知道，短期平均成本曲线是 U 形的，事实上，长期平均成本曲线也是 U 形的。在此，我们先考察 U 形的短期平均成本曲线和 U 形的长期平均成本曲线之间的关系。

在图 5—8 中，有五条短期平均成本曲线 SAC_1、SAC_2、SAC_3、SAC_4 和 SAC_5，它们顺次代表了不断增大的生产规模。在长期，厂商可以根据所生产的产量来选择最优的生产规模进行生产，以降低平均成本。例如，在 Q_2 产量水平，如果厂商处于短期生产阶段的 SAC_1 曲线所表示的生产规模，则平均成本只能是 OC_1；但如果厂商处于长期生产阶段，则可以调整全部生产要素的数量，它只要扩大生产规模，选择以 SAC_2 曲线表示的较大生产规模，就可以将平均成本降到 OC_2。类似地，在 Q_4 产量水平，如果厂商处于短期生产阶段的 SAC_5 曲线所表示的生产规模，则只能以平均成本 OC_5 进行生产；但如果厂商处于长期生产阶段，则可以调整全部生产要素的数量，它只要缩小生产规模，选择以 SAC_4 曲线表示的较小生产规模，就能将平均成本降到 OC_4。

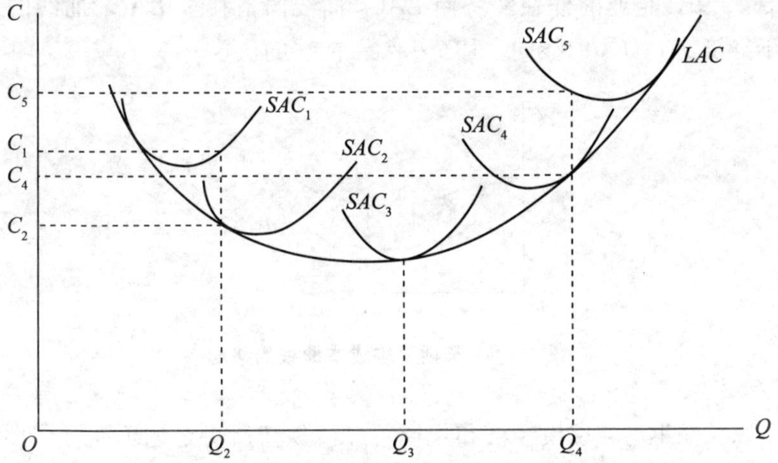

图 5—8　U 形的长期平均成本曲线

在此，我们再进一步引入规模经济和规模不经济这一对概念。**在长期，厂商由于扩大生产规模而使经济效益得到提高，这被称为规模经济。**规模经济产生的原因一般是由于较高的产量水平能使生产的专业化得到更充分的发挥等因素。**在生产扩张到一定的规模以后，厂商继续扩大生产规模，就会使经济效益下降，这被称为规模不经济。**规模不经济产生的原因一般是由于产量过大会使一个企业内部的生产协调愈加困难等因素。显然，规模经济和规模不经济都是由厂商自身生产规模的变动引起的，所以，也被称作**内在经济和内在不经济**。通常认为，在企业的生产规模由小到大的扩张过程中，会先后呈现规模经济和规模不经济。正是规模经济和规模不经济的作用，决定了长期平均成本 LAC 曲线表现出先下降后上升的 U 形特征。正如图 5—8 所示，在产量小于 Q_3 的生产阶段，由于规模经济的作用，随着产量的增加和生产规模的扩大，长期平均成本不断下降；在产量大于 Q_3 的生产阶段，由于规模不经济的作用，随着产量的增加和生产规模的扩大，长期平均成本不断上升。只有在产量等于 Q_3 时，规模经济的效应恰好全部释放，长期平均成本 LAC 曲线降到最低点，此时的生产规模用 SAC_3 曲线表示，该生产规模也被称为**最小成本的效率规模**。

很清楚，在长期生产的规模经济和规模不经济的规律的作用下，长期平均成本 LAC 曲线呈 U 形特征。

2. 长期平均成本曲线的移动

在此，我们需要引入外在经济和外在不经济这一对概念，以解释长期平均成本 LAC 曲线位置移动的原因。**企业外在经济是由于厂商的生产活动所依赖的外界环境得到改善而产生的。**例如，整个行业的发展可以使行业内的单个厂商从中受益。相反，**如果厂商的生产活动所依赖的外界环境恶化了，则被称为企业的外在不经济。**例如，对某行业生产所需的生产要素的价格上升，交通运输紧张，从而给行业内的单个厂商的生产带来困难。外在经济和外在不经济是由企业以外的因素引起的，它影响厂商的长期平均成本曲线的位置的移动。在图 5—9 中，企业的外在经济使 LAC_1 曲线向下移至 LAC_2 曲线的位置。相反，企业的外在不经济使 LAC_2 曲线向上移至 LAC_1 曲线的位置。

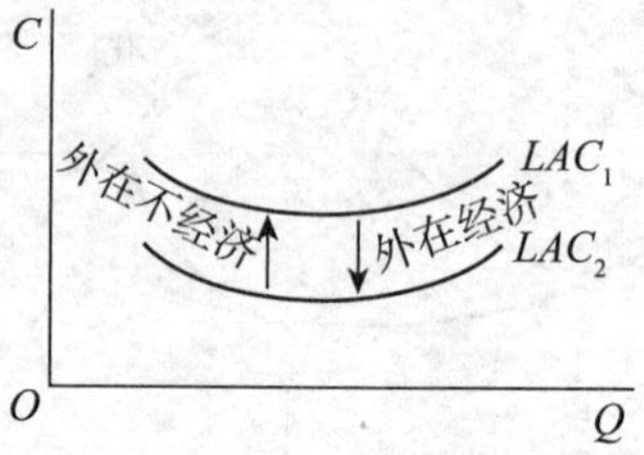

图 5—9　长期平均成本曲线的移动

在知晓了以长期生产的规模经济和规模不经济规律所决定的 U 形长期平均成本曲线后，下面，就可以方便地推导出相应的长期边际成本曲线和长期总成本曲线。

☞专栏 5—3

油轮的规模

1883 年，马库斯·塞缪尔在伦敦开了一家贝壳商店。在获取来自里海的贝壳的过程中，他的儿子发现了一个新的机遇——从俄罗斯向远东地区出口石油。这桩生意日后发展成了壳牌（Shell）运输贸易公司。

一直以来，石油运输都是通过将灌满石油的木桶装运于货轮中得以实现的。1892 年，小塞缪尔构想出了一艘形似水缸的轮船，并将其发展为世界上第一艘油轮。

其实，一艘油轮也可以被看成是一个大圆桶。圆桶的容积随表面积的增加而增加，其造价也随表面积的增加而提高。但是，从制造油轮的角度看，圆桶容积的增加比例总是大于相应的表面积的增加比例。譬如说，一艘能装载 200 000 吨的油轮只是能装载 20 000 吨的油轮的长、宽、深度的各约两倍，尽管前者的装载吨位是后者的 10 倍。显然，从油轮的造价及其运营成本来说，建造大油轮要比小油轮更合算。正因为如此，到 20 世纪 70 年代，出现了向大油轮发展的趋势，如表 5—2 所示。以至于到 1977 年秋，世界上的油轮运输容量出现了过剩。

表 5—2 **油轮规模**

年份	平均油轮规模（千吨装载量）
1956	16.2
1964	23.5
1967	35.0
1973	64.0
1978	103.0

此外，大型油轮的单位运价也更加便宜，如图 5—10 所示，这可能是因为它的制造成本相对划算。

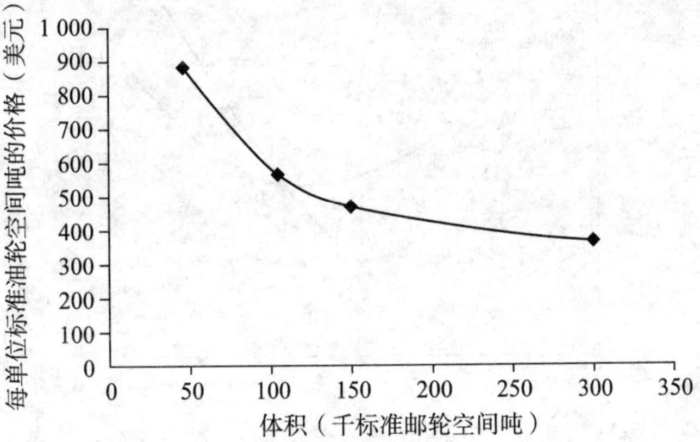

图 5—10　新油轮的运价：2006 年 1 月

总之，我们可以认为，随着油轮装载体积的增加，从其单位体积的建造成本进而运营成本来说，都获得了规模经济的好处。

资料来源：埃德温·曼斯费尔德：《管理经济学》，265 页，北京，经济科学出版社，1999；方博亮：《管理经济学》，198 页，北京，中国人民大学出版社，2013。

二、长期边际成本曲线

长期边际成本 *LMC* 表示厂商在长期内增加一单位产量所引起的最低总成本的增量。长期边际成本函数可以写为：

$$LMC(Q)=\frac{\Delta LTC(Q)}{\Delta Q} \tag{5.19}$$

或

$$LMC(Q)=\lim_{\Delta Q\to 0}\frac{\Delta LTC(Q)}{\Delta Q}=\frac{\mathrm{d}LTC(Q)}{\mathrm{d}Q} \tag{5.20}$$

显然，每一产量水平上的长期边际成本 LMC 值都是相应的 LTC 曲线的斜率。

在图 5—11（a）中，长期边际成本曲线呈 U 形，它与长期平均成本曲线相交于长期平均成本曲线的最低点 f。其原因在于：根据边际量和平均量之间的关系，在产量小于 Q_2 时的 LAC 曲线的下降段，LMC 曲线一定处于 LAC 曲线的下方，也就是说，此时 $LMC<LAC$，LMC 将 LAC 拉下；相反，在产量大于 Q_2 时的 LAC 曲线的上升段，LMC 曲线一定位于 LAC 曲线的上方，也就是说，此时 $LMC>LAC$，LMC 将 LAC 拉上。由于 LAC 曲线在规模经济和规模不经济的作用下呈先降后升的 U 形，因此使得 LMC 曲线也必然呈先降后升的 U 形，并且，当产量等于 Q_2 时，两条曲线相交于 LAC 曲线的最低点 f。

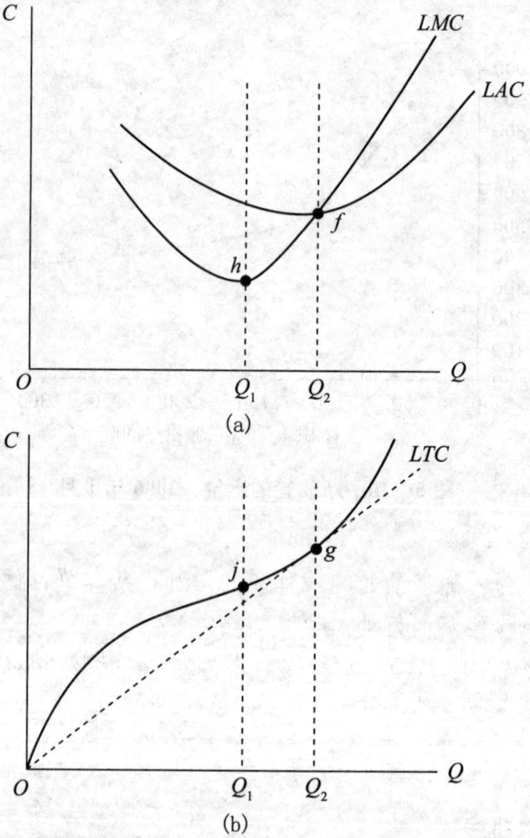

图 5—11　长期平均成本曲线、长期边际成本曲线和长期总成本曲线

三、长期总成本曲线

长期总成本 LTC 是指厂商在长期中在每一个产量水平上所能达到的最低总成本。相应地，长期总成本函数为以下形式：

$$LTC=LTC(Q) \tag{5.21}$$

由于长期内所有的生产要素数量都是可变的，所以，厂商的长期总成本 LTC 曲线是从原点出发向右上方倾斜的。它表示：当产量为零时，长期总成本为零；以后随着产量的增加，长期总成本是增加的。此外，长期总成本 LTC 曲线的斜率表现出先递减、经拐点之后又递增的特征。

根据上述的长期边际成本 LMC 曲线的 U 形特征，可以解释长期总成本 LTC 曲线的特征。因为 LMC 曲线呈先降后升的 U 形，又因为根据（5.20）式可知，LMC 值是 LTC 曲线上相应的点的斜率，所以，LTC 曲线的斜率必定要随着产量的增加表现出先递减、达到拐点以后再递增的特征。正如图 5—11 所示，在产量小于 Q_1 的范围，U 形的 LMC 曲线的下降段对应 LTC 曲线斜率的递减段；在产量大于 Q_1 的范围，U 形的 LMC 曲线的上升段对应 LTC 曲线斜率的递增段；在产量 Q_1 点，U 形的 LMC 曲线的最低点 h 对应 LTC 曲线的拐点 j。

此外，在图 5—11 中，在产量 Q_2 点，LMC 曲线和 LAC 曲线相交于 LAC 曲线的最低点 f 时，相应地，LTC 曲线有一条从原点出发的最平坦的切线，切点为 g。

复习与思考

1. 已知生产函数为

（1）$Q=5L^{1/3}K^{2/3}$

（2）$Q=\dfrac{KL}{K+L}$

（3）$Q=KL^2$

（4）$Q=\min\{3L, K\}$

求：当 $P_L=1$，$P_K=1$，$Q=1\ 000$ 时，厂商实现最小成本的要素投入组合。

2. 已知某企业的生产函数为 $Q=L^{\frac{2}{3}}K^{\frac{1}{3}}$，劳动的价格 $w=2$，资本的价格 $r=1$。求：

（1）当成本 $C=3\ 000$ 时，企业实现最大产量时的 L、K 和 Q 的均衡值。

（2）当产量 $Q=800$ 时，企业实现最小成本时的 L、K 和 C 的均衡值。

3. 表 5—3 是一张关于短期生产函数 $Q=f(L,\overline{K})$ 的产量表：

表 5—3　　短期生产的产量表

L	1	2	3	4	5	6	7
TP_L	10	30	70	100	120	130	135
AP_L							
MP_L							

（1）在表中填空。

（2）根据（1），在一张坐标图上作出 TP_L 曲线，在另一张坐标图上作出 AP_L 曲线和 MP_L 曲线。（提示：为了便于作图与比较，TP_L 曲线图的纵坐标的刻度单位可以大于 AP_L 曲线图和 MP_L 曲线图。）

（3）根据（1），并假定劳动的价格 $w=200$，完成下面的相应的短期成本表，即表 5—4。

表 5—4　　短期生产的成本表

L	Q	$TVC=w\cdot L$	$AVC=\frac{w}{AP_L}$	$MC=\frac{w}{MP_L}$
1	10			
2	30			
3	70			
4	100			
5	120			
6	130			
7	135			

（4）根据表 5—4，在一张坐标图上作出 TVC 曲线，在另一张坐标图上作出 AVC 曲线和 MC 曲线。（提示：为了便于作图与比较，TVC 曲线图的纵坐标的单位刻度可以大于 AVC 曲线图和 MC 曲线图。）

（5）根据（2）、（4），说明短期生产曲线和短期成本曲线之间的关系。

4. 假定某企业的短期成本函数是 $TC(Q)=Q^3-5Q^2+15Q+66$。

（1）指出该短期成本函数中的可变成本部分和不变成本部分。

（2）写出下列相应的函数：

$TVC(Q)$、$AC(Q)$、$AVC(Q)$、$AFC(Q)$和 $MC(Q)$。

5. 已知某企业的短期总成本函数是 $STC(Q)=0.04Q^3-0.8Q^2+10Q+5$，求最小的平均可变成本值。

6. 假定某厂商的边际成本函数为 $MC=3Q^2-30Q+100$，且生产 10 单位产量时的总成本为 1 000。求：

（1）固定成本的值。

（2）总成本函数、总可变成本函数，以及平均成本函数、平均可变成本函数。

7. 假定生产某产品的边际成本函数为 $MC=110+0.04Q$。

求：当产量从 100 增加到 200 时总成本的变化量。

8. 试画图说明短期成本曲线相互之间的关系。

9. 短期平均成本 SAC 曲线与长期平均成本 LAC 曲线都呈现出 U 形特征。请问：导致它们呈现这一特征的原因相同吗？为什么？

第六章

完全竞争市场

本章和下一章的内容构成市场理论。市场理论的中心问题是分析不同类型市场中厂商追求利润最大化的行为，以及不同类型市场均衡价格和均衡产量的决定。本章分析完全竞争市场，下一章分析非完全竞争市场。

首先，介绍厂商和市场的类型。

什么是市场？一个市场可以是一个有形的买卖商品的交易场所，也可以是利用现代化通信工具进行商品交易的接洽点。从本质上讲，**市场是商品买卖双方相互作用并得以决定其交易价格和交易数量的一种组织形式或制度。**

任何一种交易商品都有一个市场。经济中有多少种交易商品，相应地就有多少个市场。例如，可以有石油市场、土地市场、大米市场、自行车市场、铅笔市场等等。经济中所有的市场可分为产品市场和生产要素市场这两类。我们在本章和下一章研究产品市场，至于生产要素市场将在第八章进行研究。

在经济分析中，根据不同的市场结构的特征，将市场划分为**完全竞争市场、垄断竞争市场、寡头市场和垄断市场**四种类型。决定市场类型划分的主要因素有以下四个：第一，市场上厂商的数目；第二，厂商所生产的产品的差别程度；第三，单个厂商对市场价格的控制程度；第四，厂商进入或退出一个行业的难易程度。其中，第一个因素和第二个因素是最基本的决定因素。在以后的分析中，我们可以体会到，第三个因素是第一个因素和第二个因素的必然结果，第四个因素是第一个因素的延伸。关于完全竞争市场、垄断竞争市场、寡头市场和垄断市场的划分及其相应的特征可以用表6—1来概括。

表 6—1　　市场类型的划分和特征

市场类型	厂商数目	产品差别程度	对价格的控制程度	进出一个行业的难易程度	接近哪种商品市场
完全竞争	很多	完全无差别	没有	很容易	一些农业品
垄断竞争	很多	有差别	有一些	比较容易	一些轻工产品、零售业
寡　头	几个	有差别或无差别	相当程度	比较困难	钢、汽车、石油
垄　断	唯一	唯一的产品，且无相近的替代品	很大程度，但经常受到管制	很困难，几乎不可能	公用事业，如水、电

表 6—1 只是一个简单的说明，读者能从表中获得一个初步的印象就可以了。在以后对每一类市场进行考察时，我们会对每一类市场的特征作出详细分析。

与市场这一概念相对应的另一个概念是行业。**行业指为同一个商品市场生产和提供商品的所有厂商的总体。**市场和行业的类型是一致的。譬如，石油市场对应的是石油行业；又譬如，完全竞争市场对应的是完全竞争行业，垄断竞争市场对应的是垄断竞争行业，如此等等。

为什么在研究厂商追求利润最大化的行为时要区分不同的市场结构呢？我们知道，厂商的利润取决于收益和成本。其中，厂商成本主要取决于厂商的生产技术方面的因素（已在第四章“生产函数”和第五章“成本”中涉及），而厂商的收益则取决于市场对其产品的需求状况。在不同类型的市场条件下，厂商所面临的对其产品的需求状况是不相同的，所以，在分析厂商的利润最大化决策时，需要区分不同的市场类型。

第一节　完全竞争厂商的需求曲线和收益曲线

一、完全竞争市场的条件

完全竞争市场必须具备以下四个条件：

第一，**市场上有大量的买者和卖者。**由于市场上有无数的买者和卖者，所以，相对于整个市场的总需求量和总供给量而言，每一个买者的需求量和每一个卖者的供给量都是微不足道的，都好比是一桶水中的一滴水。任何一个买者买与不买，或买多与买少，以及任何一个卖者卖与不卖，或卖多与卖少，都不会对市场的价格水平产生任何影响。于是，在这样的市场中，每一个消费者和每一个厂商的行为对市场价格没有任何影响，他们每一个人都只能被动地接受既定的市场价格，他们亦被称为**价格接受者。**

第二，**市场上每一个厂商提供的商品都是完全同质的。**这里的商品同质指厂商们之间提供的商品是完全无差别的，它不仅指商品的质量、规格、外观等完全相同，还包括购物环境、售后服务等各方面也完全相同。这样一来，对于消费者来说，无法区分产品是由哪一个厂商生产的，或者说，购买任何一个厂商的产品都是一样的。在这种情况下，如果有一个厂商单独提价，那么，他的产品就会完全卖不出去。当然，单个厂商也没有必要单独降价。因为在一般情况下，单个厂商总是可以按照既定的市场价格实现属于自己的那一份相对来说很小的销售份额。所以，厂商既不会单独提价，也不会单独降价。可见，完全竞争市场的第二个条件，进一步强化了在完全竞争市场上每一个买者和卖者都是既定市场价格的被动接受者的说法。

第三，**所有的资源具有完全的流动性。**这意味着厂商进入或退出一个行业是完全自由和毫无困难的。所有资源可以在各厂商之间和各行业之间完全自由地流动，不存在任何障碍。这样，任何一种资源都可以及时地投向能获得利润的生产，并及时地从亏损的生产中退出。在这样的过程中，缺乏效率的企业将被市场淘汰，取而代之的是具有效率的企业。

第四，**信息是完全的**。即市场上的每一个买者和卖者都掌握与自己的经济决策有关的一切信息。这样，每一个消费者和每一个厂商都可以根据自己所掌握的完全信息，作出自己的最优经济决策，从而获得最大的经济利益。而且，由于每一个买者和卖者都知道既定的市场价格，都按照这一既定的市场价格进行交易，这也就排除了由于信息不通畅而可能导致的一个市场同时按照不同的价格进行交易的情况。

由以上分析可见：理论分析中所假设的完全竞争市场的条件是非常苛刻的。在现实经济生活中，真正符合以上四个条件的市场是不存在的。通常只是将一些农产品市场，如大米市场、小麦市场等，看成是比较接近完全竞争市场的。既然在现实经济生活中并不存在完全竞争市场，为什么还要建立和研究完全竞争市场模型呢？西方经济学家认为，这是因为，从对完全竞争市场模型的分析中，可以得到关于市场机制及其配置资源的一些基本原理，而且，该模型也可以为其他类型市场的经济效率分析和评价提供一个参照对比。

二、完全竞争厂商的需求曲线

市场上对某一个厂商的产品的需求状况，可以用该**厂商所面临的需求曲线**来表示，该曲线也被简称为**厂商的需求曲线**。在完全竞争市场条件下，厂商的需求曲线是什么形状的呢？在完全竞争市场上，由于厂商是既定市场价格的接受者，所以，**完全竞争厂商的需求曲线是一条由既定市场价格水平出发的水平线**，如图 6—1 所示。在图（a）中，市场的需求曲线 D 和供给曲线 S 相交的均衡点 E 所决定的市场均衡价格为 P_e，相应地，在图（b）中，

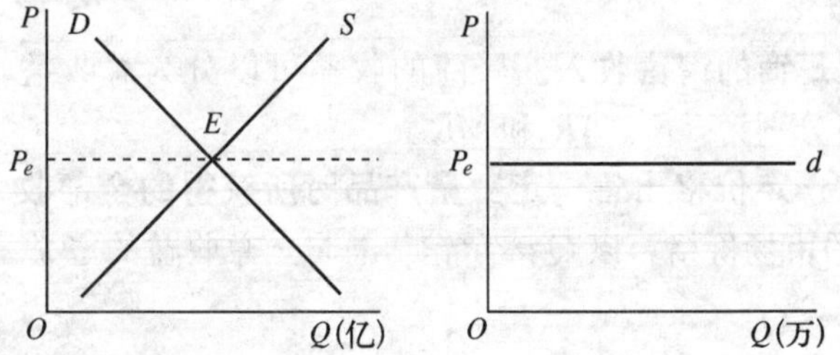

(a) 完全竞争市场　　(b) 完全竞争厂商

图 6—1　完全竞争厂商的需求曲线

由给定的价格水平 P_e 出发的水平线 d 就是厂商的需求曲线。[1] 水平的需求曲线意味着：厂商只能被动地接受给定的市场价格，且厂商既不会也没有必要去改变这一价格水平。

需要提请注意的是，在完全竞争市场中，单个消费者和单个厂商无力影响市场价格，他们中的每一个都是被动地接受既定的市场价格，但这些并不意味着完全竞争市场的价格是固定不变的。在其他一些因素的影响下，如消费者收入水平的普遍提高、先进技术的推广，以及政府有关政策的作用，等等，当众多消费者的需求量或众多生产者的供给量发生变化时，供求曲线的位置就有可能发生移动，从而形成市场的新的均衡价格。在这种情况下，我们就会得到由新的均衡价格水平出发的一条水平线，如图 6—2 所示。在图中，开始时市场需求曲线为 D_1，供给曲线为 S_1，市场均衡价格为 P_1，相应的厂商的需求曲线是由价格水平 P_1 出发的一条水平线 d_1。以后，当市场需求曲线的位置由 D_1 移至 D_2，同时供给曲线的位置由 S_1 移至 S_2 时，市场均衡价格上升为 P_2，于是相应的厂商的需求曲线是由新的价格水平 P_2 出发的另一条水平线 d_2。不难看出，厂商的需求曲线可以出自各个不同的市场均衡价格水平，但它们总是呈水平线的形状。

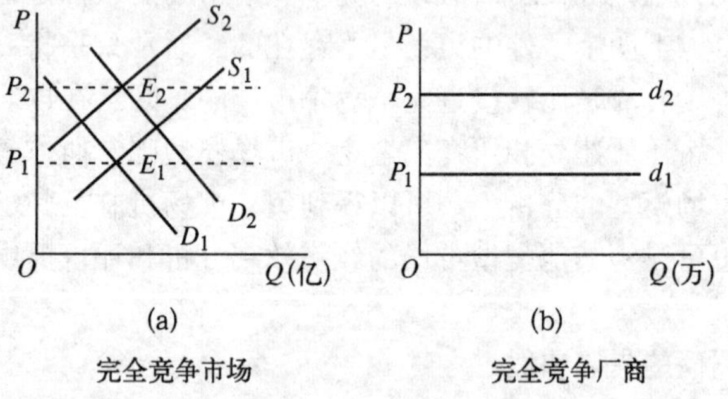

图 6—2 完全竞争市场的价格变动和厂商的需求曲线

三、完全竞争厂商的收益曲线

在此，我们先一般性地介绍厂商的收益这一概念，然后，将具体分析完全竞争厂商收益曲线的一些特征及其相互之间的关系。

1. 厂商的收益概念

厂商的收益就是厂商的销售收入。厂商的收益可以分为总收益、平均收益和边际收益，它们的英文简写分别为 TR、AR 和 MR。

总收益指厂商按一定价格出售一定数量产品时所获得的全部收入。在完全竞争市场上，以 P 表示既定的市场价格，以 Q 表示销售总量，总收益的定义公式为：

$$TR(Q)=P\cdot Q \tag{6.1}$$

① 由于图（a）表示市场的供求状况，图（b）表示一个厂商所面临的需求状况，而一个厂商所面临的需求量仅占市场总需求量中的极小一个份额，所以，图（a）中的数量横轴的单位刻度（例如以亿表示）远远大于图（b）中的数量横轴的单位刻度（例如以万表示）。在以后类似的图中，均作如此处理。

平均收益指厂商平均销售每一单位产品所获得的收入。平均收益的定义公式为：

$$AR(Q)=\frac{TR(Q)}{Q} \tag{6.2}$$

边际收益指厂商增加一单位产品销售所获得的总收入的增量。边际收益的定义公式为：

$$MR(Q)=\frac{\Delta TR(Q)}{\Delta Q} \tag{6.3}$$

或者

$$MR(Q)=\lim_{\Delta Q\to 0}\frac{\Delta TR(Q)}{\Delta Q}=\frac{\mathrm{d}TR(Q)}{\mathrm{d}Q} \tag{6.4}$$

由（6.4）式可知，每一产品销售量上的边际收益 MR 值就是相应的总收益 TR 曲线的斜率。

2. 完全竞争厂商的收益曲线

厂商的收益取决于市场上对其产品的需求状况，或者说，厂商的收益取决于厂商的需求曲线的特征。在不同的市场类型中，厂商的需求曲线具有不同的特征。下面将说明完全竞争厂商的需求曲线是如何决定相应的收益曲线的。

在以后的分析中，我们均假定厂商的销售量等于厂商所面临的需求量。① 这样，完全竞争厂商的水平的需求曲线又可以表示：在每一个销售量上，厂商的销售价格是固定不变的，于是，我们必然会有厂商的平均收益等于边际收益，且等于既定的市场价格的结论，即必有 $AR=MR=P$。这一点可以利用表 6—2 予以具体说明。表 6—2 是一张某厂商的收益表。由表中可见，在所有的销售量水平，产品的市场价格是固定的，均为 $P=1$（因为单个完全竞争厂商的销售量变化不可能对产品的市场价格产生影响）。这样一来，厂商每销售一单位产品的平均收益是不变的，它等于价格 $P=1$，而且，每增加一单位产品销售所增加的收益即边际收益也是不变的，也等于价格 $P=1$。也就是说，有 $AR=MR=P=1$。此外，在表中，随着销售量的增加，由于产品价格保持不变，所以，总收益是以不变的速率上升的。

图 6—3 是根据表 6—2 绘制的收益曲线图，该图体现了完全竞争厂商的收益曲线的特征。由图可见，**完全竞争厂商的平均收益 *AR* 曲线、边际收益 *MR* 曲线和需求曲线 *d* 三条线重叠，它们都用同一条由既定价格水平出发的水平线来表示。**其理由是显然的：在厂商的每一个销售量水平都有 $AR=MR=P$，且厂商的需求曲线本身就是一条由既定价格水平出发的水平线。此外，**完全竞争厂商的总收益 *TR* 曲线是一条由原点出发的斜率不变的上升直线。**其理由在于，在每一个销售量水平，MR 值是 TR 曲线的斜率，且 MR 值等于固定不变的价格水平。关于这一点，也可以用公式说明如下：

$$MR=\frac{\mathrm{d}TR(Q)}{\mathrm{d}Q}=\frac{\mathrm{d}(P\cdot Q)}{\mathrm{d}Q}=P$$

① 此假定是一个合理的假定，因为此假定意味着厂商是根据市场上对其产品的需求量来决定其销售量的。

表 6—2　　某完全竞争厂商的收益

销售量 Q	价格 P	总收益 $TR=P\cdot Q$	平均收益 $AR=\frac{TR}{Q}$	边际收益 $MR=\frac{\Delta TR}{\Delta Q}$
100	1	100	1	1
200	1	200	1	1
300	1	300	1	1
400	1	400	1	1
500	1	500	1	1

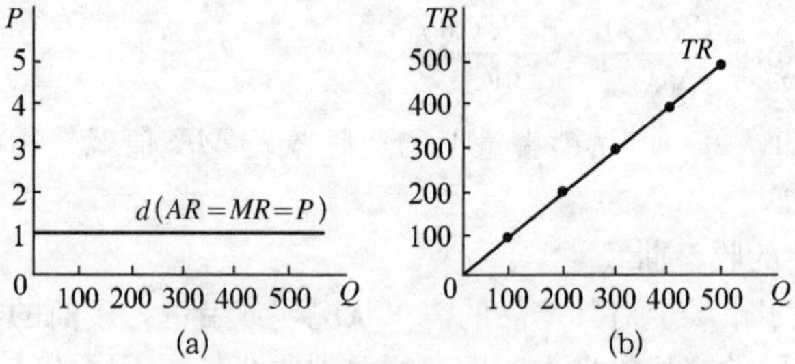

图 6—3　某完全竞争厂商的收益曲线

第二节　利润最大化的均衡条件

厂商进行生产的目的是为了追求最大化的利润，那么，厂商实现利润最大化的原则是什么呢？或者说，什么是厂商实现利润最大化的均衡条件呢？下面，我们将以完全竞争厂商的短期生产为例推导利润最大化的均衡条件。

先利用图 6—4 来寻找厂商实现最大利润的生产均衡点。① 图中，有某完全竞争厂商的一条短期生产的边际成本 SMC 曲线和一条由既定价格水平 P_e 出发的水平的需求曲线 d，这两条线相交于 E 点。我们说，E 点就是厂商实现最大利润的生产均衡点，相应的产量 Q^* 就是厂商实现最大利润时的均衡产量。这是因为，具体地看，当产量小于均衡产量 Q^*，例如为 Q_1 时，厂商的边际收益大于边际成本，即有 $MR>SMC$。这表明厂商增加一单位产量所带来的总收益的增加量大于所付出的总成本的增

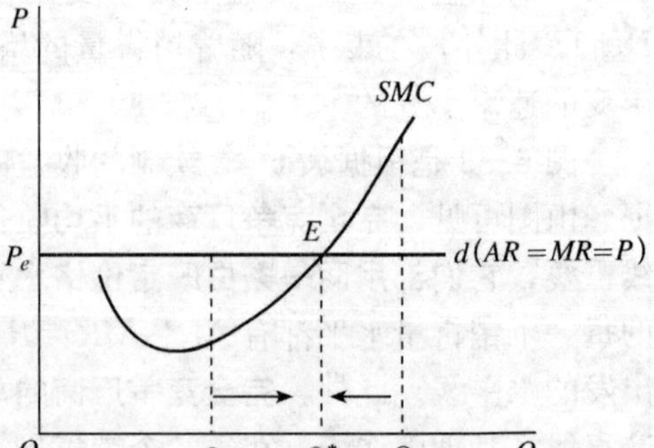

图 6—4　利润最大化

① 在图 6—4 中，纵轴 P 表示价格。由于纵轴表示的是货币数量，所以，它可以同时用来表示收益 R、成本 C 和利润 π 等货币量。在以后类似的图中，均作相同的处理。

加量，也就是说，厂商增加产量是有利的，可以使利润得到增加。所以，如图中指向右方的箭头所示，只要 $MR>SMC$，厂商就会增加产量。同时，随着产量的增加，厂商的边际收益 MR 保持不变而厂商的边际成本 SMC 是逐步增加的，最后，$MR>SMC$ 的状况会逐步变成 $MR=SMC$ 的状况。在这一过程中，厂商得到了扩大产量所带来的全部好处，获得了他所能得到的最大利润。相反，当产量大于均衡产量 Q^*，例如为 Q_2 时，厂商的边际收益小于边际成本，即有 $MR<SMC$。这表明厂商增加一单位产量所带来的总收益的增加量小于所付出的总成本的增加量，也就是说，厂商增加产量是不利的，会使利润减少。所以，如图中指向左方的箭头所示，只要 $MR<SMC$，厂商就会减少产量。同时，随着产量的减少，厂商的边际收益仍保持不变，而厂商的边际成本 SMC 是逐步下降的，最后 $MR<SMC$ 的状况会逐步变成 $MR=SMC$ 的状况。在这一过程中，厂商所获得的利润随着产量的减少而逐步达到最高水平。

由此可见，不管是增加产量，还是减少产量，厂商都是在寻找能够带来最大利润的均衡产量，而这个均衡产量就是使得 $MR=SMC$ 的产量。所以，我们说，**边际收益 MR 等于边际成本 MC 是厂商实现利润最大化的均衡条件。**

$MR=MC$ 的利润最大化的均衡条件，也可以用数学方法证明如下。

令厂商的利润等式为：

$$\pi(Q)=TR(Q)-TC(Q) \tag{6.5}$$

满足上式利润最大化的一阶条件为：

$$\begin{aligned}\frac{\mathrm{d}\pi(Q)}{\mathrm{d}Q}&=\frac{\mathrm{d}TR(Q)}{\mathrm{d}Q}-\frac{\mathrm{d}TC(Q)}{\mathrm{d}Q}\\&=MR(Q)-MC(Q)=0\end{aligned}$$

即

$$MR(Q)=MC(Q) \tag{6.6}$$

上式（6.6）便是厂商利润最大化的均衡条件。[①] 最后，需要说明的是，$MR=SMC$ 的均衡条件也被称为利润最大或亏损最小的均衡条件。这是因为，当厂商实现 $MR=MC$ 的均衡条件时，并不意味着厂商一定能获得利润。从更广泛的意义上讲，实现 $MR=MC$ 的均衡条件，能保证厂商处于由既定的成本状况（由给定的成本曲线表示）和既定的收益状况（由给定的收益曲线表示）所决定的最好的境况之中。这就是说，如果在 $MR=MC$ 时，厂商是获得利润的，则厂商所获得的一定是最大的利润；相反，如果在 $MR=MC$

---

① 正文中略去了利润最大化的二阶条件。

满足上述（6.5）式利润最大化的二阶条件为：

$$\frac{\mathrm{d}^2\pi(Q)}{\mathrm{d}Q^2}=MR'(Q)-MC'(Q)<0$$

即有：

$$MR'(Q)<MC'(Q)$$

由利润最大化的一阶条件和二阶条件可以得到这样的结论：厂商应该选择最优的产量使得边际收益等于边际成本，即 $MR=MC$，且边际收益曲线的斜率小于边际成本曲线的斜率，即 $MR'<MC'$，这样，厂商才能获得最大的利润。

显然，用数学方法证明的厂商利润最大化的均衡条件，除了有 $MR=MC$ 的一阶条件以外，还有 $MR'<MC'$ 的二阶条件。但习惯上往往将利润最大化的均衡条件简称为 $MR=MC$。

时，厂商是亏损的，则厂商所遭受的一定是最小的亏损。

第三节　完全竞争厂商的短期均衡和短期供给曲线

一、完全竞争厂商的短期均衡

在完全竞争厂商的短期生产中，市场的价格是给定的，而且，固定要素的投入量是无法变动的，即生产规模是给定的。因此，**在短期，厂商是在给定的生产规模下，通过对产量的调整来实现 $MR=SMC$ 的利润最大化的均衡条件。**

我们知道，当厂商实现 $MR=SMC$ 时，有可能获得利润，也可能亏损，把各种可能的情况都考虑在内，完全竞争厂商的短期均衡可以具体表现为图 6—5 中的五种情况。

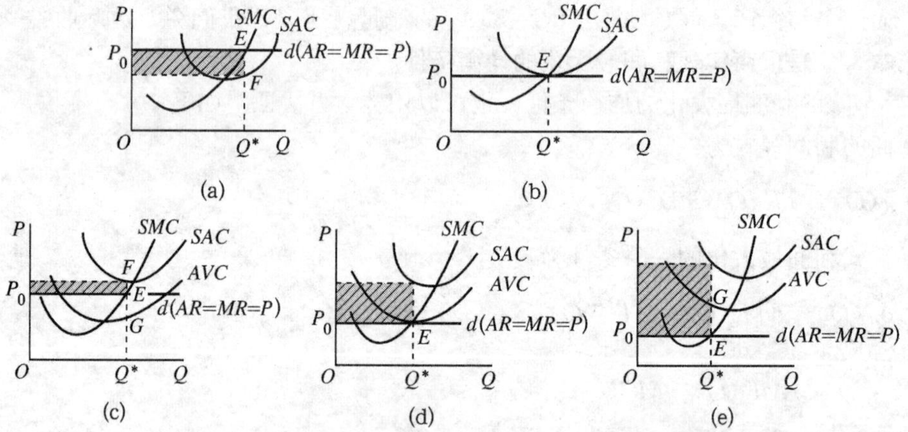

图 6—5　完全竞争厂商短期均衡的各种情况

在图（a）中，根据 $MR=SMC$ 的利润最大化的均衡条件，厂商利润最大化的均衡点为 MR 曲线和 SMC 曲线的交点 E，相应的均衡产量为 Q^*。在 Q^* 的产量上，平均收益为 EQ^*，平均成本为 FQ^*。由于平均收益大于平均成本，厂商获得利润。在图中，厂商的单位产品的利润为 EF，产量为 OQ^*，两者的乘积 $EF \cdot OQ^*$ 等于总利润量，它相当于图中阴影部分的面积。

在图（b）中，厂商的需求曲线 d 与 SAC 曲线相切于 SAC 曲线的最低点，SAC 曲线和 SMC 曲线也相交于此点。这一点恰好也是 $MR=SMC$ 的利润最大化的均衡点 E。在均衡产量 Q^* 上，平均收益等于平均成本，都为 EQ^*，厂商的利润为零，但厂商的正常利润实现了。由于在这一均衡点 E 上，厂商既无利润，也无亏损，所以，该均衡点也被称为厂商的**收支相抵点**。

在图（c）中，由均衡点 E 和均衡产量 Q^* 可知，厂商的平均收益小于平均成本，厂商是亏损的，其亏损量相当于图中阴影部分的面积。**但由于在 Q^* 的产量上，厂商的平均收益 AR 大于平均可变成本 AVC，所以，厂商虽然亏损，但仍继续生产。**这是因为，只有这样，厂商才能在用全部收益弥补全部可变成本以后还有剩余，以弥补在短期内总是存在的不变成本的一部分。所以，在这种亏损情况下，生产好于不生产。

在图（d）中，厂商的需求曲线 d 与 AVC 曲线相切于 AVC 曲线的最低点，AVC 曲线和 SMC 曲线也相交于此点。这一点恰好也是 $MR=SMC$ 的利润最大化的均衡点。在均衡产量 Q^* 上，厂商是亏损的，其亏损相当于图中阴影部分的面积。此时，**厂商的平均收益 *AR* 等于平均可变成本 *AVC*，厂商可以继续生产，也可以不生产，也就是说，厂商生产或不生产的结果都是一样的。**这是因为，如果厂商生产的话，则全部收益只能弥补全部的可变成本，不变成本得不到任何弥补。如果厂商不生产的话，厂商虽然不必支付可变成本，但是全部不变成本仍然存在。由于在这一均衡点上，厂商处于关闭企业的临界点，所以，该均衡点也被称作**停止营业点或关闭点**。

在图（e）中，在均衡产量 Q^* 上，厂商的亏损量相当于阴影部分的面积。此时，**厂商的平均收益 *AR* 小于平均可变成本 *AVC*，厂商将停止生产。**因为在这种亏损情况下，如果厂商还继续生产，则全部收益连可变成本都无法全部弥补，就更谈不上对不变成本的弥补了。而事实上只要厂商停止生产，可变成本就可以降为零。显然，此时不生产好于生产。

综上所述，完全竞争厂商短期均衡的条件是：

$$MR=SMC \tag{6.7}$$

式中，$MR=AR=P$。在短期均衡时，厂商的利润可以大于零，也可以等于零，或者小于零。

二、完全竞争厂商的短期供给曲线

回忆一下，所谓供给曲线是用来表示在每一个价格水平厂商愿意而且能够提供的产品的数量。在完全竞争市场上，厂商的短期供给曲线可以利用短期边际成本 SMC 曲线来表示，关于这一点的具体说明如下。

对完全竞争厂商来说，有 $P=MR$，所以，完全竞争厂商的短期均衡条件 $MR=SMC$ 又可以写成 $P=MC(Q)$。此式可以这样理解：在每一个给定的价格水平 P，完全竞争厂商应该选择最优的产量 Q，使得 $P=MC(Q)$ 成立，从而实现最大的利润。这意味着在价格 P 和厂商的最优产量 Q 之间存在着一一对应的关系，而厂商的 SMC 曲线恰好准确地表明了这种商品的价格和厂商的短期供给量之间的关系。我们将图 6—5 关于厂商短期均衡的五种可能的情况置于一张图中进行分析，见图 6—6（a）。

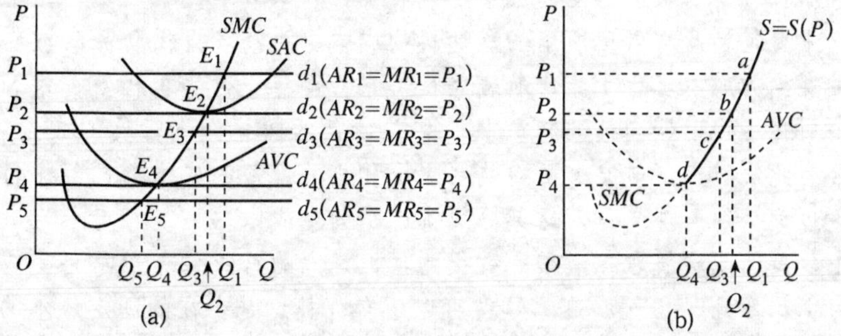

图 6—6　由完全竞争厂商的短期边际成本曲线到短期供给曲线

仔细地分析一下可以看到，当市场价格分别为 P_1、P_2、P_3 和 P_4 时，厂商根据 $MR=SMC$（即 $P=SMC$）的原则，选择的最优产量顺次为 Q_1、Q_2、Q_3 和 Q_4。很清楚，*SMC* 曲线上的 E_1、E_2、E_3 和 E_4 点明确地表示了这些不同的价格水平与相应的不同的最优产量之间的对应关系。但必须注意到，厂商只有在 $P\geqslant AVC$ 时，才会进行生产，而在 $P<AVC$ 时，厂商会停止生产。所以，**厂商的短期供给曲线应该用 *SMC* 曲线上大于和等于 *AVC* 曲线最低点的部分来表示，即用 *SMC* 曲线大于和等于停止营业点的部分来表示。** 如图 6—6（b）所示，图中 *SMC* 曲线上的实线部分就是完全竞争厂商的短期供给曲线 $S=S(P)$，该线上的 a、b、c 和 d 点分别与图（a）中 *SMC* 曲线上的 E_1、E_2、E_3 和 E_4 点相对应。

由图 6—6（b）可见，**完全竞争厂商的短期供给曲线是向右上方倾斜的，它表示商品的价格和厂商的供给量之间同方向变化的关系。更重要的是，完全竞争厂商的短期供给曲线表示厂商在每一个价格水平的供给量都是能够给他带来最大利润或最小亏损的最优产量。**

至此，我们便完成了自第四章生产函数开始的从厂商追求利润最大化行为的考察中推导完全竞争厂商的短期供给曲线的分析内容。

☞专栏 6—1

航空公司的淡季航班

下面是我们设想的一个例子。假定某航空公司有几条飞往乙地的航线，乙地是一个以滑雪等冬季运动为主题的旅游胜地，所以，飞往乙地的航线有较明显的旺季和淡季的区分。在淡季，该航空公司开往乙地的若干航班出现了亏损，公司的经营管理层需要作出决策：这些在淡季亏损的航班到底是应该继续飞行，还是应该停飞、等旺季来临再恢复航班？

再假定某次航班的总收益是 6 万元，为开这次航班的实际支出为 4.3 万元，分摊成本为 3.6 万元，即总成本为 7.9 万元。显然，总成本 7.9 万元大于总收益 6 万元，该次航班是亏损的。但是，由于总收益 6 万元大于实际支出成本即总可变成本 4.3 万元，所以，即便在淡季此次航班是亏损的，仍应该继续飞行。

我们知道，短期生产成本分为可变成本和固定成本。就任何一次航班而言，其可变成本是指由此次航班飞行所实际产生的成本，或者说，如果取消此次航班，这笔成本支出就不会发生。它主要包括此次航班所用的燃油料的成本、为乘客提供食品和饮料的成本等支出，这类实际发生的成本产生于此次航班飞行，它甚至与飞行的里程数、乘客的数量等有关。而航空公司在一定时期内的飞机数量、相关设备的数量、飞行员的数量等是既定的，而且不管是否有此次航班，航空公司对购买飞机和相关设备的成本都已经支付，对飞行员的工资成本等也都必须照样支付，这部分成本就是固定成本。

在此例中，虽然此次航班在淡季是亏损的，但是它的总收益大于总可变成本，即通常所说的毛利为 1.7 万元（=6−4.3），这就可以用来弥补总是存在的固定成本的一部分，所以，就应该继续开飞此次航班。相反，如果在这种情况下取消此次航班，当然就不会有收益，也不必支出可变成本，但是，对既有的固定成本却没有任何补偿。所以，在淡季亏损的状态下，只要总收益大于总可变成本，航班就应该继续开飞，其经济利益好于取消此次航班。

当然，如果此次航班的总收益小于总可变成本，那就应该取消此次航班。因为在这种情况下，总收益连总可变成本都无法弥补，就更谈不上对固定成本的弥补了。

由此可见，对总收益和总可变成本的比较，是航空公司经营管理层决定在淡季亏损的航班是否继续飞行的一个基本原则。

三、完全竞争行业的短期供给曲线

在任何价格水平上，一个行业的供给量等于行业内所有厂商的供给量的总和。据此，假定生产要素的价格不变，则**一个行业的短期供给曲线由该行业内所有厂商的短期供给曲线的水平加总而得到。**下面，用图 6—7 具体加以说明。

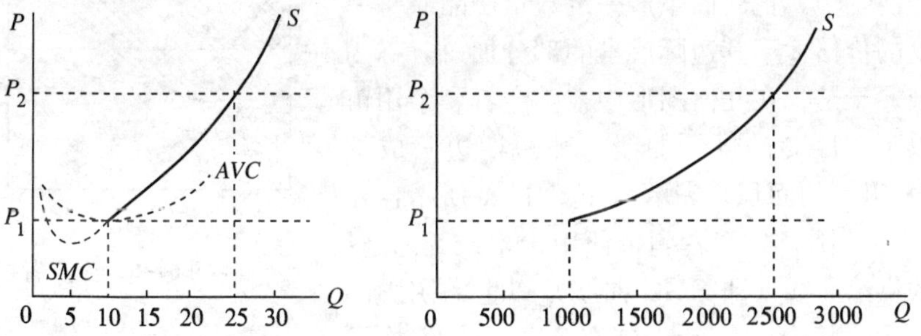

(a)
厂商的短期供给曲线

(b)
行业的短期供给曲线

图 6—7 完全竞争行业的短期供给曲线

在图中，假定某完全竞争行业中有 100 个相同的厂商，每个厂商都具有相同的短期成本曲线和相应的短期供给曲线，用图（a）中的实线 S 表示。将这 100 个相同的厂商的短期供给曲线水平相加，便得到图（b）中的行业的短期供给曲线 S。很清楚，在每一个价格水平，行业的供给量等于这 100 个厂商的供给量的总和。例如，当价格为 P_1 时，每个厂商的供给量为 10，则行业的供给量为1 000(=10×100)；当价格为 P_2 时，每个厂商的供给量为 25，则行业的供给量为 2 500(=25×100)；如此等等。

我们可以将厂商的短期供给函数和行业的短期供给函数之间的关系用公式表示为：

$$S(P)=\sum_{i=1}^{n} S_i(P) \qquad (6.8)$$

式中，$S(P)$表示行业的短期供给函数；$S_i(P)$为第 i 个厂商的短期供给函数。如果行业内的 n 个厂商具有相同的短期供给函数，则(6.8)式可以写成：

$$S(P)=n \cdot S_i(P) \qquad (6.9)$$

显然，完全竞争行业的短期供给曲线保持了完全竞争厂商的短期供给曲线的基本特征。这就是，**行业的短期供给曲线也是向右上方倾斜的，它表示市场的产品价格和**

市场的短期供给量成同方向的变动。而且，行业的短期供给曲线上与每一价格水平相对应的供给量都是可以使全体厂商在该价格水平获得最大利润或最小亏损的最优产量。

四、生产者剩余

生产者剩余是与消费者剩余相对应的概念，这两个概念通常被结合在一起使用，并广泛地运用于有关经济效率和社会福利问题的分析之中。

1. 生产者剩余

生产者剩余指厂商在提供一定数量的某种产品时实际接受的总支付和愿意接受的最小总支付之间的差额。我们知道，只要每一单位产品的价格大于生产该单位产品的边际成本，厂商进行生产总是有利的。鉴于此，在经济学中，把厂商生产一定数量产品时每一单位产品上的价格大于其边际成本的部分加总，称为生产者剩余。于是，在几何图形中，生产者剩余用市场价格线以下、厂商的供给曲线（即短期边际成本 *SMC* 曲线）以上的面积来表示，如图 6—8 所示：在 0 到 Q_0的产量范围，生产者剩余便用价格线 P_0J 以下、厂商的供给曲线（即 *SMC* 曲线）以上的阴影部分面积来表示。其中，在产量 Q_0的范围内，价格线 P_0J 以下的矩形面积 OP_0EQ_0 表示总收益，即厂商实际接受的总支付；供给曲线（即 *SMC* 曲线）以下的面积 $OHEQ_0$ 表示厂商愿意接受的最小总支付。这两块面积之间的差额，即阴影部分面积，构成生产者剩余。

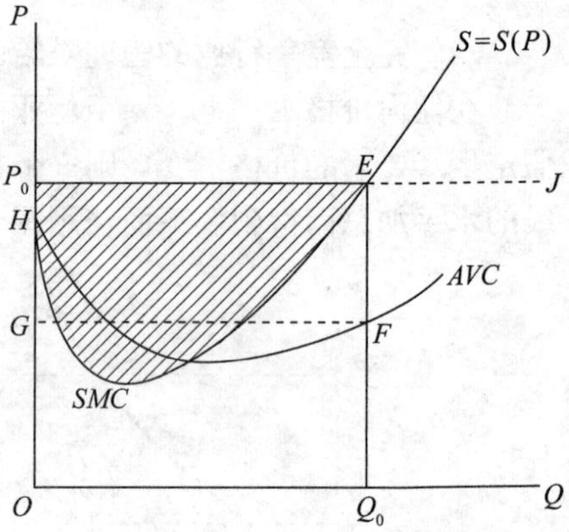

图 6—8　生产者剩余

此外，在短期内，由于所有产量的边际成本之和就等于总可变成本，因此，生产者剩余也可以用厂商的总收益和总可变成本之间的差额来表示。相应地，在图 6—8 中，生产者剩余也可以由矩形面积 GP_0EF 给出，它等于总收益（相当于矩形面积 OP_0EQ_0）减去总可变成本（相当于矩形面积 $OGFQ_0$）。其实，从本质上讲，在短期中，只要总收益大于总可变成本，厂商进行生产总是有利的，就能得到生产者剩余。（在前面分析完全竞争厂商在短期是否继续生产的问题时，已经阐述了相应的观点。）

2. 市场的生产者剩余

市场的生产者剩余是市场上所有厂商的生产者剩余的加总。正因为如此，市场的生产者剩余用市场价格线以下、行业的供给曲线以上的面积来表示，如图 6—9所示。在图中，*D* 曲线是市场的需求曲线，*S* 曲线是市场的供给曲线，市场的均衡价格和均衡数量分别为 P_0和 Q_0，图中阴影部分的面积便表示为市场的生产者剩余。

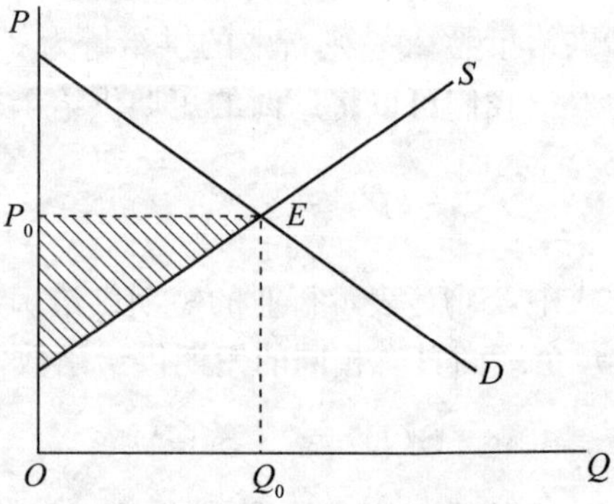

图 6—9　市场的生产者剩余

第四节　完全竞争厂商和行业的长期均衡

一、完全竞争厂商的长期均衡

在完全竞争厂商的长期生产中，一方面，市场价格仍然是给定的，单个厂商只能是既定市场价格的接受者；另一方面，所有的生产要素投入量都是可变的，尤其是，完全竞争厂商可以无障碍地自由进入或退出一个行业。正是在这些条件下，完全竞争厂商实现了 $MR=LMC$ 的利润最大化的长期均衡。

厂商在长期生产中自由进入或退出一个行业，实际上是生产要素在各个行业之间的重新配置，生产要素总是会流向能获得更大利润的行业，也总是会从亏损的行业退出。正是行业之间生产要素的这种调整，使得完全竞争厂商长期均衡时的利润为零。具体用图 6—10进行分析，如果开始时的市场价格较高为 P_1，则根据 $MR=LMC$ 的利润最大化原则，厂商选择的产量为 Q_1。此时，厂商获得利润（利润量相当于图中阴影部分 $P_1E_1F_1G_1$ 的面积），这便会吸引一部分厂商进入到该行业的生产中来。随着行业内厂商数量的逐步增加，市场上的产品供给就会增加，市场价格就会逐步下降，相应地，单个厂商的利润就会逐步减少。只有当市场价格水平下降到使单个厂商的利润消失时，新厂商的进入才会停止。也就是说，当市场价格下降到等于长期平均成本最低点的水平，即图中的价格水平 P_2 时，厂商的利润刚好为零，从而便实现了长期均衡。

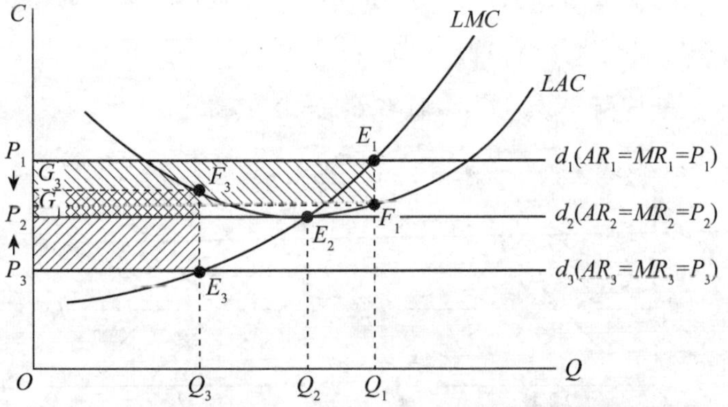

图 6—10　完全竞争厂商的长期均衡：进入与退出

相反，在图 6—10 中，如果市场价格较低为 P_3，则根据 $MR=LMC$ 的利润最大化原则，厂商选择的产量为 Q_3。此时，厂商是亏损的（亏损量相当于图中阴影部分 $P_3E_3F_3G_3$ 的面积），这使得行业内原有厂商中的一部分退出该行业的生产。随着行业内厂商数量的逐步减少，市场的产品供给就会减少，市场价格就会逐步上升，相应地，单个厂商的亏损就会减少。只有当市场价格水平上升到使单个厂商的亏损消失时，原有厂商的退出才会停止。也就是说，当市场价格上升到等于长期平均成本最低点的水平，即图中的价格水平 P_2 时，厂商的利润刚好为零，从而便实现了长期均衡。

由此可见，不管是新厂商的进入，还是原有厂商的退出，最后，这种调整一定会使市场价格达到等于长期平均成本最低点的水平。在这一价格水平，价格恰好等于长期平均成本，行业内的每个厂商既无利润，也不亏损，但都实现了正常利润。于是，厂商失去了进入或退出该行业的动力，行业内的每个厂商都实现了长期均衡。在图 6—10 中，E_2 点是完全竞争厂商的 $MR=LMC$ 的长期均衡点，厂商的需求曲线 d_2 与 LAC 曲线相切于该点，而且，LAC 曲线在该点达到最低点，相应地，LMC 曲线也经过该点。总之，完全竞争厂商的长期均衡出现在 LAC 曲线的最低点。这时，生产的平均成本降到长期平均成本的最低点，商品的价格也等于最低的长期平均成本。

最后，可得完全竞争厂商的长期均衡条件为：

$$MR=LMC=LAC \tag{6.10}$$

式中，$MR=AR=P$。此时，单个厂商的利润为零。

二、完全竞争行业的长期供给曲线

在长期，完全竞争厂商可以自由进入或退出一个行业，这一基本特征不仅影响到上面对完全竞争厂商长期均衡的分析，也影响到下面对完全竞争行业长期均衡以及行业长期供给曲线的分析。

下面，以图 6—11 来说明完全竞争行业的长期供给曲线。

在图 6—11（b）中，由完全竞争的市场需求曲线 D_1 和市场短期供给曲线 SS_1 的交点 A 所决定的市场均衡价格为 P_1。相对应地，在图 6—11（a）中，在价格水平 P_1，完全竞争厂商在 LAC 曲线的最低点 E 实现长期均衡，每个厂商的利润均为零。由于行业内不再有厂商的进入和退出，故称 A 点为行业的一个长期均衡点。此时，单个厂商的长期均衡产量为 Q_{i1}，行业长期均衡产量为 Q_1，且有 $Q_1=\sum_{i=1}^{n}Q_{i1}$。

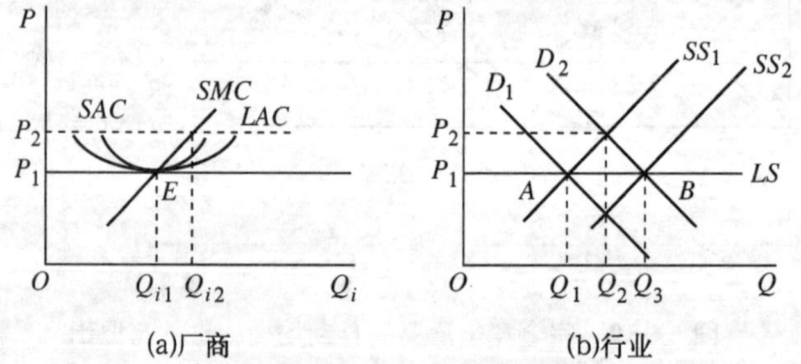

图 6—11　行业的长期供给曲线

假定由于外生因素的影响（譬如消费者收入水平的增加）使得市场的需求增加，在图（b）中表现为 D_1 曲线向右移至 D_2 曲线的位置，且与 SS_1 曲线相交，导致市场价格水平由 P_1 上升到 P_2。此时，在图（a）中，在新的价格水平 P_2，厂商在短期内沿着既定的 SMC 曲线生产，将产量由 Q_{i1} 提高到 Q_{i2}，并获得利润。

从长期看，由于单个厂商获得利润，便吸引新的厂商加入到该行业中来，导致行业供给增加。在图（b）中，行业供给增加使得厂商的 SS_1 曲线不断向右平移，随之，市场价格逐步下降，单个厂商的利润也逐步下降。这个过程一直要持续到单个厂商的利润消失为止，即 SS_1 曲线一直要移动到 SS_2 曲线的位置，使得 SS_2 曲线与 D_2 需求曲线相交点 B 的均衡价格又回到了原来的均衡价格水平 P_1，或者说，单个厂商又回到 LAC 曲线的最低点 E，再次实现了利润为零的长期均衡。所以，D_2 曲线和 SS_2 曲线的交点 B 是行业的又一个长期均衡点。此时有 $Q_3=\sum_{i=1}^{n}Q_{i1}$。市场均衡产量的增加量为 Q_1Q_3，它是由新加入的厂商提供的，行业内每个厂商的均衡产量仍为 Q_{i1}。

连接 A、B 这两个行业长期均衡点的直线 LS 就是行业的长期供给曲线。在此，**完全竞争行业的长期供给曲线是一条水平线**。它表示：在长期，完全竞争行业是在不变的均衡价格水平提供产量，该均衡价格水平等于厂商的长期平均成本的最低点。

至此，我们已经推导了完全竞争行业的长期供给曲线，它是一条水平线，即它具有完全弹性。在有些情况下，**完全竞争行业的长期供给曲线也可以向上方倾斜**，这又是为什么呢?

其实，在前面推导完全竞争行业长期供给曲线时隐含一个假设条件：生产要素的价格是不变的。但是，当我们考虑到资源稀缺的情况时，那么，当更多的厂商由于利润的吸引而加入到行业生产中来时，生产要素的市场价格就可能不再是不变的了，而可能是上升的。如果生产要素价格上升，则必然导致厂商的生产成本上升，或者说，导致单个厂商的 LAC 曲线的位置上移，单个厂商长期均衡点的位置即 LAC 曲线最低点的位置也随之上移，相应地，使得单个厂商利润为零的市场长期均衡价格水平也上移。也就是说，完全竞争行业在长期将在更高的价格水平提供产量。在这种情况下，完全竞争行业的长期供给曲线就是向右上方倾斜的了。

最后，需要指出的是，无论完全竞争行业的长期供给曲线是一条水平线，还是向上方倾斜，它们都比完全竞争行业的短期供给曲线更平坦，即更富有弹性。其原因是，在对价格变化的反应上，完全竞争条件下的厂商进而市场在长期总比在短期更充分。在图 6—12 中，SS 曲线是完全竞争行业的短期供给曲线，LS 曲线是一条斜率为正的完全竞争行业的长期供给曲线，显然，完全竞争行业的 LS 曲线比 SS 曲线更平坦，更富有弹性。①

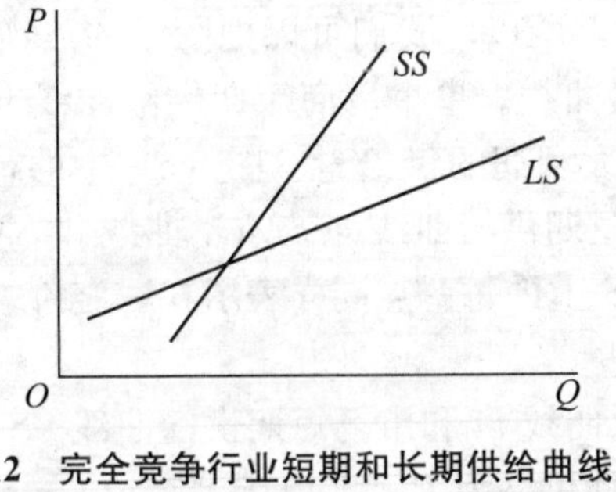

图 6—12　完全竞争行业短期和长期供给曲线的比较

① 完全竞争行业的长期供给曲线可以有三种形状，它们分别为水平线、向右上方倾斜向和向右下方倾斜，其中，向右下方倾斜的行业长期供给曲线的情形很少发生。在正文中，我们主要介绍了对呈水平线特征的完全竞争行业的长期供给曲线的推导及其经济含义。至于对向右上方倾斜和向右下方倾斜的完全竞争行业的长期供给曲线的具体推导及其经济含义，感兴趣的读者可以参见高鸿业主编：《西方经济学（微观部分·第六版）（专栏案例版）》，189～191 页，北京，中国人民大学出版社，2015。

三、完全竞争市场的长期均衡

在此，将对前面所学习过的消费者选择理论、生产函数论、成本论和完全竞争市场论这四部分内容之间的基本联系作一个简单的小结。在此基础上，进一步说明完全竞争市场的长期均衡。

图 6—13 是一组完全竞争市场均衡的综合图，我们利用该图进行具体的分析。①

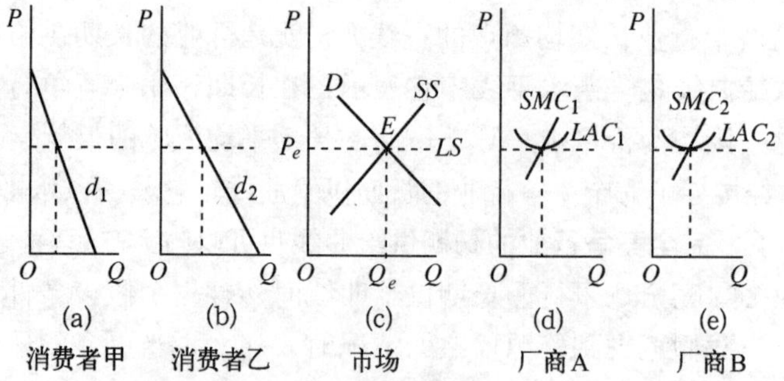

图 6—13　完全竞争市场均衡的综合图

图 6—13（a）、（b）中分别有甲、乙两个消费者的需求曲线 d_1 和 d_2。根据消费者选择理论，我们知道，单个消费者的需求曲线 d_1 和 d_2 各自是从单个消费者追求自身效用最大化的行为中推导出来的，单个消费者的需求曲线上的每一点表示在一定价格水平下能够给该消费者带来最大效用的需求量。图（c）中的市场需求曲线 D 是由图（a）、（b）中两个消费者的需求曲线 d_1 和 d_2 水平加总而得到的。无疑，市场需求曲线 D 上的每一点也同样表示在一定价格水平下能够给市场上每一个消费者带来最大效用的需求量。

图（d）、（e）中分别有 A、B 两个完全竞争厂商的成本曲线。根据生产函数理论、成本理论和完全竞争市场理论，我们知道，由单个完全竞争厂商的追求利润最大化的行为可以推导出厂商的短期供给曲线，它是厂商的 SMC 曲线上等于和大于 AVC 曲线最低点的部分（图中略去 AVC 曲线），所以，我们可以把图中的 SMC_1 曲线和 SMC_2 曲线分别看成是厂商 A 和 B 的短期供给曲线。单个厂商短期供给曲线上的每一点都表示在一定价格水平下可以给该厂商带来最大利润的供给量。图（c）中的行业短期供给曲线 SS 是由图（d）、（e）中的两个厂商的短期供给曲线即 SMC_1 曲线和 SMC_2 曲线水平加总而得到的。显然，市场短期供给曲线 SS 上的每一点同样表示在一定价格水平下可以给行业中每一个厂商都带来最大利润的供给量。

在图（c）中，市场需求曲线 D 和市场短期供给曲线 SS 相交于 E 点，E 点是市场的一个短期均衡点，相应的均衡价格为 P_e，均衡数量为 Q_e。仔细观察一下，可以发现，E 点同时又是市场的一个长期均衡点，因为有一条水平的长期供给曲线 LS 与市场需求曲线 D 也相交于 E 点。② 由市场的长期均衡点 E 出发，我们可以得到哪些结论呢？由 E 点可

① 在完全竞争市场中，应该有无数的买者和卖者。在图 6—13 中我们假定市场上只有两个消费者甲、乙和两个厂商 A、B。这一假设仅仅是为了分析方便而设立的。这是一个合理的简化，并不影响分析的结论。

② 在此运用其他形状的行业长期供给曲线进行分析也都是可以的，都不影响结论。

知，市场的长期均衡价格和长期均衡数量分别为 P_e 和 Q_e。就市场长期均衡价格 P_e 而言，它等于厂商的 LAC 曲线的最低点。这表明，在完全竞争市场的长期均衡点上，所有厂商的生产成本都降到了最低的水平，它等于最低的长期平均成本，而且，市场的长期均衡价格也降到了这一最低的水平。再就市场长期均衡数量 Q_e 而言，它既等于市场上所有消费者的需求量之和，又等于市场上所有厂商的供给量之和，所以，市场刚好出清，既不存在供不应求，又不存在产品过剩。更重要的是，此时，一方面，所有的厂商都以最低的成本提供产品，并各自都获得了最大的利润（尽管利润为零）；另一方面，所有的消费者都以最低的价格购买产品，并各自都得到了最大的效用。

正因为如此，西方学者提出，完全竞争市场长期均衡状态的形成及其特征表明，完全竞争的市场机制能够以有效的方式配置经济资源。这部分内容构成了对完全竞争市场经济的"看不见的手"原理进行论证的一个重要组成部分。

第五节　完全竞争市场的福利

经济学家指出，完全竞争市场实现了福利最大化，即总剩余最大化。在这里，总剩余等于市场的消费者剩余与生产者剩余的总和。在经济学中，对完全竞争市场福利最大化的分析，通常是运用如图 6—14 的方式进行的。

在图 6—14 中，E 是完全竞争市场的均衡点，均衡价格和均衡数量分别为 P^* 和 Q^*；市场的消费者剩余为浅色的阴影部分面积，市场的生产者剩余为深色的阴影部分面积，市场的总剩余为消费者剩余和生产者剩余之和，即图中全部的阴影部分面积。

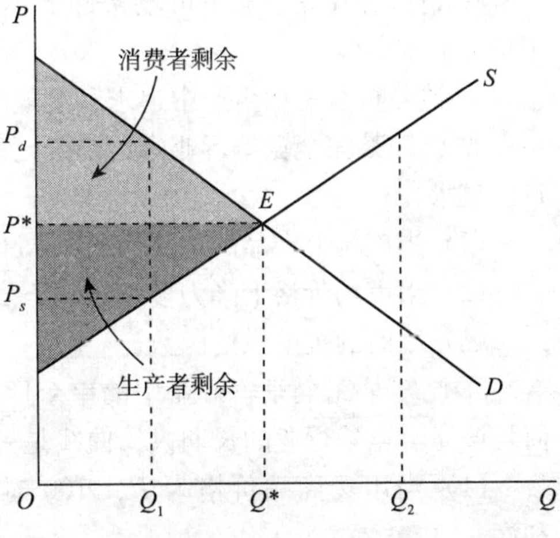

图 6—14　完全竞争市场的总剩余：福利最大化

图中的总剩余表示完全竞争市场的均衡实现了福利最大化。原因在于：在图中，在任何小于 Q^* 的数量上，譬如在 Q_1 的数量上，市场的总剩余都不是最大的，因为可以通过增加交易量来增加福利。具体地看，在第 Q_1 单位的数量上，由需求曲线可知消费者愿意支付的最高价格 P_d 高于市场的均衡价格 P^*，所以，消费者是愿意增加这一单位产品的购买的，并由此获得更多的消费者剩余；与此同时，由供给曲线可知生产者能够接受的最低价格 P_s 低于市场的均衡价格 P^*，所以，生产者也是愿意增加这一单位产品的销售的，并由此获得更多的生产者剩余。所以，在自愿互利的交易原则下，只要市场的交易量小于均衡数量 Q^*，市场的交易数量就会增加，并在交易过程中使得买卖双方的福利都增加，市场的总福利也由此增大。这一交易数量扩大的过程一直会持续到均衡的交易数量 Q^* 实现为止，市场的总福利也就达到了不可能再增大的地步，即不可能在一方利益增大而另一方利益不受损的情况下来增加市场的总剩余。也就是说，完全竞争市场均衡实现了福利最大化。

那么，反过来，在任何大于 Q^* 的数量上，譬如在 Q_2 的数量上，情况又会如何呢？事实上，Q_2 的交易数量是不可能发生的。原因很简单：在第 Q_2 单位的数量上，消费者愿意支付的最高价格低于市场的均衡价格 P^*，生产者能够接受的最低价格高于市场的均衡价格 P^*，这种使双方都受损的买卖是不可能成交的。所以，自愿互利的市场交易最后达到的均衡数量为 Q^*，相应的均衡价格为 P^*，完全竞争市场的均衡由此实现了最大的福利。

总之，西方经济学家认为，完全竞争市场的交易实现了最大的福利，或者说，完全竞争市场机制的运行是有效的。

最后，需要指出的是，消费者剩余和生产者剩余的福利分析方法被广泛地运用于对经济理论问题和实际问题的分析之中，譬如，经济学家通常运用此方法对不同类型市场的福利进行比较研究，还可以对一些经济政策所导致的福利变化进行研究，等等。读者也可以运用消费者剩余和生产者剩余的概念，对相关的经济问题进行福利分析。

复习与思考

1. 假定某完全竞争市场的需求函数和供给函数分别为 $D=22-4P$，$S=4+2P$。求：

(1) 该市场的均衡价格和均衡数量。

(2) 单个完全竞争厂商的需求曲线。

2. 请区分在完全竞争市场条件下单个厂商的需求曲线、单个消费者的需求曲线以及市场的需求曲线。

3. 请分析在短期生产中追求利润最大化的厂商一般会面临哪几种情况。

4. 已知某完全竞争行业中的单个厂商的短期成本函数为 $STC=0.1Q^3-2Q^2+15Q+10$。试求：

(1) 当市场上产品的价格为 $P=55$ 时，厂商的短期均衡产量和利润。

(2) 当市场价格下降为多少时，厂商必须停产？

(3) 厂商的短期供给函数。

5. 已知某完全竞争行业中的单个厂商的长期总成本函数为 $LTC=Q^3-12Q^2+40Q$，而且该完全竞争行业的长期供给曲线是一条水平线。试求：

(1) 当市场商品价格为 $P=100$ 时，厂商实现 $MR=LMC$ 时的产量、平均成本和利润。

(2) 该行业长期均衡时的价格和单个厂商的产量。

(3) 当市场的需求函数为 $Q=660-15P$ 时，行业长期均衡时的厂商数量。

6. 已知完全竞争市场上单个厂商的长期成本函数为 $LTC=Q^3-20Q^2+200Q$，市场的产品价格为 $P=600$。求：

(1) 该厂商实现利润最大化时的产量、平均成本和利润各是多少？

(2) 该行业是否处于长期均衡？为什么？

(3) 该行业处于长期均衡时每个厂商的产量、平均成本和利润各是多少？

(4) 判断 (1) 中的厂商是处于规模经济阶段，还是处于规模不经济阶段。

7. 为什么完全竞争厂商的短期供给曲线是 SMC 曲线上等于和高于 AVC 曲线最低点的部分？

8. 画图说明完全竞争厂商长期均衡的形成及其条件。

9. 利用图分析完全竞争市场的福利最大化。

第七章

不完全竞争的市场

不完全竞争市场是相对于完全竞争市场而言的，除完全竞争市场以外的其他所有或多或少带有一定垄断因素的市场都被称为不完全竞争市场。不完全竞争市场分为三个类型，它们是垄断市场、寡头市场和垄断竞争市场。其中，垄断市场的垄断程度最高，寡头市场居中，垄断竞争市场最低。本章的主要内容是分别说明这三类不完全竞争市场的价格和产量的决定，并就包括完全竞争市场在内的不同市场组织的经济效果进行比较。

第一节　垄　断

一、垄断市场的条件

垄断市场是指整个行业中只有唯一的一个厂商的市场组织。具体地说，垄断市场的条件主要有这样三点：第一，市场上只有唯一的一个厂商生产和销售商品；第二，该厂商生产和销售的商品没有任何相近的替代品；第三，其他任何厂商进入该行业都极为困难或不可能。在这样的市场中，排除了任何的竞争因素，独家垄断厂商控制了整个行业的生产和市场的销售，所以，**垄断厂商可以控制和操纵市场价格。**

形成垄断的原因主要有以下几个：第一，独家厂商控制了生产某种商品的全部资源或基本资源的供给。这种对生产资源的独占，排除了经济中的其他厂商生产同种产品的可能性。第二，独家厂商拥有生产某种商品的专利权。这便使得独家厂商可以在一定的时期内垄断该产品的生产。第三，政府的特许。政府往往在某些行业实行垄断的政策，如铁路运输部门、供电供水部门等，于是，独家企业就成了这些行业的垄断者。第四，自然垄断。有些行业的生产具有这样的特点：一方面，企业生产的规模经济需要在一个很大的产量范围和相应的很大的资本设备的生产运行水平上才能得到充分的体现，以至于当整个行业的产量只由一个企业来生产时才有可能达到这样的生产规模。而另一方面，只要发挥这一企业在这一生产规模上的生产能力，就可以满足整个市场对该种产品的需求。在这类产品的生产中，行业内总会有某个厂商凭借雄厚的技术实力、经济实力和其他优势，最先达到这一生产规模，从而垄断了整个行业的生产和销售。这就是**自然垄断**。

如同完全竞争市场一样，垄断市场的假设条件也很严格。在现实的经济生活里，垄断市场也几乎是不存在的。在西方经济学中，由于完全竞争市场的经济效率被认为是最高的，从而完全竞争市场模型通常被用来作为判断其他类型市场的经济效率高低的标准，那么，垄断市场模型就是从经济效率最低的角度来提供这一标准的。

二、垄断厂商的需求曲线和收益曲线

1. 垄断厂商的需求曲线

由于垄断市场中只有一个厂商，所以，**市场的需求曲线就是垄断厂商所面临的需求曲线，它是一条向右下方倾斜的曲线。**仍假定厂商的销售量等于市场的需求量，于是，向右下方倾斜的垄断厂商的需求曲线表示：垄断厂商可以通过减少销售量的办法来提高市场价格，也可以通过增加销售量的办法来压低市场价格，即垄断厂商可以通过改变销售量来控制市场价格，而且，垄断厂商的销售量与市场价格成反方向的变动。

2. 垄断厂商的收益曲线

厂商所面临的需求状况直接影响厂商的收益，这便意味着厂商的需求曲线的特征将决定厂商的收益曲线的特征。垄断厂商的需求曲线是向右下方倾斜的，其相应的平均收益 *AR* 曲线、边际收益 *MR* 曲线和总收益 *TR* 曲线的一般特征如图 7—1 所示：第一，由于厂商的平均收益 *AR* 总是等于商品的价格 *P*，所以，在图中，垄断厂商的 *AR* 曲线和需求曲线 *d* 重合，为同一条向右下方倾斜的曲线。第二，由于 *AR* 曲线是向右下方倾斜的，则根据平均量和边际量之间的相互关系可以推知，垄断厂商的边际收益 *MR* 总是小于平均收益 *AR*。因此，图中 *MR* 曲线位于 *AR* 曲线的左下方，且 *MR* 曲线也向右下方倾斜。第三，由于每一销售量上的边际收益 *MR* 值就是相应的总收益 *TR* 曲线的斜率，所以在图中，当 $MR>0$ 时，*TR* 曲线的斜率为正；当 $MR<0$ 时，*TR* 曲线的斜率为负；当 $MR=0$ 时，*TR* 曲线达到最大值点。

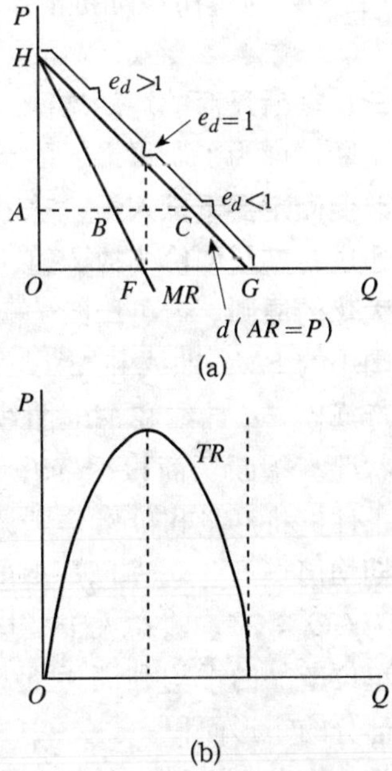

图 7—1　垄断厂商的需求曲线和收益曲线

垄断厂商的需求曲线 *d* 可以是直线形的（如图 7—1 (a)所示），也可以是曲线形的。图 7—1 中垄断厂商的需求曲线 *d* 是直线形的，该图体现了垄断厂商的 *AR* 曲线、*MR* 曲线和 *TR* 曲线相互之间的一般关系。在此，需要指出的是，当垄断厂商的需求曲线 *d* 为直线形时，相应的 *MR* 曲线还有其他一些基本的特征。关于这

一点的具体分析如下：

假定垄断厂商的线性的反需求函数为：

$$P(Q)=a-bQ \tag{7.1}$$

式中，常数 a、$b>0$。由上式可得总收益函数和边际收益函数分别为：

$$TR(Q)=P(Q)\cdot Q=aQ-bQ^2 \tag{7.2}$$

$$MR(Q)=\frac{\mathrm{d}TR(Q)}{\mathrm{d}Q}=a-2bQ \tag{7.3}$$

根据（7.1）式和（7.3）式可求得需求曲线和边际收益曲线的斜率分别为：

$$\frac{\mathrm{d}P(Q)}{\mathrm{d}Q}=-b \tag{7.4}$$

$$\frac{\mathrm{d}MR(Q)}{\mathrm{d}Q}=-2b \tag{7.5}$$

由此可得以下结论：当垄断厂商的需求曲线 d 为直线形时，d 曲线和 MR 曲线的纵截距是相等的（在此均为 a）。此外，MR 曲线的斜率是 d 曲线的斜率的两倍，在图中表现为 MR 曲线的横截距是 d 曲线横截距的一半，或 MR 曲线平分由纵轴到需求曲线 d 的任何一条水平线（如在图 7—1（a）中有 $OF=FG$、$AB=BC$ 等等）。

最后需要指出的是，以上对垄断厂商的需求曲线和收益曲线所作的分析，对于其他非完全竞争市场条件下的厂商也同样适用。只要非完全竞争市场条件下厂商所面临的需求曲线是向右下方倾斜的，相应的厂商的各种收益曲线就具有以上所分析的基本特征。

三、垄断厂商的短期均衡

垄断厂商为了获得最大的利润，也必须遵循 $MR=MC$ 的原则。**在短期内，垄断厂商无法改变固定要素投入量，垄断厂商是在既定的生产规模下通过对产量和价格的调整，来实现 $MR=SMC$ 的利润最大化的原则。**这可用图 7—2 来说明。

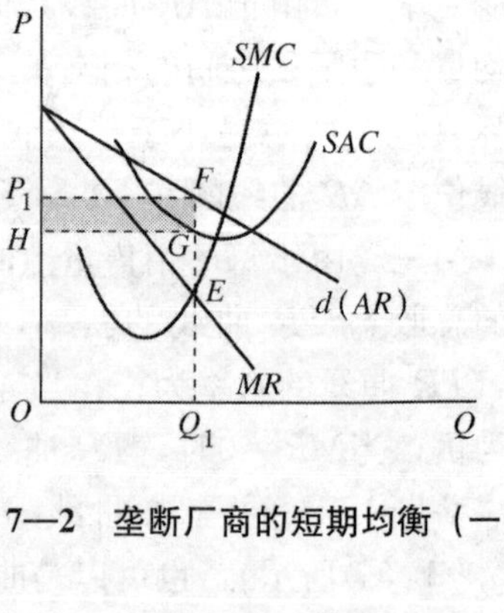

图 7—2　垄断厂商的短期均衡（一）

图中的 SMC 曲线和 SAC 曲线代表垄断厂商的既定的生产规模，d 曲线和 MR 曲线代表垄断厂商的需求和收益状况。垄断厂商根据 $MR=SMC$ 的利润最大化的均衡条件，将产量和价格分别调整到 Q_1 和 P_1 的水平。在短期均衡点 E 上，垄断厂商的平均收益为 FQ_1，平均成本为 GQ_1，平均收益大于平均成本，垄断厂商获得利润。单位产品的平均利润为 FG，总利润量相当于图中阴影部分的矩形面积。

为什么垄断厂商只有在 $MR=SMC$ 的均衡点上，才能获得最大的利润呢？

这是因为，只要 $MR>SMC$，垄断厂商增加一单位产量所得到的收益增量就会大于所付出的成本增量。这时，厂商增加产量是有利的。随着产量的增加，如图所示，MR 会下降，而 SMC 会上升，两者之间的差额会逐步缩小，最后达到 $MR=SMC$ 的均衡点，厂商也由此得到了增加产量的全部好处。而 $MR<SMC$ 时，情况正好与上面相反。所以，垄断厂商的利润在 $MR=SMC$ 处达到最大值。

如果认为垄断厂商在短期内总能获得利润的话，这就错了。垄断厂商在 $MR=SMC$ 的短期均衡点上，既可以获得最大的利润，也可能是亏损的（尽管亏损额是最小的）。造成垄断厂商短期亏损的原因，可能是既定的生产规模的成本过高（表现为相应的成本曲线的位置过高），也可能是垄断厂商所面临的市场需求过小（表现为相应的需求曲线的位置过低）。垄断厂商短期均衡时的亏损情况可以如图 7—3 所示。

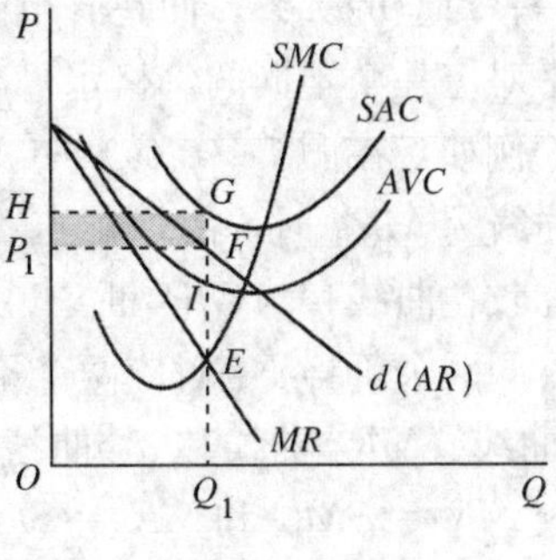

图 7—3　垄断厂商的短期均衡（二）

在图中，垄断厂商遵循 $MR=SMC$ 的原则，将产量和价格分别调整到 Q_1 和 P_1 的水平。在短期均衡点 E，垄断厂商是亏损的，单位产品的平均亏损额为 GF，总亏损额相当于图中阴影部分的面积。与完全竞争厂商相同，在短期生产亏损的情况下，若 $AR>AVC$，垄断厂商就继续生产；若 $AR<AVC$，垄断厂商就停止生产；若 $AR=AVC$，垄断厂商则认为生产和不生产都一样。在图 7—3 中，平均收益 FQ_1 大于平均可变成本 IQ_1，所以，垄断厂商是继续生产的。至于在垄断厂商短期亏损时还可能选择退出或生产与不生产都一样的另外两种状态，读者可以自己作图予以分析。①

由此可以得到垄断厂商短期均衡条件为：

$$MR=SMC \tag{7.6}$$

垄断厂商在短期均衡点上可以获得最大利润，可以利润为零，也可以蒙受最小亏损。

四、垄断厂商的供给曲线

在上一章完全竞争市场理论中，从完全竞争厂商的短期边际成本曲线推导出完全竞争厂商的短期供给曲线，并进一步得到行业的短期供给曲线。但是，在垄断市场条件下并不存在这种具有规律性的厂商的供给曲线。

供给曲线表示在每一个价格水平生产者愿意而且能够提供的产品数量。它表现产量和价格之间一一对应的关系。

在完全竞争市场条件下，每一个厂商都无法控制市场价格，他们都是在每一个既定的市场价格水平，根据 $P=SMC$ 的均衡条件来确定唯一的能够带来最大利润（或最小亏损）的产量。例如，在图 6—6 中，随着完全竞争厂商所面临的呈水平线形状的需求曲线的位置上下平移，价格 P_1 对应的唯一的均衡产量为 Q_1，价格 P_2 对应的唯一的均衡产量为 Q_2，如此等等。这种价格和产量之间一一对应的关系，是构造完全竞争厂商和行业的短期供给曲线的基础。

---

① 在此对垄断厂商短期均衡的分析只涉及获得利润和亏损这两种情况。事实上，在垄断厂商 $MR=SMC$ 的短期均衡点上，还可能利润恰好等于零。当厂商的利润为零时，必有 $AR=SAC$。关于这种情况的分析，正文中从略。

但是，垄断市场条件下的情况就不相同了。垄断厂商是通过对产量和价格的同时调整来实现 $MR=SMC$ 的原则的，而且，P 总是大于 MR 的。随着厂商所面临的向右下方倾斜的需求曲线的位置移动，厂商的价格和产量之间不再必然存在如同完全竞争条件下的那种一一对应的关系，而是有可能出现一个价格水平对应几个不同的产量水平，或一个产量水平对应几个不同的价格水平的情形。

例如，在图 7—4（a）中，MC 曲线是固定的。当垄断厂商的需求曲线为 d_1、边际收益曲线为 MR_1 时，由均衡点 E_1 所决定的产量为 Q_1，价格为 P_1。当需求曲线移为 d_2、边际收益曲线移为 MR_2 时，由均衡点 E_2 所决定的产量为 Q_2，价格为 P_2 且等于 P_1。于是，同一个价格 P_1 对应两个不同的产量 Q_1 和 Q_2。在图（b）中，MC 曲线仍是固定的，d_1 曲线、MR_1 曲线和 d_2 曲线、MR_2 曲线分别为两组不同的需求曲线和边际收益曲线。比较 $MR_1=SMC$ 和 $MR_2=SMC$ 的两个均衡点 E_1 和 E_2（为同一均衡点）可以发现，同一个产量 Q_1（$=Q_2$）对应的却是两个不同的价格 P_1 和 P_2。因此，在垄断市场条件下无法得到如同完全竞争市场条件下的具有规律性的可以表示产量和价格之间一一对应关系的厂商和行业的短期供给曲线。

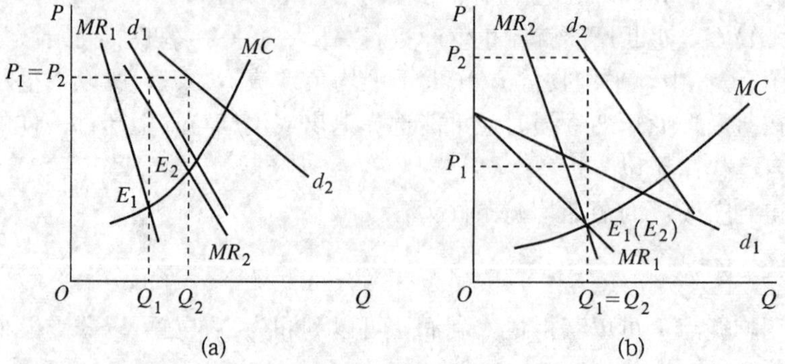

图 7—4　垄断厂商的产量和价格

由此可以得到更一般的结论：**凡是在或多或少的程度上带有垄断因素的不完全竞争市场中，或者说，凡是在单个厂商对市场价格具有一定的控制力量，相应地，单个厂商的需求曲线向右下方倾斜的市场中，是不存在具有规律性的厂商和行业的短期和长期供给曲线的。**其理由跟上面对垄断厂商不存在短期供给曲线的分析相同。这一结论也适用于下面两节将要分析的垄断竞争市场和寡头市场。

五、垄断厂商的长期均衡

在长期，垄断厂商可以调整全部生产要素的投入量，而且，垄断行业排除了其他厂商进入的可能性。因此，与完全竞争厂商不同，如果垄断厂商在短期内获得利润，那么，其利润在长期内不会因为新厂商的加入而消失，垄断厂商在长期内是可以获得最大利润的。

我们用图 7—5 来分析垄断厂商的长期均衡。

图中的 d 曲线和 MR 曲线分别表示垄断厂商所面临的市场需求曲线和边际收益曲线，LAC 曲线和 LMC 曲线分别为垄断厂商的长期平均成本曲线和长期边际成本曲线。在长期

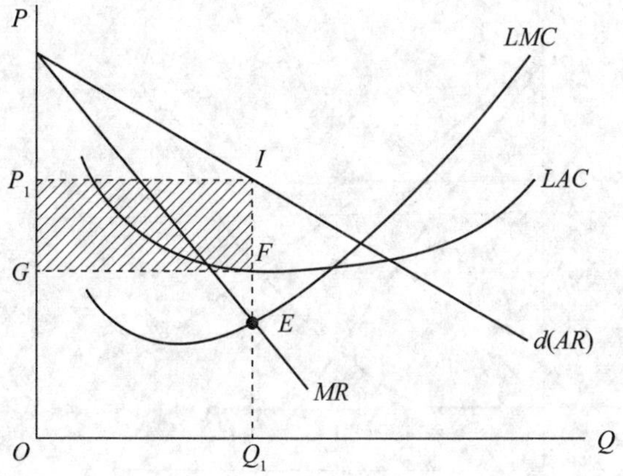

图 7—5　垄断厂商的长期均衡

中，按照 $MR=LMC$ 的长期均衡原则，垄断厂商的长期均衡点为 E，长期均衡产量和均衡价格分别为 Q_1 和 P_1；垄断厂商的最大利润相当于图中阴影部分（矩形 P_1IFG）的面积。显然，**垄断厂商之所以能在长期内保持利润，其关键在于垄断行业对企图加入的新厂商是完全关闭的。**

总之，垄断厂商的长期均衡条件为：

$$MR=LMC \tag{7.7}$$

垄断厂商在长期均衡时一般获得最大的利润。

最后，由于垄断厂商所面临的需求曲线就是市场的需求曲线，垄断厂商的供给量就是全行业的供给量，所以，本节所分析的垄断厂商的短期和长期的均衡价格与均衡产量的决定，就是垄断市场的短期和长期的均衡价格与均衡产量的决定。

六、价格歧视

在有些情况下，垄断厂商会对同一种产品收取不同的价格，这种做法往往会增加垄断厂商的利润。**以不同价格销售同一种产品，被称为价格歧视。**①

下面，利用图 7—6 分析说明垄断厂商的价格歧视及其影响。

图中，如果垄断厂商不实行价格歧视，则垄断厂商根据 $MR=MC$ 原则所确定的均衡价格为 P_m，均衡数量为 Q_m；而且消费者获得了消费者剩余。如果垄断厂商实行完全的价格歧视，即垄断厂商根据消费者对每一单位商品所愿意支付的最高价格来出售商品，且假定产量和价格的变化是连续的，那么，我们可以发现，在产量小于 Q_m 的范围内，消费者为每一单位产品所愿意支付的最高价格（由 d 曲线得到）均大于原先的垄断价格 P_m，所以，厂商在产量 Q_m 的范围内实行完全价格歧视是有利的。在产量达到 Q_m 以后，消费者为每一单位产品所愿意支付的最高价格（由 d 曲线得到）仍均大于 MC，所以，厂商继续

① 要注意区分差别定价和价格歧视。如果同一种产品由于成本不同而以不同的价格出售，则属于差别定价的做法，而不是价格歧视。严格地说，价格歧视要求所出售的同种产品具有相同的成本。

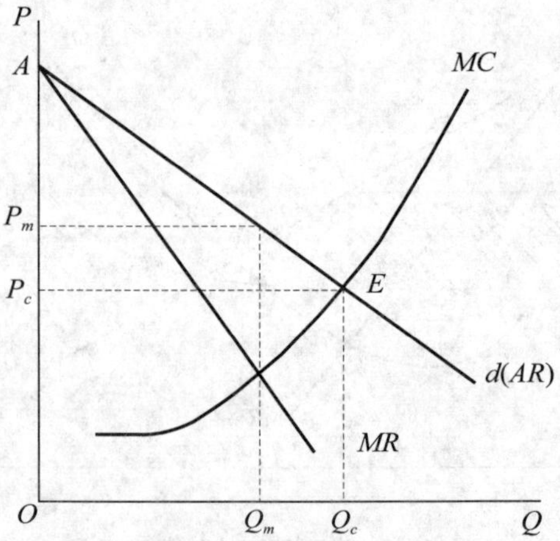

图 7—6　无价格歧视与完全价格歧视的比较

增加产量还是有利的。于是，在完全价格歧视的前提下，垄断厂商有动力将产量由 Q_m 再增加到 Q_c，在 Q_c 产量水平上有 d 曲线与 MC 曲线相交，即达到 $P=MC$ 为止。垄断厂商也由此获得了将产量增加到 Q_c 的全部好处。因此，当垄断厂商实行完全价格歧视时，垄断厂商的销售量不再是原先的 Q_m，而是 Q_c。

在垄断厂商实行完全价格歧视时所达到的销售量 Q_c 水平上，我们可以发现什么呢？

首先，在实行完全价格歧视时的销售量 Q_c 水平上，垄断厂商总收益相当于 $OAEQ_c$ 的矩形面积，它包含了原本应该属于消费者的剩余（即相当于图中的 $\triangle P_cAE$ 的面积）。显然，实行完全价格歧视的垄断厂商剥夺了全部的消费者剩余，并将其转化为自己的收益（或利润）。

此外，我们还可以发现，在实行完全价格歧视时的销售量 Q_c 水平上，垄断厂商实现了 $P=MC$。我们知道，只有在完全竞争厂商的均衡时才能实现 $P=MC$ 的资源配置有效条件，然而，实行完全价格歧视的垄断厂商也做到了这一点。这说明实行完全价格歧视的垄断厂商最后一单位商品的售价 P_c 和所达到的产量 Q_c，竟然等于完全竞争厂商的均衡价格和均衡产量。因此，仅从这个意义上说，垄断厂商实行完全价格歧视下的资源配置是有效率的。之所以会产生这一效果，是因为如前所述，与无价格歧视的情况相比较，垄断厂商实行完全价格歧视时为了追逐更大的利润，必然会将销售量由原先的 Q_m 增加到 Q_c，从而在客观上使得更多的资源进入到原先资源稀缺的垄断行业，以至于最后在边际价格上实现了 $P=MC$。①

最后，需要指出的是，通过本章对垄断厂商短期和长期均衡的分析，可以得到的结论是，垄断市场总是表现出产品的高价格和低产量特征，并且垄断厂商长期获取高额的垄断利润。一般认为，垄断行业的资源配置是无效率的，或者说，垄断导致了市场失灵。关于对垄断管制的讨论，请见本书第十章“市场失灵和微观经济政策”的相关内容。

---

① 在此介绍了垄断厂商的完全价格歧视（亦称为一级价格歧视），关于垄断厂商价格歧视的其他一些做法，感兴趣的读者可以参见高鸿业主编：《西方经济学（微观部分·第六版）（专栏案例版）》，211～214 页，北京，中国人民大学出版社，2015。

第二节 垄断竞争

一、垄断竞争市场的条件

完全竞争市场和垄断市场是理论分析中的两种极端的市场组织。在现实经济生活中，通常存在的是垄断竞争市场和寡头市场。其中，垄断竞争市场与完全竞争市场比较接近。

垄断竞争市场是这样一种市场组织，一个市场中有许多厂商生产和销售有差别的同种产品。根据垄断竞争市场的这一基本特征，西方经济学家提出了生产集团的概念。因为在完全竞争市场和垄断市场条件下，行业的含义是很明确的，它是指生产同一种无差别的产品的厂商的总和。而在垄断竞争市场，产品差别这一重要特点使得上述意义上的行业不存在。为此，在垄断竞争市场理论中，**把市场上大量的生产非常接近的同种产品的厂商的总和称作生产集团。**例如，汽车加油站集团、快餐食品集团、美发美容集团等。

具体地说，垄断竞争市场的条件主要有以下两点：

第一，在生产集团中有大量的企业生产有差别的同种产品，这些产品彼此之间都是非常接近的替代品。例如，牛肉方便面和鸡肉方便面是有差别的同种产品（方便面），二者具有较密切的替代性。

在这里，产品差别不仅指同一种产品在质量、构造、外观、销售服务条件等方面的差别，还包括商标、广告方面的差别和以消费者的想象为基础的任何虚构的差别。例如，虽然在两家不同饭馆出售的同一种菜肴，如清蒸鱼，实际上并没有差别，然而，在消费者的心理上却认为一家饭馆的清蒸鱼比另一家鲜美许多，即存在着虚构的产品差别。

一方面，由于市场上的产品之间存在着差别，或者说，由于带有自身特点的产品都是唯一的，因此，每个厂商对自己的产品的价格都具有一定的垄断力量，从而使得市场中带有垄断的因素。一般说来，产品的差别越大，厂商的垄断程度也就越高。另一方面，由于有差别的产品相互之间又是很相似的替代品，或者说，每一种产品都会遇到大量的其他相似产品的竞争，因此，市场中又具有竞争的因素。如此，便构成了垄断因素和竞争因素并存的垄断竞争市场的基本特征。例如，不同品牌的香烟、饮料和方便面等等。

第二，厂商的生产规模比较小，因此，进入和退出一个生产集团比较容易。

在现实生活中，垄断竞争的市场组织在商品零售领域和服务领域中是很普遍的。例如，轻工业、修理业、糖果零售业、美发美容业等。

在垄断竞争生产集团中，各个厂商的产品是有差别的，厂商们相互之间的成本曲线和需求曲线未必相同。但是在垄断竞争市场模型中，西方学者总是假定生产集团内的所有厂商都具有相同的成本曲线和需求曲线，并以**代表性企业**进行分析。这一假定能使分析得以简化，而又不影响结论的实质。

二、垄断竞争厂商的需求曲线

由于垄断竞争厂商可以在一定程度上控制自己产品的价格，即通过改变自己所生产的有差别的产品的销售量来影响产品的价格，所以，如同垄断厂商一样，垄断竞争厂商所面临的需求曲线也是向右下方倾斜的。所不同的是，由于各垄断竞争厂商的产品相互之间都是很接近的替代品，市场中的竞争因素又使得垄断竞争厂商的需求曲线具有较大的弹性，因此，**垄断竞争厂商向右下方倾斜的需求曲线是比较平坦的，相对地比较接近完全竞争厂商的水平形状的需求曲线。**

垄断竞争厂商的需求曲线及其相应的平均收益曲线、边际收益曲线如图 7—7 所示。在图中，d 曲线为垄断竞争厂商的需求曲线，它向右下方倾斜，且比较平坦；该线也表示平均收益 AR 曲线。边际收益 MR 曲线也向右下方倾斜，且位于 d 曲线的下方。由于 d 曲线是线性的，故 MR 曲线和 d 曲线的纵截距相同，MR 曲线的斜率是 d 曲线的两倍。①

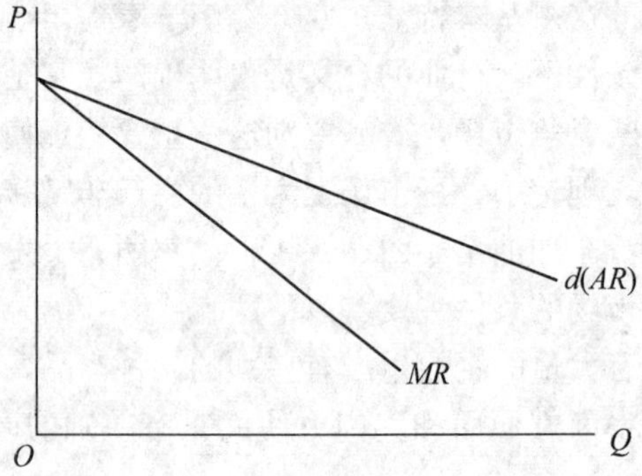

图 7—7　垄断竞争厂商的需求曲线和收益曲线

三、垄断竞争厂商的短期均衡

西方经济学家通常以垄断竞争生产集团内的代表性企业来分析垄断竞争厂商的短期均衡和长期均衡。以下分析中的垄断竞争厂商均指代表性企业。

在短期内，垄断竞争厂商是在既定的生产规模下通过对产量和价格的调整，来实现$MR=SMC$ 的均衡条件的。垄断竞争厂商在实现短期均衡时，可能获得利润，可能收支平衡，也可能亏损；倘若亏损的话，则垄断竞争厂商要面临是否继续生产的决策。下面利用图 7—8来分析垄断竞争厂商短期均衡的两种代表性情况：一种情况是获得利润，另一种情况是亏损。

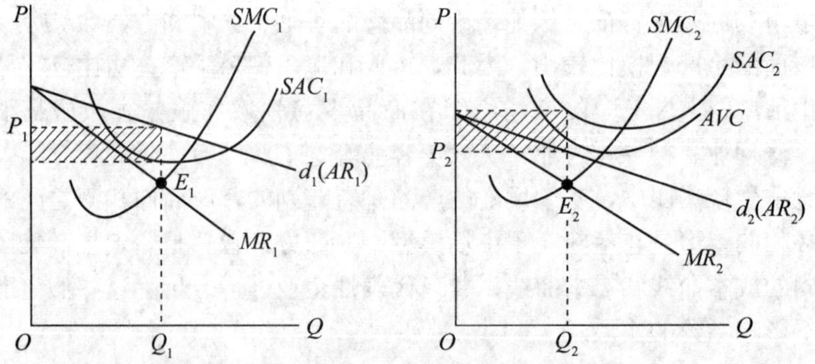

（a）获得利润　　　　（b）亏损

图 7—8　垄断竞争厂商的短期均衡

---

① 请参阅本章第一节有关垄断厂商的需求曲线和收益曲线的内容。

在图7—8（a）、（b）两张分图中，SAC 曲线和 SMC 曲线均表示给定的生产规模，d 曲线和 MR 曲线均分别表示垄断竞争厂商的需求曲线和边际收益曲线，垄断竞争厂商均根据 $MR=SMC$ 实现了短期均衡。这两张分图明显不同的是：在图（a）中，垄断竞争厂商由均衡点 E_1 决定的产量 Q_1 和价格 P_1 给厂商带来了最大的利润，其利润量相当于阴影部分的面积。而在图（b）中，垄断竞争厂商由均衡点 E_2 决定的产量 Q_2 和价格 P_2 却使厂商蒙受了最小的亏损，其亏损量相当于阴影部分的面积。前者是获得利润的情况，其原因可能是厂商的生产成本较低，或者市场需求较大。相反，后者是亏损的情况，其原因则可能是厂商的生产成本较高，或者市场需求较小。

需要注意的是，在短期亏损的情况下，厂商必须作出是否继续生产的决策。在图（b）中，由于在短期均衡产量 Q_2 时，平均收益 AR 小于平均可变成本 AVC，所以，厂商必须停产。倘若厂商在这种情况下还继续生产，那么，其所得收益连可变成本都无法全部补偿，就更谈不上对固定成本的补偿了，显然，此时不生产比生产强。

总之，垄断竞争厂商短期均衡的条件是：

$$MR=SMC \tag{7.8}$$

在短期均衡时，垄断竞争厂商可能获得最大利润，可能利润为零，也可能蒙受最小亏损。

四、垄断竞争厂商的长期均衡

在长期内，垄断竞争厂商根据利润最大化的原则 $MR=LMC$ 作出生产决策。**由于垄断竞争厂商在长期内可以较自由地加入或退出生产集团，因此便意味着垄断竞争厂商长期均衡时利润必定为零。**这也就是说，在垄断竞争厂商的长期均衡产量上，d 需求曲线必定与 LAC 曲线相切。关于垄断竞争厂商长期均衡的形成过程，可以利用图7—9和图7—10具体分析。

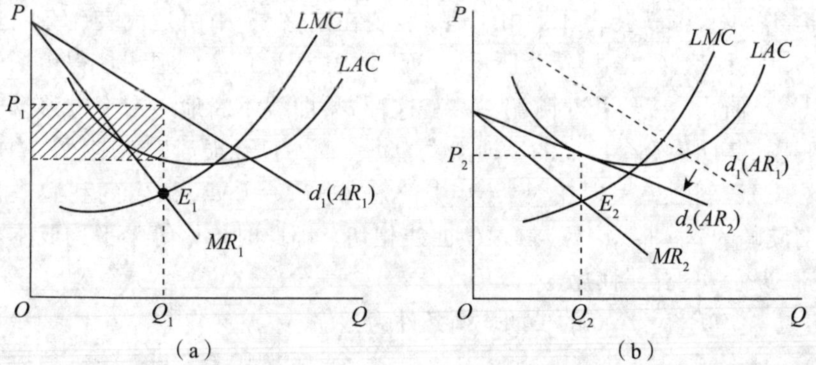

图7—9　垄断竞争厂商的长期均衡（一）

先分析图7—9。在图（a）中，代表性垄断竞争厂商根据利润最大化原则 $MR=LMC$ 选择的产量和价格分别为 Q_1 和 P_1，并由此获得了最大的利润，其利润量相当于图中阴影部分的面积。由于生产集团内单个厂商能够获得利润，因此会吸引新的厂商加入到该生产集团中来。随着生产集团内企业数量的增加，在市场需求规模不变的条件下，每个企业所面临的市场需求份额就会减少；相应地，表现在图（b）中便是代表性垄断竞争厂商的 d_1 曲线向左下方移动（如图中箭头所示）。而且，由于新厂商的加入使得市场的竞争程度加大，所以，d 曲线会变得更平坦一些。这种 d_1 曲线不断地向左下方移动的过程，要一直持续到生产集团内每个厂商的利润消失为止。而一旦利润消失，则新厂商加入也就停止了。这一过程的结果表现在图（b）中便是在 $MR=LMC$ 决定的利润最大化的产量 Q_2 上，相对平坦的 d_2 曲线恰好与 LAC 曲线相切，即此时价格等于平均成本，厂商的利润刚好为零，从而实现长期均衡。

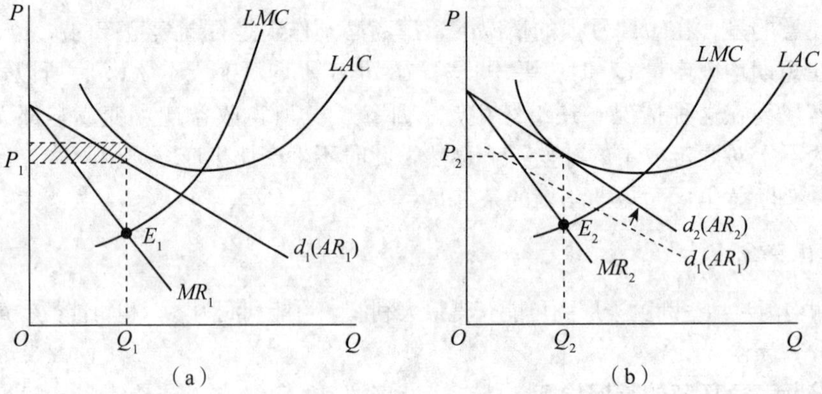

图 7—10　垄断竞争厂商的长期均衡（二）

类似地，再分析图 7—10。在图（a）中，代表性垄断竞争厂商根据利润最大化原则 $MR=LMC$ 选择的产量和价格分别为 Q_1 和 P_1，此时厂商处于最小亏损，其亏损量相当于图中阴影部分的面积。由于生产集团内单个厂商的生产是亏损的，因此原有厂商的一部分会退出生产。随着生产集团内企业数量的减少，在市场需求规模不变的条件下，每个企业所面临的市场需求份额就会增加；相应地，表现在图（b）中便是代表性垄断竞争厂商的 d_1 曲线向右上方移动（如图中箭头所示）。而且，由于原厂商的退出使得市场的竞争程度减弱，所以，d 曲线会变得相对陡峭一些。这种 d_1 曲线不断地向右上方移动的过程，要一直持续到生产集团内每个厂商的亏损消失为止。而一旦亏损消失，则原厂商的退出也就停止了。这一过程的结果表现在图（b）中便是在 $MR=LMC$ 决定的利润最大化的产量 Q_2 上，相对陡峭的 d_2 曲线恰好与 LAC 曲线相切，即此时价格等于平均成本，厂商的利润刚好为零，从而实现长期均衡。

总而言之，垄断竞争厂商的长期均衡条件为：

$$MR=LMC \tag{7.9}$$

$$AR=LAC \tag{7.10}$$

在长期均衡产量上，垄断竞争厂商的利润为零。

五、垄断竞争厂商的供给曲线

在垄断竞争市场上，不存在具有规律性的供给曲线。其原因如同在上一节已经指出的那样，在厂商所面临的需求曲线向右下方倾斜的情况下，厂商的产量和价格之间不存在一一对应的关系，因此，找不到垄断竞争厂商和生产集团的具有规律性的供给曲线。

六、非价格竞争

在垄断竞争市场上，厂商之间既存在价格竞争，也存在非价格竞争。就价格竞争而言，它虽然能使一部分厂商得到好处，但从长期看，价格竞争会导致产品价格持续下降，最终使厂商的利润消失。因此，非价格竞争便成为垄断竞争厂商普遍采取的另一种竞争方式。

在垄断竞争市场上，由于每一个厂商生产的产品都是有差别的，所以，垄断竞争厂商往往通过改进自己产品的品质、精心设计商标和包装、改善售后服务以及广告宣传等手段，来扩大自己产品的市场销售份额，这就是非价格竞争。在完全竞争市场，由于每一个厂商生产的产品都是完全同质的，所以，厂商之间不可能存在非价格竞争。

垄断竞争厂商进行非价格竞争，仍然是为了获得最大的利润。进行非价格竞争是需要花费成本的。例如，改进产品性能会增加生产成本，增设售后服务网点需要增加投入，广告宣传的费用也是相当可观的。厂商进行非价格竞争所花费的总成本必须小于由此所增加的总收益，否则，厂商是不会进行非价格竞争的。很显然，边际收益等于边际成本的利润最大化原则，对于非价格竞争仍然是适用的。

经济学家对于非价格竞争的评价是不尽相同的。有的经济学家认为，非价格竞争作为厂商之间相互竞争的一种形式，它强化了市场的竞争程度，并且，非价格竞争的一些具体做法，客观上也满足了消费者的某些需要。也有一部分经济学家认为，非价格竞争增加了消费者对某些产品的依赖程度，从而使得厂商加强了对自己产品的垄断程度。

尤其，关于广告的作用这一问题，更是引起了经济学家的广泛关注。一般说来，经济学家认为，广告可以分为信息性广告和劝说性广告这两类。就信息性广告而言，它提供了关于商品的比较充分的信息，有利于消费者作出最佳的购买决策，且节约了消费者的信息搜寻成本。而且，信息性广告之间的产品相互竞争，有利于经济资源的合理配置。相反，劝说性广告却很少能提供对消费者来说真正有用的信息。尽管劝说性广告也会增加厂商的销售量，但被诱导的消费者往往并不能够购买到自己实际上需要且真正满意的商品。在现实生活中，每一个广告宣传往往既带有提供信息的成分，又同时带有劝说的成分。正因为如此，在评价广告的作用时要进行具体的分析。

第三节　寡　头

一、寡头市场的特征

寡头市场又称为寡头垄断市场。它是指少数几家厂商控制整个市场的产品生产和销售的这样一种市场组织。寡头市场被认为是一种较为普遍的市场组织。西方国家中不少行业都表现出寡头垄断的特点，例如，美国的汽车业、电气设备业、罐头行业等，都被少数几家企业所控制。

形成寡头市场的主要原因可以有：某些产品的生产必须在相当大的生产规模上运行才

能达到最好的经济效益；行业中少数几家企业对生产所需的基本生产资源供给的控制；政府的扶植和支持等等。由此可见，寡头市场的成因和垄断市场是很相似的，只是在程度上有所差别而已。寡头市场是比较接近垄断市场的一种市场组织。

寡头行业可按不同方式分类。根据产品特征，可以分为纯粹寡头行业和差别寡头行业两类。在纯粹寡头行业中，厂商之间生产的产品没有差别。例如，可以将钢铁、水泥等行业看成是纯粹寡头行业。在差别寡头行业中，厂商之间生产的产品是有差别的。例如可以将汽车、冰箱等行业看成是差别寡头行业。此外，寡头行业还可按厂商的行动方式，区分为有勾结行为的（即合作的）和独立行动的（即不合作的）不同类型。

寡头厂商的价格和产量决定是一个很复杂的问题。其主要原因在于：在寡头市场上，每个厂商的产量都在全行业的总产量中占一个较大的份额，从而每个厂商的产量和价格变动都会对其他竞争对手以至整个行业的产量和价格产生举足轻重的影响。正因为如此，每个寡头厂商在采取某项行动之前，必须首先推测或掌握自己这一行动对其他厂商的影响以及其他厂商可能作出的反应，然后，才能在考虑到这些反应方式的前提下采取最有利于自己的行动。所以，每个寡头厂商的利润都要受到行业中所有厂商的决策的相互作用的影响。为了理解寡头市场上为数不多的厂商行为之间相互影响的复杂关系及其结果，博弈论的引入是很有必要的。博弈论有助于分析每一个寡头厂商在考虑到其他寡头厂商策略选择时自己的策略选择以及寡头之间博弈的结果。

二、关于博弈论的几个基本概念

博弈论，也称对策论，是描述和研究行为者之间策略相互依存和相互作用的一种决策理论。博弈论被应用于政治、外交、军事、经济等研究领域。自 20 世纪 80 年代以来，博弈论在经济学中得到了更广泛的运用，它对寡头理论、信息经济学等方面的发展作出了重要的贡献。博弈论的应用被认为是微观经济学的重要发展。在本节，我们将先介绍博弈论的一些基本概念，然后，将从博弈论的视角，进一步具体分析寡头市场上普遍存在的合谋及其不稳定等问题。

1. 博弈的基本要素

任何一个博弈都有三个基本要素：参与者、策略和支付。在每一个博弈中，至少有两个参与者，每一个参与者都有一组可选择的策略。当博弈结束时，每个参与者都得到各自的报酬，即各自得到一笔支付，其支付可以为正，也可以为零，或为负。每一个参与者所得到的支付都是所有参与者各自所选择的策略共同作用的结果。

我们可以用一个**支付矩阵**（也称报酬矩阵）来描述博弈的三个基本要素，并运用它来分析一个简单的寡头博弈。假定某寡头市场上有甲、乙两个厂商（即两个参与者），每个厂商都有两个可选择的策略，这两个策略都是合作与不合作。其支付矩阵如图 7—11 所示。在图中，甲的两个策略合作与不合作写在左边，乙的两个策略合作与不合作写在上边。图中的每一格表示对应于甲、乙的一个策略组合的一个支付组合，每格中的第一

		乙：合 作		乙：不合作	
甲	合 作	10	10	6	12
甲	不合作	12	6	8	8

图 7—11 占优策略均衡

个数字表示甲所得到的支付，第二个数字表示乙所得到的支付。例如，图中的第一格表示当甲采取合作策略，乙也采取合作策略时，甲所得到的支付是10，乙所得到的支付也是10。

那么，在图中所描述的四种可能的策略组合中，甲、乙双方博弈的最终结局是什么呢？在此，我们需要引入占优策略均衡和纳什均衡这两个概念。

2. 博弈均衡的基本概念

为了研究博弈的最终结局，或者说，为了分析博弈最后达到的均衡状态，西方经济学家提出了博弈均衡的概念，博弈均衡的两个基本概念是占优策略均衡和纳什均衡。

(1) 占优策略均衡。

仍以图7—11来说明占优策略均衡的概念。我们先来分析甲参与者的策略选择。可以想象，甲参与者会这样考虑：如果乙选择合作策略，甲若选择合作策略，可得10；甲若选择不合作策略，可得12。于是，甲肯定选择不合作策略（因为12>10）。如果乙选择不合作策略，甲若选择合作策略，可得6；甲若选择不合作策略，可得8。于是，甲肯定会选择不合作策略（因为8>6）。很清楚，不管乙采取合作策略还是不合作策略，甲都会采取不合作策略。于是，我们说，不合作策略就是甲的占优策略。我们再来分析乙参与者的策略选择。显然，类似的分析对于乙也是适用的。因为，不管甲选择合作策略还是不合作策略，乙都肯定会选择不合作策略，所以，不合作策略也是乙的占优策略。更一般地，我们给出占优策略的定义：**无论其他参与者采取什么策略，某参与者的唯一的最优策略就是他的占优策略。**也就是说，如果某一个参与者具有占优策略，那么，无论其他参与者选择什么策略，该参与者确信自己所选择的唯一策略都是最优的。

博弈均衡指博弈中的所有参与者都不想改变自己的策略的这样一种相对静止的状态。显然，在我们分析的例子中，（不合作，不合作）这一对策略组合（前者表示甲选择的策略，后者表示乙选择的策略）下的博弈状态，就是一种均衡状态。此时，任何一方都没有激励去偏离各自的不合作策略。由于在均衡时甲、乙双方选择的都是自己的占优策略（即不合作），所以，该博弈均衡又被称为占优策略均衡。一般地说，**由博弈中的所有参与者的占优策略组合所构成的均衡就是占优策略均衡。**

我们可以在支付矩阵图中用画横线的方法来寻找占优策略均衡。具体做法如下：先看甲的策略选择：当乙采取合作策略时，甲会选择不合作策略，得支付12，则我们在支付12下画一横线。当乙采取不合作策略时，甲仍会选择不合作策略，得支付8，则我们在支付8下画一横线。类似地，再看乙的策略选择：甲选择合作或不合作策略时，乙都会选择不合作策略，则我们分别在相应的乙的支付12和支付8下各画一条横线。最后，矩阵图中唯一的两个数字都被画上横线的那一格支付组合（8，8）所对应的策略组合（不合作，不合作）就是该博弈的占优策略均衡。

(2) 纳什均衡。

在一个博弈中，如果每一个参与者都具有占优策略，那么，该博弈就一定存在占优策略均衡。但是需要指出的是，占优策略均衡是一个很强的博弈均衡概念。实际上，在有的博弈中，并不存在占优策略，但是仍可以达到博弈均衡。用图7—12来说明这一点。图中的支付矩阵表示甲有两个策略：上和下，分别表示为U和D；乙有两个策略：左和右，分别表示为L和R。对于甲的策略选择而言，当乙选择L时，甲会选择U（因为7>6）；当

乙选择 R 时，甲会选择 D（因为 8>3）。显然，甲没有占优策略，甲的最优策略会随乙的策略的变化而变化。类似地，对于乙的策略选择而言，当甲选择 U 时，乙会选择 L（因为 10>5）；当甲选择 D 时，乙会选择 R（因为 9>8）。同样，乙也没有占优策略，乙的最优策略也会随甲的策略的变化而变化。尽管如此，我们仍可注意到，在以上的博弈过程中，对于（U，L）策略组合而言，只要甲选择了 U，乙就不会改变对 L 的选择；同样，只要乙选择了 L，甲也不会改变对 U 的选择。从这个意义上讲，策略组合（U，L）达到了一种均衡状况。由此，我们给出纳什均衡的定义：**在一个纳什均衡里，任何一个参与者都不会改变自己的最优策略，如果其他参与者均不改变各自的最优策略。**

		乙	
		L	R
甲	U	7　10	3　5
	D	6　8	8　9

图 7—12　纳什均衡

根据纳什均衡的定义，图 7—12 博弈中的（U，L）和（D，R）这两对策略组合都是纳什均衡。[①] 而另外两对策略组合（D，L）和（U，R）都不是纳什均衡。因为，以（D，L）的策略组合而言，当甲选择 D 时，乙就会改变策略，选择 R 而不是 L。所以，（D，L）策略组合不是均衡的。

由此可见，占优策略均衡是比纳什均衡更强的一个博弈均衡概念。占优策略均衡要求任何一个参与者对于其他参与者的任何策略选择来说，其最优策略都是唯一的。而纳什均衡只要求任何一个参与者在其他参与者的最优策略选择给定的条件下，其选择的策略也是最优的。所以，占优策略均衡一定是纳什均衡，而纳什均衡不一定就是占优策略均衡。在我们前面分析的例子中，图 7—11 的博弈均衡既是占优策略均衡，同时又是纳什均衡。图 7—12 中两组均衡的策略组合都是纳什均衡，但都不是占优策略均衡。

三、寡头厂商的共谋及其特征

在寡头市场上只有为数很少的几家厂商，因此，每个厂商的行为对市场的影响都是举足轻重的。每个厂商为了获得更大的市场份额，往往会采取降低价格的竞争手段。但是，在某一个厂商首先采取降价的竞争手段后，其他厂商也会采取相应的降价手段作为回应或报复，以保住甚至扩大自己原有的市场份额。于是，在经过寡头厂商们相互之间的这种轮番降价的竞争过程后，市场的价格通常会降到一个很低的水平，而每个寡头厂商都会遭受惨重的损失，或者说，最终形成一种类似“两败俱伤”的局面。面对这种由于竞相削价的恶性竞争而造成损失的结局，寡头厂商们自然都会意识到与其相互激烈地进行价格竞争而招致惨重的损失，还不如相互之间达成协议使价格维持在一个较高的水平上，这样，每个厂商都可以在一个稳定的高价格水平上得到各自的经济利益，从而避免由价格竞争所带来的损失。这便是在寡头市场上共谋（或合作）现象普遍存在的原因。事实上，在西方经济社会中，寡头市场上大量的卡特尔组织和其他的一些共谋（或合作）组织的存在，就很好地说明了这一点。

---

① 在图 7—11 的博弈中用画横线寻找占优策略均衡的做法，对于寻找博弈的纳什均衡也是适用的。在图 7—12 的博弈中，我们用相同的方法找到了两个纳什均衡的策略组合（U，L）和（D，R）。

同时，必须清醒地认识到，尽管寡头市场上的共谋现象是很普遍的，但是，寡头厂商们之间的共谋却是很脆弱的。在寡头厂商们之间为了各自的利益达成共谋协议之后，这种合作协议随时都有可能被破坏。于是，由此产生的问题是：为什么合作的协议经常会被破坏？如何避免这种合作不稳定的现象？这些问题引起了西方经济学家的广泛关注。下面我们将对这些问题展开讨论。

为了解释寡头市场上合作的不稳定性特征，我们将先介绍博弈论中的一个经典的博弈模型“囚犯困境”，然后，我们再把囚犯困境的博弈模型及其体现的思想扩展运用到寡头市场的共谋问题中去，以解释共谋的不稳定性，并进一步提出解决这一问题的策略。

1. 囚犯困境的博弈

囚犯困境博弈模型的假设条件是：甲、乙两个合谋偷窃的嫌疑犯被警方抓获，但警方关于他们偷窃的证据并不充分。他们每一个人都被单独囚禁，并被单独审讯，即双方无法互通信息。警方向这两个嫌疑犯交待的量刑原则是：如果一方坦白，另一方不坦白，则坦白者从宽处理，判刑 1 年；不坦白者从重处理，判刑 7 年。如果两人都坦白，则每人都各判刑 5 年。如果两个都不坦白，则警方由于证据不足，只能对每个人各判刑 2 年。图 7—13 的支付矩阵描述了这一博弈的基本要素。图中的支付均为负数，以表示判刑的年数。

在警方交待了量刑原则以后，如图 7—13 所示，甲、乙各自都有两个策略：坦白和不坦白。他们需要作出的决策是：为了自己的利益，每个人应该选择坦白策略，还是选择不坦白策略。于是，两个囚犯之间的博弈便开始了。

		乙 坦白	乙 不坦白
甲	坦白	−5　−5	−1　−7
甲	不坦白	−7　−1	−2　−2

图 7—13　囚犯困境

这两个囚犯之间的博弈过程如下：先考虑囚犯甲的策略选择。囚犯甲要决定自己的选择，他必须先考虑囚犯乙的选择，即囚犯甲是在考虑了囚犯乙的策略选择的前提下来决定自己的策略选择的。那么，囚犯甲是这样思考的：根据已知的支付矩阵（即图 7—13），如果囚犯乙选择坦白，则囚犯甲选择坦白，会判 5 年；选择不坦白，会判 7 年。于是，在囚犯乙坦白的前提下，囚犯甲会选择坦白(因为 $5<7$)。如果囚犯乙选择不坦白，则囚犯甲选择坦白，会判 1 年；选择不坦白，会判 2 年。于是，在囚犯乙不坦白的前提下，囚犯甲仍会选择坦白（因为 $1<2$）。很清楚，无论囚犯乙选择的策略是坦白还是不坦白，囚犯甲都会选择坦白这一策略。也就是说，囚犯甲有一个占优策略即坦白。

按照与以上相类似的思路，当分析囚犯乙的策略选择时，也会得到类似的结论（具体分析从略）：无论囚犯甲选择的策略是坦白还是不坦白，囚犯乙都会选择坦白这一策略。也就是说，囚犯乙也有一个占优策略，这个占优策略也是坦白。

于是，我们得到的结论是：博弈双方都有一个占优策略，它们都是坦白。这就是说，囚犯困境的博弈有一个占优策略均衡（坦白，坦白）。在我们得到这个占优策略均衡之后，再回过头来仔细分析一下图 7—13 的支付矩阵，我们会发现：如果两人都是选择不坦白，则都可以获得最好的结局（−2，−2）。但由于他们之间不能互通信息，所以每一方都担心由于对方坦白而自己不坦白从而遭受重判（即坦白方判 1 年，不坦白方判 7 年）。在这种情况下，每个囚犯根据自己的利益考虑，最后的理性选择都是坦白。显然，（坦白，坦白）是囚犯困境博弈模型的一个必然的均衡结果，而且是一个很强的占优策略均衡。

下面，我们将囚犯困境的博弈模型扩展运用到寡头市场上，以解释寡头市场上合作的不稳定性及其相关的问题。

2. 囚犯困境博弈的扩展应用：寡头厂商合作的不稳定性

让我们再回到图 7—11 中的两个寡头之间的博弈的例子。从对该博弈中的四个可能的策略组合及其相应的支付组合的分析中，我们可以得到以下启发。首先，很清楚，（合作，合作）的策略组合要优于（不合作，不合作）的策略组合。这表明甲、乙两个寡头勾结起来，达成合作协议，共同谋求总支付最大化（总支付为 20，每个寡头得 10），就可以避免由双方都采取不合作策略和相互竞争所造成的两败俱伤的局面（总支付仅为 16，每个寡头仅得 8）。正因为如此，实际上，在寡头市场上，厂商之间经常会达成合作协议，譬如成立合作性质的卡特尔组织，共谋整体利益最大化，且每个成员也均得到好处。

然而，我们又会进一步地发现，在（合作，合作）策略组合的前提下，如果有一方坚持合作策略，而另一方采取不合作策略，则对于采取不合作策略的参与者来说，就可以由此获得更多的支付（因为 12＞10）。这意味着在寡头市场上厂商们在达成合作协议以后，每一个寡头都有强烈的利己动机去背离协议，以获得自身的更大利益。由于达成协议的每一个参与者都会这样想和这样行动，最后的结局将是（合作，合作）的策略组合让位于（不合作，不合作）的策略组合，即（不合作，不合作）的策略组合是均衡的，而且是占优策略均衡。也正因为如此，寡头们之间所达成的合作协议如卡特尔协议往往是不稳定的。况且，在不少地方，卡特尔组织是非法的，它不可能利用法律手段来制约和惩罚违约成员，这就更加深了卡特尔组织的不稳定性。

更重要的是，从每个厂商的个人理性出发所达到的占优策略均衡（不合作，不合作）的结果（8，8），要差于它们团体共谋即策略组合（合作，合作）的结果（10，10）。在这里体现了个人理性和团体理性的冲突，构成了对传统的微观经济学的“看不见的手”原理的挑战。因为，根据“看不见的手”原理，在市场机制的作用下，理性的个人在追求自己利益的过程中，会同时增进社会的整体利益。或者说，“看不见的手”原理揭示的经济思想是：在市场机制的作用下，个人理性和团体理性是一致的。而在寡头市场上，寡头们却陷入了类似“囚犯困境”的结局，即个人理性和团体理性往往是冲突的。为了解决这一问题，西方经济学家引入了重复博弈的概念，以走出“囚犯困境”。

3. 走出囚犯困境：重复博弈

前面所分析的博弈都是一次性的，即每个参与者只有一次策略选择，而且，在每一个参与者选择自己的策略时，他并不知道其他竞争对手的选择。在这种一次性的博弈中，一旦每个参与者的策略选定，整个博弈的均衡结局也就确定了，每个参与者都不可能再对博弈的过程和结果施加什么影响。这类博弈被称为静态博弈。与静态博弈相对应的是动态博弈。动态博弈是一种反复进行的博弈。重复博弈是动态博弈的一种特殊情况。在重复博弈中，结构相同的博弈被重复多次。

在一次性静态博弈的情况下，寡头市场上结成共谋的每个寡头都面临着囚犯困境：每个寡头出自个人理性的占优策略选择却导致了从整体而言的最坏结局，即在占优策略均衡中不仅总体利益下降，而且个人利益也是下降的。此处需要特别指出的是，在一次性博弈中，任何厂商的违约和欺骗行为都不会受到惩罚。因为，在每个厂商完成一次性的策略选择（包括违约和欺骗的策略选择）以后，整个博弈也就永远地结束了，即没有后续的博弈来对已经发生的违约和欺骗行为进行惩罚。正因为如此，寡头厂商之间共谋的不稳定性是不可避免的，或者说，一次性博弈的囚犯困境的不合作解是必然的。

然而，在重复博弈中，以上情况就会得到改变。在分析重复博弈时，我们首先要增加一个假定条件，该假定条件是：结成合作同盟的寡头厂商都采取一种触发策略。该策略的内容是：所有的成员一开始是合作的；对于每一个成员来说，只要其他成员是合作的，他就会把合作继续下去，但只要有一个成员背弃合作协议采取不合作的策略，就会立即触发其他成员采取惩罚和报复策略，即其他成员都会采取相同的不合作策略，并将这种不合作的策略在重复博弈中一直进行下去，以示对首先破坏协议者的惩罚和报复。

下面我们具体分析在施加了触发策略假设条件下的寡头厂商们之间的重复博弈过程及其结果。① 首先我们来分析无限期（次）重复博弈。所谓无限期（次）重复博弈是指相同结构的博弈可以无限次地重复进行下去。在无限期重复博弈中，任何一个参与者只要在某一轮的博弈中采取了不合作的违约和欺骗行为，便会在下一轮的博弈中受到其他参与者的触发策略的惩罚与报复，即其他所有参与者都采取相同的不合作策略，并将不合作策略在以后的无限期重复博弈中永远进行下去。这样一来，首先采取违约和欺骗行为的一方就会永远丧失与他人合作的机会，并由此遭受长期的惨重损失。由于在无限期重复博弈中，对违约和欺骗方采取触发性的惩罚和报复机会总是存在的，所以，每一个参与者为了避免触发策略给自己带来的长期损失，就都会放弃首先采取不合作策略的做法，这样一来，寡头厂商们之间的合作解就会得以维持，或者说，寡头厂商们就可以走出所谓的“囚犯困境”。

我们可以继续使用图 7—11 来进一步说明无限次重复博弈的情况。对甲厂商而言，在触发策略的前提下，如果甲厂商始终采取遵守协议的合作策略，那么，甲厂商所得到的长期支付是 10＋10＋10＋…。如果甲厂商采取机会主义的行为，首先破坏协议而采取不合作策略，那么，甲厂商可以得到一次性的好处即支付为 12，然后，在以后的所有重复博弈中，由于受到对方采取不合作策略的报复，甲厂商以后每轮的支付均只有 8。也就是说，甲厂商为了获得一次性的好处即支付 12，而使得以后的长期支付由原来合作策略时的10＋10＋10＋…，下降为不合作策略时的 8＋8＋8＋…。这样一来，通过短期和长期所得支付的比较，任何一个寡头厂商都不会因为短期的一次性的好处而丧失长期的经济利益。于是，在具有触发策略的无限次重复博弈中，所有的寡头厂商都会遵守协议，采取合作的策略。

下面，再来分析有限次重复博弈的情况。在有限次重复博弈中，我们得不到以上无限次重复博弈的结论。假设博弈只重复有限的 5 次，并仍然保持触发策略假定。我们用逆推法来分析 5 次重复博弈的全过程。由于第 5 轮博弈是最后一轮博弈，以后不会再有重复博弈，因此第 5 轮博弈和一次性的静态博弈并没有什么两样。在第 5 轮采取的违约和欺骗行为是不可能被报复或受到惩罚的。于是，在第 5 轮博弈中每个寡头厂商出于理性而采取的

① 在下面引入触发策略的寡头重复博弈模型中，为了简化分析，略去了对贴现率的考虑。

占优策略就是选择不合作的违约行为或欺骗。逆推到第4轮，在第4轮每个参与者都知道在第5轮大家肯定都是不合作的，于是，每个参与者在第4轮就都会采取不合作的策略，因为反正第5轮大家肯定都是不合作的。如此等等，一直逆推到第1轮。也就是说，甚至在有限次重复博弈一开始的第1轮，每个参与者就都有可能采取不合作的策略。所以，在有限次重复博弈中，寡头厂商们的共谋是不稳定的，博弈的占优策略均衡解就是（不合作，不合作）。

分析到此，我们的结论是：在触发策略的前提下，对于无限期重复博弈而言，博弈的均衡解是（合作，合作）；而对于有限期重复博弈而言，博弈的均衡解是（不合作，不合作）。而在现实生活中，参与者之间的博弈总是有期限的，那么，这是否意味着寡头之间的长期合作总是不可能的呢？这一结论显然与现实生活中的现象相悖。其实，无限期重复博弈的主要特征是每一个参与者都不知道哪一期是最后一期，所以，欺骗或违约行为总会被报复的这一威胁使得每一个参与者都会把合作策略维持下去。换言之，在寡头博弈中，如果任何一个参与者都不能准确地知道哪一期是最末一期，那么，每一个参与者在任何一期都一定认为在后继期还要长久继续相互打交道，这就和无限期重复博弈没有什么差别。所以，在不能确定终止期的重复博弈的寡头厂商共谋模型或者囚犯困境模型中，合作解是可以存在的。

☞**专栏7—1**

石油价格和石油输出国组织

石油输出国组织（Organization of Petroleum Exporting Countries，OPEC）是一个重要的国际性组织，该组织的决策对世界石油市场的价格起着举足轻重的作用。该国际石油卡特尔的产量和价格决策行为在一定的意义上可以用寡头市场的理论来解释。

石油输出国组织，简称欧佩克，由发展中国家一些主要的石油生产与输出国于1960年9月14日成立，创始国有沙特阿拉伯、伊拉克、伊朗、委内瑞拉和科威特5国，后来加入的有利比亚、阿尔及利亚、厄瓜多尔、加蓬、印度尼西亚、尼日利亚等国，其成员国最多时达14个。该合作组织的主要宗旨是：协调和统一各成员国的石油政策以维护各成员国的经济利益；维护国际市场石油价格的稳定以确保各成员国获得稳定的收入；有计划地向石油消费国输出石油并使各成员国在石油业的投资中获得合理的收入。

欧佩克成员国的石油储存量约占世界总储存量的三分之二，它们的产量曾经占世界总产量的45%，出口量曾占世界总出口量的75%，所以，它们在世界石油市场上具有举足轻重的地位。在欧佩克成立之前，世界石油市场上的供给量和价格主要由西方石油财团控制。欧佩克成立以后，在实现石油资源国有化、取得原油定价权和控制石油生产等方面取得了成功，维护了欧佩克各成员国的经济利益。从20世纪70年代开始，在欧佩克成员国的共同努力下，通过削减各成员国的石油产量，成功地提高了石油价格，导致了世界石油市场的价格大幅度地成倍上升。当时的情况是：原油的标价由最初的约每桶1.8美元，上升到1974年初的约每桶11.65美元，到1981年底原油的标价竟高达约每桶34美元。欧佩克各成员国的合作行为给各成员国带来了巨大的经济利益，同时也震动了整个世界经济。石油在当时被称为“黑色的黄金”，飙升的石油价格对西方石油消费国的经济产生了巨大的冲击，导致了两次西方石油消费国所称的“石油危机”。为此，西方国家专门成立了国际组织机构来协调石油的生产与消费。

在欧佩克通过达成合作协议限制各成员国的产量和出口来提高石油价格的同时，另一种现象是值得注意的：由于高价出口石油会带来巨大的经济利益，所以，各成员国为了本国的经济利益，往往都会私下突破合作协议所规定的产量和出口的配额限制，从而给维持石油高价带来压力。到了 1983 年，也就是自大幅度提高石油价格之后 10 年，欧佩克便不得不面临石油价格的维持问题。到了 1993 年，石油的价格已经跌到每桶 15 美元以下。当然，石油价格下跌是由多种因素造成的，它包括国际石油市场供过于求、西方国家的节能以及欧佩克的石油产量和出口量在世界总产量和总出口量中所占比重不断下降所造成的欧佩克对世界石油市场控制力的削弱。但其中仍有一个重要因素是不可否认的，那就是欧佩克内部各成员国利益冲突所导致的分歧和矛盾，以及各成员国破坏了欧佩克所规定的生产限额的协议。在 1994 年欧佩克各成员国的石油部长的会晤中，伊朗等国严厉批评沙特阿拉伯，敦促沙特阿拉伯降低其巨大的产量。但沙特阿拉伯却拒绝这种要求，并声称其他的欧佩克成员国都在提高各自的产量，即使沙特阿拉伯降低产量也不会对世界市场的石油价格产生什么影响。由此可见，欧佩克达成的合作协议具有不稳定性。

至今，欧佩克仍然在世界石油市场中具有举足轻重的地位。2000 年 9 月 27 日欧佩克在委内瑞拉首都加拉加斯召开成立 40 年来的第二届各成员国首脑会议。会议呼吁加强欧佩克的团结，以维护石油价格和保证原油生产国的利益；强调要适应全球化的发展趋势，重振欧佩克这个多边合作的国际机构，使其在稳定世界石油市场和油价方面继续发挥重大的作用。

资料来源：高鸿业主编：《西方经济学（第五版）学习与教学手册》，4 页，北京，中国人民大学出版社，2011。

第四节　不同市场的比较

本节将对不同市场的经济效益进行比较。在此，高的经济效益表示对资源的充分利用或能以最有效的生产方式进行生产；低的经济效益表示对资源的利用不充分或没有以最有效的方式进行生产。不同市场组织下的经济效益是不相同的，市场组织的类型直接影响经济效益的高低。西方经济学家通过对不同市场条件下厂商的长期均衡状态的分析得出结论：完全竞争市场的经济效益最高①，垄断竞争市场较高，寡头市场较低，垄断市场最低。可见，市场的竞争程度越高，则经济效益越高；反之，市场的垄断程度越高，则经济效益越低。其具体分析如下。

在完全竞争市场条件下，厂商的需求曲线是一条水平线，而且，厂商的长期利润为零，所以，在完全竞争厂商的长期均衡时，水平的需求曲线相切于 LAC 曲线的最低点；产品的均衡价格最低，它等于最低的长期平均成本；产品的均衡产量最高。（关于完全竞争厂商的长期均衡可见图 6—10。）在不完全竞争市场条件下，厂商的需求曲线是向右下方

① 关于完全竞争市场的经济效率，本书第九章将进行更深入的分析。

倾斜的。厂商的垄断程度越高，需求曲线越陡峭；垄断程度越低，需求曲线越平坦。在垄断竞争市场上，厂商的长期均衡利润为零，所以，在垄断竞争厂商的长期均衡时，向右下方倾斜的、相对比较平坦的需求曲线相切于 LAC 曲线最低点的左边；产品的均衡价格比较低，它等于生产的平均成本；产品的均衡产量比较高。（关于垄断竞争厂商的长期均衡可见图 7—9 和图 7—10。）在垄断市场上，厂商在长期内获得利润，所以，在垄断厂商的长期均衡时，向右下方倾斜的、相对比较陡峭的需求曲线与 LAC 曲线相交；产品的均衡价格最高，且大于生产的平均成本；产品的均衡数量最低。（关于垄断厂商的长期均衡可见图 7—5。）设想，垄断厂商若肯放弃一些利润，价格就可以下降一些，产量就可以增加一些。在寡头市场上，没有统一的寡头厂商均衡模型。一般认为，寡头市场是与垄断市场比较接近的市场组织，在长期均衡时，寡头厂商的产品的均衡价格比较高，产品的均衡数量比较低。

除此之外，西方经济学家认为，一个行业内的厂商在长期均衡时是否实现了价格等于长期边际成本即 $P=LMC$，也是判断该行业是否实现了有效的资源配置的一个条件。商品的市场价格 P 通常被看成是商品的边际社会价值，商品的长期边际成本 LMC 通常被看成是商品的边际社会成本。当 $P=LMC$ 时，商品的边际社会价值等于商品的边际社会成本，它表示资源在该行业得到了有效的配置。倘若不是这样，当 $P>LMC$ 时，商品的边际社会价值大于商品的边际社会成本，它表示相对于该商品的需求而言，该商品的供给是不足的，应该有更多的资源转移到该商品的生产中来，以使这种商品的供给增加，价格下降，最后使该商品的边际社会价值等于商品的边际社会成本，这样，社会的境况就会变得好一些。

在完全竞争市场，在厂商的长期均衡点上有 $P=LMC$，它表明资源在该行业得到了有效的配置。在不完全竞争市场，在不同类型的厂商的长期均衡点上都有 $P>LMC$，它表示资源在这些非竞争行业生产中的配置是不足的。尤其是在垄断市场，独家厂商所维持的低产高价，往往使得资源配置不足的现象更为突出。

以上是西方经济学家在不同市场组织的经济效益比较问题上的基本观点。此外，西方经济学家对这一问题的研究还涉及以下几个方面。

关于垄断市场与技术进步的关系。有的西方经济学家认为，垄断厂商会阻碍技术进步。因为垄断厂商只要依靠自己的垄断力量就可以长期获得利润，所以，垄断厂商往往缺乏技术创新的动力，甚至为了防止潜在竞争对手的新技术和新产品对其垄断地位造成的威胁，还有可能通过各种方式去阻碍技术进步。但也有不少西方经济学家认为，垄断是有利于技术进步的。因为，一方面，垄断厂商利用高额利润所形成的雄厚技术实力和经济实力，使其有条件进行各种科学研究和重大的技术创新，并将成果运用于生产过程；另一方面，垄断厂商可以利用自己的垄断地位，在长期内保持由于技术进步而带来的更高的利润。这些经济学家还认为，关于垄断有利于技术进步的观点，在一定程度上对寡头厂商也是适用的。

关于规模经济。西方经济学家认为，对不少行业的生产来说，只有大规模的生产才能获得规模经济的好处，而这往往只有在寡头市场和垄断市场条件下才能做到。不能设想，无数个如同完全竞争行业或垄断竞争生产集团内的企业，可以将钢铁生产和铁路运输等在有效率的水平上经营。

关于产品的差别。西方经济学家认为，在完全竞争市场条件下，所有厂商的产品是完全相同的，它无法满足消费者的各种偏好。在垄断竞争市场条件下，众多厂商之间的产品是有差别的，多样化的产品使消费者有更多的选择自由，可满足不同的需要。但是，产品的一些虚假的非真实性的差别，也会给消费者带来损失。在产品差别这一问题上，产品差别寡头行业也存在与垄断竞争生产集团相类似的情况。

关于广告支出。西方经济学家认为，垄断竞争市场和产品差别寡头市场的大量广告，有的是有用的，因为它们为消费者提供了信息。但是，过于庞大的广告支出会造成资源的浪费和抬高销售价格，再加上某些广告内容过于夸张和诱导，这些都是于消费者不利的。

☞**专栏 7—2**

垄断与竞争：电信业的改革

在 20 世纪七八十年代之前，大多数国家的电信业中的垄断力量都很强。出于提高经济效率和增加社会福利的需要，也可以说是出于反垄断的需要，从 20 世纪 80 年代前后开始，不少国家都纷纷启动了电信业改革，并在国际上形成了一股电信业改革的潮流。各国电信业改革的主要特征是：通过大力引进竞争因素来削弱原电信业的垄断力量。下面分别对美国 AT&T 的改革和我国电信业的改革给予简要介绍。

美国的通信垄断巨头 AT&T（美国电话电报公司）原来垄断了美国的全部电话通信业务，即全部的短途和长途电话服务，1983 年该公司的销售收入高达 624 亿美元。1984 年 1 月，美国政府决定对 AT&T 进行市场化改革，政府的举措是将 AT&T 原有的垄断市场一分为二：一个市场是地方电话业务市场，它是从原 AT&T 中分离出来的一个市场，该市场只承办本地电话服务，它由被称为“小贝尔”的 7 家地方电话业务公司构成，并由此形成一定的竞争局面。另一个市场是长途电话业务市场，它主要包括 AT&T、MCI、Sprint 等公司，也由此形成了一定的竞争局面。尽管在改革开始阶段，人们有一些抱怨，譬如说，人们在打长途电话时拨号不如以前方便，需要先加拨一个长途电话公司的代号，然后才能拨所需要的电话号码；另外，人们会在不同时间收到两份不同的电话收费清单，分别是本地电话的收费清单和长途电话的收费清单，然而随着时间的推移，改革和竞争带来的好处日益显现出来。首先，市场的竞争压力极大地推进了各电话公司对新通信技术的应用，这些技术应用包括电话卡的使用、传真设备的广泛应用以及很多新增的电话服务。这些被迅速采用的新技术为消费者提供了更多更好的服务。其次，改革实施后的 5 年，消费者的电话租用费用下降了 50%。最后，在改革实施后的 5 年，消费者的长途电话费用下降了 40%，但短途电话费用却明显地上涨了。对电话费用的这一变化的解释是：在市场分割之前，AT&T 作为一个垄断全国短途和长途电话业务的公司，是以收取较高的长途电话费用来补贴收取费用较低的短途电话业务的，所以，改革以后的长途和短途电话费用的相反方向的变化，只不过是竞争过程中电话费用的正常市场调节而已。更重要的是，在市场竞争的作用下，总的电话费用（即长途和短途电话费用之和）是逐步下降的，换言之，社会的总福利水平是逐步提高的。

但是，在 20 世纪 90 年代全球性的公司并购浪潮中，AT&T 通过兼并和收购其他一些公司，走向大规模的全方位发展的方向。然而，这种政策选择并没有给 AT&T 带来经营状况的根本性好转，因为大规模的优越性并不足以补偿合并以后的复杂性所带来的各种不利的后果。在激烈的市场竞争中，AT&T的信条又逐步由并购热潮中的“越大越好”转变为“分而制胜”。为了恢复AT&T的活力，在1995年，AT&T又进行了一次大分拆。其做法是将AT&T一分为三：1995年9月20日AT&T宣布解体，改组后的AT&T保留原公司的核心业务，即电信运营服务，而将贝尔电话实验室和计算机公司剥离出去，出售给股东，成立了朗迅技术公司，再将前NCR公司剥离出去，出售给股东。消息一经公布，AT&T的股票立即上涨了6.125点，短短几个小时，AT&T资本增值了近110亿美元。

总之，自20世纪80年代以来，AT&T通过竞争性市场取向的改革，以不断拆分的方式，增强了电信业的竞争力量，它不仅给电信业的发展带来了一定的生机和活力，也给消费者带来了更多的利益。最后，需要指出的是，加强竞争、削弱垄断是电信业发展的一个必要条件。但是，在这个前提下，电信业的发展仍然面临很多挑战，正如AT&T目前所面临的各种问题一样。

国际上电信业反垄断的改革潮流以及我国经济改革的日益深化，最终推动了我国电信业的改革。在20世纪80年代初期，我国电信业暴露出的最突出的问题是电信业市场根本没有形成，邮电部是我国唯一的一家监管、调控和供给电信服务的政府机构。为了促进我国电信业的发展，我国政府在80年代先后颁布了一些条令，以放松对电信业的计划价格的限制。但由于当时没有引入市场竞争机制，所以，国家放松对计划价格的限制的做法反而导致了邮电部门的垄断定价行为。最显著的表现是，向消费者收取的“入场费”即电话初装费用节节上升，而电信服务质量却没有明显改善。例如，当时安装一部电话的时间可能长达数月甚至半年以上，而且有时连一些基本的查询台号都很难拨通。

90年代，我国电信业的市场化改革开始了实质性的逐步推进。1994年4月，为了实现政企分离，通过对邮电部下属资产的剥离，成立了中国电信总局；同年7月，中国联通宣布成立。由此，中国电信业形成了由中国电信总局和中国联通两家构成的双寡头垄断局面。但实际上，中国电信总局由于与邮电部有着千丝万缕的联系而处于优势地位，中国联通处于弱势地位。在这场不公平的竞争中，中国联通很快便濒临破产的局面。当时，在联通的词汇里，“邮电部”和“中国电信总局”是一回事（盛洪，1997）。

1998年国务院整合了邮电、电子等部门，成立了统一的信息产业部，信息产业部的成立标志着电信业被进一步推向市场，电信业政企合一的状态从根本上被动摇了。1998年以后，我国电信业出台了市场化改革的一系列举措：在引入新竞争者方面，1999年3月上海与美国的AT&T签署协议，迈出了中国电信市场对外开放的重要一步；1999年7月中国长城电信公司成立；1999年10月中国网络通信公司成立。此外，中国铁道通信信息集团正式挂牌运营；吉通、联通、网通等公司获准进入长途通信市场。在削弱原有的垄断力量方面，借鉴美国分拆AT&T和日本分拆NTT的做法，1998年中国政府将中国电信市场按业务性质拆分为固定网络、移动通信、卫星通信和无线寻呼等4个市场竞争主体，并相应成立了中国电信集团公司、中国移动通信集团公司、中国卫星通信集团公司和中国寻呼通信集团公司；2001年10月，以打破固定电信领域的垄断为重点，中国政府又对固定电话业务市场进行拆分，实施企业、资源、业务和市场重组，以长江为界，北方重组成中国网络通信集团公司，南方重组后仍沿用中国电信集团的牌子，且双方均有本地电话、长途电话、国际电话和互联网业务的经营权，并由此形成了中国电信、中国网通、中国移动、中国联通、中国卫通、中国铁通六家基础电信企业的竞争格局。从2008年起，电信业的改革进一步深化，为了抓住第三代移动通信（简称3G）的发展契机，合理配置我国现有的电信网络资源，实现全业务经营，形成适度、健康的市场竞争格局，既防止垄断，又避免过度竞争和重复建设，中国政府将六家基础电信企业重组合并成三家基础电信企业，即中国移动、中国联通、中国电信。

在电信立法方面，自1999年以来，我国电信立法的步伐加快。2000年9月，《中华人民共和国电信条例》公布施行，结束了我国电信业无法可依的局面。该条例为消费者提供了对电信服务质量实行监督的基本依据，为市场上各公司之间的竞争与合作提供了政策依据和行为准则。此外，我国正在制定一部能够与国际经济接轨，能够促进我国电信业健康发展，并能够兼顾国内各有关利益方利益的电信法。

中国电信业改革的浪潮仍在持续，电信业市场化的改革日益深化。在中国电信业的改革过程中，广大的消费者将继续获得更大的利益，中国的电信产业也将继续获得长足的发展。

资料来源：高鸿业主编：《西方经济学（第五版）学习与教学手册》，6页，北京，中国人民大学出版社，2001；斯蒂格利茨：《〈经济学〉小品和案例》，王尔山等译，北京，中国人民大学出版社，1999；AT&T网址：http://www.att.com。

复习与思考

1. 已知某垄断厂商的短期总成本函数为 $STC=0.1Q^3-6Q^2+140Q+3\ 000$，反需求函数为 $P=150-3.25Q$。

求：该垄断厂商的短期均衡产量与均衡价格。

2. 已知某垄断厂商的短期成本函数为 $TC=0.6Q^2+3Q+2$，反需求函数为 $P=8-0.4Q$。求：

（1）该厂商实现利润最大化时的产量、价格、收益和利润。

（2）该厂商实现收益最大化时的产量、价格、收益和利润。

（3）比较（1）和（2）的结果。

3. 已知某垄断厂商的反需求函数为 $P=100-2Q+2\sqrt{A}$，成本函数为 $TC=3Q^2+20Q+A$，其中，A 表示厂商的广告支出。

求：该厂商实现利润最大化时 Q、P 和 A 的值。

4. 画图说明垄断厂商短期和长期均衡的形成及其条件。

5. 在某垄断竞争市场，代表性厂商的长期成本函数为 $LTC=5Q^3-200Q^2+2\ 700Q$，市场的需求函数为 $P=2\ 200A-100Q$。

求：在长期均衡时，代表性厂商的产量和产品价格，以及 A 的数值。

6. 假定某垄断厂商生产一种产品，其成本函数为 $TC=0.5Q^2+10Q+5$，市场的反需

求函数为 $P=70-2Q$。

(1) 求该厂商实现利润最大化时的产量、产品价格和利润量。

(2) 如果要求该垄断厂商遵从完全竞争原则，那么，该厂商实现利润最大化时的产量、产品价格和利润量又是多少?

(3) 试比较 (1) 和 (2) 的结果，你可以得到什么结论?

7. 运用“囚犯困境”博弈模型，分析寡头厂商之间合作的不稳定性特征及其解决方法。

8. 完全竞争厂商和垄断厂商都根据利润最大化原则 $MR=MC$ 对产品定价，请分析他们所决定的价格水平有什么区别。

第八章

生产要素价格的决定

前述各章讨论了消费商品（或称为产品）的价格和数量的决定。这一部分内容通常被看成是所谓的“价值”理论。由于讨论的范围局限于产品市场本身，所以它对价格决定的论述并不完全。首先，它在推导产品需求曲线时，假定消费者的收入水平为既定的，但并未说明收入水平是如何决定的；其次，它在推导产品供给曲线时，假定生产要素的价格为既定的，但并未说明要素价格是如何决定的。由于消费者的收入水平在很大程度上取决于其拥有的要素价格和使用量，故价格理论的上述两点不完全性可以概括为它缺乏对要素价格和使用量决定的解释。为了弥补这个不足，需要研究**生产要素市场**。本章前三节讨论完全竞争厂商和市场的**要素需求**理论，后面各节分析其供给方面及要素价格的决定。因为要素的价格和使用量是决定消费者收入水平的重要因素，所以要素价格理论在西方经济学中又被看成是所谓的“分配”理论。于是，从产品市场转到要素市场也意味着从价格理论转到分配理论。

第一节　完全竞争厂商使用生产要素的原则

一、完全竞争厂商

以前分析产品市场时，曾经给完全竞争市场下过一个定义（参见第六章第一节）。在那里，完全竞争产品市场被描述为具有如下特点：大量的具有完全信息的买者和卖者买卖完全相同的产品。显然，这种完全竞争厂商实际上只是“产品市场上的完全竞争厂商”。一旦从产品市场的分析扩展到产品市场加要素市场，仅仅是产品市场完全竞争就不足以说明厂商的完全竞争性，还必须要求要素市场也是完全竞争的。

和完全竞争产品市场一样，**完全竞争要素市场**的基本性质可以描述为：要素的供求双方人数都很多；要素没有任何区别；要素供求双方都具有完全的信息；要素可以充分自由流动，等等。显然，完全满足这些要求的要素市场在现实生活中也是不存在的。

本章讨论完全竞争条件下要素价格的决定，并把同时处于完全竞争产品市场和完全竞争要素市场中的厂商称为**完全竞争厂商**。按照这个规定，**不完全竞争厂商**包括如下三种情况：第一，在产品市场上完全竞争，但在要素市场上不完全竞争；第二，在要素市场上完全竞争，但在产品市场上不完全竞争；第三，在产品市场和要素市场上都不完全竞争。

二、完全竞争厂商使用要素的原则

这里假定，完全竞争厂商只使用一种生产要素、生产单一产品、追求最大限度的利润。在这些假定下，我们首先论述关于完全竞争厂商使用生产要素的一般原则。利润最大化要求任何经济活动的“边际收益”和“边际成本”都必须相等。这一点不仅适用于产品数量的决定，而且适用于要素使用量的决定。只不过在这两种决定中，它们的“边际收益”和“边际成本”的含义有所不同。而由于不同的含义，“边际收益”以及“边际成本”又有不同的名称。

1. 使用要素的“边际收益”——边际产品价值

在介绍完全竞争产品市场理论中，曾遇到过一种厂商的收益函数，它等于产品产量与产品价格的乘积，用公式可表示为：

$$R(Q)=Q\cdot P \tag{8.1}$$

式中，R、Q 和 P 分别为厂商的总收益、产量和产品价格。在上述公式中，产品价格 P 是既定常数。这是因为，在完全竞争条件下，产品买卖双方数目很多且产品毫无差别，故任何一家厂商单独增加或减少其产量都不会影响产品价格。换句话说，产品价格与单个厂商的产量多少没有关系。由于产品价格固定不变，因此厂商的收益便可以看成取决于另一个因素，即产量。因此，总收益 R 被看成是产量 Q 的函数。由收益函数求收益对产量的一阶导数即得所谓边际收益。边际收益表示厂商增加一单位产量所增加的收益。

现在把讨论从产品市场向要素市场方面深入一步。在产品市场分析中，收益只被看成是产量的函数而与生产要素无关。一旦转入要素市场，就应进一步看到，产量本身又是生产要素的函数。设完全竞争厂商使用的生产要素为劳动 L，则使用一定量的劳动要素将创造出一定量的产量。我们知道，要素与产量之间的这种数量关系就是所谓的生产函数：

$$Q=Q(L) \tag{8.2}$$

若将上式代入（8.1）式，则可以将收益看成生产要素的（复合）函数：

$$R(L)=Q(L)\cdot P \tag{8.3}$$

由于仍然是局限于讨论完全竞争的情况，所以上式中的产品价格仍然是固定不变的常数。

下面考虑收益函数的一阶导数。在产品市场理论中，收益是产量的函数。因此，收益可以对产量求导数。我们知道收益对产量的导数就是所谓产品的边际收益 MR。而在完全竞争条件下，这个边际收益等于产品的价格，即 $MR=P$。现在研究的是生产要素的使用问题。在要素市场理论中，收益成了要素的（复合）函数。因此，为了求得要素的边际收益，必须以要素为自变量求导数。求得的导数是什么呢？根据（8.3）式可知，这个导数为 $MP \cdot P$。式中，第一个因子 MP 就是以前讨论过的要素的**边际产品**（或边际生产率），即：

$$MP=\frac{\mathrm{d}Q(L)}{\mathrm{d}L}$$

它表示增加使用一单位要素所增加的产量。要素边际产品 MP 与既定产品价格 P 的乘积 $MP \cdot P$ 显然就表示增加使用一单位要素所增加的收益。这就是完全竞争厂商使用生产要素的“边际收益”。为了与前面的产品的边际收益概念相区别，通常把使用要素的“边际收益”叫做**边际产品价值**，并用 VMP 表示。于是有：

$$VMP=MP \cdot P \tag{8.4}$$

它表示在完全竞争条件下，厂商增加使用一单位要素所增加的收益。这里再次强调，应特别注意边际产品价值 VMP 与产品的边际收益 MR 的区别：产品的边际收益或者简称边际收益通常是对产量而言的，故称为产品的边际收益；边际产品价值则是对要素而言的，是要素的边际产品价值。

由于要素的边际产品 MP 是产量对要素的导数，故它也是要素的函数。为了表示这层意思，有时也把它写成 $MP(L)$。根据所谓“边际生产力递减规律”，该函数曲线向右下方倾斜，即：随着要素使用量的增加，其边际产品将不断下降。更进一步，要素的边际产品价值 VMP 也是要素的函数，也可以写成 $VMP(L)$，并且，由于产品价格 P 为正的常数，边际产品价值曲线显然也与边际产品曲线一样向右下方倾斜。

2. 使用要素的“边际成本”——要素价格

本书第五章曾专门讨论过厂商的成本函数。不过在那里，成本函数是表示厂商的成本与产量水平之间的各种关系，或简言之，成本仅被看成为产量的函数：

$$C=C(Q) \tag{8.5}$$

但是，由于产量本身又取决于所使用的生产要素的数量，故成本也可以直接表示为生产要素的函数。这一函数即为在第四章和第五章中所提到过的成本方程。根据成本方程便可以得到要素使用的成本概念。设所使用的劳动要素的价格即工资为 w，则使用要素的成本就可表示为：

$$C=w \cdot L \tag{8.6}$$

即成本等于要素价格和要素数量的乘积。式中，要素价格 w 是既定不变的常数。这是因为，在完全竞争条件下，要素买卖双方数量很多且要素毫无区别，任何一家厂商单独增加或减少其要素购买量都不会影响要素价格。换句话说，要素价格与单个厂商的要素使用量没有关系。由于要素价格为既定常数，所以使用要素的“边际成本”即成本函数对要素的导数就恰好等于劳动价格：

$$\frac{\mathrm{d}C(L)}{\mathrm{d}L}=w \tag{8.7}$$

它表示完全竞争厂商增加使用一单位生产要素所增加的成本。容易理解（8.7）式的含义，例如，设劳动价格为固定的每小时 5 元，则厂商每增加使用一小时劳动就需要且仅需要付出 5 元的成本，于是它所使用的要素的“边际成本”为 5 元。与边际产品价值的情况一样，这里应特别注意的是，本章使用的成本和边际成本概念不同于第五章的相应概念。关键的区别在于，在论述产品市场的第五章中，成本是作为产量的函数，而在论述要素市场的本章中，成本是作为要素的函数。正是由于这一不同，才引起边际成本在两种情况下的不同表现形式：在第五章中，边际成本是指增加一单位产品所增加的成本，是所谓产品的边际成本；而在本章中，它是指增加一单位要素所增加的成本，是所谓要素使用的边际成本。

由于使用要素的成本被看成是要素数量的函数，故它对要素的导数即使用要素的边际成本亦是要素数量的函数。不过在完全竞争条件下，这个函数采取了最为简单的形式：它实际上是一个常数。

3. 完全竞争厂商使用要素的原则

厂商使用要素的原则是利润最大化这个一般原则在要素使用问题上的具体化，它可以简单地表述为：使用要素的“边际成本”和相应的“边际收益”相等。根据上面的讨论，在完全竞争条件下，厂商使用要素的边际成本等于要素价格 w，而使用要素的边际收益是所谓边际产品价值 VMP，因此，**完全竞争厂商使用要素的原则**可以表示为：

$$VMP=w \tag{8.8}$$

或者

$$MP\cdot P=w \tag{8.9}$$

当上述原则或条件被满足时，完全竞争厂商就达到了利润最大化，此时使用的要素数量为最优要素数量。

为了更好地理解这个原则，不妨先来考察 $VMP\neq w$ 时的情况。如果 $VMP>w$，则增加使用一单位生产要素所带来的收益就会大于所引起的成本，于是厂商将决定增加要素的使用以提高利润。随着要素使用量的增加，要素的价格不变，而要素边际产品从而边际产品价值将下降，从而最终使 $VMP=w$。反之，如果 $VMP<w$，则减少使用一单位要素所损失的收益就会小于所节省的成本，因而厂商将决定减少要素的使用以提高利润。随着要素使用量的减少，要素的边际产品从而边际产品价值将上升，最终也将达到 $VMP=w$。总的来说，不论是 VMP 大还是 w 大，只要二者不相等，厂商都未达到利润最大化，现有要素使用量都不是最优数量，厂商都将改变（增加或减少）要素使用量。只有当 $VMP=w$，即边际产品价值恰好等于要素价格时，厂商的要素使用量才使利润达到最大。

☞专栏 8—1

要素需求和产品供给

从表面上看，企业在生产过程中似乎有两个不同的决策要做：第一，购买多少要素？这是所谓的“要素需求”问题——使用多少要素才能够使利润达到最大？第二，生产多少产量？这是所谓的“产品供给”问题——生产多少产量才能够使利润达到最大？

实际上，这两个问题是一回事。这是因为，在企业的要素需求和产品供给之间存在着一定的关系：如要减少对要素的需求，则产品供给常常就不得不减少；反之，如要增加对产品的供给，则要素需求常常又不得不增加。二者之间的关系就是所谓的生产函数：$Q=Q(L)$。这里，L 为企业使用的要素数量（如劳动），Q 为使用要素 L 所生产的产品数量。它们通过生产函数而“一一对应”。正是通过生产函数，企业关于使用要素的决策和关于生产产量的决策成为一枚硬币的两面：一旦企业决定了购买多少要素，它也就同时决定了应当生产多少产量；同样，一旦企业决定了生产多少产量，它也就同时决定了应当购买多少要素。

这样一来，我们就可以有两种不同的方式来讨论企业的生产决策：或者，先求出利润最大化的要素需求量，然后，再根据生产函数，由要素的需求量求出相应的产品供给量；或者，先求出利润最大化的产品供给量，然后，再根据生产函数，由产品的供给量求出相应的要素需求量。

从“形式”上看，所有经济活动的最优条件都是一样的，即边际收益等于边际成本。区别只在于边际收益和边际成本的具体含义可能有所不同。企业的生产决策活动也一样——企业的最优生产取决于边际收益与边际成本的恰好一致，不过，根据所讨论的是产品还是要素，需要赋予这两个边际概念以不同的解释。

具体来说，一方面，如果从产品的角度分析企业的生产决策过程，则企业的最优产量（亦即它的产品的供给量）就取决于产品的边际收益和边际成本。因此，如用 MR_Q 和 MC_Q 分别表示产量 Q 的边际收益和边际成本，则决定企业最优产量的条件就可以写成：

$$MR_Q=MC_Q$$

另一方面，如果从要素的角度分析企业的生产决策过程，则企业的最优要素使用量（亦即它对要素的需求量）就取决于要素的边际收益和边际成本。因此，如用 MR_L 和 MC_L 分别表示要素 L 的边际收益和边际成本，则决定企业最优要素使用量的条件就可以写成：

$$MR_L=MC_L$$

容易证明，上述的最优产量条件和最优要素使用量条件尽管在“形式”上有所不同，但在“本质”上却完全一致。实际上，在企业的生产决策中，最优要素使用量的决定和最优产量的决定不过是互为“充要条件”的“等价”关系。它们可以表示如下：

$$MR_Q=MC_Q \Leftrightarrow MR_L=MC_L$$

换句话说，在企业的生产决策中，无论是从对产品的供给的角度来看，还是从对要素的需求的角度来看，利润最大化的条件实质上都是完全一致的，从而，利润最大化的产量和利润最大化的要素使用量也是完全一致的——知道了其中的任意一个，就可以通过生产函数 $Q=Q(L)$ 求出另外一个。

第二节　完全竞争厂商对生产要素的需求曲线

完全竞争厂商对生产要素 L 的需求函数反映的是：在其他条件不变时，完全竞争厂商对要素 L 的需求量与要素价格 w 之间的关系。这个关系容易从（8.9）式中推导出来。为了更清楚地看出这一点，把（8.9）式稍稍改写如下：

$$P\cdot MP(L)=w \tag{8.10}$$

式中，$MP(L)$为边际产品，是要素的函数。由于产品价格 P 为既定常数，故上式显然确定了从要素价格 w 到要素使用量 L 的一个函数关系，即确定了完全竞争厂商对要素的一个需求函数。

为了说明这个函数的特点，假定一开始时，厂商使用的要素数量为最优数量，即（8.10）式已经满足。现在让要素价格 w 上升，于是有$P\cdot MP(L)<w$。为了重新恢复均衡，厂商必须调整要素使用量L，使$MP(L)$从而$P\cdot MP(L)$亦上升；而根据边际生产力递减这一性质，只有通过减少要素使用量才能达到这个目的。这样便得到了结论：**随着要素价格的上升，厂商对要素的最佳使用量即需求量将下降。**因此，完全竞争厂商的要素需求曲线与其边际产品价值曲线一样向右下方倾斜。

更进一步，利用要素使用原则（8.10）式还可以说明，在完全竞争条件下，厂商对单一要素的需求曲线将与其边际产品价值曲线完全重合。参见图 8—1。首先，（8.10）式左边的边际产品价值已知是要素 L 的函数，它由图中向右下方倾斜的曲线 VMP 表示；其次，如果把公式右边的要素价格 w 也看成是 L 的函数，则它的形状就是一条水平线，这是因为，根据要素市场完全竞争的假定，无论单个厂商如何改变要素使用量，要素价格均不受影响。于是给定一个要素价格 w_0，就有一条水平直线（仍然用 w_0 表示）；最后，要素使用原则 $VMP=w$ 在图形上的表示就是 VMP 曲线与 w_0 曲线的交点 A。A 点表明，当要素价格为 w_0 时，要素需求量为 L_0。换句话说，边际产品价值曲线 VMP 上的 A 点亦是要素需求曲线上一点。同样地，如果给定另外一个要素价格，则有另外一条水平直线与 VMP 相交于另外一点。根据同样的分析即知，新的交点也是需求曲线上的一点。于是，在使用一个生产要素（以及不考虑其他厂商调整）的情况下，完全竞争厂商对要素的需求曲线与要素的边际产品价值曲线恰好重合。

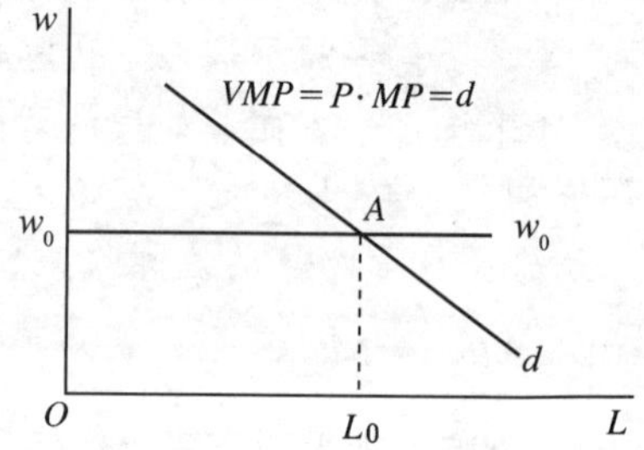

图 8—1　完全竞争厂商的要素需求曲线

由于要素需求曲线与边际产品价值曲线重合，故前者也与后者一样，将由于产品价格和边际产品函数这两个因素的变动而变动。注意到这一点，有助于理解它们之所以重合的条件。要素需求曲线与要素的边际产品价值曲线重合意味着：当要素价格变化时，要素需求量是沿着一条既定的边际产品价值曲线而变化的（参见图 8—1）。这就要求，当要素价格变化时，要素的边际产品价值曲线不得随之改变；或者更进一步说，它的两个组成部分即要素的边际产品曲线和产品价格不得随之改变。否则，要素需求曲线必将“脱离”其边际产品价值曲线。例如，如果要素的边际产品曲线或产品价格随着要素价格的变化而变化，则给定一个要素价格 w_0，就有一条相应的边际产品价值曲线 VMP_0，而根据要素使用原则 $VMP_0=w_0$，可得到一要素需求量 L_0。显然，点 (w_0,L_0) 位于曲线 VMP_0 上。如果再给定另外一个要素价格 w_1，则有另外一条边际产品价值曲线 VMP_1 与之相应。再根据要素使用原则 $VMP_1=w_1$，又可得到一要素需求量 L_1。显然，新的 (w_1,L_1) 点位于新的曲线 VMP_1 上，而非原来的 VMP_0 上。因此，要素需求曲线不再与某一条边际产品价值曲线重合。

由此可见，要素需求曲线等于边际产品价值曲线的结论实际上要依赖于两个“潜在假定”：第一，要素的边际产品曲线不受要素价格变化的影响；第二，产品价格不受要素价格变化的影响。一方面，如果局限于讨论只有一种生产要素的情况（如本章所假定的那样），则第一个假定自然满足；另一方面，如果局限于讨论只有一个厂商进行生产调整，但并不考虑其他厂商调整的情况，则第二个假定自然满足。但是一旦扩大到考虑使用多种生产要素或者多个厂商调整行为，上述假定就不再合理，从而就不能再用边际产品价值曲线代表要素需求曲线。换句话说，在考虑多要素共同使用以及多个厂商共同调整时，完全竞争厂商对要素 L 的需求曲线一般说来就不再等于该要素的边际产品价值曲线。由于本章假定只使用一种生产要素，因此下面只讨论多个厂商共同调整的情况对要素需求所造成的影响。

第三节　从厂商的需求曲线到市场的需求曲线

前面已经说过，在一定的条件下，完全竞争厂商的要素需求曲线就是其要素的边际产品价值曲线。现在进一步讨论整个完全竞争市场的要素需求曲线。在这里，首先碰到的问题是：如何从单个厂商的要素需求曲线推导出市场的要素需求曲线。初看起来，似乎可以认为：既然单个厂商的要素需求曲线等于边际产品价值曲线，就可以通过简单加总市场上所有厂商的边际产品价值曲线而求得市场的要素需求曲线。然而，这是错误的。

上一节已经说明，单个的完全竞争厂商的要素需求曲线等于其边际产品价值曲线要有一定的条件。其中，一个条件是假定其他厂商均不进行调整，否则，厂商的要素需求曲线将“脱离”边际产品价值曲线。当我们从单个厂商转到研究整个市场的情况时，这个条件显然不再得到满足，因而单个厂商的边际产品价值曲线不再代表其要素需求曲线，它们的简单加总也不再代表整个市场的要素需求曲线。

下面首先考虑使用同一种生产要素的多个厂商同时调整的情况，并研究此种情况下某单个厂商（例如厂商 m）对要素 L 的需求曲线。在研究使用一种要素的完全竞争厂商 m 的要素需求曲线时，如果不考虑其他厂商的调整活动，则要素价格的变化就不会影响产品的价格，从而不会改变要素的边际产品价值曲线。其理由如下：设要素价格发生变化，根据其他厂商均不调整的假定，要素价格变化只引起厂商 m 的要素需求量和使用量的变化，从而只引起它的产品数量的变化。由于厂商 m 是产品市场上的完全竞争者，故其产量变化并不能改变产品的价格。如果允许其他厂商也进行调整，则情况将完全不同。现在要素价格变动不仅引起厂商 m，而且引起所有其他厂商的要素需求量和使用量从而其产量的变动。尽管在完全竞争条件下，单个厂商的产量变化不影响价格，但全体厂商的产量都变化时却不是如此。要素价格变化所引起的全体厂商的产量变动将改变产品的供给曲线，从而在产品市场需求量不变时，将改变产品的市场价格。产品价格的改变再反过来使每一个厂商从而厂商 m 的边际产品价值曲线发生改变。于是，厂商 m 的要素需求曲线也不再等于其边际产品价值曲线。

我们利用图 8—2 来推导多个厂商同时调整情况下厂商 m 的要素需求曲线。在图 8—2 中，横轴为要素数量，纵轴为要素价格。设给定初始要素价格为 w_0，相应地有一个产品价格 P_0，从而有一条边际产品价值曲线 $P_0 \cdot MP$。根据该曲线可确定 w_0 下的要素需求量 L_0，于是点 $H(w_0, L_0)$ 即为所求需求曲线上的一点。如果这时没有其他厂商的调整，则整条需求曲线就可以看成是 $P_0 \cdot MP$。假定让要素价格下降到 w_1，则要素需求量就应增加到 L_2。但现在由于其他厂商也进行调整，于是要素价格下降使 L 的边际产品价值曲线向左下方移动，例如移到 $P_1 \cdot MP$，从而在要素价格 w_1 下，L 的需求量不再是 L_2，而是稍少一些的 L_1。于是又得到要素需求曲线上的一点 $I(w_1, L_1)$。

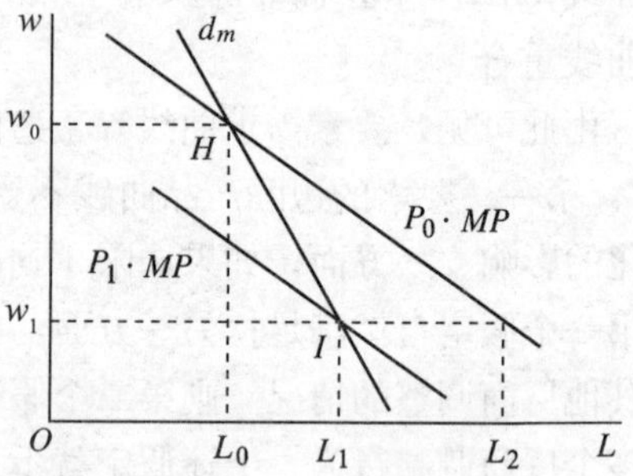

图 8—2　多个厂商调整时厂商 m 的要素需求曲线

重复上述过程，可以得到其他与 H、I 性质相同的点。将这些点连接起来，即得到多个厂商调整情况下厂商 m 对要素 L 的需求曲线 d_m。d_m 表示经过多个厂商相互作用的调整，即经过行业调整之后得到的第 m 个厂商的要素需求曲线，可简称为行业调整曲线。一般来说，d_m 曲线仍然是向右下方倾斜的，但比边际产品价值曲线要陡峭一些。

到目前为止，所讨论的仍然一直是完全竞争市场上单个厂商的要素需求曲线。紧接着的一个工作就是把要素的需求理论从单个厂商推广到整个市场。不过，如果已经求得了在行业调整情况下每个单个厂商的要素需求曲线 d_m，则整个市场的要素需求曲线就不难从中推得。

例如，假定完全竞争要素市场中包含有 n 个厂商（n 是一个很大的数）。其中，每个厂商经过行业调整后的要素需求曲线分别为 d_1，d_2，…，d_n，整个市场的要素需求曲线 D 可以看成是所有这些厂商的要素需求曲线的简单水平相加，即：

$$D = \sum_{m=1}^{n} d_m$$

第四节　对供给方面的概述

前面三节从要素使用者角度讨论了要素的需求。现在要转到要素所有者方面来研究要素的供给，并把要素的供给和需求结合起来，得出要素价格和使用量的决定理论，从而完成对要素市场的分析。

一、要素所有者、最大化行为和供给问题

如前所述，所谓从要素使用者角度讨论要素需求，就是从要素使用者即生产者或厂商的利润最大化行为出发，来研究其对要素的需求量是如何随要素价格的变化而变化的。与此相仿，可以把要素供给研究看成是从要素所有者的最大化行为出发来分析其对要素的供给量是如何随要素价格的变化而变化的。因此，首先要问的问题是：谁是要素的供给者？什么是要素供给者的最大化行为？

我们知道，在西方经济学的要素需求理论中，要素使用者是"单一"的，即是生产者或厂商，因而其行为目标也是"单一"的，即追求利润的最大化。在转到供给方面之后，问题稍稍复杂一些：要素所有者既可以是生产者，也可以是消费者。生产者生产许多将要再次投入生产过程的"中间产品"或"中间生产要素"（如钢材、车床等），因而是中间要素的所有者；消费者则向市场提供"原始生产要素"（如劳动、土地和资本等），因而是原始要素的所有者。由于要素所有者的身份不同，因而他们的行为目标也不相同。按照西方学者的假定，生产者和消费者的行为目标分别是利润最大化和效用最大化。

要素所有者及其行为目标的不一致自然会影响到对要素供给的分析。最重要的影响便是要素供给原则肯定不会再像要素需求原则那样一致，因为不同的行为目标将导出不同的行为原则，进而影响诸如分析的方法、形式甚至某些结论等。因此，从理论上来说，要素供给理论须分成两个并列的部分分别加以讨论：根据生产者的利润最大化行为讨论其对中间要素的供给，根据消费者（或资源所有者，如劳动、土地和资本等的所有者）的效用最大化行为讨论其对原始要素的供给。

但是，上述两个部分中的第一部分即中间要素的供给与一般产品的供给并无任何区别，因为中间要素即中间产品本身就是一般的产品，而关于一般产品的供给理论在产品市场，特别是在完全竞争产品市场的分析（参见第六章）中已经详细讨论过，因此本章关于要素供给的讨论可以完全局限于要素所有者为消费者、其行为目标为效用最大化这一范围之内，即是从消费者的效用最大化行为出发来建立其要素供给量与要素价格之间关系的理论。

一旦局限于消费者范围之内，要素供给问题便有一个明显的特点：消费者拥有的要素数量（简称为资源）在一定时期内总是既定不变的。例如，消费者拥有的时间一天只有24小时，其可能的劳动供给不可能超过这个数；又例如，消费者拥有的土地也是固定的，比如说为2公顷，则他可能的土地供给也只有这么多；再例如，消费者拥有的收入每日为500元，则他不可能储蓄（即供给资本）的比这多，等等。

由于资源是既定的，因此消费者只能将其拥有的全部既定资源的一部分（当然，这部分可能小到0，也可能大到等于其资源总量）作为生产要素提供给市场。全部既定资源中除去供给市场的生产要素外，剩下的部分可称为"保留自用"（或简称为"自用"）的资源。因此，所谓要素供给问题可以看成是：消费者在一定的要素价格水平下，将其全部既定资源在"要素供给"和"保留自用"两种用途上进行分配以获得最大效用。

二、要素供给原则

怎样才能使效用达到最大呢？显然，在这里为获得最大的效用必须满足如下条件：**作为“要素供给”的资源的边际效用要与作为“保留自用”的资源的边际效用相等。**如果要素供给的边际效用小于保留自用的边际效用，则可以将原来用于要素供给的资源转移一单位到保留自用上去从而增大总的效用。之所以能够如此，是因为减少一单位要素供给所损失的效用要小于增加一单位保留自用资源所增加的效用。反之，如果要素供给的边际效用大于保留自用的边际效用，则可以反过来，将原来用于保留自用的资源转移一单位到要素供给上去。根据同样的道理，这样改变的结果亦将使总的效用增大。最后，由于边际效用是递减的，上述调整过程可以最终达到均衡状态，即要素供给的边际效用和保留自用的边际效用相等。

剩下来的问题是：什么是要素供给的效用（及边际效用）？什么是自用资源的效用（及边际效用）？显然，把资源作为生产要素提供给市场本身对消费者来说并无任何效用。消费者之所以供给生产要素是为了获得收入，正是这种要素带来的收入具有效用，因此，要素供给的效用是所谓“间接效用”：要素供给通过收入而与效用相联系。假设要素供给增量（例如劳动供给增量）为 ΔL，由此引起的收入增量为 ΔY，而由收入增量所引起的效用增量为 ΔU，则：

$$\frac{\Delta U}{\Delta L}=\frac{\Delta U}{\Delta Y}\cdot\frac{\Delta Y}{\Delta L}$$

取极限即得：

$$\frac{\mathrm{d}U}{\mathrm{d}L}=\frac{\mathrm{d}U}{\mathrm{d}Y}\cdot\frac{\mathrm{d}Y}{\mathrm{d}L} \tag{8.11}$$

式中，$\mathrm{d}U/\mathrm{d}L$ 即为要素供给的边际效用，它表示要素供给量增加一单位所带来的消费者效用增量；$\mathrm{d}U/\mathrm{d}Y$ 和 $\mathrm{d}Y/\mathrm{d}L$ 则分别为收入的边际效用和要素供给的边际收入。因此，(8.11) 式表示：要素供给的边际效用等于要素供给的边际收入与收入的边际效用的乘积。

一般来说，单个消费者不过是要素市场上众多要素所有者之一，即它是要素市场上的完全竞争者。它多提供或少提供一点要素并不影响要素的市场价格。或者说，它所面临的要素需求曲线是一条水平线。在这种情况下，要素的边际收入显然就等于要素的价格，即有：

$$\frac{\mathrm{d}Y}{\mathrm{d}L}=w$$

于是 (8.11) 式简化为：

$$\frac{\mathrm{d}U}{\mathrm{d}L}=w\cdot\frac{\mathrm{d}U}{\mathrm{d}Y} \tag{8.12}$$

这便是完全竞争条件下消费者要素供给的边际效用公式。

与要素供给提供间接效用相比，自用资源的情况稍稍复杂一些：它既可带来间接效用，也可带来直接效用，而且更为重要的是带来直接效用。例如，拿消费者拥有的时间资源来说，如果不把时间用于劳动（即不作为劳动要素提供给市场），则可以将它用来做家务、看电影或干脆休息。显然，自用时间在这里是通过不同的途径产生效用的。在第一种情况下，它节省了本来需请别人来帮忙做家务的昂贵开支，因而和要素供给一样，可以说是间接地带来了效用，即通过节约开支来相对增加收入从而间接增加效用；在后两种情况下，它则直接地增加了消费者的效用，因为它直接地满足了消费者的娱乐和健康的需要。

为了分析的简便起见，以后假定自用资源的效用都是直接的，即不考虑类似于上述时间可以用来干家务这类现象。若用 l 表示自用资源的数量，则自用资源的边际效用就是效用增量与自用资源增量之比的极限值 $\mathrm{d}U/\mathrm{d}l$，它表示增加一单位自用资源所带来的效用增量。

借助于上面指出的要素供给的间接效用和自用资源的直接效用概念，可以将效用最大化条件表示为[①]：

$$\frac{\mathrm{d}U}{\mathrm{d}l}=\frac{\mathrm{d}U}{\mathrm{d}Y}\cdot w \tag{8.13}$$

或

$$\frac{\mathrm{d}U/\mathrm{d}l}{\mathrm{d}U/\mathrm{d}Y}=w \tag{8.14}$$

三、无差异曲线分析

与第三章的情况一样，上面关于要素供给原则的讨论也可以利用无差异曲线的分析工具来进行说明。

参见图 8—3。图中，横轴 l 表示自用资源的数量，纵轴 Y 表示要素供给所带来的收入。因此，图中每一点均代表一个收入 Y 和自用资源 l 的组合。U_0、U_1 和 U_2 是消费者的三条无差异曲线。在同一条曲线上，不同的点代表着相同的效用水平。与通常的无差异曲线一样，在这里，U_0、U_1 和 U_2 也假定为向右下方倾斜和向原点凸出。这意味着，收入和自用资源都是"好商品"，多多益善，并且它们的重要程度均随数量的增加而下降；此外，较高的无差异曲线代表着较高的效用，即：$U_2>U_1>U_0$。

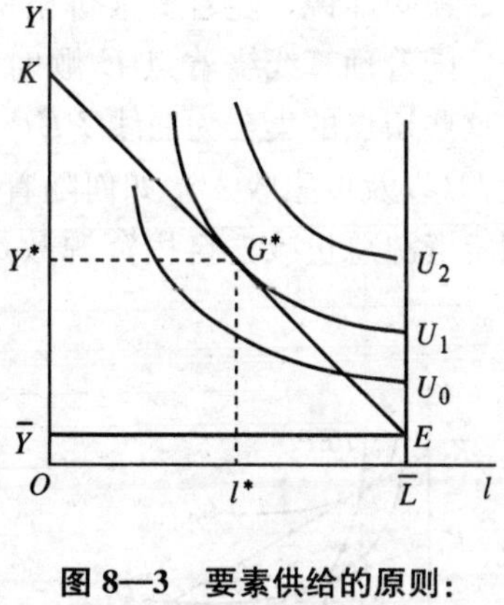

图 8—3 要素供给的原则：无差异曲线分析

再设消费者在初始时拥有 $\bar{L}$ 单位的既定资源（比如每天 24 小时）和 $\bar{Y}$ 单位的非要素收入（例如为财产收入），即它处于图中 E 点的位置。如果消费者将其全部初始资源 $\bar{L}$ 都作为生产要素提供给市场，则所得到的要素收入就是 $\bar{L}\cdot w$（w 为要素价格），从而其拥

① 这里假定存在众多的消费者，他们提供相同的生产要素。

有的全部收入（要素收入加上非要素收入）就是 $K=\bar{L}\cdot w+\bar{Y}$。于是连接点 E 和纵轴上点 K 的直线显然就是该消费者的预算线。

消费者现在的问题是：在预算约束之下选择最优（即使效用量最大）的收入 Y 和自用资源 l 的组合。这个最优组合当然就是预算线与无差异曲线 U_1 的切点 G^*（这里的逻辑与第三章中的消费者选择理论完全相同）。换句话说，消费者的效用最大化行为是在初始的全部资源 $\bar{L}$ 中，保留数量为 l^* 的资源自用，而将其余的（$\bar{L}-l^*$）部分作为生产要素提供给市场以获得收入，从而使自己的收入从初始的 $\bar{Y}$ 增加到 Y^*。

四、要素供给问题

现在回到图 8—3 中去进一步考察要素供给问题。显而易见，消费者的要素供给量等于资源总量与最优自用资源量之差 $\bar{L}-l^*$。式中，$\bar{L}$ 固定不变，l^* 则取决于无差异曲线与预算线的切点 G^* 的位置。在给定偏好即无差异曲线不变（以及非要素收入 $\bar{Y}$ 不变）的条件下，这又取决于预算线的斜率，即取决于要素价格 w。反过来说，在消费者的初始非要素收入、初始资源数量以及偏好均既定不变的条件下，给定一个要素价格，就有一个要素供给量。这正是我们所力图确定的要素供给量与要素价格之间的关系。

参见图 8—4。与图 8—3 一样，图 8—4 中横轴 l 和纵轴 Y 亦分别为消费者的自用资源和收入；U_0、U_1 和 U_2 为三条无差异曲线，点 E 为消费者的初始状态。如果要素价格为 w_0，则将全部资源都作为要素提供给市场时，全部收入就等于 $K_0=\bar{L}\cdot w_0+\bar{Y}$。于是预算线为 EK_0。如果要素价格上升，例如上升到 w_1 和 w_2，则将全部资源作为要素供给的全部收入将分别为 $K_1=\bar{L}\cdot w_1+\bar{Y}$ 和 $K_2=\bar{L}\cdot w_2+\bar{Y}$，从而相应的预算线分别为 EK_1 和 EK_2。换句话说，随着要素价格的上升，预算线将绕着初始状态点 E 顺时针旋转，反之亦然。随着预算线绕着点 E 顺时针旋转，它与既定的无差异曲线簇的切点亦不断变化。所有这些切点的集合为曲线 PEP，可称为**价格扩展线**。价格扩展线 PEP 反映了自用资源数量 l（以及要素收入）如何随着要素价格的变化而变化，从而反映了要素供给量（它等于固定资源总量减去自用资源数量）如何随着要素价格的变化而变化，即要素供给曲线关系。

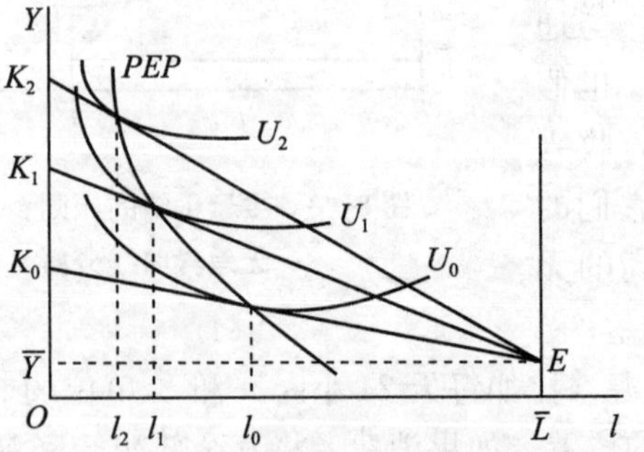

图 8—4　价格扩展线

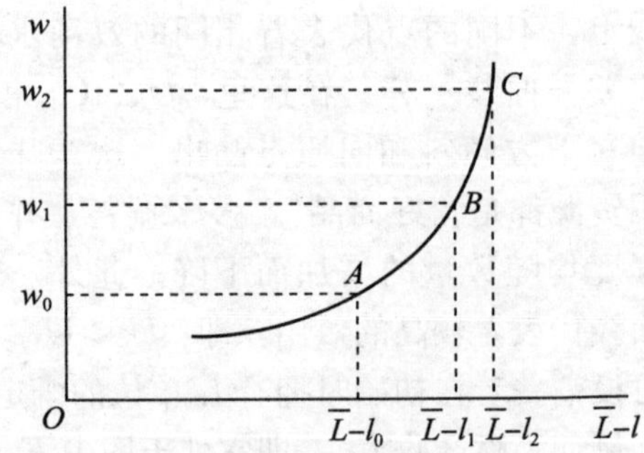

图 8—5　要素供给曲线

从价格扩展线得到要素供给曲线的方法如下：给定要素价格 w_0，由图 8—4 可知，预算线为 EK_0，从而，最优自用资源量为 l_0，要素供给量为（$\bar{L}-l_0$），于是得到要素供给曲线上的一点（w_0，$\bar{L}-l_0$），参见图 8—5 中的点 A；设要素价格上升到 w_1，再上升到 w_2，则预算线分别为 EK_1 和 EK_2，从而最优自用资源量下降到 l_1，再下降到 l_2，于是要素供给量上升到（$\bar{L}-l_1$），再上升到（$\bar{L}-l_2$）。于是又得到要素供给曲线上的两点：（w_1，$\bar{L}-l_1$）和（w_2，$\bar{L}-l_2$）。参见图 8—5 中的点 B 和点 C。重复以上做法可以得到与点 A、B 和 C 具有同样性质的其他点。将所有这些点连接起来即得要素的供给曲线。

值得注意的是，在图 8—5 以及图 8—4 中给出的要素供给曲线具有向右上方倾斜的正斜率性质，这只是作为例子说明要素供给曲线如何从消费者行为理论中推出，并不意味着要素供给曲线总是向右上方倾斜的。事实上，要素供给曲线可以向右上方倾斜，也可以垂直，甚至可以向右下方倾斜。其形状究竟如何取决于无差异曲线的形状（以及初始状态的情况）。或者更具体地说，要取决于消费者效用函数 $U=U(Y,l)$ 的特点。一般而言，在效用函数 U 中，自变量的第一项（Y）表明，收入 Y 与要素本身的特点并无关系：无论是什么要素，其带来的收入都被假设为是一样的，只要其数量相同就有一样的效用；但效用函数中自变量的第二项自用资源（例如现在的 l）却可能因为其性质不同而对效用的影响大相径庭。有些东西保留下来足以增加效用，例如时间资源就是如此；而另外一些东西保留下来却未必能增加效用，或者即使能增加效用，其效果也微不足道，可以忽略不计，例如，不存在其他用途的土地就可能属于此类情况；还有一些东西保留下来不仅不能增加反而会减少效用，例如收入。保留收入意味着减少当前的消费，从而减少当前的效用。因此，无差异曲线形状之区别从而要素供给曲线形状之不同，实际上与要素的特点有关。鉴于此，下面我们要针对不同种类的要素分别讨论其要素供给方面的特点。首先讨论劳动要素，然后再分析土地和资本。劳动、土地和资本恰好是西方经济学在传统上按职能划分的三种生产要素。

第五节　劳动供给曲线和工资率的决定

一、劳动和闲暇

劳动供给涉及消费者对其拥有的既定时间资源的分配。说消费者拥有的时间资源是既定的具有两层含义。首先，每天只有 24 小时，这是不会改变的；其次，在这固定的 24 小时之中，有一部分必须用于睡眠而不能挪为他用。必需的睡眠时间虽不是绝对地不变，但对于特定的消费者而言，短期内不会变化很大。如果将必需的睡眠时间挪作他用，则消费者的满足程度即效用以及劳动生产力都将受到很大的影响。为了方便起见，这里假定消费者每天必须睡眠 8 个小时。因此，消费者可以自由支配的时间资源每天为固定的 24－8＝16（小时）。

由上述假定可知，消费者可能的劳动供给只能来自 16 小时之中，而不能超过它。其最大的劳动供给为 16 小时。设劳动供给量为 6 小时，则全部时间资源中的剩余部分为 16－6＝10（小时），称为“闲暇”时间。闲暇时间包括除必需的睡眠时间和劳动供给之外的全部活动时间。例如，用于吃、喝、玩、乐即用于各种消费活动的时间。在现实生活中，闲暇时间也可用于非市场活动的“劳动”，例如干家务活。为简单起见，这里不考虑这种情况。若用 H 表示闲暇，则 $16-H$ 就代表消费者的劳动供给量。因此，劳动供给问题就可以看成是消费者如何决定其固定的时间资源 16 小时中闲暇 H 所占的部分，或者说，如何决定其全部资源在闲暇和劳动供给两种用途上的分配。

消费者选择一部分时间作为闲暇来享受，选择其余时间用于劳动供给。前者即闲暇直接增加了效用，后者则可以带来收入，通过收入用于消费再增加消费者的效用。因此，就实质而言，消费者并非在闲暇和劳动二者之间进行选择，而是在闲暇和劳动收入之间进行选择。或者更一般地说，是在自用资源和收入之间进行选择。显然，上一节讨论的模型完全适合于用来分析目前的问题。

二、劳动供给曲线

参见图 8—6 和图 8—7。先看图 8—6。图中横轴 H 表示闲暇，纵轴 Y 与以前一样表示收入。消费者的初始状态点 E 现在表示的是非劳动收入 $\overline{Y}$ 与时间资源总量 16 小时的组合。假定劳动价格即工资为 w_0，则可能的最大收入（劳动收入加非劳动收入）为 $K_0=16w_0+\overline{Y}$。于是消费者在工资 w_0 条件下的预算线为连接初始状态点 E 与纵轴上点 K_0 的直线 EK_0。EK_0 与无差异曲线 U_0 相切，切点为 A。与点 A 对应的最优闲暇量为 H_0，从而劳动供给量为 $(16-H_0)$。于是得到**劳动供给曲线**（参见图 8—7）上的一点 $a(w_0, 16-H_0)$。

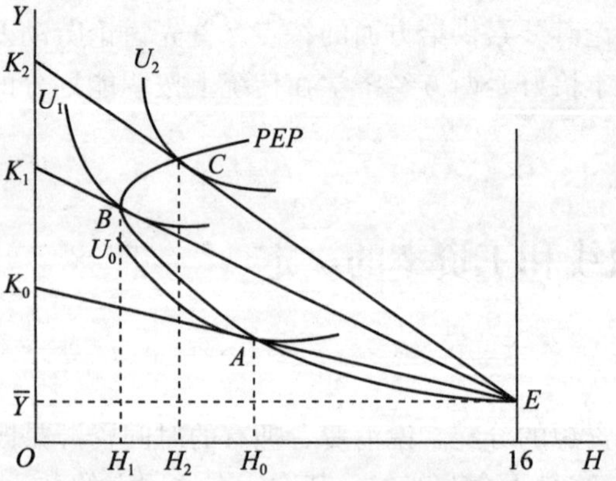

图 8—6　时间资源在闲暇和劳动供给之间的分配

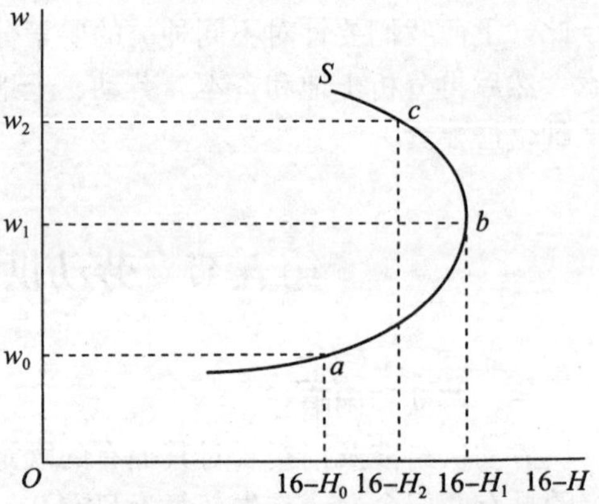

图 8—7　消费者的劳动供给曲线

再回到图 8—6。现在让劳动价格上升到 w_1，再上升到 w_2，则消费者的预算线将绕初始状态点 E 顺时针旋转到 EK_1 和 EK_2，其中 $K_1=16w_1+\overline{Y}$，$K_2=16w_2+\overline{Y}$。预算线 EK_1 和 EK_2 分别与无差异曲线 U_1 和 U_2 相切，切点分别为 B 和 C。均衡点 B 和 C 对应的最优闲暇量分别为 H_1 和 H_2，从而相应的劳动供给量一个为 $(16-H_1)$，一个为 $(16-H_2)$。现又得到劳动供给曲线(参见图 8—7)上的两点：$b(w_1,16-H_1)$、$c(w_2,16-H_2)$。

重复上述过程，可得到图 8—6 中类似于点 A、B 和 C 的其他点。将这些点联结起来，即得到图 8—6 中的价格扩展线 PEP；相应地，在图 8—7 中可得到类似于点 a、b 和 c 的其他点，将所有这些点联结起来，即得到消费者的劳动供给曲线 S。

与一般的供给曲线不同，图 8—7 描绘的劳动供给曲线具有一个鲜明的特点，即它具有一段“向后弯曲”的部分。当工资较低时，随着工资的上升，消费者为较高的工资吸引将减少闲暇，增加劳动供给量。在这个阶段，劳动供给曲线向右上方倾斜。但是，工资上涨对劳动供给的吸引力是有限的。当工资涨到 w_1 时，消费者的劳动供给量达到最大。此时如果继续增加工资，则劳动供给量非但不会增加，反而会减少。于是劳动供给曲线从工资 w_1 处开始向后弯曲。

三、劳动的市场供给曲线和均衡工资的决定

将所有单个消费者的劳动供给曲线水平相加，即得到整个市场的劳动供给曲线。尽管许多单个消费者的劳动供给曲线可能会向后弯曲，但劳动的市场供给曲线却不一定也是如此。在较高的工资水平上，现有的工人也许提供较少的劳动，但高工资也会吸引新的工人进来，因而总的市场劳动供给一般还是随着工资的上升而增加，从而市场劳动供给曲线仍然是向右上方倾斜的。

由于要素的边际生产力递减和产品的边际收益递减，要素的市场需求曲线通常是向右下方倾斜的。劳动的市场需求曲线也不例外。将向右下方倾斜的劳动需求曲线和向右上方倾斜的劳动供给曲线综合起来，即可决定均衡工资水平。参见图 8—8。图中劳动需求曲线 D 和劳动供给曲线 S 的交点是劳动市场的均衡点。该均衡点决定了均衡工资为 w_0，均衡劳动数量为 L_0。因此，均衡工资水平由劳动市场的供求曲线决定，且随着这两条曲线的变化而变化。劳动供给曲线位置的变化显然有如下几个原因：第一，非劳动收入即财富：较多的财富增强了消费者保留时间以自用的能力，从而减少了他的劳动供给。第二，社会习俗：例如某些社会中不容许妇女参加工作而只能做家务，改变这个习俗将大大增加劳动供给。第三，人口：人口的总量及其年龄、性别构成显然对劳动供给有重大影响。

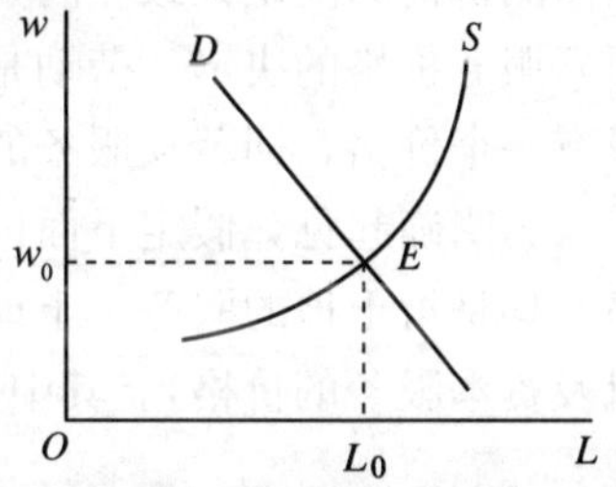

图 8—8　均衡工资的决定

第六节　土地的供给曲线和地租的决定

经济学上的土地泛指一切自然资源，其特点被描述为“原始的和不可毁灭的”。说它是原始的，是因为它不能被生产出来；说它是不可毁灭的，是因为它在数量上不会减少。土地数量既不能增加，也不能减少，因而是固定不变的。或者也可以说，土地的“**自然供给**”是固定不变的，它不会随着**土地价格**的变化而变化。

一、土地、土地供给和土地价格

在正式讨论土地（以及资本）的供给之前，有几个概念需要首先明确。

第一，生产服务的源泉和生产服务本身．生产服务的源泉不同于生产服务木身。例

如，劳动服务的源泉是人类或劳动者，但劳动服务却是“人一时”（或代表劳动者在某个特定时期的工作的其他单位）；同样，土地是生产服务的源泉，但该生产服务本身却是用“公顷一年”（即使用1公顷土地1年）之类的单位来衡量的。类似的区别也适用于资本，比如，建筑物和机器作为源泉也不同于它们所提供的服务。

第二，源泉的供给（以及需求）和服务的供给（以及需求）。源泉的供求是指卖和买生产服务的“载体”；服务的供求则是指卖和买生产服务本身而非其“载体”。有些生产要素的源泉及其服务都可以在市场中交易，例如，土地和资本；有些生产要素则不是如此，例如劳动。劳动服务可以被买卖，但劳动服务的源泉（即人类自身）却不能被买卖，至少现在的文明社会是这样。

第三，源泉的价格和服务的价格。如果源泉和服务二者均可在市场上交易，则就有两个价格，即源泉的价格和服务的价格。例如，就土地而言，有一个“1公顷土地（即源泉）的价格”，还有一个“使用1公顷土地1年（即服务）的价格”。再如建筑物和机器，它们本身有一个市场价格（即源泉的价格），还有一个使用它们一定时间的价格（即服务的价格）。这两个价格显然不同，因而有加以区别的必要。生产要素源泉的价格，特别是资本物品（如机器）的价格，系由它们的市场供求曲线所决定，其过程与前面已经论述过的商品价格的决定大致相同，我们在分配论中不再重复。因此，分配论中所论述的是生产要素服务价格的决定。劳动是一个例外。由于只有劳动服务能够买卖，因此就劳动而言，只有一个价格，即劳动服务的价格。

为明确起见，假定下面讨论的土地、土地供给及土地价格（资本、资本供给及资本价格）均是指土地的服务、土地服务的供给及土地服务的价格（资本服务、资本服务的供给以及资本服务的价格）。其中，土地服务的价格称为地租（资本服务的价格称为利息）。

二、土地的供给曲线

前面说过，土地的自然供给即自然赋予的土地数量是（或者假定是）固定不变的：它不会随土地价格即地租的变化而变化。现在要考虑土地的市场供给情况：它是否也与土地价格没有关系呢？

为了回答这个问题，下面仍然从分析单个土地所有者的行为开始。

假定土地所有者是消费者，从而其行为目标是效用最大化。它所用的土地数量在一定时期内也是既定的和有限的。和前一节分析的劳动者一样，土地所有者现在要解决的是，如何将既定数量的土地资源在保留自用和供给市场这两种用途上进行分配以获得最大的效用。

与供给劳动的情况类似，供给土地本身不直接增加效用。土地所有者供给土地是为了获得土地收入，而土地收入可以用于各种消费目的，从而增加效用。因此，土地所有者实际上是在土地供给所可能带来的收入与自用土地之间进行选择。

现在的问题是：自用土地是如何增加土地所有者的效用的呢？显然，如果不用来供给市场的话，则土地可以用来建造花园或高尔夫球场等。土地的这些消费性使用当然会增加土地所有者的效用，就像劳动者场合的闲暇的作用一样。不过一般来说，土地的消费性使用只占土地的一个很微小的部分，不像时间的消费性使用那样占去全部时间的一个较大的部分。假定不考虑土地消费性使用这个微小的部分，即不考虑土地所有者自用土地的效用，则自用土地的边际效用等于 0。

换句话说，效用只取决于土地收入而与自用土地数量的大小无关。在这种情况下，为了获得最大效用就必须使土地收入达到最大（因为效用总是收入的递增函数），而为了使土地收入最大又要求尽可能地多供给土地（假定土地价格总为正）。由于土地所有者拥有的土地为既定的，例如为 $\overline{Q}$，故它将供给 $\overline{Q}$ 量的土地——无论土地价格 R 是多少。因此，土地供给将在 $\overline{Q}$ 的位置上垂直。

三、使用土地的价格和地租的决定

将所有单个土地所有者的土地供给曲线水平相加，即得到整个市场的土地供给曲线。再将向右下方倾斜的土地的市场需求曲线与土地供给曲线结合起来，即可决定使用土地的均衡价格。参见图 8—9。图中土地需求曲线 D 与土地供给曲线 S 的交点是土地市场的均衡点。该均衡点决定了土地服务的均衡价格 R_0。特别是，如果假定土地没有自用价值，则单个土地所有者的土地供给曲线为垂直线，故市场的土地供给曲线亦为垂直线。

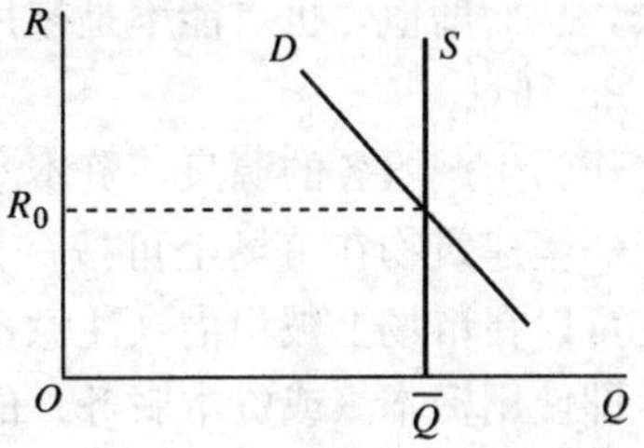

图 8—9　土地服务的均衡价格

当土地供给曲线垂直时，它与土地需求曲线的交点所决定的土地服务的价格具有特殊意义：它常常被称为“地租”。参见图 8—10 的 R_1。由于此时土地的供给曲线垂直且固定不变，故地租完全由土地的需求曲线决定，而与土地的供给曲线无关：它随着需求曲线的上升而上升，随着需求曲线的下降而下降。如果需求曲线下降到 D'，则地租将消失，即等于 0。

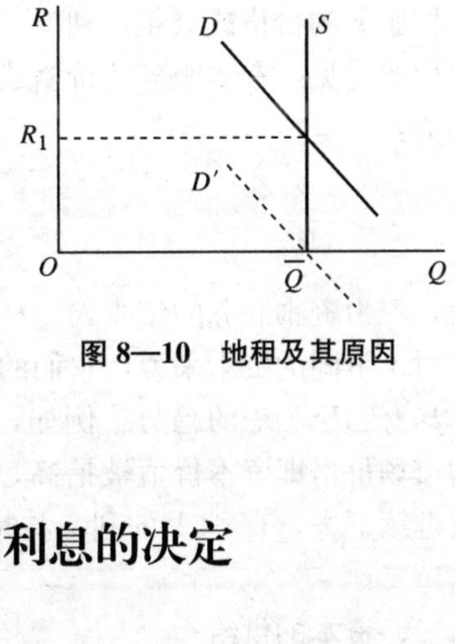

图 8—10　地租及其原因

第七节　资本的供给曲线和利息的决定

前面分别讨论了劳动和土地两种生产要素。现在考虑与它们并列的第三种生产要素，即所谓“资本”要素。资本这个词在不同的场合，因为不同的需要，被解释成不同的东西，从而又引导出不同的关于资本的理论。因此，有必要先来说明一下本节中所要分析的资本的含义。

一、资本和利息

1. 资本

作为与劳动和土地并列的一种生产要素，资本的独特特点可以概括如下：第一，它的数量是可以改变的，即它可以通过人们的经济活动生产出来；第二，它之所以被生产出来，是因为人们要以此而获得更多的商品和劳务；第三，它是作为投入要素，即通过被用于生产过程来得到更多的商品和劳务的。

由于第一个特点，资本便与其他两个生产要素即土地和劳动区别开来了。因为土地和劳动均是“自然”给定的，不能由人们的经济活动生产出来；由于第二及第三个特点，资本便与一切非生产要素的东西区别开来了。例如，由于第二个特点，它不同于普通的消费商品，因为消费商品不能带来更多的商品和劳务，其价值仅等于自身而不能增值。再例如，由于第二及第三个特点，它甚至也不同于单纯的储蓄。因为在现代社会中，单纯的储蓄本身仅仅意味着可贷资金的增加。如果这些资金并不实际贷出，则就不能增值；即使贷出去，从而增值，也可能不是被用于生产过程。

2. 利息

作为生产服务的源泉，资本本身具有一个市场价格，即所谓资本价值。例如，一台机器、一幢建筑物在市场上可按一定价格出售；另外，资本也与土地和劳动等其他要素一样，可以在市场上被租借（注意不是出售）出去。因此，作为生产服务，资本也有一个价格，即使用资本（或资本服务）的价格，或者说，资本所有权所得到的价格。这个价格通常称为利率，并用 r 来表示。

例如，一台价值为1 000元的机器被使用一年得到的收入为 100 元。用这个年收入来除以机器本身的价值即得到该机器每单位价值服务的年收入：100/1 000＝10％。这就是该机器服务的价格或（年）利率：$r=10\%$。

由此可见，资本服务的价格或利率等于资本服务的年收入与资本价值之比。用公式表示即为：

$$r=\frac{Z}{P} \tag{8.15}$$

式中，Z 为资本服务的年收入；P 为资本价值。

对于不同的资本来说，它们的价值或者年收入可能并不相同，但年收入与资本价值的比率却有趋于相等的趋势。例如，设资本 A 具有较高的利率，则人们将去购买它，从而它的市场价格即资本价值被抬高，于是根据公式（8.15），它的利率将下降。这个过程将一直继续下去，直到 A 的利率与其他资本的利率相等时为止。

二、资本的供给

现在根据上面给出的资本定义来讨论资本的供给问题：以效用最大化为目的的资本所有者如何向市场供给资本要素？由资本的定义可知，资本与土地及劳动的一个根本区别在于：资本的数量是可以变化的，即它可以被人们的经济活动创造出来，而土地和劳动则是“自然给定”的。这个根本区别使得资本的供给问题完全不同于土地和劳动的供给问题。在有关土地和劳动的场合，所要研究的是资源所有者如何对既定的土地或劳动在要素供给和保留自用之间进行选择。尽管对单个人来说，他可以通过购买例如土地来增加其所拥有的土地数量，但这同时也意味着，其他人拥有的土地数量相应地减少了。因此，从整个社会来看，这种买卖行为并没有改变总的土地数量。除非买卖双方的土地自用价值有很大差别，否则土地所有权的转移本身并不会对土地的市场供给状况产生任何影响。

资本的情况则完全不同：单个个人完全可以在不影响其他人资本拥有量的情况下增加自己的资本资源。这就是“储蓄”，即保留其收入的一部分不用于当前的消费。当一个人进行储蓄而非消费时，他就增加了自己拥有的资本数量。他可以自己生产新资本，例如孤岛上的鲁滨逊为织一张网而放弃某些当前消费；此外，他也可以去购买资本的所有权，如股票、债券等。后一种方式在现代社会中更为常见。当储蓄者购买股票或债券时，其他人则得到一笔所需要的资金去建造厂房和机器等新资本。无论如何，单个人的资本数量由于储蓄而增加，或者相反，由于负储蓄而减少。

因为资源所有者拥有的资本数量是可变的，故现在面临的不再是单一的既定资本的供给问题，而首先是如何确定最优的资本拥有量的问题。只有在确定了最优资本拥有量之后，才可以讨论这个既定最优量的供给问题。这后一个问题与土地及劳动的供给问题并无二致，均涉及既定资源在要素供给和自用用途之间的分配。如果假定资本的自用价值等于零（这个假定与土地自用价值为零相比并不更加不符合实际），则既定资本资源的供给也是固定的，其供给曲线为一条垂直线。至于前一个问题，即确定最优资本拥有量的问题实际上就是确定最优储蓄量的问题。假定资源所有者原有资本存量为 K_0，最优资本量为 K^*，则当 $K_0<K^*$ 时，资源所有者将通过储蓄来增加其资本拥有量，以达到最优水平；反之则进行负储蓄。因此，资源所有者的资本供给问题现在归结为如何将既定收入在消费和储蓄两方面进行分配的问题。

更进一步分析，资源所有者进行储蓄从而增加资本拥有量，其目的是什么呢？其目的与提供劳动和土地一样，当然也是为了将来能够得到更多的收入，从而有可能在将来进行更多的消费。这样一来，既定收入如何在消费和储蓄之间分配的问题，又可以看成是在现在消费和未来消费之间的选择。于是我们面临的是所谓消费者的**长期消费决策**问题。

长期消费决策与第三章讨论的同一时期在不同商品之间的选择并无多大区别。为分析的简单起见，假定只有一种商品、只有今年和明年两个时期，并且消费者可以将商品借出或借入。在这些假定之下，长期消费决策可以用图 8—11 来说明。图中，横轴 C^0 代表今年消费的商品量，纵轴 C^1 代表明年消费的商品量。U_1、U_2 和 U_3 是消费者的三条无差异曲线。无差异曲线在这里表示的是给消费者带来同等满足的今年消费的商品量和明年消费的商品量的各种组合，它与普通的无差异曲线一样，也是向右下方倾斜，且凸向原点，并且较高位的无差异曲线代表较高的效用。无差异曲线向右下方倾斜表明，为了保证总的效用水平不变，减少今年的消费量就必须用增加明年的消费量来弥补，反之亦然。无差异曲线凸向原点表明，今年消费对明年消费的“边际替代率”递减，因为随着今年消费量的提高，从而明年消费量的下降，今年消费的“边际效用”将下降，而明年消费的“边际效用”将上升，于是今年消费替代明年消费的能力将下降。

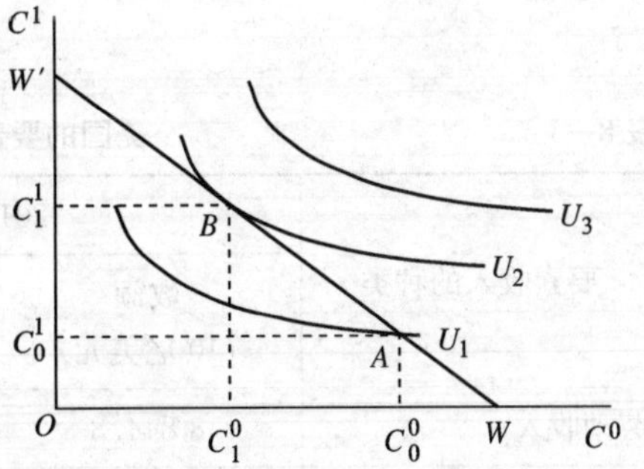

图 8—11　长期消费决策

再来看预算线 $W'W$。假定消费者今年得到的商品量（或收入）为 C_0^0，明年将得到的商品量（或收入）为C_0^1。于是消费者的初始状态可以用图中的点 $A(C_0^0, C_0^1)$表示。显而易见，A 点是预算线上的一点。处于 A 点的消费者可以借出一部分他今年的商品，也可以借入一部分别人今年的商品。如果再假定他所面临的市场利率为 r，则他减少一单位商品的今年消费就可以增加$(1+r)$单位商品的明年消费。换句话说，预算线的斜率必为$-(1+r)$，其中负号说明预算线是向右下方倾斜的。因此，预算线具备两个特点。第一，它必须经过初始状态 A 点；第二，它的倾斜程度由市场利率 r 完全确定，随着 r 的增加而愈加陡峭。将这两个特点综合在一起，即可得到如下结论：随着利率的上升，预算线将绕初始状态点 A 顺时针旋转；反之亦然。最后，如果消费者将明年的商品均提前到今年消费，则他今年可能有的最大消费就是：

$$W=C_0^0+\frac{C_0^1}{1+r}$$

它由预算线与横轴的交点表示。该点决定了预算线与纵轴之间水平方向的距离。

消费者的均衡位置当然是预算线与无差异曲线 U_2 的切点 B，即他的长期最优消费决策是：今年消费 C_1^0，明年消费 C_1^1。将初始状态 A 与均衡状态 B 比较一下即知，处于 A 点的消费者尽管今年拥有的商品量为C_0^0，但却决定只消费其中的一部分即 C_1^0，而将另一部分（$C_0^0-C_1^0$）储蓄起来，并按利率 r 借出去，从而能够在明年将消费从 C_0^1 提高到 C_1^1。

于是，由以上分析可知，给定一个市场利率 r，消费者今年有一个最优的储蓄量从而贷出量。如果进一步令利率变化，例如，设市场利率提高，则预算线将绕初始点 A 顺时针旋转，从而将与另一无差异曲线相切，得到另一均衡点及另一个最优储蓄量和贷出量。将不同利率水平下消费者的最优储蓄量画在图上，就得到一条储蓄或贷款供给曲线。一般来说，随着利率的上升，人们的储蓄也会被诱使增加，从而曲线向右上方倾斜。但与劳动供给曲线时的情况相同，当利率处于很高水平之上时，贷款曲线亦可能出现向后弯曲的现象。

☞专栏 8—2

美国的要素收入

表 8—1　　美国的要素收入（2013 年和 2014 年）

要素收入的种类	2013 年		2014 年	
	数额（10 亿美元）	份额（百分比）	数额（10 亿美元）	份额（百分比）
劳动收入	8 844.8	66.1	9 221.6	66.7
工资和薪水	7 124.7	53.2	7 446.0	53.8
津贴和其他劳动收入	1 720.1	12.9	1 775.6	12.9
财产收入	4 539.1	33.9	4 596.5	33.3
所有权收入	1 336.6	10.0	1 380.2	10.0

续前表

要素收入的种类	2013 年		2014 年	
	数额（10 亿美元）	份额（百分比）	数额（10 亿美元）	份额（百分比）
租金收入	595.8	4.5	640.2	4.6
公司利润	2 106.9	15.7	2 089.8	15.2
净利息	499.8	3.7	486.3	3.5
合计	13 383.9	100	13 818.1	100

资料来源：U. S. Department Commerce，*Survey of Current Business*.

第八节　洛伦兹曲线和基尼系数

到此为止，我们已经分析了西方经济学分配论中的要素价格决定理论。生产要素价格的决定理论是分配论的一个重要部分，但并不构成分配论的全部内容。除了要素价格决定之外，分配论还包括收入分配的不平等程度等。为了研究国民收入在国民之间的分配，美国统计学家 M. O. 洛伦兹提出了著名的**洛伦兹曲线**。洛伦兹首先将一国总人口按收入由低到高排列，然后考虑收入最低的任意百分比人口所得到的收入百分比，例如，收入最低的20%人口、40%人口等所得到的收入比例分别为3%、7.5%等（参见表8—2），最后，将这样得到的人口累计百分比和收入累计百分比的对应关系描绘在图形上，即得到洛伦兹曲线。参见图8—12。图中横轴 OH 表示人口（按收入由低到高分组）的累计百分比，纵轴 OM 表示收入的累计百分比，ODL 为该图的洛伦兹曲线。由该曲线（或表8—2）可知，在这个国家中，收入最低的20%人口所得到的收入仅占总收入的大约3%，而收入最低的80%人口所得到的收入还不到总收入的一半！

表 8—2　　　　**收入分配资料**

人口累计	收入累计
0%	0%
20%	3%
40%	7.5%
60%	29%
80%	49%
100%	100%

显而易见，洛伦兹曲线的弯曲程度具有重要意义。一般来说，它反映了收入分配的不平等程度。弯曲程度越大，收入分配程度就越不平等；反之亦然。特别是，如果所有收入都集中在某一个人手中，而其余人口均一无所获，则收入分配达到完全不平等，洛伦兹曲

线成为折线 OHL；而如果任一人口百分比均等于其收入百分比，从而人口累计百分比等于收入累计百分比，则收入分配就是完全平等的，洛伦兹曲线成为通过原点的 45°线 OL。

一般来说，一个国家的收入分配，既不是完全不平等的，也不是完全平等的，而是介于两者之间；相应的洛伦兹曲线，既不是折线 OHL，也不是 45°线 OL，而是像 ODL 那样向横轴凸出，尽管凸出的程度有所不同。收入分配越不平等，洛伦兹曲线就越是向横轴凸出，从而它与完全平等线 OL 之间的面积就越大。因此，可以将洛伦兹曲线与 45°线之间的部分 A 叫做“不平等面积”；当收入分配达到完全不平等时，洛伦兹曲线成为折线 OHL，OHL 与 45°线之间的面积 $A+B$ 就是“完全不平等面积”。不平等面积与完全不平等面积之比，称为**基尼系数**，是衡量一个国家贫富差距的标准。若设 G 为基尼系数，则：

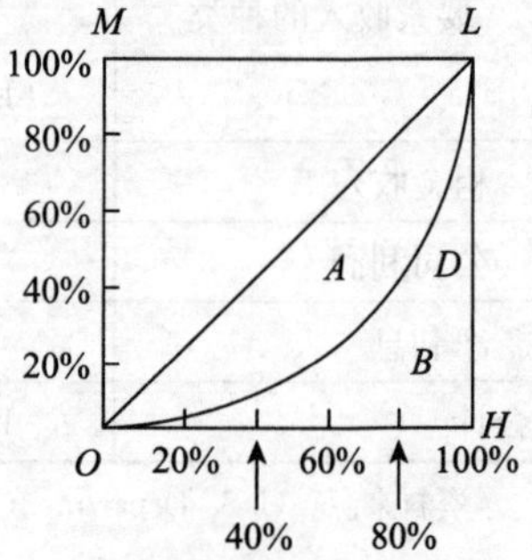

图 8—12 洛伦兹曲线

$$G=\frac{A}{A+B}$$

显然，基尼系数不会大于 1，也不会小于 0，即有 $0\leqslant G\leqslant 1$。

☞专栏 8—3

经合组织成员国的基尼系数

表 8—3　　经合组织成员国基尼系数的变化

国家	时期		
	20 世纪 80 年代中期	20 世纪 90 年代中期	2010 年或之后年份
冰岛			0.24
斯洛文尼亚			0.25
挪威	0.22	0.24	0.25
丹麦	0.22	0.21	0.25
捷克共和国		0.26	0.26
芬兰	0.21	0.22	0.26
斯洛伐克共和国			0.26
比利时			0.26
奥地利			0.27
瑞典	0.20	0.21	0.27
卢森堡	0.25	0.26	0.27
匈牙利		0.29	0.27
德国	0.25	0.27	0.29
荷兰	0.27	0.30	0.29
瑞士			0.30

续前表

国家	时期		
	20 世纪 80 年代中期	20 世纪 90 年代中期	2010 年或之后年份
法国		0.28	0.30
波兰			0.31
韩国			0.31
经合组织国家	0.28	0.31	0.31
新西兰	0.27	0.34	0.32
意大利	0.29	0.33	0.32
爱沙尼亚			0.32
加拿大	0.29	0.29	0.32
爱尔兰			0.33
澳大利亚		0.31	0.33
日本	0.30	0.32	0.34
希腊		0.35	0.34
西班牙			0.34
英国	0.31	0.34	0.34
葡萄牙			0.34
以色列	0.33	0.34	0.38
美国	0.34	0.36	0.38
土耳其	0.43	0.49	0.41
墨西哥	0.45	0.52	0.47
智利			0.50

资料来源：OECD（2014），*OECD Factbook 2014：Economic，Environmental and Social Statistics*，OECD Publishing，Paris.

复习与思考

1. 说明生产要素理论在微观经济学中的地位。
2. 试述完全竞争厂商的要素使用原则。
3. 完全竞争厂商的要素使用原则与利润最大化产量原则有何关系？
4. 试述消费者的要素供给原则。
5. 如何从要素供给原则推导要素供给曲线？
6. 劳动供给曲线为什么向后弯曲？
7. 土地的供给曲线为什么垂直？
8. 为什么说西方经济学的要素理论是庸俗的分配论？

第九章

一般均衡论和福利经济学

到目前为止，我们所讨论的全部理论均属于**局部均衡**分析的范畴。局部均衡分析研究的是单个（产品或要素）市场；其方法是把所考虑的某个市场从相互联系的构成整个经济体系的市场全体中"取出"来单独加以研究。在这种研究中，该市场商品的需求和供给仅仅被看成是其本身价格的函数，其他商品的价格则被假定为不变，而这些不变价格的高低只影响所研究商品的供求曲线的位置；所得到的结论是：该市场的需求和供给曲线共同决定了市场的均衡价格和均衡数量。

现在要进一步将局部均衡分析发展为**一般均衡**分析，即要将所有相互联系的各个市场看成一个整体来加以研究。在一般均衡分析中，每一商品的需求和供给不仅取决于该商品本身的价格，而且取决于所有其他商品（如替代品和互补品）的价格。每一商品的价格都不能单独地决定，而必须和其他商品的价格联合着决定。当整个经济的价格体系恰好使所有商品都供求相等时，市场就达到了一般均衡。

本章要着重讨论的问题是：在市场经济体系中，这种一般均衡状态是否存在？如果存在，它又是否具有经济效率？前一个问题自然是一般均衡论的研究对象，后一个问题则属于福利经济学的内容。

第一节　一般均衡

以前曾经碰到过不同市场之间的相互作用、相互影响问题。例如，我们知道，就产品市场而言，某种产品A的价格上升将引起其替代品B和互补品C的需求曲线右移和左移，从而使B和C的价格上升和下降。如果再进一步分析下去，则B和C的价格变化一方面会继续影响它们各自的替代品和互补品的价格，另一方面又反过来影响产品 A 的价格……于是，某种产品价格的变化将波及许多其他产品市场。同样地，就要素市场而言，某种要素 f 的价格变化亦将改变其替代要素和互补要素的需求曲线从而它们的价格。进一步分析，则这些替代和互补要素的价格变化也会继续影响它们各自的替代和互补要素价格的变化，并反过来影响初始要素 f 的价格…… 于是，某种要素价格的变化也将波及许多其他要素市场。最后，产品市场和要素市场之间也是相互联系、相互影响的：产品价格的提高将提高相应要素的需求曲线，而要素价格的提高则降低相应产品的供给曲线，如此等等。

为了更好地理解整个经济体系中各个不同市场的相互作用过程，还是先考察一个简化的市场经济情况。在该经济中，总共包括四个市场，即两个要素市场、两个产品市场。为方便起见，假定第一个要素市场为原油市场，第二个要素市场为煤市场，煤为原油的替代要素，第一个产品市场是汽油市场，汽油以原油为投入要素，第二个产品市场为小汽车市场，小汽车是汽油的互补品。

现在假定，所有市场在刚开始的时候均处于均衡状态。参见图 9—1。图9—1由图(a)、图（b）、图（c）和图（d）四个分图构成，它们分别代表原油、煤、汽油和小汽车市场。在每一分图中，初始状态均由供求曲线 S 和 D 给出，相应的均衡价格和均衡产量均由 P_0 和 Q_0 表示（当然，不同市场中的 P_0 和 Q_0 表示的是不同的产品或要素，并且其数值大小亦不一定相同）。

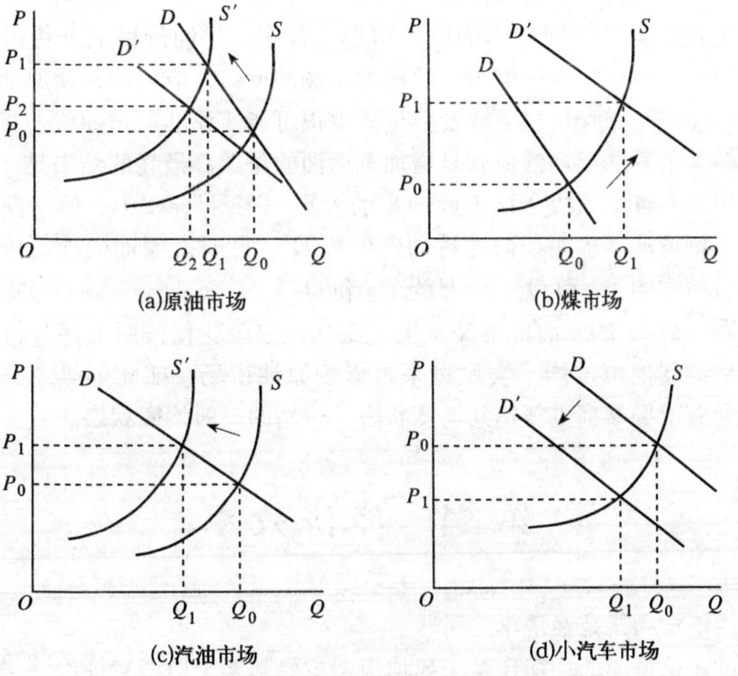

图 9—1　市场之间的相互关系

我们从图（a）开始考察。假定原油的供给由于某种非价格因素的影响而减少，即它的供给曲线从原来的 S 向左边移动，例如，左移到 S'。根据以前的局部均衡分析，供给

曲线移到 S' 将使原油的价格上升到 P_1，原油产量则下降到 Q_1。如果不考虑各个市场之间的相互依赖关系，则这就是全部的结果：P_1 和 Q_1 为新的均衡价格和均衡数量。

但是，一旦我们从局部均衡分析上升到一般均衡分析，情况就不再相同。原油市场的价格变化将打破其他市场的原有均衡，从而引起它们的调整；而其他市场的调整又会反过来进一步影响原油市场，从而最终的原油均衡价格和数量并不一定就是 P_1 和 Q_1。

首先来看图（c），即产品市场——汽油市场。原油是汽油的投入要素。投入要素的价格上升就是汽油成本的增加，于是，汽油的供给将减少。换句话说，原油价格的上涨使得汽油的供给曲线向左边移动，例如移到 S'。S' 与原来的需求曲线相交决定了汽油的新均衡价格为 P_1，新均衡产量为 Q_1。

其次讨论图（b），即另一个要素市场——煤市场。由于原油和煤是替代品，故原油价格的上升造成煤的需求的增加，即煤的需求曲线从 D 向右移到 D'，从而均衡价格上升到 P_1，均衡产量增加到 Q_1。

最后来看图（d），即另一个产品市场——小汽车市场。小汽车和汽油是所谓的互补品。在图（c）中的汽油市场价格上升之后，其互补品即小汽车的需求将减少。换句话说，小汽车的需求曲线由于汽油价格的上升而向左边移动，例如左移到 D'。结果小汽车的均衡价格下降到 P_1，均衡产量减少到 Q_1。

到此为止，我们已经讨论了原油市场供给减少从而原油价格上升对所有其他市场的影响：其产品汽油价格上升、其替代品煤的价格上升，以及小汽车的价格下降。所有这些其他市场价格的变化亦会反馈回来影响原油市场。首先，汽油价格上升将提高对原油的需求，而汽油数量的下降则减少该需求，故汽油市场的反馈效应可能是使原油需求曲线左移或右移；其次，小汽车市场价格下降及数量减少很可能使原油需求曲线左移；最后，煤市场价格上升及数量上升的反馈效应则是增加对原油的需求。最终的结果是，原油的需求曲线可能左移，可能右移，取决于两方面力量的大小。在图（a）中，假定左移的力量超过了右移的力量，则原油需求曲线向左移动到位置 D'。此时，原油的均衡价格和数量不再等于局部均衡分析中的 P_1 和 Q_1，而是为 P_2 和 Q_2。

由于现在图（a）中的原油价格又发生了变化，故该变化按照上述分析又会影响其他市场；被影响后的其他市场均又会反过来再影响原油市场；如此等等。一直继续调整下去，直到最后所有市场又都重新达到均衡状态——新的**一般均衡状态。**

第二节　经济效率

一、实证经济学和规范经济学

前面讨论的无论是局部均衡还是一般均衡，主要都属于所谓**实证经济学**的部分。实证经济学研究实际经济体系是怎样运行的，它对经济行为作出有关的假设，根据假设分析和陈述经济行为及其后果，并试图对结论进行检验。例如，西方经济学从一系列假定出发说明了整个经济体系在理论上存在所谓一般均衡状态，即存在这样一组价格，使得所有商品的供求都恰好相等。这就是实证经济学。

从“实证”的角度来看，经济学对经济现象的研究至少包括如下三个方面。

第一是“描述”，即回答“是什么”的问题。描述性经济学的任务主要是把有关经济现象的数据整理和汇编起来，用这些经过处理之后已经“井然有序”的数据来描述经济现象的一些重要特征。例如，对市场行为的分析常常就是从对市场结构的描述开始的：在该市场中，有多少数量的厂商？他们的规模有多大？生产的商品是完全相同还是略有差异？等等。

第二是“解释”，即回答“为什么”的问题。解释性经济学的主要任务是通过对已知经济现象的分析来说明隐藏在其背后的原因。例如，某种商品的市场价格上升，是已知的经济现象；对该现象的解释则可能是：该商品的需求增加，或者，该商品的供给减少，或者，需求增加和供给减少同时存在。可以说，经济学教科书的“主体”就是由此类解释性理论构成。

第三是“预测”，即回答“会如何”的问题。预测性经济学的主要任务是根据理论和假设去发现原来未知的经济现象。预测性经济学与解释性经济学非常相似。从形式上看，预测是对未知现象的推断，而解释是对已知现象的说明。这里，所谓“未知现象”，既可以是尚未发生过的，也可以是已经发生但尚未被研究者知晓的。如果解释针对的不是已知现象而是未知现象，则解释也就具有了预测的性质。不过，对未知现象的预测并非原来意义（真正意义）上的解释。原来意义上的解释是发现已知现象背后的原因，而预测要发现的却是未知现象本身（当然，连带地也包括未知现象背后的原因）。这些未知现象的存在可以根据现有的理论和假设推断出来。

但是，除了“是什么”（以及“为什么”和“会如何”）的问题之外，西方经济学家还试图回答“应当是什么”（以及“应当如何”）之类的问题，即他们试图从一定的社会价值判断标准出发，根据这些标准，对一个经济体系的运行进行评价，并进一步说明一个经济体系应当怎样运行，以及为此提出相应的经济政策。这些便属于所谓**规范经济学**的内容。例如，尽管西方经济学说明了一般均衡的存在，但这种一般均衡状态是否对整个社会是“最优”的呢？即是否还存在其他更好的经济状态，在这些状态下，每个人从而整个社会的“福利”要更大一些呢？这些都牵涉到优劣、好坏的问题，即价值判断的问题。对这些问题的研究属于规范经济学。

本章剩余部分所讨论的福利经济学就是一种规范经济学。具体来说，福利经济学是在一定的社会价值判断标准的条件下，研究整个经济的**资源配置**与个人福利的关系，特别是市场经济体系的资源配置与福利的关系，以及与此有关的各种政策问题。换句话说，福利经济学研究要素在不同厂商之间的最优分配以及产品在不同家户之间的最优分配。简言之，研究资源的最优配置。

二、判断经济效率的标准

如何判断各种不同的资源配置的优劣，以及确定所有可能的资源配置中的最优资源配置呢？为了回答这个问题，先来考虑如下的简单情况：假定整个社会只包括两个人如甲和乙，且只有两种可能的资源配置状态如 A 和 B。甲和乙在 A 和 B 之间进行选择，是状态 A 优于状态 B，还是相反，状态 B 优于状态 A？或者，状态 A 与状态 B 二者无差异？

对于每一个单个人如甲或乙，假定他可以在两种资源配置状态 A 和 B 中作出明确的选择，即他或者认为 A 优于 B，或者认为 A 劣于 B，或者认为 A 与 B 无差异。三者必居其一。

现在的问题是：从社会（即由甲和乙两个人构成的社会）的观点来看，这两种资源配置状态 A 和 B 谁优谁劣呢？

由于甲有三种可能的选择，乙也有三种可能的选择，因此从整个社会来看就存在九种可能的选择情况。

这九种可能的选择情况，按甲和乙的不同态度可分为三大类型。第一类型是甲和乙的意见完全相反；第二类型是甲和乙的意见完全相同；第三类型是甲和乙的意见基本一致。

首先来看第一类型。如果甲和乙的意见完全相反，则是否能够从社会的角度对状态 A 和 B 的优劣作出明确的说明呢？这里显然遇到了麻烦。除非能够假定甲的意见（或者乙的意见）无关紧要，从而可以不加考虑，否则不能判断出 A 与 B 的优劣。换句话说，在这种情况下，从社会的观点看，状态 A 与 B 是“不可比较的”，即没有任何“客观”的标准对它们进行判断。

如果去掉不可比较的第一类型的两种情况，则剩下的其余两大类型均可看成是可以比较的。就第二种类型而言，甲和乙的看法完全一致，此时自然可以认为甲和乙两人的共同看法就代表了社会的看法。

在第三类型中，甲和乙的看法基本一致，但不是完全一致。不过，在这种情况下，也可能由个人的观点形成社会的看法。例如，甲认为 A 优于 B，而乙认为二者无差异。这表明，如果让资源配置状态从 B 变动到 A，则从整个社会来看，这种改变至少使得甲的状况变好，而没有使乙的状况变坏。也就是说，这种变动的净结果是增进了甲的福利，从而也增进了社会的福利。因此，在这种情况下，可以得到的结论是：社会认为 A 优于 B。

现在将上述“可以比较”的情况，按它们形成的社会观点作如下分类：

1. A 优于 B

如果甲和乙都认为 A 优于 B，或者甲和乙中有一个人认为 A 优于 B，而另一个人并不认为 A 劣于 B，则从社会的观点看，就有 A 优于 B。说得更精练一点就是：如果甲和乙中至少有一人认为 A 优于 B，而没有人认为 A 劣于 B，则从社会的观点看有 A 优于 B。

2. A 与 B 无差异

如果甲和乙都认为 A 和 B 无差异，则从社会的观点看，A 与 B 也无差异。

3. A 劣于 B

如果甲和乙都认为 A 劣于 B，或者，甲和乙中有一个人认为 A 劣于 B，而另一个人并不认为 A 优于 B，则从社会的观点来看有 A 劣于 B。说得更精练一点就是：如果甲和乙中至少有一个人认为 A 劣于 B，而没有人认为 A 优于 B，则从社会的观点看，就有 A 劣于 B。显然，这里所说的与 A 优于 B 的情况恰好相反。

将以上所说总结起来，便有可能得到两人社会在两种可能的资源配置状态中的一种选择标准：

如果两人中至少有一人认为 A 优（或劣）于 B，而没有人认为 A 劣（或优）于 B，则从社会的观点看，亦有 A 优（或劣）于 B。如果两人都认为 A 与 B 无差异，则从社会的观点看，亦有 A 与 B 无差异。

显而易见，上述结论不只适用于两人社会在两种可能的资源配置中进行选择的简单情况，也可以很容易地推广到多人社会在多种资源配置状态中进行选择的一般情况。社会的选择标准只需稍微变动如下（其中 A 与 B 是任意两种状态）：

如果至少有一人认为 A 优于 B，而没有人认为 A 劣于 B，则认为从社会的观点看亦有 A 优于 B。

这就是所谓的帕累托最优状态标准，简称为**帕累托标准**。

利用帕累托最优状态标准，可以对资源配置状态的任意变化作出“好”与“坏”的判断：如果既定的资源配置状态的改变使得至少有一个人的状况变好，而没有使任何人的状况变坏，则认为这种资源配置状态的变化是“好”的；否则认为是“坏”的。这种以帕累托标准来衡量为“好”的状态改变称为**帕累托改进**。更进一步，利用帕累托标准和帕累托改进，可以定义所谓“最优”资源配置，即：如果对于某种既定的资源配置状态，所有的帕累托改进均不存在，即在该状态上，任意改变都不可能使至少有一个人的状况变好而又不使任何人的状况变坏，则称这种资源配置状态为**帕累托最优状态**。换言之，如果对于某种既定的资源配置状态，还存在帕累托改进，即在该状态上，还存在某种（或某些）改变可以使至少一个人的状况变好而不使任何人的状况变坏，则这种状态就不是帕累托最优状态。

帕累托最优状态又称做**经济效率**。满足帕累托最优状态就是具有经济效率的；反之，不满足帕累托最优状态就是缺乏经济效率的。例如，如果产品在消费者之间的分配已经达到这样一种状态，即任何重新分配都会至少降低一个消费者的满足水平，那么，这种状态就是最优的或最有效率的状态。同样地，如果要素在厂商之间的配置已经达到这样一种状态，即任何重新配置都会至少降低一个厂商的产量，那么，这种状态就是最优的或最有效率的状态。

第三节　交换的帕累托最优条件

本节开始论述达到帕累托最优状态所必须满足的条件。这些条件被称为**帕累托最优条件**。它包括**交换的最优条件**、**生产的最优条件**以及**交换和生产的最优条件**。本节先讨论交换的最优条件。

首先还是考虑两种既定数量的产品在两个单个消费者之间的分配问题，然后将所得的结论推广到一般情况。

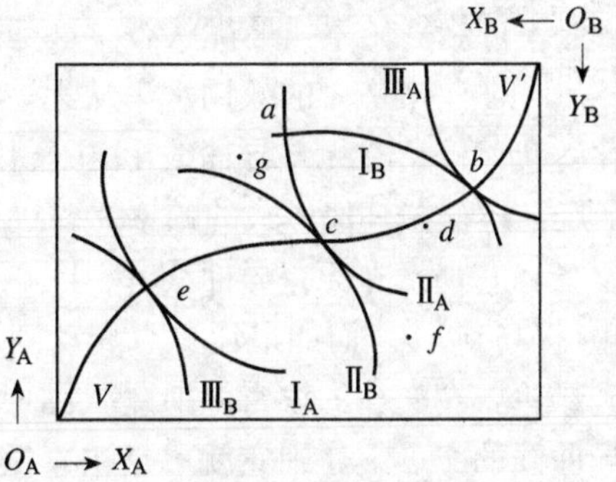

图 9—2　交换的帕累托最优

假定两种产品分别为 X 和 Y，其既定数量为 $\overline{X}$ 和 $\overline{Y}$，两个消费者分别为 A 和 B。下面用一种叫做埃奇渥斯盒状图的工具来分析这两种产品在两个消费者之间的分配。参见图 9—2。盒子的水平长度表示整个经济中第一种产品 X 的数量 $\overline{X}$，盒子的垂直高度表示第二种产品 Y 的数量 $\overline{Y}$。O_A 为第一个消费者 A 的原点，O_B 为第二个消费者 B 的原点。从 O_A 水平向右测量消费者 A 对第一种产品 X 的消费量 X_A，垂直向上测量他对第二种产品 Y 的消费量 Y_A；从 O_B 水平向左测量消费者 B 对第一种产品 X 的消费量 X_B，垂直向下测量他对第二种产品 Y 的消费量 Y_B。

现在考虑盒中的任意一点，如 a 点。a 点对应于消费者 A 的消费量（X_A，Y_A）和消费者 B 的消费量（X_B，Y_B）。下式成立：

$$\begin{aligned} X_A+X_B&=\overline{X} \\ Y_A+Y_B&=\overline{Y} \end{aligned} \tag{9.1}$$

换句话说，盒中任意一点确定了一套数量，表示每一个消费者对每一种产品的消费，且满足(9.1)式。因此，盒子(包括边界)确定了两种产品在两个消费者之间的所有可能的分配情况。特别是，在盒子的垂直边上的任意一点，表明某个消费者不消费 X，在盒子的水平边上的任意一点，表明某个消费者不消费 Y。

现在的问题是：在埃奇渥斯盒中的全部可能的产品分配状态之中，哪一些是帕累托最优状态呢？为了分析这一点，需要在埃奇渥斯盒状图中加入消费者偏好的信息，即加入每个消费者的无差异曲线。一方面，由于 O_A 是消费者 A 的原点，故 A 的无差异曲线向右下方倾斜且向 O_A 点凸出。图中 I_A、II_A 和 III_A 是消费者 A 的三条代表性无差异曲线。其中，III_A 代表较高的效用水平，而 I_A 代表较低的效用水平。一般来说，从 O_A 点向右移动，标志着消费者 A 的效用水平增加。另一方面，由于 O_B 是消费者 B 的原点，故 B 的无差异曲线向右下方倾斜，且向 O_B 点凸出。图中，I_B、II_B 和 III_B 是消费者 B 的三条代表性无差异曲线。其中，值得注意的是，III_B 代表较高的效用水平，而 I_B 代表较低的效用水平。一般说来，从 O_B 点向左移动，标志着消费者 B 的效用水平增加。

现在在埃奇渥斯盒状图中任选一点表示两种产品在两个消费者之间的一个初始分配。例如，选择一点 a。由于假定效用函数是连续的，故 a 点必然处于消费者 A 的某条无差异曲线上，同时也处于消费者 B 的某条无差异曲线上，即消费者 A 和 B 分别有一条无差异曲线经过 a 点。因此，这两条无差异曲线或者在 a 点相交，或者在 a 点相切。假定两条无差异曲线在 a 点相交（如图 9—2 所示，a 点是无差异曲线 II_A 和 I_B 的交点）。容易看出，a 点不可能是帕累托最优状态。这是因为，通过改变该初始分配状态，例如从 a 点变动到 b 点，则消费者 A 的效用水平从无差异曲线 II_A 提高到 III_A，而消费者 B 的效用水平并未变化，仍然停留在无差异曲线 I_B 上。因此，在 a 点仍然存在帕累托改进的余地。当然，在 a 点，还存在其他形式的帕累托改进。例如，从 a 点变动到 c 点，则消费者 A 的效用水平不变，它仍然在无差异曲线 II_A 上，但消费者 B 的效用水平却得到了提高：从无差异曲线 I_B 提高到 II_B。而如果让 a 点变动到 d 点，则消费者 A 和 B 的效用水平均会提高。由此得到结论：在交换的埃奇渥斯盒状图中，任意一点，如果它处在消费者 A 和 B 的两条无差异曲线的交点上，则它就不是帕累托最优状态，因为在这种情况下，总存在帕累托改进的余地，即总可以改变该状态，使至少有一个人的状况变好而没有人的状况变坏。

另外，如果初始的产品分配状态处于两条无差异曲线的切点，如 c 点上，则容易看出，此时不存在任何帕累托改进的余地，即它们均为帕累托最优状态。改变 c 点的状态只有如下几种可能：向右上方移到消费者 A 较高的无差异曲线上，则 A 的效用水平提高了，但消费者 B 的效用水平却下降了；向左下方移到消费者 B 的较高的无差异曲线上，则 B 的效用水平提高了，但消费者 A 的效用水平却下降了；剩下来的唯一一种可能则是消费者 A 和 B 的效用水平都降低。例如，从 c 点移到 g 点或 f 点，都属此种情况。由此可得结论：在交换的埃奇渥斯盒状图中，任意一点，如果它处在消费者 A 和 B 的两条无差异曲线的切点上，则它就是帕累托最优状态，并称为交换的帕累托最优状态。在这种情况下，不存在帕累托改进的余地，即任何改变都不能使至少一个人的状况变好而没有人的状况变坏。

无差异曲线的切点不止 c 点一个。b 点和 e 点以及其他许多未在图 9—2 中画出的点也都是无差异曲线的切点，从而都代表帕累托最优状态。所有无差异曲线的切点的轨迹构成曲线 VV'，叫做**交换的契约曲线**（或**效率曲线**），它表示两种产品在两个消费者之间的所有最优分配（即帕累托最优状态）的集合。

从交换的帕累托最优状态可以得到交换的帕累托最优条件。我们知道，交换的帕累托最优状态是无差异曲线的切点，而无差异曲线的切点的条件是在该点上两条无差异曲线的斜率相等。无差异曲线的斜率的绝对值又叫做两种商品的边际替代率（更准确地说，是商品 X 代替商品 Y 的边际替代率）。因此，交换的帕累托最优状态的条件可以用边际替代率的术语来表示：要使两种商品 X 和 Y 在两个消费者 A 和 B 之间的分配达到帕累托最优状态，则对于这两个消费者来说，这两种商品的边际替代率必须相等。

第四节　生产的帕累托最优条件

本节的讨论与上节非常相似。上节交换的帕累托最优研究了两种既定数量的产品在两个消费者之间的分配情况，本节生产的帕累托最优则要研究两种既定数量的要素在两个生产者之间的分配情况。假定这两种要素分别为 L 和 K，其既定数量为 $\bar{L}$ 和 $\bar{K}$，两个生产者分别为 C 和 D。于是要素 L 和 K 在生产者 C 和 D 之间的分配状况亦可以用埃奇渥斯盒状图来表示。参见图 9—3。盒子的水平长度表示整个经济中第一种要素 L 的数量 $\bar{L}$，盒子的垂直高度表示第二种要素 K 的数量 $\bar{K}$。O_C 为第一个生产者 C 的原点；O_D 为第二个生产者 D 的原点。从 O_C 水平向右测量生产者 C 对第一种要素的生产消费量 L_C，垂直向上测量它对第二种要素的生产消费量 K_C；从 O_D 水平向左测量生产者 D 对第一种要素 L 的生产消费量 L_D，垂直向下测量它对第二种要素 K 的生产消费量 K_D。

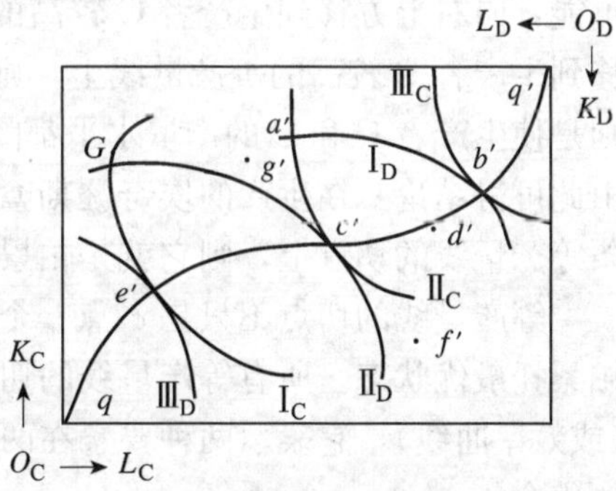

图 9—3　生产的帕累托最优

考虑盒中任意一点如 a' 点。a' 点对应于生产者 C 的生产消费量（L_C，K_C）和生产者 D 的生产消费量（L_D，K_D）。很明显，下式成立：

$$L_C + L_D = \bar{L}$$

$$K_C + K_D = \bar{K} \tag{9.2}$$

即盒中任意一点确定了两种要素在两个生产者之间的所有可能的分配情况。

在埃奇渥斯盒中的全部可能的要素分配状态中，哪些是帕累托最优状态呢？为此，在盒中加入每个生产者的生产函数的信息，即其等产量线。一方面，由于 O_C 是生产者 C 的原点，故 C 的等产量线如 I_C、II_C 和 III_C 所示。其中 III_C 代表较高的产量水平，I_C 代表较低的产量水平。一般说来，从 O_C 点向右移动，标志着生产者 C 的产量水平增加。另一方面，由于 O_D 是生产者 D 的原点，故 D 的等产量线如 I_D、II_D 和 III_D 所示。其中，值得注意的是，III_D 代表较高的产量水平，I_D 代表较低的产量水平。一般说来，从 O_D 点向左移动，标志着生产者 D 的产量水平增加。

现在在埃奇渥斯盒中任选一点如 a' 点。由于假定生产函数是连续的，故 a' 点必然处于生产者 C 和 D 的等产量线的交点或切点上。假定 a' 点是等产量线的交点（如图 9—3 所示，a' 点是等产量线 II_C 和 I_D 的交点）。容易看出，a' 点不可能是帕累托最优状态。这是因为，通过改变该初始分配状态，例如从 a' 点变动到 b' 点，则生产者 C 的产量水平从等产量线 II_C 提高到 III_C，而生产者 D 的产量水平并未变化，仍然停留在等产量线 I_D 上。因此，在 a' 点上仍然存在帕累托改进的余地。此外，如果从 a' 点变动到 c' 点，则生产者 C 的产量未提高，但生产者 D 的产量却提高了。如果从 a' 点变动到 d' 点，则生产者 C 和 D 的产量均会提高。由此得到结论：在生产的埃奇渥斯盒状图中，任意一点，如果它处在生产者 C 和 D 的两条等产量线的交点上，则它就不是帕累托最优状态。

另外，如果初始的要素分配状态处于两条等产量线的切点如 c' 点，则容易看出此时不存在任何帕累托改进的余地，即它们均为帕累托最优状态。改变 c' 点的状态只有如下几种可能：向右上方移到生产者 C 较高的等产量线上，则生产者 D 的产量会下降；向左下方移到生产者 D 较高的等产量线上，则生产者 C 的产量水平会下降；剩下的唯一一种可能则是使生产者 C 和 D 的产量水平都降低。例如，从 c' 点移到 g' 点和 f' 点，都属此种情况。由此可得结论：在生产的埃奇渥斯盒状图中，任意一点，如果它处在生产者 C 和 D 的两条等产量线的切点上，则它就是帕累托最优状态，并称为生产的帕累托最优状态。

等产量线的切点不只是 c' 点一个，b' 点和 e' 点等也都是等产量线的切点，从而也都是帕累托最优状态。所有等产量线的切点的轨迹构成曲线 qq'。曲线 qq' 叫做**生产的契约曲线**（或效率曲线），它表示两种要素在两个生产者之间的所有最优分配（即帕累托最优）状态的集合。

从生产的帕累托最优状态可以得到生产的帕累托最优条件。生产的帕累托最优状态是等产量线的切点，而等产量线的切点的条件是在该点上，两条等产量线的斜率相等。等产量线的斜率的绝对值又叫做两种要素的边际技术替代率（更准确地说，是要素 L 代替要素 K 的边际技术替代率）。因此，生产的帕累托最优状态的条件可以用边际技术替代率的术语来表示：要使两种要素 L 和 K 在两个生产者 C 和 D 之间的分配达到帕累托最优状态，则对于这两个生产者来说，这两种要素的边际技术替代率必须相等。

第五节　交换和生产的帕累托最优条件

一、问题和假定

第三节讨论交换的帕累托最优条件，第四节讨论生产的帕累托最优条件，现在要将交换和生产这两个方面综合起来，讨论交换和生产的帕累托最优条件。应当注意的是：交换和生产的最优条件并不是将交换的最优条件和生产的最优条件简单地并列起来。交换的最优只是说明消费是最有效率的；生产的最优只是说明生产是最有效率的。两者的简单并列只是说明消费和生产分开来看时各自独立地达到了最优，但并不能说明，当将交换和生产综合起来看时，也达到了最优。这一点在下面将会看得很清楚。

为了把交换和生产结合在一起加以论述，我们将前两节中分别研究它们时所作的那些假定也合并如下，即假定整个经济只包括两个消费者 A 和 B，他们在两种产品 X 和 Y 之间进行选择，以及两个生产者 C 和 D，它们在两种要素 L 和 K 之间进行选择以生产两种产品 X 和 Y。为了方便起见，假定 C 生产 X，D 生产 Y，并且假定消费者的效用函数亦即无差异曲线簇给定不变，生产者的生产函数即等产量线簇也给定不变。下面先从生产方面开始讨论，再过渡到消费问题，最后推出交换和生产的帕累托最优条件。

二、生产可能性曲线

根据以上假定，现在的生产问题是两个生产者 C 和 D 在两种要素 L 和 K 之间进行选择，分别生产两种产品 X 和 Y。根据第四节，可以用生产的埃奇渥斯盒状图的工具加以分析。回到图 9—3。我们知道图中的生产契约曲线 qq' 代表了所有生产的帕累托最优状态的集合。具体说来，生产契约曲线 qq' 上的每一点均表示两种投入在两个生产者之间的分配为最优，即表示最优投入。但是，仔细观察却发现，生产契约曲线还向我们提供了另一有用的信息，即在该曲线上的每一点也表示了一定量投入要素在最优配置时所能生产的一对最优的产出：曲线上每一点均为两个生产者的等产量线的切点，故它同时处在（两个生产者的）两条等产量线上，从而代表了两种产品的产量；这两种产出还是帕累托意义上的最优产出，即此时要增加某一产出的数量，就不得不减少另一种产出的数量。

例如，考虑图 9—3 中生产契约曲线上的一点 c'。它是两条等产量线 II_C 和 II_D 的切点。如果设 II_C 所表示的产出 X 的数量为 X_1，II_D 所表示的产出 Y 的数量为 Y_1，则 c' 点就表示最优产出量（X_1，Y_1）。同样地，生产契约曲线上的另外一点 e' 是等产量线 I_C 和 III_D 的切点。如果设 I_C 和 III_D 所表示的产出分别为 X_2 和 Y_2，则 e' 点就表示最优产出量（X_2，Y_2）。遍取生产契约曲线上的每一点，可得到相应的所有最优产出量。

现在考虑上述所有最优产出量的集合的特点。参见图 9—4。图中横轴表示最优产出量中 X 的数量，纵轴表示最优产出量中 Y 的数量。利用图 9—4，可以画出最优产出量的轨迹。例如，对应于图 9—3 中生产契约曲线上的 c' 点，最优产出量为（X_1，Y_1），该产出量在图 9—4 中就是图中的 c'' 点。同样地，对应于生产契约曲线上的 e' 点，最优产出量为（X_2，Y_2），该产出量在图 9—4 中就是 e'' 点。将生产契约曲线上每一点均通过这种方法

"变换"到图 9—4 中来，便得到曲线 PP'。曲线 PP'通常称作**生产可能性曲线**（或**产品转换曲线**）。显而易见，生产可能性曲线 PP'就是最优产出量集合的几何表示。

图 9—4 中的生产可能性曲线 PP'具有两个特点：第一，它向右下方倾斜；第二，它向右上方凸出。第一个特点容易解释。从生产的契约曲线可知，当沿着该曲线运动时，一种产出的增加必然伴随着另一种产出的减少，即在最优产出量中，两种最优产出的变化是相反的。例如，当我们从 e''点移到 c''点时，X 的产出增加了，但 Y 的产出却下降了。这种反方向变化说明了两种最优产出之间的一种"转换"关系，即可以通过减少某种产出的数量来增加另一种产出的数量。这也正是生产可能性曲线又被称为产品转换曲线的原因。如果设产出 X 的变动量为 ΔX，产出 Y 的变动量为 ΔY，则它们的比率的绝对值 $|\Delta Y/\Delta X|$ 可以衡量 1 单位 X 产品转换为 Y 产品的比率。该比率的极限则定义为 X 产品对 Y 产品的**边际转换率** MRT，换句话说，**所谓产品的边际转换率就是生产可能性曲线的斜率的绝对值**。

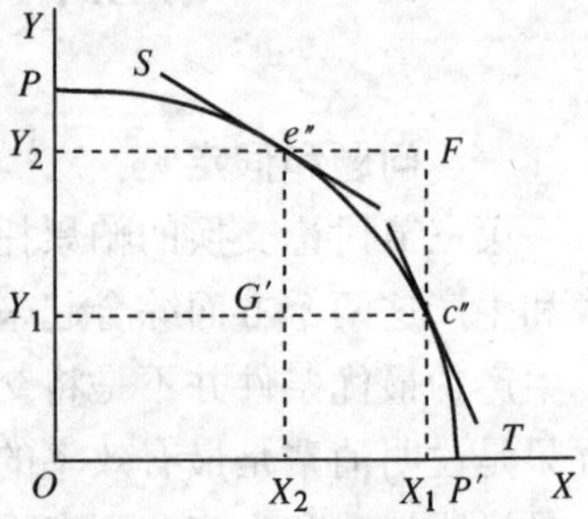

图 9—4　生产可能性曲线

现在来看生产可能性曲线的第二个特点：凸向右上方。如果借用产品的边际转换率这个概念，则可以将生产可能性曲线的第二个特点描述为：产品的边际转换率递增。例如，在图 9—4 中，当 X 的数量为 X_2 时，相应的边际转换率等于生产可能性曲线上 e''点的切线 S 的斜率的绝对值，而当 X 的数量增加到 X_1 时，相应的边际转换率等于 c''点的切线 T 的斜率的绝对值。显而易见，T 的斜率的绝对值要大于 S 的斜率的绝对值。因此，随着 X 产品数量的增加，X 转换为 Y 的边际转换率也在增大。

为什么产品的边际转换率是递增的呢？原因主要在于要素的边际报酬在递减。为方便起见，我们将生产的埃奇渥斯盒状图中的两种生产要素 L 和 K"捆"在一起，看成一种要素，比如称它为（$L+K$）要素，并假定该要素在产品 X 和 Y 的生产上的边际报酬是递减的。为什么存在产品的边际转换率，或者，为什么产品 X 可能转换成产品 Y？因为通过减少产量 X，可以"释放"出一部分要素（$L+K$），而释放出的这部分要素（$L+K$）可以用来生产产出 Y。由此，在 c''点上产品的边际转换率高于 e''点可能有如下两个原因。第一，在 c''点减少一单位 X 所释放出来的要素（$L+K$）要比在 e''点上同样减少一单位 X 所释放的要素多；第二，在 c''点上释放的每一单位（$L+K$）所生产的产量 Y 要比在 e''点上释放的每一单位要素生产的 Y 多。如果假定要素（$L+K$）的边际生产力递减，则上述两个原因就都存在。对应于 c''点的是较多的 X 和较少的 Y，对应于 e''点的则正好相反，是较多的 Y 和较少的 X。因此，要素（$L+K$）在 c''点上生产 X 的边际生产力要小于在 e''点上的情况，即与 e''点相比，在 c''点上要生产一单位 X 需要用更多的要素（$L+K$）。这意味着，一方面，在 c''点上减少一单位 X 的生产释放的投入要素（$L+K$）较多；另一方面，要素（$L+K$）在 c''点上生产 Y 的边际生产力要大于 e''点上的情况，即与 e''点相比，在 c''点上每一单位要素（$L+K$）生产的产出 Y 要更多。由此可见，由于要素（$L+K$）的边际生产力递减，在较高的 X 产出水平从而较低的 Y 产出水平上，一方面减少一单位 X 所释放的要素较多，另一方面所释放的每一要素生产 Y 的边际生产力也较高，故 X 产品替

换 Y 产品的边际转换率也较高。

图 9—4 中的生产可能性曲线 PP' 将整个产品空间分为三个互不相交的组成部分：曲线 PP' 本身，曲线 PP' 右上方的区域，以及曲线 PP' 左下方的区域。一方面，由于生产可能性曲线上每一点均表示在现有资源（$\bar{L}$，$\bar{K}$）和技术条件下整个经济所能达到的最大产出组合，故在生产可能性曲线右上方的区域实际上是在目前条件下所不可能达到的区域，即在现有资源和技术条件下，不可能生产出例如 F 点（X_1，Y_2）那样的产出组合。因此，右上方区域是所谓“生产不可能性区域”。另一方面，在生产可能性曲线左下方的区域则是“生产无效率区域”，就是说，如果经济处于该区域中，则它还没有达到其可能有的最大产出。例如，在生产可能性曲线左下方的一点 G'，其所对应的产量为 X_2 和 Y_1。由于在生产的埃奇渥斯盒状图 9—3 中，X_2 的产出由等产量线 I_C 表示，Y_1 的产出由等产量线 II_D 表示，故 G' 点就对应于等产量线 I_C 和 II_D 的交点，即图 9—3 中的 G 点。G 点不是等产量线的切点，不在生产契约曲线上，故不是生产的帕累托最优状态，其投入要素的配置不是最优的，从而它所代表的产出量也不是最优的。通过重新配置投入要素，例如，让图 9—3 中 G 点沿等产量线 I_C 移到 e' 点，则产出 X 没有变化，但产出 Y 增加到等产量线 III_D 所代表的较高水平。在图 9—4 中，这相当于 G' 点向上垂直移动到 e'' 点。如果让图 9—3中 G 点沿等产量线 II_D 移到 c' 点，则产出 Y 没有变化，但产出 X 却增加到由等产量线 II_C 所代表的较高水平。在图 9—4 中，这相当于从 G' 点向右水平移动到 c'' 点。如果让图 9—3 中 G 点沿等产量线 I_C 和 II_D 之中的任一路线移到 e' 和 c' 两点之间的生产契约曲线上，则这相当于在图 9—4 中让 G' 点沿任一路线移动到 e'' 点和 c'' 点之间的生产可能性曲线上。如果允许缺乏效率的“浪费性”生产，即把生产可能性曲线左下方区域亦看成是可行的生产范围，则全部可行生产范围就是闭（包括边界在内）的区域 $OPP'O$。这样一来，可以给生产可能性曲线另外一个解释，即它是生产可能性区域的“边界”，或简单地叫做生产可能性边界。

生产可能性曲线位置的高低取决于投入要素的数量和技术状况。我们知道，生产可能性曲线上任意一点表示在既定要素数量和技术状况条件下所可能生产的最大产出组合。如果要素数量或者技术状况发生了变化，则可能生产的最大产出组合就可能发生变化，从而生产可能性曲线的位置就可能发生变化，如图 9—5 所示。假定初始的资源数量和技术状况所确定的生产可能性曲线为 $P'P'$。$P'P'$ 上任意一点均表示在既定条件下经济所可能生产的最大产出组合。考虑 $P'P'$ 上的 c' 点。与 c' 点对应的产出组合（X_1，Y_1）就是所有可能的最大产出组合中的一种。现在假定资源数量增加了，则在 X 和 Y 的生产上均有更多的资源，于是 X 和 Y 的最大产量均有增加。假定增加的资源数量以某种方式分配到 X 和 Y 这两种生产上，使得 X 和 Y 的最大产出组合增加到（X_2，Y_2）。于是在原来条件下得到的生产可能性曲线 $P'P'$ 上的 c' 点现在在新的资源数量增加条件下移到了 c'' 点（X_2，Y_2）。同样地，如果假定技术进步，则亦有如此效果。实际上，资源数量增加和技术进步，不仅使 c' 点向右上方移动，而且使原生产可能性曲线

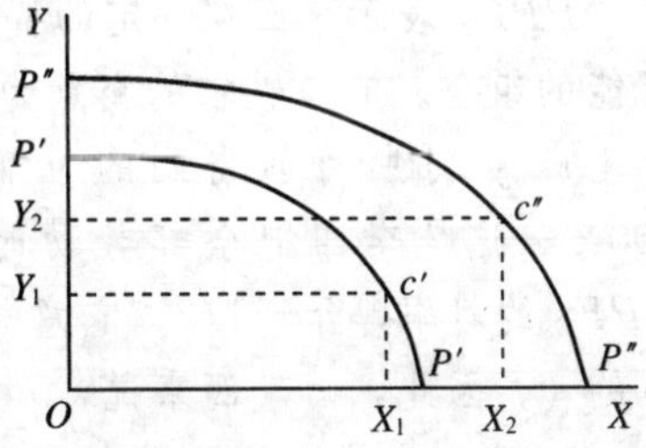

图 9—5　生产可能性曲线的变动

上的其他点亦向右上方移动。这意味着，由于资源数量增加和技术进步，生产可能性曲线本身开始向右上方移动，例如移到了$P''P''$的位置。

☞专栏 9—1

生产可能性曲线：从个人到社会

作为一个例子，我们换一个角度，从单个生产者的生产可能性曲线出发来推导整个社会的生产可能性曲线。通过仔细研究这一推导的过程，我们可以更加充分地理解生产可能性曲线的构造和性质，特别是可以更好地理解生产可能性曲线向右上方凸出（即边际转换率或机会成本递增）的特点。

1. 张三的生产可能性曲线

假定张三拥有的资源总量（这里只考虑他的劳动时间）为每天 10 个小时，生产两种商品，分别为 x 和 y。张三生产 x 商品时每小时能生产 10 个单位，生产 y 商品时每小时能生产 20 个单位。于是得到图 9—6 中张三的生产可能性曲线 PPF_1。

PPF_1 表示张三在一定的资源和技术的约束条件下能够生产的 x 商品和 y 商品的所有组合。它与纵轴的交点为 A_1，相应的 y 等于 200——这是张三把全部劳动时间都用于生产 y 时所可能得到的 y 商品的最大数量；与横轴的交点为 B_1，相应的 x 等于 100——这是张三把全部劳动时间都用于生产 x 时所可能得到的 x 商品的最大数量。它的斜率等于-2。它意味着：张三如果要增加 1 个单位的 x，就必须减少 2 个单位的 y。因此，对张三来说，x 对 y 的边际转换率为 2。

2. 李四的生产可能性曲线

类似于对张三的分析，同样可以来讨论李四的生产可能性曲线。假定李四拥有的资源总量也是每天 10 个小时，但生产的效率与张三正好相反：每小时能够生产 20 个单位的 x，或者 10 个单位的 y。于是得到图 9—6 中李四的生产可能性曲线 PPF_2。

PPF_2 表示李四在一定的资源和技术的约束条件下能够生产的 x 商品和 y 商品的所有可能的组合。它与纵轴的交点为 A_2，相应的 y 等于 100——这是李四把全部劳动时间都用于生产 y 时所可能得到的 y 商品的最大数量；与横轴的交点为 B_2，相应的 x 等于 200——这是李四把全部劳动时间都用于生产 x 时所可能得到的 x 商品的最大数量。PPF_2 的斜率等于$-1/2$。它意味着：李四如果要增加 1 个单位的 x，就必须减少 1/2 个单位的 y。因此，对李四来说，x 对 y 的边际转换率为 1/2。

3. 张三和李四的社会生产可能性曲线

现在来看如何从张三和李四的生产可能性曲线 PPF_1 和 PPF_2 构造出整个社会的生产可能性曲线 PPF。

首先，如果社会决定把所有的资源都用来生产 y 商品，则张三可以生产 200 个单位，李四可以生产 100 个单位，故整个社会生产的 y 商品的总量为 200＋100＝300 个单位。这就是图 9—6 中纵轴上的点 $A(0，300)$。

其次考虑增加 x 商品的数量。为了增加 x 的数量，社会必须把一部分资源从 y 的生产上转移到 x 的生产上。由于在 x 商品的生产上，李四的机会成本相对更小，具有比较优势（PPF_2 更加平坦），故应先把李四的劳动时间从 y 的生产上转移到 x 的生产上去。

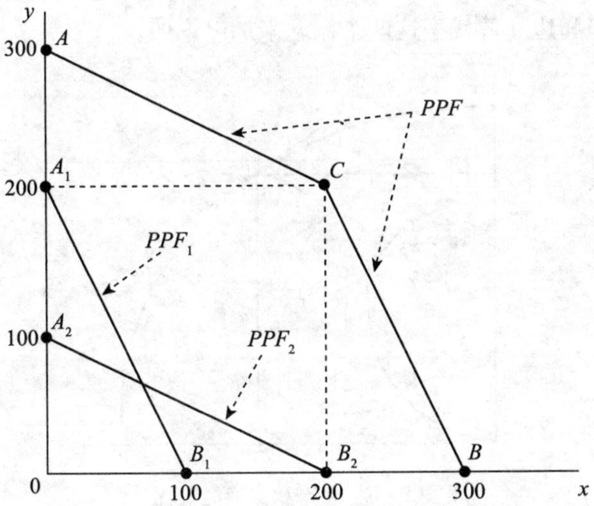

图 9—6　生产可能性曲线的例子：两个生产者的情况

于是得到社会生产可能性曲线 PPF 中与李四的生产可能性曲线 PPF_2 平行的部分（即线段 AC）。

再次，当李四的资源全部从 y 的生产上转移到 x 的生产上之后，如果继续增加 x 的数量，则必须把张三的劳动时间也从 y 的生产上转移到 x 的生产上去。于是得到社会生产可能性曲线 PPF 中与张三的生产可能性曲线 PPF_1 平行的部分（即线段 CB）。

最后，将上述的社会生产可能性曲线的两个部分（即线段 AC 和 CB）合起来，即得到整个社会的生产可能性曲线 ACB。

三、生产和交换的帕累托最优条件

在详细地讨论了生产可能性曲线的情况之后，我们来研究如何利用该曲线将生产和交换两个方面综合在一起，从而得到生产和交换的帕累托最优条件。参见图 9—7。首先，在图中的生产可能性曲线上任选一点，例如 B 点。一方面，由生产可能性曲线的性质可知，B 点是生产契约曲线上的一点，故满足生产的帕累托最优条件。另一方面，B 点表示一对产出的最优组合，即图 9—7 生产和交换的最优（$\overline{X}$，$\overline{Y}$）。如果从 B 点出发分别引一条垂直线到 $\overline{X}$ 和一条水平线到 $\overline{Y}$，则得到一个矩形 $A\overline{Y}B\overline{X}$。该矩形恰好与第三节中引入的交换的埃奇渥斯盒状图相同：它的水平长度和垂直高度分别表示两种产出的给定数量 $\overline{X}$ 和 $\overline{Y}$。如果设点 A 和 B 分别为消费者 A 和 B 的原点，则该矩形中任意一点也表示既定产出 $\overline{X}$ 和 $\overline{Y}$ 在两个消费者之间的一种分配。于是，我们可将第三节当中的全部讨论都照搬到这里。

按照第三节的分析，埃奇渥斯盒状图 $A\overline{Y}B\overline{X}$ 中的交换契约曲线为 VV'。VV' 上任意一点均为交换的帕累托最优状态。因此，给定生产契约曲线上的一点，即给定一个生产的帕累托最优状态，现在有一条交换的契约曲线，即有无穷多个交换的帕累托最优状态与之对应。在这无穷多个交换的帕累托最优状态之中，任意一个例如 C 点都表示交换在单独来看时已经处于最优状态，但并不一定表示在与生产联合起来看时亦达到了最优状态。下面利用产品的边际转换率和边际替代率这两个概念来加以说明。

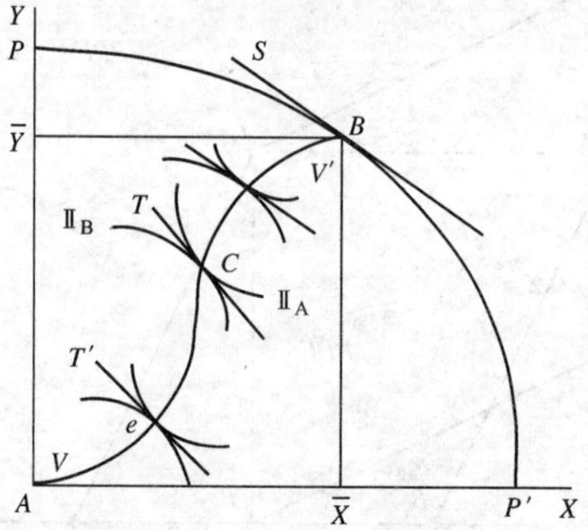

图 9—7　生产和交换的最优

在图 9—7 中，生产可能性曲线上 B 点的切线 S 的斜率绝对值是产品 X 在该点上转换为产品 Y 的边际转换率 MRT，交换契约曲线上的 C 点是无差异曲线 $Ⅱ_A$ 和 $Ⅱ_B$ 的切点。$Ⅱ_A$ 和 $Ⅱ_B$ 的共同切线 T 的斜率绝对值是产品 X 在该点上替代产品 Y 的边际替代率 MRS。切线 S 和 T 可能平行，也可能不平行，即产品的边际转换率与边际替代率可能相等，也可能不相等。如果边际转换率与边际替代率不相等，则可以证明这时并未达到生产和交换的帕累托最优状态。我们举例说明如下。假定产品的边际转换率为 2，边际替代率为 1，即边际转换率大于边际替代率。边际转换率等于 2 意味着生产者通过减少 1 单位 X 的生产可以增加 2 单位的 Y。边际替代率等于 1 意味着消费者愿意通过减少 1 单位 X 的消费来增加 1 单位 Y 的消费。在这种情况下，如果生产者少生产 1 单位 X，从而少给消费者 1 单位 X，但却多生产出 2 单位的 Y，则从多生产的 2 单位 Y 中拿出 1 单位给消费者即可维持消费者的满足程度不变，从而多余的 1 单位 Y 就代表了社会福利的净增加。这就说明了如果产品的边际转换率大于边际替代率，则仍然存在帕累托改进的余地，即仍未达到生产和交换的帕累托最优状态。

给定生产可能性曲线上的一点 B 和与 B 点相应的交换契约曲线上一点 C，只要 B 点的产品的边际转换率不等于 C 点的产品的边际替代率，则 C 点就仅表示交换的帕累托最优状态，而非生产和交换的帕累托最优状态。由此可得生产和交换的帕累托最优条件，即产品的边际替代率等于边际转换率。例如，在图 9—7 中的交换契约曲线上，e 点的边际替代率与生产可能性曲线上 B 点的边际转换率相等，因为过 e 点的无差异曲线的切线 T' 与过 B 点的生产可能性曲线的切线 S 恰好平行。因此，e 点满足生产和交换的帕累托最优条件。

第六节　完全竞争和帕累托最优状态

本章的第一节说明了完全竞争经济在一定的假定条件下存在着一般均衡状态。接下来的几节又描述了经济的帕累托最优状态。现在自然要问：竞争的均衡与帕累托最优状态之间是什么关系呢？或者更加具体一些，完全竞争经济的一般均衡状态是否实现了帕累托最优呢？本节论述西方学者对这个问题的回答。西方经济学的基本结论是：任何竞争均衡都是帕累托最优状态，同时，任意帕累托最优状态也都可由一套竞争价格来实现。

早在两百多年前，亚当·斯密就曾断言：人们在追求自己的私人目的时，会在一只"看不见的手"的指导下，实现增进社会福利的社会目的。每一个人所考虑的不是社会利益，而是他自身的利益。但是，他对自身利益的研究自然会或不如说必然会引导他选定最有利于社会的用途。所以，每一个人都受着一只看不见的手的指导，去尽力达到一个并非他本意想达到的目的。当代西方经济学家将亚当·斯密的上述思想发展成为一个更加精致的"原理"：给定一些理想条件，单个家户和厂商在完全竞争经济中的最优化行为将导致帕累托最优状态。这就是所谓**"看不见的手"**的原理。

首先将帕累托最优条件综合表述如下。

第一，交换的最优条件：任何两种产品的边际替代率对所有消费者都相等。

第二，生产的最优条件：任何两种要素的边际技术替代率对所有生产者都相等。

第三，生产和交换的最优条件：任何两种产品的边际替代率都等于它们的边际转换率。

当上述三个边际条件均得到满足时，称整个经济达到了帕累托最优状态。

现在考虑在完全竞争经济中，帕累托最优状态是如何实现的。我们知道，完全竞争经济在一些假定条件下存在着一般均衡状态，即存在一组价格，使得所有产品的需求和供给都恰好相等。在完全竞争条件下，每个消费者和每个生产者均是价格的接受者，他们将在既定的价格条件下来实现自己的效用最大化和利润最大化。换句话说，均衡价格体系对所有消费者和生产者都是相同的。

首先来看消费者的情况。任意一个消费者例如 A 在完全竞争经济中的效用最大化条件是对该消费者来说，任意两种产品的边际替代率等于这两种产品的价格比率。同样地，其他消费者如 B 在完全竞争条件下的效用最大化条件亦是对 B 而言，任意两种产品的边际替代率等于这两种产品的价格比率。由此得到：任意两种产品的边际替代率对所有的消费者都相等。因此，在完全竞争经济中，产品的均衡价格实现了交换的帕累托最优状态。

其次来看生产者的情况。在完全竞争经济中，任意一个生产者例如 C 的利润最大化条件之一是对该生产者来说，任意两种要素的边际技术替代率等于这两种要素的价格比率。同样地，其他生产者如 D 在完全竞争条件下的利润最大化条件是对 D 而言，任意两种要素的边际技术替代率等于这两种要素的价格比率。由此得到：任意两种要素的边际技术替代率对所有生产者都相等。因此，在完全竞争经济中，要素的均衡价格实现了生产的帕累托最优状态。

最后来看生产者和消费者综合在一起的情况。现在的问题是要说明完全竞争经济如何满足生产和交换的帕累托最优状态，即在完全竞争条件下，产品的边际转换率是如何与边际替代率相等的。为此，先对产品的边际转换率再作一点解释。我们知道，X 产品对 Y 产品的边际转换率就是：

$$MRT_{XY}=\left|\frac{\Delta Y}{\Delta X}\right|$$

它表示增加 ΔX 就必须减少 ΔY，或者，增加 ΔY 就必须减少 ΔX。因此，一方面，ΔY 可以看成是 X 的边际成本（机会成本）；另一方面，ΔX 也可以看成是 Y 的边际成本。如果用 MC_X 和 MC_Y 分别代表产品 X 和 Y 的边际成本，则 X 产品对 Y 产品的边际转换率可以定义为两种产品的边际成本的比率：

$$MRT_{XY}=\left|\frac{\Delta Y}{\Delta X}\right|=\left|\frac{MC_X}{MC_Y}\right|$$

现在容易说明完全竞争均衡的帕累托最优性质了。在完全竞争中，生产者利润最大化的条件是产品的价格等于其边际成本，于是有：

$$MRT_{XY}=\frac{P_X}{P_Y}$$

再由消费者效用最大化条件：

$$MRS_{XY}=\frac{P_X}{P_Y}$$

即得生产和交换的帕累托最优条件。因此，在完全竞争经济中，产品的均衡价格实现了生产和交换的帕累托最优状态。

☞专栏 9—2

铅笔自述和价格机制

“我是一支小小的铅笔，一件实在是再普通不过的商品。但是，我敢打赌说，大概不会有什么人真正知道，我是如何被制造出来的。我主要由四个部分组成，就是笔杆、铅芯、擦子和金属圈。我的身躯笔杆来自一棵长在加利福尼亚的笔直的雪松。它被砍倒、运往木材加工厂。在那里，圆木被制成板条。然后，板条又被从加利福尼亚运到威尔克斯巴勒，并在那里做成了我的外皮。常常被人叫做铅芯的东西，实际上根本就不是铅。它最初是来自从斯里兰卡开采出来的石墨，经过许许多多复杂的加工，最后才制成所谓的铅芯。我头上的那一圈金属是黄铜。这得归功于那些开采锌矿和铜矿的人，以及那些运用自己的技术把这些自然产物做成闪亮的铜片的人。被金属圈固定在我的笔杆上的擦子也不像人们通常所以为的那样是橡皮。橡皮在这里只不过是用于结合的目的。起擦除作用的实际上是‘硫化油膏’。这东西看起来像橡皮，其实是用印度尼西亚产的菜籽油和硫氯化物反应制成的。”

在上述的铅笔自述中，我们看到有成千上万的人参与了铅笔的制造。其中，没有哪一个是因为自己需要铅笔去干那一行的。有的甚至根本就没有见过铅笔，也不知道铅笔是用来干什么的。他们只是把自己的工作当成用来得到他们想要的商品和劳务的手段而已。他们居住在不同的地方，讲着不同的语言，有着不同的信仰，还可能相互仇视。但是，他们却共同制造出了铅笔！这究竟是怎么一回事呢？

亚当·斯密在200年前给出了答案。这就是他在《国富论》中洞察到的价格机制的作用。在组织经济活动方面，价格机制可以发挥三种功能：第一是传递信息，使人们去生产被需要的东西；第二是提供激励，使人们采用成本最低的生产方式，把可用的资源用于最有价值的目标；第三是决定收入的分配，即决定人们从产出中获得多少。这三方面的功能密切联系在一起决定了铅笔和人们所需要的其他产品的生产。

这里最需要注意的是，价格产生于买者和卖者之间的自愿交易——简言之，产生于自由市场。价格体系协调着千百万人的活动。他们每个人都追求自身的利益，并且通过这种途径使每个人都过得更好。经济秩序产生于许多人行动的无意识的结果，而他们每个人都追求自身的利益。当你买铅笔的时候，你并不知道这些铅笔是白人造的还是黑人造的，是中国人造的还是印度人造的；当你买面包的时候，你也不知道磨成面粉的小麦是白人种的还是黑人种的，是中国人种的还是印度人种的。总之，价格体系使人们在生活中的某一方面和平地协作，而在其他方面则各走各的路。

一个主要以自愿交换为特征的经济体，内在地具有促进经济繁荣和人类自由的潜质。可能在这两方面（经济繁荣和人类自由）它都未必能充分发挥出其潜力，但就我们所知，除非自愿交换成为组织的首要原则，否则没有哪个社会可以得到繁荣和自由。当然，我们要补充说明的是，自愿交换并非繁荣和自由的充分条件，这至少是迄今为止的历史给我们的教训。许多以自愿交换为首要原则组织起来的社会既没有得到繁荣，也没有得到自由，即便它们在这两方面比许多专制社会取得了多得多的成就。但是，自愿交换却是繁荣和自由的必要条件。

资料来源：改写自米尔顿·弗里德曼、罗斯·弗里德曼：《自由选择》，北京，商务印书馆，1982。

复习与思考

1. 局部均衡分析与一般均衡分析的关键区别在什么地方？

2. 试说明福利经济学在西方微观经济学中的地位。

3. 什么是帕累托最优？满足帕累托最优需要具备什么样的条件？

4. 为什么说交换的最优条件加生产的最优条件不等于交换和生产的最优条件？

5. 为什么完全竞争的市场机制可以导致帕累托最优状态？

6. 生产可能性曲线为什么向右下方倾斜？为什么向右上方凸出？

7. 如果对于生产者甲来说，以要素 L 替代要素 K 的边际技术替代率等于 3；对于生产者乙来说，以要素 L 替代要素 K 的边际技术替代率等于 2，那么有可能发生什么情况？

8. 假定整个经济原来处于一般均衡状态，如果现在由于某种原因而使得商品 X 的市场供给增加，则试考察：

（1）在 X 商品市场中，其替代品市场和互补品市场会有什么变化？

（2）在生产要素市场上会有什么变化？

（3）收入的分配会有什么变化？

9. 设某经济只有 a、b 两个市场。a 市场的需求和供给函数为 $Q_{da}=13-2P_a+P_b$，

$Q_{sa}=-4+2P_a$，b 市场的需求和供给函数为 $Q_{db}=20+P_a-P_b$、$Q_{sb}=-5+4P_b$。试确定：

(1) 当 $P_b=1$ 时，a 市场的局部均衡。

(2) 当 $P_a=1$ 时，b 市场的局部均衡。

(3) ($P_a=1$，$P_b=1$) 是否代表一般均衡？

(4) ($P_a=5$，$P_b=3$) 是不是一般均衡价格？

(5) 一般均衡价格和一般均衡产量为多少？

第十章

市场失灵和微观经济政策

前述各章的西方微观经济学部分的主旨在于论证所谓看不见的手的原理，即：完全竞争市场经济在一系列理想化假定条件下，可以导致整个经济达到一般均衡，导致资源配置达到帕累托最优状态。但是，这个原理并不真正适用于现实的资本主义经济：由于完全竞争市场以及其他一系列理想化假定条件并不是现实资本主义经济的真实写照，因此，西方学者认为，在现实资本主义经济中，看不见的手的原理一般来说并不成立，帕累托最优状态通常不能得到实现。换句话说，现实的资本主义市场机制在很多场合不能导致资源的有效配置。这种情况被称为所谓“**市场失灵**”。

本章将分别论述市场失灵的几种情况，即**不完全竞争**、**外部影响**、**公共物品**、**不完全信息**以及相应的**微观经济政策**。

第一节　不完全竞争

一、不完全竞争与低效率

这里以垄断为例，说明不完全竞争是如何导致市场失灵以及政府如何通过微观经济政策来克服由不完全竞争导致的市场失灵。

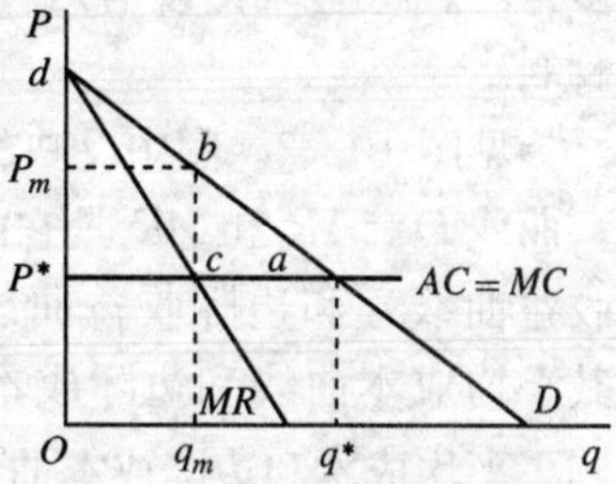

图 10—1　垄断和低效率

首先来看某代表性的垄断厂商的利润最大化情况。参见图 10—1。图中横轴表示产量，纵轴表示价格。曲线 D 和 MR 分别为该厂商的需求曲线和边际收益曲线。此外，为简单起见，假定平均成本和边际成本相等且固定不变，它们由图中水平直线 $AC=MC$ 表示。垄断厂商的利润最大化原则是边际成本等于边际收益。因此，垄断厂商的利润最大化产量为 q_m。在该产量水平上，垄断价格为 P_m。显然，这个价格高于边际成本。

显而易见，上述垄断厂商的利润最大化状况并没有达到帕累托最优状态。在利润最大化产量 q_m 上，价格 P_m 高于边际成本 MC，这表明，消费者愿意为增加额外一单位产量所支付的数量超过了生产该单位产量所引起的成本。因此，存在帕累托改进的余地。例如，假设消费者按照既定的垄断价格 P_m 购买了垄断产量 q_m，现在进一步考虑，是否可以有某种方式使垄断厂商和消费者的状况都变好？如果让垄断厂商再多生产一单位产量，让消费者以低于垄断价格但大于边际成本的某种价格购买该单位产量，则垄断厂商和消费者都从中得到了好处：垄断厂商的利润进一步提高，因为最后一单位产量给它带来的收益大于它所支出的成本；消费者的福利进一步提高，因为他实际上对最后一单位产量的支付低于他本来愿意的支付（本来愿意的支付用需求曲线的高度衡量，即它等于垄断价格）。

垄断产量和垄断价格不满足帕累托最优条件。那么，帕累托最优状态在什么地方达到呢？在 q^* 的产量水平上达到。在 q^* 的产出水平上，需求曲线与边际成本曲线相交，即消费者对额外一单位产量的意愿支付等于生产该额外产量的成本。此时，不再存在任何帕累托改进的余地。因此，q^* 是帕累托意义上的最优产出。如果能够设法使产量从垄断水平 q_m 增加到最优水平 q^*，则就实现了帕累托最优。一种可能的方法是：垄断厂商同意生产产量 q^*，并在等于边际成本的价格 P^* 上出售该产量。这样做的结果是垄断厂商的利润下降了 $(P_m-P^*)\cdot q_m$。为了弥补其损失，消费者之间达成一项协议，共同给予垄断厂商至少等于该损失的一揽子支付。在给予这一揽子支付之后，消费者的福利与垄断条件下的情况相比，仍然有所改善，因为垄断厂商将价格从 P_m 下降到 P^* 给消费者带来的全部好处是叫做消费者剩余的那一部分，即区域 P_mbaP^*。这个部分超过了垄断厂商的利润损失部分 $(P_m-P^*)\cdot q_m$。超过的部分为区域 abc 的面积。区域 abc 就是当产量从垄断的 q_m 增加到最优的 q^* 时所产生的全部收益。这个收益可以在垄断厂商和消费者之间进行适当的分配，从而使双方都得到好处。

二、对垄断的公共管制

垄断常常导致资源配置缺乏效率。此外，垄断利润通常也被看成是不公平的。这就使得有必要对垄断进行政府干预。政府对垄断的干预是多种多样的。这里讨论政府对垄断价格和垄断产量的管制。

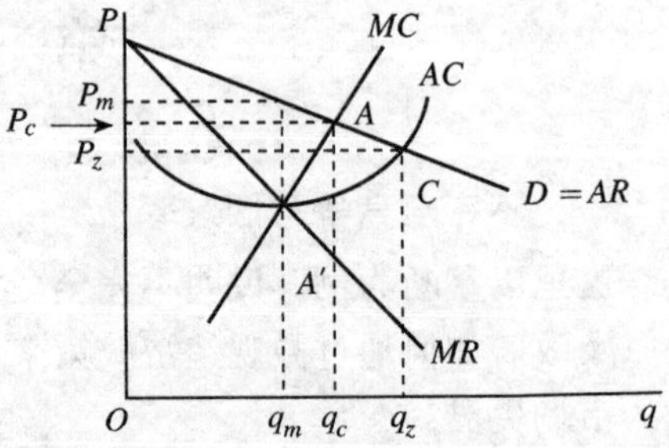

图 10—2　对垄断的管制：递增成本

参见图 10—2。图中反映的是某垄断厂商的情况。曲线 $D=AR$ 和 MR 是它的需求曲线（从而平均收益曲线）和边际收益曲线。曲线 AC 和 MC 是其平均成本曲线和边际成本曲线。注意，这里回到了平均成本和边际成本曲线的一般形状，而不是图 10—1 中的水平直线了。特别是，这里的平均成本曲线具有向右上方倾斜的部分。在没有管制的条件下，垄断厂商生产其利

润最大化产量 q_m，并据此确定垄断价格 P_m。这种垄断均衡一方面缺乏效率，因为在垄断产量 q_m 上，价格高于边际成本；另一方面缺乏“公平”，因为在 q_m 上，垄断厂商获得了超额垄断利润，即经济利润不等于 0，或者说，全部利润大于正常利润。现在考虑政府的价格管制。政府应当制定什么样的价格为好呢？如果政府的目标是提高效率，则政府应当将价格定在 P_c 的水平上。当价格为 P_c 时，垄断厂商面临的需求曲线现在成为 P_cAD，从而边际收益曲线为 P_cA 和 $A'MR$。于是最大化产量为 q_c。在该产量水平上，价格恰好等于边际成本。于是实现了帕累托最优。

显然，当政府将价格定为 P_c，从而实现了帕累托最优时，垄断厂商仍然可以得到一部分经济利润，即为平均收益 P_c 超过平均成本 AC 的部分。如果政府试图制定一个更低的“公平价格”以消除经济利润，则该价格须为 P_z。在价格定为 P_z 时，产量为 q_z。此时，平均收益恰好等于平均成本。因此，P_z 可称为零经济利润价格。但是，现在出现了另一个问题，即在零经济利润价格水平上，帕累托最优条件被违反了：此时边际成本大于价格。因此，按帕累托效率而言，在垄断情况下，产量太低、价格太高，而在零经济利润情况下，正好相反：价格太低、产量太高。

☞**专栏 10—1**

美国对自然垄断的管制

美国对自然垄断的管制经历了三个主要的阶段，即从管制垄断到管制竞争再到放松管制（或有效管制）。

第一阶段：管制垄断

美国对自然垄断的管制始于 19 世纪最后 30 年中西部一些州在格兰其运动和人民党主义的号召下所实行的对铁路的管制。成立于 1867 年的格兰其是美国的一个全国性保护农民利益的田庄农民秘密组织，正式的名字叫“保护农业社”。它最初的目的是为了促进其成员的社交和教育活动，但后来参与了政治运动，并且在中西部地区特别有影响。格兰其运动最终导致通过了标志着公用事业管制开端的《格兰其法》（对铁路的货运和客运价格进行管制的州法），并建立了由政府对私人企业进行直接经济控制的州管制委员会。19 世纪 70 年代，一些受到《格兰其法》影响的铁路和其他部门曾经起诉州政府干预了它们的经营自由。然而，这个起诉被否决了。在 1877 年 Munn 诉伊利诺伊州政府案中，最高法院宣布，当企业的经营活动涉及公共利益的时候，州政府就有权进行管制。

与格兰其运动相比，19 世纪 80 年代兴起的人民党主义要更加激进，影响也更大。格兰其运动推动的是州政府对自然垄断的管制，而人民党主义则导致了联邦政府的行动。联邦政府的管制要比州政府的管制迟得多。在联邦政府卷入管制之前，已经有一半以上的州建立了州管制委员会。1887 年，人民党主义要求管制的呼吁终于被两个主要的政党所接受。国会通过了《州际商务法》并创建了州际商务委员会。和州管制一样，联邦管制最初也主要是针对铁路部门的垄断行为，特别是它们那大大伤害农民利益的价格歧视行为，后来则逐渐扩展到其他交通部门以及天然气、电力和电信等行业。

第二阶段：管制竞争

与第一阶段的管制垄断不同，在第二阶段，美国自然垄断管制的重心转到了管制竞争方面。这一阶段管制的目的不再是为了限制垄断和消除垄断的不利影响，而是正好相反，是为了限制竞争，即是为了防止在自然垄断领域中可能发生的“恶性竞争”。其理由是，这些竞争有可能会摧毁整个自然垄断行业，使社会享受不到自然垄断所能够提供的高效率的好处。

管制竞争的做法甚至可以追溯到第一阶段中成立州际商务委员会的1887年。尽管创建州际商务委员会的目的是为了控制公用事业的垄断，但毫无疑问，该委员会同时也具有管制竞争的作用——如果不是只管制竞争而不管制垄断的话，至少也是在管制垄断的同时也管制竞争。事实上，当时的一些铁路部门为了避免遭受竞争之苦，就曾主动地要求接受管制：正是这些铁路部门自己积极参与了推动建立州际商务委员会的立法，因为它们相信，管制符合其自身的利益。1920年通过的《交通运输法》则除了给予州际商务委员会规定最高价格的权力之外，还给予它规定最低价格的权力。很明显，给予这一权力的目的不是为了限制垄断，而是为了限制竞争，即限制价格的竞争。

然而，真正大规模地管制竞争还是在20世纪30年代经济大危机爆发和实施“新政”以后。当时政府中的许多人都认为，大危机是由“过度”的竞争造成的。一些特殊的利益集团（如运输行业等）也以此为借口，寻求管制的保护。管制当局和被管制的行业都争辩说，不受管制的竞争有可能导致服务质量的急剧下降，以及导致服务供给方面的不公平现象：企业偏向大的有钱可赚的市场，而忽视小的无利可图的部分。在这一时期，为了防止所谓的“过度”竞争、控制公用事业部门的价格和“进入”，通过了很多新的管制法律。这些法律赋予老的管制委员会一些新的管制权力，同时又创建了一批新的管制委员会。

1935年，国会通过了《汽车运输法》，授权州际商务委员会限制从事州际汽车运输的公司的数量，并对它们的收费进行管制，以便使得价格不至于由于竞争而被压低到仅仅等于边际成本的水平。1937年，国会又根据同样的理由，成立了民航委员会，对航空业进行同样的管制。至此，对公用事业和运输业的管制就完全变了味：政府的管制不仅被用来制约垄断和保护消费者，它也被用来限制竞争以保护供给者。

第三阶段：放松管制

在对自然垄断进行管制的第一和第二阶段，主要的根据都是所谓的“公共利益”理论。但是，这种公共利益理论很快就遭到了一些人的质疑。乔治·斯蒂格勒是其中最为突出的代表。他在1971年发表《经济管制理论》一文，针锋相对地提出了关于管制的私人利益理论。按照他的说法，在20世纪的美国，企业很多时候都是主动地要求接受管制；政府的管制行动在很大程度上可以用私人利益集团的游说来解释。在某些场合，管制对于被管制的企业实际上是一种恩惠，所牺牲的则是广大群众的利益。

随着对以往的管制理论和管制政策进行重新思考和重新评价，一个新的管制阶段到来了。这就是发端于20世纪70年代并延续至今的放松管制阶段。1976年，国会通过了启动放松管制过程的《铁路复兴和规制改革法》（即所谓的4R法）。该法律允许铁路部门有更大的自由来制定竞争性的价格和放弃不盈利的线路。4R法是公众对管制的认识不断加深以及行业本身（私人利益集团）要求改革的压力不断加大的结果。它削弱了对价格和进入的控制。在此之后，一系列放松管制的法律相继通过，一些管制机构的职能被弱化，甚至有些管制机构本身也被废除。

1978年，在一片对管制进行改革和对能源进行保护的呼声中，国会通过了《天然气政策法》，开始放松对天然气价格的管制；对天然气生产的管制则在1985年被放松。同样在1978年，国会还通过了放松航空管制的法案。根据这一法案，民航委员会管制价格和进入的权力将分阶段被取消：对航线的管制在1981年12月份结束，对价格的管制则在1983年1月份结束，直至最后，该机构本身被完全废除。1980年通过的新的《汽车运输法》则大大放松了对汽车运输的价格和进入的管制。1982年，司法部和美国电话电报公司（AT&T）达成协议：AT&T可以保留长途业务，与其他营运商竞争，但必须收回它在从事地方业务的子公司（自然垄断企业）中的全部股本，并与之脱离关系。这就把长途的州际营运业务与具有自然垄断性质的当地交换业务区分开来，为长途电信的竞争创造了机会。1996年通过的《电信法》则标志着美国电信业开始走向全面开放。

在放松对自然垄断管制的同时，一种新型的管制也在美国开始蓬勃兴起。这就是所谓的"社会管制"。与范围相对狭窄的自然垄断管制不同，社会管制涉及的领域要广泛得多。它包括了诸如保护环境、保护工人和保护消费者安全等等方面。

第二节　外部影响

一、外部影响及其分类

到目前为止，我们讨论的微观经济理论，特别是其中的看不见的手的原理，要依赖于一个隐含的假定：单个消费者或生产者的经济行为对社会上其他人的福利没有影响，即不存在所谓**"外部影响"**（也叫"外部性"）。换句话说，单个经济单位的经济行为所产生的**私人成本**和**私人利益**被看成就等于该行为所造成的**社会成本**和**社会利益**。但是，在实际经济中，这个假定往往并不能够成立。一方面，在很多时候，某个人（生产者或消费者）的一项经济活动会给其他社会成员带来好处，但他自己却不能由此而得到补偿。此时，这个人从其活动中得到的私人利益就小于该活动所带来的社会利益。这种性质的外部影响被称为所谓**"外部经济"**（正外部性）。根据经济活动的主体是生产者还是消费者，外部经济可以分类为"生产的外部经济"和"消费的外部经济"。另一方面，在很多时候，某个人（生产者或消费者）的一项经济活动会给社会上其他成员带来危害，但他自己却并不为此而支付足够抵偿这种危害的成本。此时，这个人为其活动所付出的私人成本就小于该活动所造成的社会成本。这种性质的外部影响被称为所谓**"外部不经济"**（负外部性）。外部不经济也可以视经济活动主体的不同而分为"生产的外部不经济"和"消费的外部不经济"。

二、外部影响和资源配置失当

各种形式的外部影响的存在造成了一个严重后果：完全竞争条件下的资源配置将偏离帕累托最优状态！换句话说，即使假定整个经济仍然是完全竞争的，但由于存在着外部影响，整个经济的资源配置也不可能达到帕累托最优状态。"看不见的手"在外部影响面前失去了作用。

为什么外部影响会导致资源配置失当？原因非常简单。例如，我们先来考察外部经济的情况。假定某个人采取某项行动的私人利益为 V_p，该行动所产生的社会利益为 V_s。由于存在外部经济，故私人利益小于社会利益：$V_p<V_s$。如果这个人采取该行动所遭受的私人成本 C_p 大于私人利益而小于社会利益，即有 $V_p<C_p<V_s$，则这个人显然不会采取这项行动，尽管从社会的角度看，该行动是有利的。显而易见，在这种情况下，帕累托最优状态没有得到实现，还存在帕累托改进的余地。如果这个人采取这项行动，则他所受的损失部分为（C_p-V_p），社会上其他人由此而得到的好处为（V_s-V_p）。由于（V_s-V_p）大于（C_p-V_p），故可以从社会上其他人所得到的好处中拿出一部分来补偿行动者的损失。结果是使社会上的某些人的状况变好而没有任何人的状况变坏。一般而言，在存在外部经济的情况下，私人活动的水平常常要低于社会所要求的最优水平。

再来考察外部不经济的情况。假定某个人采取某项活动的私人成本和社会成本分别为 C_p 和 C_s。由于存在外部不经济，故私人成本小于社会成本：$C_p<C_s$。如果这个人采取该行动所得到的私人利益 V_p 大于其私人成本而小于社会成本，即有 $C_p<V_p<C_s$，则这个人显然会采取该行动，尽管从社会的观点看，该行动是不利的。显而易见，在这种情况下，帕累托最优状态也没有得到实现，也存在帕累托改进的余地。如果这个人不采取这项行动，则他放弃的好处即损失为（V_p-C_p），但社会上其他人由此而避免的损失却为（C_s-C_p）。由于（C_s-C_p）大于（V_p-C_p），故如果以某些方式重新分配损失的话，则就可以使每个人的损失都减少，亦即使每个人的“福利”都增大。一般而言，在存在外部不经济的情况下，私人活动的水平常常要高于社会所要求的最优水平。

三、有关外部影响的政策

如何纠正由外部影响所造成的资源配置不当？西方微观经济学理论提出了如下政策建议：

第一，使用税收和津贴。对造成外部不经济的企业，国家应该征税，其数额应该等于该企业给社会其他成员造成的损失，从而使该企业的私人成本恰好等于社会成本。例如，在生产污染的情况下，政府可以向污染者征税，其税额等于治理污染所需要的费用。反之，对造成外部经济的企业，国家则可以采取津贴的办法，使得企业的私人利益与社会利益相等。无论是何种情况，只要政府采取措施使得私人成本和私人利益与相应的社会成本和社会利益相等，则资源配置便可达到帕累托最优状态。

第二，使用企业合并的方法。例如，一个企业的生产影响到另外一个企业。如果影响是正的（外部经济），则第一个企业的生产就会低于社会最优水平；反之，如果影响是负的（外部不经济），则第一个企业的生产就会超过社会最优水平。但是如果把这两个企业合并为一个企业，则此时的外部影响就“消失”了，即被“内部化”了。合并后的单个企业为了自己的利益将使自己的生产确定在其边际成本等于边际收益的水平上。而由于此时不存在外部影响，故合并企业的成本与收益就等于社会的成本与收益。于是资源配置达到帕累托最优状态。

第三，使用规定财产权的办法。在许多情况下，外部影响之所以导致资源配置失当，是由于财产权不明确。如果财产权是完全确定的并得到充分保障，则有些外部影响就可能不会发生。例如，某条河流的上游污染者使下游用水者受到损害。如果给予下游用水者以使用一定质量水源的财产权，则上游的污染者将因把下游水质降到特定质量之下而受罚。在这种情况下，上游污染者便会同下游用水者协商，将这种权利从他们那里买过来，然后再让河流受到一定程度的污染。同时，遭到损害的下游用水者也会使用他们出售污染权而得到的收入来治理河水。总之，由于污染者为其负的外部影响支付了代价，故其私人成本与社会成本之间不存在差别。

四、科斯定理

上述对付外部影响的最后一种办法，即规定财产权的政策，可以看成是更加一般化的所谓**科斯定理**的特例，甚至连税收和津贴这种方法也可以看成是科斯定理的一个具体运用。

关于科斯定理，科斯本人并没有一个明确的说法，其他西方经济学家则给出了许多不同的表达方式。虽然这些表达方式大体上是相同的，但仍然存在着细微的差别。下面是一种比较流行的说法：

只要财产权是明确的，并且其交易成本为零或者很小，则无论在开始时将财产权赋予谁，市场均衡的最终结果都是有效率的。

为了说明这一"定理"，我们举一个具体的数字例子。假设有一个工厂，它的烟囱冒出的烟尘使得居住于工厂附近的 5 户居民所洗晒的衣服受到污染，由此造成的损失为每户 75 元，从而 5 户的损失总额为 $5\times75=375$（元）。再假设存在着两种治理污染的办法：一是在工厂的烟囱上安装 1 台除尘器，其费用为 150 元；二是给每户居民提供 1 台烘干机，使他们不需要到外面去晒衣服。烘干机的费用为每户 50 元，5 户的成本总和是 250 元。显而易见，在这两种解决办法中，第一种的成本低，因而代表着最有效率的解决方案。这种最有效率的解决方案在西方经济学中就被称为帕累托最优状态。

按照科斯定理的含义，在上面的例子中，不论给予工厂以烟囱冒烟的权利，还是给予 5 户居民以晒衣服不受烟尘污染的权利（即上述的财产所有权的分配），只要工厂与 5 户居民协商时其协商费用（即上述的交易成本）为零或者很小，则市场机制（即自由进行交易）就总是可以得到最有效率的结果（即采用安装除尘器的办法）。

为什么会如此呢？按照科斯等西方经济学家的解释，如果把排放烟尘的财产所有权给予工厂，即工厂有权排放烟尘，那么，5 户居民便会联合起来，共同给工厂的烟囱义务安装 1 台除尘器，因为除尘器的费用只有 150 元，远远低于 5 台烘干机的费用 250 元，更加低于未装除尘器时晒衣服所受到的烟尘之害（375 元）。而如果把晒衣服不受烟尘之害的财产权给予 5 户居民，那么，工厂便会自动地给自己安装除尘器，因为在居民具有不受污染之害的财产权的条件下，工厂就有责任解决污染问题，而在两种解决污染的办法中，安装除尘器的费用较低。因此，科斯定理宣称，只要交易成本为零或者很小，则不论财产权归谁，自由的市场机制就总会找到最有效率的办法，从而达到帕累托最优状态。

运用科斯定理解决外部影响问题在实际中并不一定真的有效。有以下几个难题。第一，资产的财产权能否总是明确地加以规定？有的资源，例如空气，在历史上就是大家均可使用的共同财产，很难将其财产权具体分派给谁；有的资源的财产权即使在原则上可以明确，但由于不公平问题、法律程序的成本问题等也变得实际上不可行。第二，已经明确的财产权是否总是能够转让？这就涉及信息充不充分的问题以及买卖双方不能达成一致意见的各种原因，如谈判的人数太多、交易成本过高、谈判双方都能使用策略性行为，等等。第三，明确的财产权的转让是否总能实现资源的最优配置？显然，在这个过程中完全有可能得到这样的结果：它与原来的状态相比有所改善，但并不一定恰好为最优状态。此外，还应该指出，分配财产权会影响收入分配，而收入分配的变动可以造成社会不公平，引起社会动乱。在社会动乱的情况下，就谈不上解决外部影响的问题了。

第三节　公共物品

一、排他性与竞用性

到目前为止，讨论的对象主要是所谓的"**私人物品**"，即那些在普通的市场上常见的物品，例如，用于吃的水果、用于穿的衣服，以及火车上的座位，等等。私人物品具有两个鲜明的特点。第一是"**排他性**"：只有对商品支付价格的人才能够使用该商品；第二是"**竞用性**"：如果某人已经使用了某个商品（如某一火车座位），则其他人就不能再同时使用该商品。实际上，市场机制只有在具备上述两个特点的私人物品的场合才真正起作用，才有效率。

然而，在现实的经济中，还存在着许许多多不满足排他性或竞用性特点的物品。如果一件物品不具有排他性，即无法排除一些人"不支付便使用"，则它毫无疑问会带来外部影响，并造成市场机制的失灵。"国防"和"海鱼"是缺乏排他性的两个生动例子。一个公民即使拒绝为国防付费，也可以享受国防的好处；同样，我们也很难阻止渔民自由地在公海上捕捞海鱼。"国防"和"海鱼"的区别在于"竞用性"方面。一方面，容易看到，国防除了不具有排他性之外，同时也不具有竞用性。例如，新生人口一样享受国防提供的安全服务，但原有人口对国防的"消费"水平不会因此而降低。从某种程度上讲，道路和电视广播等也与国防一样既不具有排他性也不具有竞用性。在达到一定点之前，道路上多一辆汽车不会妨碍原有汽车的行驶；某个人打开电视或收听广播同样不会影响其他人收看或收听。另一方面，"海鱼"则毫无疑问是具有"竞用性"的：当某个人捕捞到一些海鱼时，其他人所可能捕捞到的海鱼数量就减少了。

通常把国防这样一类既不具有排他性也不具有竞用性的物品叫做**公共物品**，而把海鱼这样一类虽不具有排他性但却具有竞用性的物品叫做**公共资源**。公共物品和公共资源可以看成是外部影响造成市场机制失灵的两个特殊例子。这里主要讨论公共物品。

二、公共物品

我们先来回顾一下私人物品最优数量的决定。为简单起见，假定社会上只有A和B两个消费者，他们对商品的需求曲线分别由 D_A 和 D_B 表示。商品的市场供给曲线为 S，参见图10—3（a）。由于所讨论的是私人物品，故将消费者A与B的需求曲线 D_A 和 D_B 水平相加即得到某市场需求曲线 D。市场需求曲线 D 与供给曲线 S 的交点决定了该私人物品的均衡数量 Q_0 和均衡价格 P_0。这个均衡数量 Q_0 显然就是该私人物品的最优数量。

这是因为在这个产量水平上，每个消费者的边际利益恰好等于商品的边际成本。我们知道，供给曲线代表了每个产量（供给量）水平上的边际成本，需求曲线代表了每个产量（需求量）水平上的边际利益。故当供给量为 Q_0 时，边际成本为 Q_0H；而在价格为 P_0 时，消费者 A 和 B 的需求量分别为 C 和 F，再根据需求曲线 D_A 和 D_B，相应的边际利益为 CE 和 FG。由图可知，$CE=FG=Q_0H$，即每个消费者的边际利益均等于边际成本。

现在来看公共物品的情况。参见图 10—3（b）。与私人物品的讨论一样，我们仍然假定每个消费者对公共物品的需求曲线是已知的，为 D_A 和 D_B，公共物品的市场供给曲线为 S。如何从个人的需求曲线形成市场的需求曲线呢？这里的关键之处在于公共物品的市场需求曲线不是个人需求曲线的水平相加，而是它们的垂直相加。之所以如此，原因在于公共物品消费上的非竞用特点。一方面，由于消费上的非竞用性，每个消费者消费的都是同一个商品总量，因而每一消费者的消费量都与总消费量相等；另一方面，对这个总消费量所支付的全部价格，却是所有消费者支付的价格的总和。例如，设公共物品的数量为图 10—3（b）中的 R，消费者 A 和 B 的消费量于是都是 R。当 A 和 B 的消费量均为 R 时，他们所愿意支付的价格按各自的需求曲线分别为 L 和 N。因此，当消费量为 R 时，消费者 A 和 B 所愿意支付的价格之和就是 $L+N=T$。

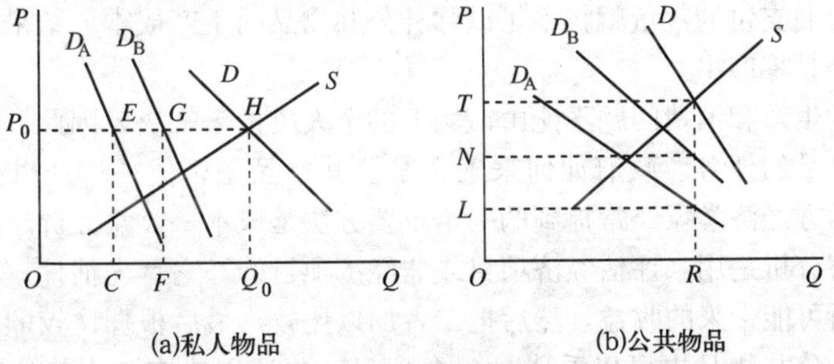

图 10—3　私人物品和公共物品的最优数量

有了公共物品的市场供求曲线，则公共物品的均衡数量即可决定，这就是市场供求曲线交点所指示的 R。实际上，这个均衡数量 R 也代表着公共物品的最优数量。要解释这一点并不困难。当公共物品数量为 R 时，根据供给曲线，公共物品的边际成本为 T，而根据消费者的需求曲线，A 和 B 的边际利益分别为 L 和 N，从而总的社会的边际利益为 $L+N=T$。于是，边际的社会利益等于边际成本，公共物品数量达到最优。这里值得注意的是，公共物品的最优标准与私人物品的最优标准不完全相同。在私人物品场合，最优标准是每个消费者的边际利益与边际成本相等。而在公共物品场合，最优标准是每个消费者的边际利益之和与边际成本相等。这个区别仍然是根源于是否具有消费的竞用性这个基本特点的。

上面在假定每个消费者对公共物品的需求曲线均存在且已知的条件下，讨论了公共物品的最优数量的决定。但是，许多西方经济学家认为，这种讨论并没有多大的实际意义，原因是公共物品的需求曲线是虚假的。首先，单个消费者通常并不很清楚自己对公共物品的需求价格，更不用说去准确地陈述他对公共物品的需求与价格的关系。其次，即使单个消费者了解自己对公共物品的偏好程度，他也不会如实地说出来。为了少支付价格或不支付价格，消费者会低报或隐瞒自己对公共物品的偏好。消费者在享用公共物品时都想当“免费乘车者”，不支付成本就得到利益。由于单个消费者对公共物品的需求曲线不会自动显示出来，故我们无法将它们加总而得到公共物品的市场需求曲线并进而确定公共物品的最优数量。

尽管我们实际上难以通过公共物品的供求分析来确定它的最优数量，但却可以有把握地说，市场本身提供的公共物品通常将低于最优数量，即市场机制分配给公共物品生产的资源常常会不足。我们知道，在竞争的市场中，如果是私人物品，则市场均衡时的资源配置是最优的。生产者之间的竞争将保证消费者面对的是等于商品的边际成本的同样的价格，消费者则在既定的商品产出量上展开竞争。某个消费者消费一单位商品的机会成本就是在市场价格上卖给其他消费者的同样一单位商品，故没有哪个消费者会得到低于市场价格而买到商品的好处。但是，如果是公共物品，则情况将完全不同。任何一个消费者消费一单位商品的机会成本总为零。这意味着，没有任何消费者要为他所消费的公共物品去与其他任何人竞争。因此，市场不再是竞争的。如果消费者认识到他自己消费的机会成本为零，那么他就会尽量少支付给生产者以换取消费公共物品的权利。如果所有消费者均这样行事，则消费者们支付的数量就将不足以弥补公共物品的生产成本。结果便是低于最优数量的产出，甚至是零产出。

公共物品的生产和消费问题不能由市场上的个人决策来解决，因此，必须由政府来承担起提供公共物品的任务。政府如何来确定某公共物品是否值得生产以及应该生产多少呢？在这里，西方经济学家经常提到的一个重要方法是成本—收益分析。

成本—收益分析是用来评估经济项目或非经济项目的。它首先估计一个项目所需花费的成本以及它所可能带来的收益，然后把二者加以比较，最后根据比较的结果决定该项目是否值得开展。公共物品也可以看成是一个项目，并运用**成本—收益分析**方法来加以讨论。如果评估的结果是该公共物品的收益大于或至少等于其成本，则它就值得生产，否则便不值得。

☞专栏 10—2

全球公共物品：清除太空垃圾

所谓“太空垃圾”，是指那些已经失去作用但仍然运行在围绕地球的太空轨道上的人类航天器碎片。尽管它们大多数要回落到地球上来，但还是有很多会停留在地球的轨道上。这些碎片小的如火箭爆炸后的残留物甚至飞船外面的涂层片，大的则包括废弃的人造地球卫星、宇宙飞船和空间站本身。

随着人类在太空中的活动不断加剧，太空碎片的数量也在迅速地增加。据美国国家航空航天局（NASA）公布的数据，已被发现的比垒球还大的碎片超过了 20 000 块，如弹子大小的碎片则有 500 000 多块，还有难以追踪的数以千万计的更小的碎片。

2009 年 8 月，美国国家航空航天局绘制了当时近地轨道和远地轨道太空碎片的图像（见图 10—4 和图 10—5）。图中的黑点代表那些已经追踪到的人造物体（包括仍在起作用的航天器以及废弃的碎片)。当然，这些黑点并不是按照它们真正的大小画的。与实际的太空相比，它们要小很多。因此，尽管那些黑点似乎充满了图像中的整个空间，但实际情形并不像表面上看上去那样糟糕。

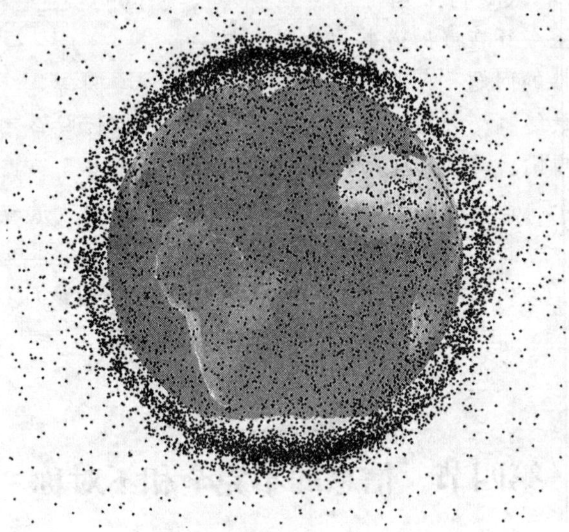

图 10—4　近地轨道上的太空垃圾

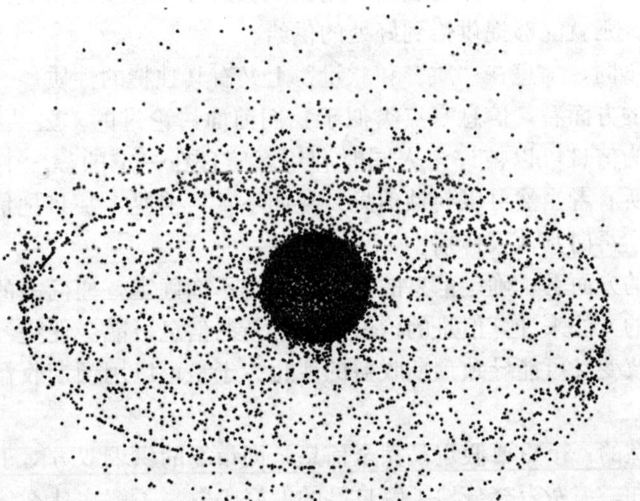

图 10—5　地球同步轨道上的太空垃圾

大量的太空碎片围绕着地球飞行。它们大多数运动的速度都很快，有的甚至可以达到每秒 5 英里，比子弹还要快 7 倍左右。由于速度太快，很小一块碎片就可以给人造地球卫星和宇宙飞船造成重大的灾难。而且，更加令人头疼的是，每一次的碰撞并不能让碎片湮灭，而是会产生更多的碎片，从而增加更多的危险源。1983年，美国航天飞机“挑战者”号与一块直径只有0.2毫米的涂料剥离物相撞，导致悬窗被损，只好停止飞行。2009年2月11日，美国的一个私人通信卫星与俄罗斯一个失去作用的卫星相撞。二者均被摧毁，留下了大量的碎片，至今还在威胁着其他轨道卫星。

空间碎片是全球性的问题。几乎所有的航天国都制造空间碎片。解决空间碎片问题需要全球共同的努力，最终也必须通过国家间的密切合作和发挥联合国的作用。美国已经制定了减少新的碎片的规则。美国国家航空航天局甚至在位于得克萨斯州休斯敦的约翰逊航天中心专门设立了一个轨道碎片规划办公室，以寻求减少新的轨道碎片和消除已有碎片的办法。

资料来源：美国国家航空航天局轨道碎片规划办公室（NASA Orbital Debris Program Office）。

第四节　信息的不完全和不对称

一、信息、信息的不完全和不对称

和普通商品一样，信息也是一种很有价值的资源，它能够提高经济主体的效用和利润。例如，消费者如果知道商品的质量，则就能够避开那些质次价高的东西；生产者如果了解市场的需求，则就能够提供恰到好处的供给。

和普通商品不同，信息在“质”和“量”上又有其独特的性质。

首先，从质的方面看，信息有点类似于我们前面讨论过的“公共物品”。信息显然不具有竞用性，因为信息可以被许多人同时利用。信息在一定的程度上也可以说没有排他性：信息的最初所有者当然可以封锁信息，秘而不宣，但是，一旦把信息卖出去，他就很难阻止信息的买主再向其他人传播。

其次，从量的方面看，确定信息的价值大小也不像确定普通商品的价格那样简单。人们常常采用比较的方法来计算信息的价值：获得新的信息可能会促使经济主体改变自己的决策，而决策的改变又可能导致预期收益的变化，于是可以用预期收益的变化来确定这一新增信息的价值。

完全竞争模型的一个重要假定是完全信息，即市场的供求双方对于所交换的商品具有充分的信息。例如，消费者充分地了解自己的偏好函数，了解在什么地方、什么时候存在何种质量的以何种价格出售的商品；生产者充分地了解自己的生产函数，了解在什么地方、什么时候存在何种质量的以何种价格出售的投入要素；等等。完全信息的假定（以及其他一些关于完全竞争市场的假定）保证了帕累托最优状态的实现。

显而易见，上述关于完全信息的假定并不符合现实。在现实经济中，信息常常是不完全的，甚至是很不完全的。在这里，信息不完全不仅是指那种绝对意义上的不完全，即由于认识能力的限制，人们不可能知道在任何时候、任何地方发生的或将要发生的任何情况，而且是指“相对”意义上的不完全，即市场经济本身不能够生产出足够的信息并有效地配置它们。这是因为，作为一种有价值的资源，信息不同于普通的商品。人们在购买普通商品时，先要了解它的价值，看看值不值得买。但是，购买信息商品却无法做到这一点。人们之所以愿意出钱购买信息，是因为还不知道它，一旦知道了它，就没有人会愿意再为此进行支付。这就出现了一个困难的问题：卖者让不让买者在购买之前就充分地了解所出售的信息的价值呢？如果不让，则买者就可能因为不知道究竟值不值得而不去购买它；如果让，则买者又可能因为已经知道了该信息也不去购买它。在这种情况下，要能够做成“生意”，只能靠买卖双方的并不十分可靠的相互信赖：卖者让买者充分了解信息的用处，而买者则答应在了解信息的用处之后即购买它。显而易见，市场的作用在这里受到了很大的限制。

进一步分析起来还会发现，不同的经济主体缺乏信息的程度往往还是不一样的。市场经济的一个重要特点是，商品的卖方一般要比商品的买方对商品的质量有更多的了解。例如，出售二手汽车的卖主要比买主更加了解自己汽车的缺陷；出售“风险”的投保人要比保险公司更加了解自己所面临风险的大小；出售劳动的工人要比雇主更加了解自己劳动技能的高低。上述种种情况都是所谓**“信息不对称”**的具体表现，即有些人比其他人拥有更多的相关信息。

在信息不完全和不对称的情况下，市场机制有时就不能很好地起作用。例如，由于缺乏足够的信息，生产者的生产可能会带有一定的“盲目”性：有些产品生产过多，而另一些产品又生产过少；消费者的消费选择也可能会出现“失误”，比如购买了一些有损健康的“坏”商品，而错过了一些有益健康的“好”商品。更坏的情况是，由于缺乏足够的信息，有些重要的市场甚至可能根本就无法产生，或者即使产生，也难以得到充分的发展。下面以不同市场上的信息不完全和不对称为例，具体说明各种情况下的市场失灵问题。

二、信息与市场

在现实的经济生活中，存在着一些似乎与常规不相一致的东西。例如，我们知道，如果降低某种商品的价格，对该商品的需求量就会增加，这是一般商品的需求规律——需求曲线向右下方倾斜。但是，当消费者掌握的市场信息不完全时，他们对商品的需求量就可能不随价格的下降而增加，而是相反，随价格的下降而减少。这时，就出现了所谓的**“逆向选择”**问题。又例如，我们知道，如果提高某种商品的价格，则对该商品的供给量就会增加。这是一般商品的供给规律——供给曲线向右上方倾斜。但是，当生产者掌握的市场信息不完全时，它们对商品的供给量也可能不随着价格的上升而增加，而是相反，随价格的上升而减少。这时，也出现了逆向选择的问题。总之，当商品的需求变化或者供给变化出现异常时，我们就遇到了逆向选择问题。对于市场机制来说，逆向选择的存在是一个麻烦，因为它意味着市场的低效率，意味着市场的失灵。

考虑某种商品例如 X 商品市场。在以前分析完全竞争市场（以及其他一些不完全竞争市场）时，我们并没有讨论商品的质量问题。现在假定，在 X 商品市场中，商品的质量不一，有的好些，有的差些。引入质量问题以后，对我们以前的分析会有什么样的影响呢？如果消费者（以及其他人）具有完全的信息，则不会有什么影响。消费者会把不同质

量的 X 看成是不同的商品。例如，把其中质量最好的看成是 X_1，把稍差一些的看成 X_2，把更差一些的看成是 X_3，如此等等。对于不同质量的 X 商品，消费者愿意支付的价格当然不同，例如，对高质量商品愿意支付较高的价格。对于同一质量的商品，例如 X_1，价格越高，显然消费者将购买得就越少。因此，消费者对任意一种质量的商品的需求曲线仍然是向右下方倾斜的。这就是说，即使考虑不同质量的商品，只要消费者的信息是完全的，我们的分析就不会与以前的完全竞争模型有什么不同。

现在来看不完全信息的后果。假定消费者只知道 X 商品有不同的质量，但并不具体知道其中哪一个质量高，哪一个质量低。在这种情况下，消费者如何进行判断呢？消费者可以根据生产者的商品保修期限的长短来判断。保修期限长常常意味着商品质量高，因为对于低质商品来说，较长的保修期是不划算的，它会大大提高维修成本。消费者也可以根据生产者的生产规模的大小来判断。大规模生产者的商品似乎要更加可靠一些，不会像“小本经营”者那样可能突然“消失”。

除了保修期限和生产规模之外，消费者还常常根据商品的价格来判断商品的“平均”质量。我们知道，随着某种商品的价格下降，市场上该商品的供给量就会减少。但是，在减少的供给量中，主要是那些质量较高的商品，而不是质量较低的商品，因为生产高质商品在较低价格之下将不再划算，其结果是，剩下来的商品的平均质量就会下降；另外，随着价格的上升，供给将增加，但主要增加的是那些质量更高一些的商品，因为现在生产它们也变得有利可图，其结果是，商品的平均质量上升了。总之，消费者有理由相信，随着某种商品价格的上升，该商品的平均质量也将上升，反之亦然。

图 10—6 描绘了商品的价格与其平均质量之间的关系。图中横轴 P 代表商品价格，纵轴 q 代表商品的平均质量。图中曲线 qc 为价格—质量曲线。价格—质量曲线的特点是向右上方倾斜，表示商品的平均质量将随其价格的上升而上升。除此之外，该曲线还具有两个特点。一是它向上凸出，二是它与横轴的交点大于零。向上凸出意味着，尽管商品的平均质量是随着价格的上升而上升的，但上升的“速度”却越来越慢。换句话说，价格变动对平均质量的影响是“递减”的；与横轴的交点大于零意味着，在价格下降到零之前，平均质量就已经下降到“零”了。

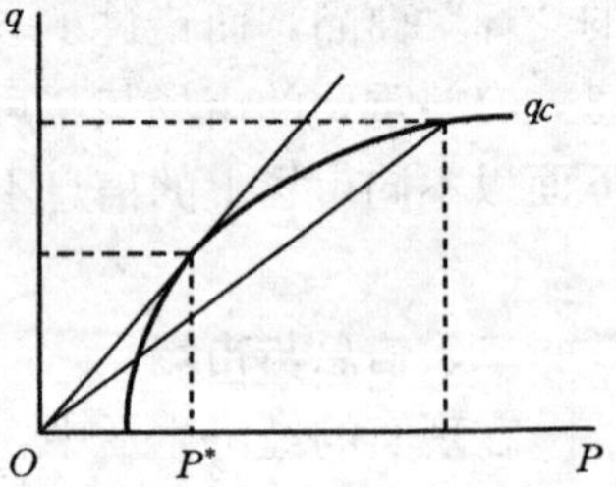

图 10—6　价格—质量曲线

根据商品的价格与其质量之间的关系，可以得到商品的价格与其所谓“价值”之间的关系，而根据后面这种关系，就可以推导在消费者信息不完全条件下的商品需求曲线。消费者在购买商品时不仅要考虑它的价格，而且要考虑它的质量。一件商品，即使价格很低，如果质量太差，也不会有人问津；反之，如果价格较高，但质量很好，也值得购买。价格和质量这两个指标可以综合在一起构成一个新的指标，即每单位价格上的质量 q/P。这个指标可以叫做商品的“价值”。消费者购买时要考虑他在该商品上支出的每单位价格所得到的质量，即要考虑该商品的“价值”。在不同的价格水平上，商品的平均质量是不同的，该平均质量与价格的比值即商品的“价值”也是不同的。在图 10—6 中，每一价格水平上的商品“价值” q/P 的几何表示是：价格—质量曲线在相应价格水平上的点到原点的连线的斜率。由图可见，这个连线的斜率在价格为 P^* 时达到最大。换句话说，商品的

"价值"在一开始时随着价格的上升而上升，上升到最高点之后，再随着价格的上升而下降。

现在可以来看消费者的需求曲线了。消费者追求的是商品的最大"价值"。这个最大"价值"根据图 10—6 在价格为 P^* 时达到。因此，我们可以认为，消费者对商品的需求在价格为 P^* 时达到最大。当价格由 P^* 水平上升或者下降时，由于商品的"价值"都是下降的，故消费者对商品的需求量也将是下降的。由此，我们就得到了一条与以前所遇到的很不相同的需求曲线：它不再只是向右下方倾斜，而且还包含有一段向右上方倾斜的部分。需求曲线现在是向后弯曲的。这条向后弯曲的需求曲线在图 10—7 中表示为曲线 D。在图中，当纵轴代表的价格 P 恰好为 P^* 时，横轴的需求量 Q 达到最大，为 Q_d。当价格高于 P^* 时，需求曲线与通常的一样，向右下方倾斜，当价格低于 P^* 时，需求曲线出现"异常"，向右上方倾斜。

由于假定不完全信息只出现在消费者一方，故只有消费者的需求方面出现"异常"，生产者的供给方面仍然是与以前一样，不会有任何变化。特别是，生产者的供给曲线将仍然是向右上方倾斜的。现在把向右上方倾斜的供给曲线与向后弯曲的需求曲线合在一起来考虑市场的均衡情况。

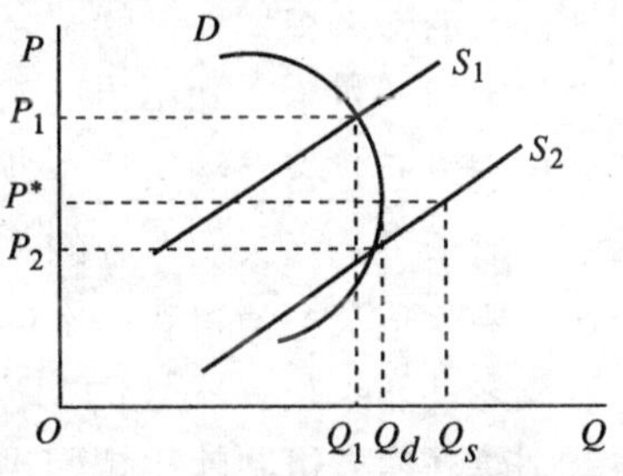

图 10—7　不完全信息与市场失灵

供给曲线的位置有两种情况：它或者与需求曲线向右下方倾斜的部分相交，例如为图 10—7 中的 S_1，或者与需求曲线向右上方倾斜的部分相交，例如为图 10—7 中的 S_2。当供给曲线为 S_1，与需求曲线向右下方倾斜的部分相交时，结果就与以前一样，没有什么不同：市场均衡将出现在供求曲线的交点上，该交点决定了均衡的价格和产量分别为 P_1 和 Q_1。这里不存在任何的低效率市场失灵。但是，当供给曲线为 S_2，与需求曲线向右上方倾斜的部分相交时，结果将与以前大不相同。此时，尽管供求均衡时的价格为 P_2，但它却不是最优的价格。这是因为，如果我们把价格从 P_2 上稍微提高一点，则根据需求曲线，就可以增加产量，而在较高的产量上，需求曲线高于供给曲线，即需求价格高于供给价格，消费者和生产者都将获得更大的利益。但是，价格也不能提高到超过 P^*。如果价格超过了 P^*，则根据需求曲线，产量不仅不增加，反而会减少，从而消费者和生产者的利益都将受到损失。因此，最优价格应当就是 P^*。但是，当价格为 P^* 时，我们可以注意到，生产者的供给将大于消费者的需求！出现了非均衡状态。这种非均衡状态显然违背了帕累托最优标准。例如，当价格为 P^* 时，产量为 Q_d，但是，在 Q_d 上，需求价格超过了供给价格，这意味着，消费者愿意为最后一单位产品支付的价格超过了生产者生产最后一单位产品所花费的成本。也可以说，在产量 Q_d 上，社会的边际收益大于社会的边际成本。因此，从社会的观点来看，消费者在产品质量上的信息不完全导致了生产过低的产量。

三、信誉和信息调控

信息的不完全和不对称带来了许多问题。市场机制本身可以解决其中的一部分问题。

例如，为了利润的最大化，生产者必须根据消费者的偏好进行生产，否则，生产出来的产品就可能卖不出去。生产者显然很难知道每个消费者的偏好的具体情况。不过，在市场经济中，这一类信息的不完全并不会影响它们的正确决策——因为它们知道产品的价格。只要知道了产品的价格，就可以由此计算生产该产品的边际收益，从而就能够确定它们的利润最大化产量。

通过市场机制本身来解决信息不完全和不对称问题的另外一个方法是建立**“信誉”**。在信息不完全和不对称的情况下，如果没有其他约束机制，那么市场上就会充斥着劣质的产品。这是因为：一方面，消费者知道，生产和销售产品的企业比自己更加了解产品的质量，因而就有可能利用这一信息优势来进行欺骗，即生产一些成本较低的劣质产品，并把它们拿到市场上来以次充好，以获得更大的利润。基于这种认识，消费者只愿意对企业提供的产品支付较低的价格。另一方面，由于消费者只愿意支付较低的价格，因此企业也不会愿意生产成本较高的优质产品。这样一来，结果当然就是劣质产品把优质产品逐出市场。

幸运的是，由于存在着诸多的约束因素，因此现实的市场并没有糟糕到如上所说的地步。其中一个约束因素就是“信誉”。所谓信誉，可以看成是消费者对企业行为的一种主观评价。消费者根据自己购买和消费某种产品的亲身体验以及来自其他消费者的“忠告”或别的因素，对生产和销售该产品的企业的诚信（或欺瞒）程度作出判断，并根据这种判断来决定以后是否会购买该企业的产品。

一般来讲，当买卖双方的关系相对固定时，信誉机制比较容易建立。在这种情况下，企业只要欺骗某个消费者一次，就可能永远失去这一消费者，甚至有可能失去更多的消费者。反之，如果是一次性的、流动性的买卖，交易结束之后，双方可能永远也不会再碰面，则建立信誉机制就比较困难，因为在这种情况下，对企业来说，“回头客”本来就不存在，也用不着担心受骗者会向其他消费者揭发自己的不是。不过，即使是在后面这种场合，信誉机制有时也可以起到一定的作用。以遍布世界的麦当劳为例。当你待在家里时，你也许并不愿意经常去麦当劳。但是，当你出差到一个陌生的地方时，去麦当劳也许就是一个不错的决定。街头那家名叫“张三”的饭馆提供的饭菜也许更有风味，但你却无法肯定。你唯一能够肯定的是，那里的麦当劳和你家乡的麦当劳是完全一样的。因为麦当劳的产品全球都一样，去那里用餐用不着担心受骗。于是，通过这样的“标准化”，市场在一些“一锤子”买卖的场合也可以建立起信誉机制。

信誉在解决信息不完全和不对称问题上所起的最重要的作用就是“区分市场”。信誉使由于信息不完全和不对称而搞得混乱不堪的市场变得清晰分明起来。信誉好的产品意味着质量高，信誉差的产品意味着质量低。在“区分市场”的同时，信誉也使得“优质高价”成为可能：质量高的产品价格就高，反之则低。“优质高价”鼓励了生产和销售优质产品的企业，同时也惩罚了生产和销售劣质产品的企业——它们的产品被打上劣质的烙印，无法再冒充优质产品。总之，信誉提高了企业诚信的收益和欺骗的成本。

但是，市场机制并不能够解决所有的信息不完全和不对称问题。在这种情况下，政府就有必要在信息方面进行调控。进行信息调控的目的主要是保证消费者和生产者能够得到充分和正确的市场信息，即增加市场的“透明度”，以便他们能够作出正确的选择。例如，就保护消费者方面来说，常见的政府措施包括这样一些规定：发行新股票或新债券的公司必须公布公司的有关情况，产品广告上不得有不合乎实际的夸大之辞，某些产品必须有详细的使用说明书，香烟包装上必须标明“吸烟有害健康”的字样，等等。

复习与思考

1. 什么是市场失灵？有哪几种情况会导致市场失灵？

2. 垄断是如何造成市场失灵的？

3. 外部影响的存在是如何干扰市场对资源的配置的？

4. 如何看“科斯定理”？它在资本主义社会中适用吗？它在社会主义社会中适用吗？

5. 公共物品为什么不能靠市场来提供？

6. 市场机制能够解决信息不完全和不对称问题吗？

7. 设一产品的市场需求函数为 $Q=500-5P$，成本函数为 $C=20Q$。试问：

(1) 若该产品为一垄断厂商生产，则利润最大时的产量、价格和利润各为多少？

(2) 要达到帕累托最优，产量和价格应为多少？

(3) 社会纯福利在垄断性生产时损失了多少？

8. 在一个社区内有三个集团。它们对公共电视节目小时数 T 的需求曲线分别为：

$W_1=100-T$

$W_2=150-2T$

$W_3=200-T$

假定公共电视是一种纯粹的公共物品，它能以每小时 100 美元的不变边际成本生产出来。

(1) 公共电视有效率的小时数是多少？

(2) 如果电视为私人物品，则一个竞争性的私人市场会提供多少电视小时数？

9. 设一个公共牧场的成本是 $C=5x^2+2\,000$，其中，x 是牧场上养的牛数。牛的价格为 $P=800$ 元。

(1) 求牧场净收益最大时的牛数。

(2) 若该牧场有 5 户牧民，牧场成本由他们平均分担，则这时牧场上将会有多少牛？从中会引起什么问题？

10. 假设有 10 个人住在一条街上，每个人愿意为增加一盏路灯支付 4 美元，而不管已提供的路灯数量。若提供 x 盏路灯的成本函数为 $C(x)=x^2$，试求最优路灯安装只数。

第十一章

宏观经济的基本指标及其衡量

本章起开始叙述宏观经济学的内容。本章先说明宏观经济学的特点，作为宏观部分的一个引论，再说明宏观经济的几个主要指标，尤其是国民收入核算的基本原理。

第一节　宏观经济学的特点

一、宏观经济学的研究对象

宏观经济学系相对微观经济学而言。微观经济学研究的是经济活动个体决策者的行为及后果，宏观经济学研究的是社会总体的经济行为及其后果。研究社会总体经济行为就是研究如何使国民收入稳定地（没有通胀和衰退）以较合适的速度增长。这表明，宏观经济运行中的主要问题有：经济波动及与此相联系的就业与失业问题；价格水平及与此相联系的通胀问题；经济增长问题。这些问题产生的原因、后果及对策，就是宏观经济学要研究的内容。

任何一个国家宏观经济运行的情况都可以通过一些指标加以测度，就像一个人的身体健康状况可以通过体温、血压等指标加以测度一样。测度宏观经济运行情况的重要指标有国民收入及其增长率、失业率、物价水平及其变动。国民收入在经济学中乃是衡量社会经济活动成就的一个广泛概念。任何一国的经济增长率就是指国民收入的增长率特别是国内生产总值（GDP）的增长率。失业率是衡量宏观经济运行状况的另一个最重要的经济指标，因为就业状况和居民福利、社会稳定甚至整个社会政治经济之间关系最为密切。物价水平一般用价格指数来表示。物价水平的变动用通货膨胀率表示。通货膨胀率不仅对居民生活和企业生产产生影响，还对整个社会经济的运行有影响。通货膨胀率过高，也表明宏观经济运行出了问题。

除了上述几个重要的宏观经济指标外，其他比较重要的指标还有政府预算赤字、贸易赤字和盈余的变动、利率和汇率的变动等。这些变量间有没有内在联系，一个变量的变动是否会引起另一个变量变动以及在多大程度上相互关联，这些都属于宏观经济学研究的问题。总的说来，如果微观经济学由于以价格为中心可以被称作价格理论，宏观经济学则由于以国民收入为中心可以被称作收入理论。

二、宏观经济学的基本理论框架

由于宏观经济学是研究国家经济总体运行的科学，因此不考虑个体经济的差异，只把经济划分为家庭、企业和政府三大部门并研究它们之间的相互关系，因为所有经济活动主体，尽管可以有这样那样的差异，但归根结底都不外乎属于这三大部门。所有在工厂、商店、农场、金融机构等工作的工作人员，都是一个个家庭的成员，而所有这些机构或者单位则都是一个个企业。军队、法院以及所有政府机构都属于政府部门。宏观经济学也涉及国外的家庭、企业和政府，但也只是把它们都当做一个国外部门来对待。

现代经济是市场经济。市场经济中有多种多样的市场。然而宏观经济学在宏观层面上研究市场活动时，只把各种市场归结为三大类：产品市场、货币市场和劳动市场。在产品市场上，有无数有形和无形的产品（服务产品）形成供给、需求和交易价格、交易量；在货币市场上，所有金融资产（银行存贷款、证券、保险、信托等）在这里形成供给、需求和交易价格、交易量；在劳动市场上，作为劳动者的劳动供给方和作为劳动需求方的企业、政府在进行交易并形成劳动价格和就业量。

正是对这三大经济部门在这三大类市场的交互作用的研究，构成了目前西方宏观经济学的基本理论框架。那些仅仅研究产品市场供求关系如何决定国民收入的理论，称为国民收入决定的最简单的理论模型，即国民收入决定的收入—支出模型；在上述模型中加入货币市场供求关系来研究国民收入决定的理论模型，称为国民收入决定的 *IS—LM* 模型；在 *IS—LM* 模型中再加入劳动市场供求关系来研究国民收入决定的理论模型，称为国民收入决定的总需求—总供给模型，即 *AD—AS* 模型。实际上，前面两个模型只是研究总需求如何决定国民收入，第三个模型研究的是总需求和总供给如何一起决定国民收入。如果引进国际经济部门，那么决定国民收入的还有国际市场的因素。

三、宏观经济学和微观经济学的异同

宏观经济学和微观经济学的异同，既体现在经济理论上，也体现在经济政策上。

先看经济理论。宏观经济学和微观经济学都是研究市场经济中经济活动参与者的行为及其后果的，而市场经济中所有经济活动参与者的行为都是一定意义上的供给和需求行为，因此，宏观经济学与微观经济学的主要相同之处就在于都是通过需求曲线和供给曲线决定价格和产量，并且微观经济学和宏观经济学的需求曲线一般说来都是向右下方倾斜的，而它们的供给曲线都是向右上方倾斜的，尽管形成这些形状的原因不同，但宏观经济学和微观经济学总体上有着相同的供求曲线形状，它们的交点决定着价格和产量。

然而，微观经济学研究的是个体经济活动参与者的行为及其后果，而宏观经济学研究

的是社会总体的经济行为及其后果，这就决定了微观经济学和宏观经济学的主要区别是，微观经济学中的供给曲线和需求曲线都是个体经济的供求曲线，因而由此决定的成交价格和成交量也是个体商品（包括产品和要素）的价格和成交量。宏观经济学中供给和需求曲线是整个社会经济的供求曲线，即总供给曲线和总需求曲线，因而由此决定的价格和产出是整个社会的价格水平和社会产出总值。微观经济学中的价格和产量是一个个具体商品的价格和产量，而宏观经济学中的价格和产量是整个社会的价格水平和产出水平。这里价格水平用价格指数表示，产出水平用货币衡量的市场价值（国内生产总值）表示。

不仅如此，而且微观经济学中需求曲线和供给曲线的一般形态，看起来和宏观经济学中的总需求曲线和短期总供给曲线的形态都差不多地向下倾斜和向上倾斜，但是其原因却是不同的。

再看经济政策。微观经济政策和宏观经济政策的共同点在于：二者都是政府运用一定经济手段引导和规范微观经济主体的行为，使之趋向有利于改善社会的经济福利。二者的区别是微观经济政策的目标主要是解决资源优化配置上的问题，纠正市场在资源优化配置上的“失灵”。例如，政府用反垄断政策矫正企业因垄断行为而不能实现资源优化配置方面的失调，政府出场提供公共物品来解决市场经济主体不能提供社会所需要的公共物品问题。所有这些微观经济政策都是政府的“有形之手”补充市场这只“无形之手”在资源配置上的失灵。宏观经济政策目标虽然也得通过微观经济主体的行为来实现，但这个目标主要不是解决资源配置问题，而是解决资源利用问题。例如，经济出现萧条和失业，表明经济资源没有得到充分利用，政府就要用经济政策来刺激经济，引导居民和企业增加消费和投资，以克服资源闲置和浪费。相反，若经济过热，产生了严重的通货膨胀，表明社会对资源的需求超过资源的供给能力，政府就应当用经济政策来给经济降温，引导合理的消费和投资。

四、宏观经济学的加总法

宏观经济学研究社会总体经济行为，因而不能像微观经济学那样运用个量分析方法，而是要用总量分析方法，即从个量分析的加总中引出总量的分析方法。

“经济加总”是人们用以描述某些经济生活的一个简单的抽象。例如，总产出就是一个经济加总的概念。比方说一定数量的香蕉、上衣、钢铁等等各不相同的东西无法直接加总，但是在市场上都值一定数量的钱，于是，通过货币就可以把物质形态不同的产品的产量都还原为一定的市场价值从而加总。

宏观分析中有些总量变化可以从微观分析的个量中直接加总（大部分是加权平均加总）而得到，因为微观是宏观的基础，就像树木是森林的基础一样。例如每个人的消费支出加总就构成整个社会的消费总支出，每个人的消费支出与其收入成一定比例，才有总量消费函数。又如每个厂商的投资支出加总就构成全社会的总投资，每个厂商的投资随利率变化而变化，就有了总量投资函数。尽管微观是宏观的基础，但总体经济行为并不是个体经济行为的简单加总。对微观经济是正确的东西，对宏观经济未必也是正确的，其原因除了经济个体与经济总体所追求的目标不同以外，还在于某些行为对经济个体之所以正确或真实，是因为假定其他情况不变，即假定某一经济个体的行为对其他个体不产生影响，但宏观经济涉及的是经济总体即所有经济个体，因而不能再假定其他同一类别的个量不变。

例如，某厂商降低工资时不能假定其他厂商不降低工资。因此，个别厂商降低工资会降低产品成本，但所有厂商都这么做的话，就会导致整个社会的需求、生产和就业下降。

五、宏观经济学鸟瞰和本书宏观部分的章次安排

根据本节以上的论述，宏观经济学的最终目标是寻找保持国民收入稳定增长的对策。所谓稳定的增长系指既无失业又无通货膨胀的增长。为了达到这一目标，第一，西方学者必须探寻哪些市场上的哪些经济变量决定国民收入的大小。第二，在得知这些变量以后，人们就可以进一步制定政策来控制这些变量，以便使国民收入保持稳定的增长。这两项内容构成了宏观经济学的主要框架，该框架可以用图 11—1 加以说明。由于该图是对框架的鸟瞰，所以它仅仅列到市场层面；每一市场所含有的变量将在对各市场的论述中显示出来。

- 国民收入
  - 短期决定及对策
    - 总需求曲线
      - 产品市场
      - 货币市场
      - 国际市场
    - 总供给曲线——劳动市场（和总量生产函数）
  - 长期决定及对策——经济增长论和经济周期理论
  - 有关国民收入的短期决定的不同意见和对策

图 11—1　宏观经济学鸟瞰

根据上述鸟瞰，本书宏观部分的章次大体安排是：

第十一章即本章除说明宏观经济学特点（相当于宏观经济学部分的一个引论）外，主要说明核算国民经济活动的核心指标——国内生产总值。第十二章论述产品市场，第十三章说明货币市场并把两种市场的共同作用加以综合，这两章的内容被称为 *IS—LM* 分析。截止到 20 世纪 60 年代，它可以说涵盖了宏观经济理论的全貌：直到现在，它还被大多数西方学者看做宏观经济学的最核心的理论。在这两章之后，由于在短期中，国民收入的波动往往来自需求方面，所以接下来的第十四章论述影响总需求的短期宏观经济政策。第十五章引入了以前各章所省略掉的价格变量，一方面根据 *IS—LM* 分析推导出总需求曲线，另一方面又根据劳动市场的情况得出总供给曲线，并且根据这两条曲线来对国民收入在短期中的变动加以初步的解释。在其后的第十六章中，由于价格水平的变化牵涉到劳动的供求和通货膨胀，所以，失业和通货膨胀问题在这一章中加以系统的论述。第十七章说明国民收入长期和短期的决定，即经济增长论和经济周期理论。最后一章即第十八章考察国际经济的基本知识。

第二节　国内生产总值及其核算方法

一、国内生产总值概念

宏观经济学研究整个社会的经济活动，首先要有定义和计量总产出或总收入的一套方法。国民收入核算就研究这套方法。核算国民经济活动的核心指标是国内生产总值（简称 GDP）。

什么是GDP？为了弄清这一概念，可以先从一个假定的例子谈起。假定一件上衣从生产到消费者最终使用共要经过5个阶段：种棉、纺纱、织布、制衣、销售。假设棉花的价值为15美元，并假定它都是当年新生产的价值，不再包含为生产棉花所费的肥料、种子等价值（当然，这事实上不可能，但为说明问题起见，需作这样的假定）。再假定棉花纺成纱售价20美元，于是纺纱厂生产的价值是5美元，即增值5美元。20美元纱织成布售价30美元，于是织布厂生产的价值是10美元，即增值10美元。30美元布制成成衣卖给售衣商为45美元，于是制衣厂生产的价值是15美元，即增值15美元。售衣商卖给消费者为50美元，于是售衣商在售卖中增值5美元。可见，这件上衣在5个阶段中的价值创造即增值共计：15＋5＋10＋15＋5＝50美元，正好等于这件上衣的最后售价。现在这件上衣不再出售，由其最后使用者即顾客消费了。像这样一种**在一定时期内生产的并由其最后使用者购买的产品和劳务**就称为**最终产品**，而棉花、纱、布等则称中间产品，**中间产品是指用于再出售而供生产别种产品用的产品。**

上衣的例子说明，一件最终产品在整个生产过程中的价值增值，就等于该最终产品的价值。一个国家在一定时期内（通常指一年）生产千千万万种最终产品。这些最终产品的价值总和就等于生产这些最终产品的各行各业新创造的价值的总和。这是该国在该时期内真正生产的价值，称为国内生产总值。因此，**国内生产总值是指经济社会（即一国或一地区）在一定时期内运用生产要素所生产的全部最终产品（物品和劳务）的市场价值。**这一定义含有如下几方面意思：

(1) GDP是一个市场价值的概念。各种最终产品的价值都是用货币加以衡量的。产品市场价值就是用这些最终产品的单位价格乘以产量获得的。假如某国一年生产10万件上衣，每件上衣售价50美元，则该国一年生产上衣的市场价值为500万美元。

(2) GDP测度的是最终产品的价值，中间产品价值不计入GDP，否则会造成重复计算。例如，如果把棉花、纱、布及制衣厂手中的成品的价值都算作这一时期生产的价值，则其总额将是：15＋20＋30＋45＋50＝160美元，而不再是50美元，但其卖价只能是50美元，因为50美元的价值才是这件上衣生产中真正被创造出来的价值。

(3) GDP是一定时期内（往往为一年）所生产而不是所售卖掉的最终产品价值。若某企业年生产100万美元产品，只卖掉80万美元，所剩20万美元产品可看做是企业自己买下来的存货投资，同样应计入GDP。相反，虽然只生产了100万美元产品，然而却卖掉了120万美元产品，则计入GDP的仍是100万美元，只是库存减少了20万美元而已。

(4) GDP是计算期内（如2010年）生产的最终产品价值，因而是流量而不是存量。**流量是一定时期内发生的变量，存量是一定时点上存在的变量**。若某人花20万美元买了一幢旧房，包括19.8万美元的旧房价值和2 000美元的经纪人费用，这19.8万美元不能计入GDP，因为它在生产年份已计算过了，但买卖这幢旧房的2 000美元经纪人费用可计入GDP，因为这笔费用是经纪人买卖旧房过程中提供的劳务价值。

(5) GDP是一国范围内生产的最终产品的市场价值，从而是一个地域概念，而与此相联系的**国民生产总值（GNP）**则是**一个国民概念，乃指某国国民所拥有的全部生产要素在一定时期内所生产的最终产品的市场价值。**因此，一个在日本工作的美国公民的收入要计入美国的GNP中，但不计入美国的GDP中，而计入日本的GDP。反之，一个在美国制造业中开设公司的日本老板取得的利润是日本 GNP 的一部分，不是美国 GNP 的一部分，但它是美国 GDP 的一部分。因此，若某国一定时期内的 GNP 超过 GDP，说明该时期该国公民从外国获得的收入超过了外国公民从该国获得的收入，而 GDP 超过 GNP 时，说明的情况则正相反。

(6) GDP 一般仅指市场活动导致的价值。家务劳动、自给自足生产等非市场活动不计入 GDP 中。

上衣生产的例子不仅说明了产出是指增值，或者说产出等于新增价值，而且还说明产出总是等于收入，以及产出总是等于支出。

为什么说产出总是等于收入呢？仍以上衣生产为例。假定棉农共生产 15 万美元棉花，并假定这 15 万美元就是新增价值，那么这实际上就是假定这 15 万美元价值就是生产棉花所投入的生产要素（劳动、资本、土地）共同创造的。这 15 万美元棉花卖给纺纱厂纺成纱卖 20 万美元，增值 5 万美元。怎么会增值的呢？因为纱厂把棉花纺成纱也需要投入劳动、资本、土地等生产要素，这 5 万美元的增值就是这些要素共同创造的。由于企业使用要素必须支付代价，雇用劳动力要付工资，使用资本要付利息，使用土地要付租金，这些要素报酬都被认为是这些要素在生产中作出的贡献，因而这 5 万美元的增值要转化为要素提供者的收入。假定工资是 2 万美元，利息是 1.5 万美元，地租是 0.5 万美元，则 5 万美元售价中还剩余 1 万美元，这一余额就是利润。上述情况可列简表说明，参见表 11—1。

表 11—1　　一个假设的纺纱厂年产出和收入报表　　单位：美元

收入（支）		产出（收）	
工资和薪金	20 000	生产出成品（纱）	200 000
利息	15 000	减：购买原料棉花	150 000
地租	5 000		
利润	10 000		
总计收入	50 000	产出（增值）	50 000

纱厂的情况是这样，织布厂、制衣厂、售衣商的情况也是这样。它们生产的价值，都要转化为生产要素报酬和企业利润，即转化为要素提供者和企业经营者的收入。由于把利润看做是产品卖价扣除工资、利息和地租等成本支出后的余额，产出（生产的价值）才总等于收入。上例中利润为 1 万美元；若工资、利息、地租之和为 4.5 万美元，则利润为 0.5 万美元；若三种报酬之和为 5.5 万美元，则利润为－0.5 万美元，说明企业亏损了。一个企业的产出总等于收入，一个国家的总产出也必然等于总收入。

为什么产出又总等于支出呢？这是因为最终产品的销售收入，就是最终产品购买者的支出。例如，生产了一件上衣卖 50 美元，就是购买上衣的消费者支出了 50 美元，这 50 美元就是生产和经营上衣的五阶段的厂商（棉农、纱厂、织厂、制衣厂及售衣商）创造的价值，即产出。上衣是这样，千千万万最终产品的生产都是这样。因此，从全社会看，总产出就总等于购买最终产品的总支出。然而，假如社会某年生产了 1 万亿美元最终产品，只卖掉 0.8 万亿美元，总产出又怎么说是等于总支出呢？**在国民收入核算中，这未卖掉的** 0.2 万亿美元**产品被看做**本企业在**存货方面的投资支出，称为存货投资**。由于企业把存货变化也看做是自己购买自己产品的投资支出，因此，上例中的总支出就不是 0.8 万亿美元，而是1万亿美元了。

认识总产出等于总收入，总产出又等于总支出，对于弄清如何核算GDP有着重大意义。由于总产出等于总支出，因此，GDP也可以通过核算整个社会在一定时期内购买最终产品的支出总和来求得。这种方法称为支出法。从上述分析还可知，总产出等于总收入，因此，GDP也可通过核算整个社会在一定时期内获得的收入来求得。这种方法叫做收入法。常用的就是支出法和收入法。

二、核算GDP的两种方法

1. 用支出法核算GDP

用支出法核算GDP，就是通过核算在一定时期内整个社会购买最终产品的总支出即最终产品的总卖价来计量GDP。谁是最终产品的购买者呢，只要看谁是产品和劳务的最后使用者。在现实生活中，产品和劳务的最后使用，除了居民消费，还有企业投资、政府购买及净出口。因此，用支出法核算GDP，就是核算经济社会（指一个国家或一个地区）在一定时期内消费、投资、政府购买以及净出口这几方面支出的总和。

消费（指居民个人消费）**支出**（用字母C表示）**包括购买耐用消费品**（如小汽车、电视机、洗衣机等）、**非耐用消费品**（如食物、衣服等）和**劳务**（如医疗、旅游、理发等）**的支出**。建造住宅的支出则不包括在内。

投资指增加或更换资本资产（包括厂房、住宅、机械设备及存货）**的支出**（用字母I表示）。为什么用于投资的物品也是最终产品？资本设备难道不是像中间产品一样是用来生产别的产品吗？为什么不属于中间产品呢？要知道，资本物品（如厂房设备等）和中间产品是有重大区别的。中间产品在生产别的产品时全部被消耗掉，但资本物品在生产别的产品过程中只是部分地被消耗。一个钢铁厂若用40年，则每年都只耗费部分价值，40年后全部耗费掉。**资本物品由于损耗造成的价值减少称为折旧。折旧不仅包括生产中资本物品的有形磨损，还包括资本老化带来的无形磨损**。例如，一台设备使用年限虽然未到，但过时了，其价值要贬损。

投资包括固定资产投资和存货投资两大类。固定资产投资指新厂房、新设备、新商业用房以及新住宅的增加。为什么住宅建筑也属投资而不属消费？因为住宅像别的固定资产一样是长期使用，慢慢地被消耗的。

存货投资是企业掌握的存货价值的增加（或减少）。如果年初全国企业存货为1 000亿美元而年末为1 200亿美元，则存货投资为200亿美元。存货投资可能是正值，也可能是负值，因为年末存货价值可能大于也可能小于年初存货价值。

投资是一定时期内增加到资本存量中的资本流量，而资本存量则是经济社会在某一时点上的资本总量。假定某国家在2007年投资900亿美元，该国2007年末资本存量可能是5 000亿美元。由于机器厂房等会不断磨损，假定每年要消耗即折旧400亿美元，则上述900亿美元投资中就有400亿美元要用来补偿旧资本消耗，净增加的投资只有500亿美元，这400亿美元因是用于重置资本设备的，故称**重置投资**。净投资加重置投资称为总投资。用支出法计算GDP时的投资，指的是总投资。

政府对物品和劳务的**购买**（G）是**指各级政府购买物品和劳务的支出**，如政府花钱设立法院、提供国防、建筑道路、开办学校等方面的支出。政府购买只是政府支出的一部分，政府支出的另一部分如转移支付、公债利息等都不计入 GDP。理由是政府购买时通过雇用人员，建立公共设施，建造舰队等为社会提供了服务，而转移支付只是简单地把收入从一些人或一些组织转移到另一些人或另一些组织，没有相应的物品或劳务的交换发生。如政府给残疾人发放救济金，不是因为这些人提供了服务，创造了价值，而是因为他们丧失了劳动能力，要靠救济生活。

净出口指进出口的差额。 用 X 表示出口，用 M 表示进口，则（$X-M$）就是净出口。进口应从本国总购买中减去，因为进口表示收入流到国外，不是用于购买本国产品的支出；出口则应加进本国总购买量之中，因为出口表示收入从外国流入，是用于购买本国产品的支出。因此，只有净出口才应计入总支出，它可能是正值，也可能是负值。

把上述四个项目加总，用支出法计算 GDP 的公式可写成：

$$\text{GDP}=C+I+G+(X-M) \tag{11.1}$$

2. 用收入法核算 GDP

收入法即用要素收入亦即企业生产成本核算国内生产总值。严格说来，最终产品市场价值除了生产要素收入构成的成本，还有间接税、折旧、公司未分配利润等内容，因此用收入法核算的国内生产总值应包括以下一些项目：（1）工资、利息和租金等这些生产要素的报酬。工资包括所有对工作的酬金、津贴和福利费，也包括工资收入者必须缴纳的所得税及社会保险税。利息在这里指人们给企业所提供的货币资金所得的利息收入，如银行存款利息、企业债券利息等，但政府公债利息及消费信贷利息不包括在内。租金包括出租土地、房屋等租赁收入及专利、版权等收入。（2）非公司企业主收入，如医生、律师、农民和小店铺主的收入。他们使用自己的资金，自我雇用，其工资、利息、利润、租金常混在一起作为非公司企业主收入。（3）公司税前利润，包括公司所得税、社会保险税、股东红利及公司未分配利润等。（4）企业转移支付及企业间接税。这些虽然不是生产要素创造的收入，但要通过产品价格转嫁给购买者，故也应视为成本。企业转移支付包括对非营利组织的社会慈善捐款和消费者呆账，企业间接税包括货物税或销售税、周转税。（5）资本折旧。它虽不是要素收入，但包括在应回收的投资成本中，故也应计入 GDP。

这样，按收入法计得的国民总收入＝工资＋利息＋利润＋租金＋间接税和企业转移支付＋折旧。它和支出法计得的国内生产总值从理论上说是相等的。但实际核算中常有误差，因而还要加上一个统计误差。

第三节　国民收入的其他衡量指标

在西方国民收入核算体系中，除了要弄清上面说过的国内生产总值和国民生产总值这些概念，还要弄清国内生产净值、国民收入、个人收入和个人可支配收入这些概念及其相互关系，因为这些概念都是属于从不同角度对国民收入的衡量。大体说来，这些概念的含义和相互关系是：

1. 国内生产总值（GDP）

其含义在本章第二节中已说过，它计量一定时期内一个国家的所有生产活动的价值。“某年某国产出多少”就是指国内生产总值。国内生产总值中的“总”字意指在计算各个生产单位的产出时，未扣除当期的资本耗费即折旧，如果扣除资本耗费，那就是国内生产净值。

2. 国内生产净值（NDP）

从 GDP 中扣除资本折旧，就得到 NDP。“总”和“净”对于投资也具有类似意义。**总投资是一定时期内的全部投资**，即建设的全部厂房设备和住宅等，而**净投资是总投资中扣除了资本消耗或者说重置投资部分。**例如，某企业某年购置 10 台机器，其中 2 台用来更换报废的旧机器，则总投资为 10 台机器，净投资为 8 台机器。

3. 国民收入（NI）

这里的国民收入指按生产要素报酬计算的国民收入。**从国内生产净值中扣除间接税和企业转移支付加政府补助金，就得到一国生产要素在一定时期内提供生产性服务所得报酬（即工资、利息、租金和利润）的总和意义上的国民收入。**间接税和企业转移支付虽构成产品价格，但不成为要素收入；相反，政府给企业的补助金虽不列入产品价格，但成为要素收入。故前者应扣除，后者应加入。

4. 个人收入（PI）

生产要素报酬意义上的国民收入并不会全部成为个人的收入。例如，利润收入中要给政府缴纳公司所得税，公司还要留下一部分利润，只有一部分利润才会以红利和股息形式分给个人。职工收入中也有一部分要以社会保险费的形式上缴有关机构。此外，人们也会以各种形式从政府那里得到转移支付，如退伍军人津贴、工人失业救济金、职工养老金、职工困难补助等。因此，**从国民收入中减去公司未分配利润、公司所得税及社会保险税（费），加上政府给个人的转移支付，大体上就得到个人收入。**

5. 个人可支配收入（DPI）

个人收入不能全归个人支配，因为要缴纳个人所得税，**税后的个人收入才是个人可支配收入**，即人们可用来消费或储蓄的收入。

第四节　国民收入的基本公式

在上面分析的基础上，可以得到国民收入构成的基本公式，进而得到对分析宏观经济行为十分重要的一个命题，这就是储蓄—投资恒等式。

一、两部门经济的收入构成及储蓄—投资恒等式

这里所说的两部门系指一个假设的经济社会，其中只有消费者（家户）和企业（即厂商），因而就不存在企业间接税。为使分析简化，暂先撇开折旧，这样，国内生产总值等于国内生产净值和国民收入，都用 Y 表示。在两部门经济中，没有税收、政府支出及进出

口贸易，在这种情况下，国民收入的构成情况将是这样的：

一方面，从支出的角度看，由于把企业库存的变动作为存货投资，因此，国内生产总值总等于消费加投资，即$Y=C+I$。

另一方面，从收入的角度看，由于把利润看做是最终产品卖价超过工资、利息和租金后的余额，因此，国内生产总值就等于总收入。总收入一部分用作消费，其余部分则当做储蓄。于是，从供给方面看的国民收入构成为：国民收入＝工资＋利息＋租金＋利润＝消费＋储蓄，即$Y=C+S$。

由于$C+I=Y=C+S$，就得到$I=S$。这就是储蓄—投资恒等式。

必须明确的是，上述储蓄—投资恒等式是根据储蓄和投资的定义得出的。根据定义，国内生产总值等于消费加投资，国民总收入等于消费加储蓄。国内生产总值又等于总收入。这样，才有了储蓄与投资的恒等关系。这种恒等关系就是两部门经济中的总供给($C+S$）和总需求（$C+I$）的恒等关系。只要遵循这些定义，储蓄和投资一定相等，而不管经济是否处于充分就业，是否处于通货膨胀，是否处于均衡状态。然而，这一恒等式决不意味着人们意愿的或者说事前计划的储蓄总会等于企业想要有的或者说事前计划的投资。在现实经济生活中，储蓄主要由居民户进行，投资主要由企业进行，个人储蓄动机和企业投资动机也不相同。这就会形成计划储蓄和计划投资的不一致，形成总需求和总供给的不均衡，引起经济的收缩和扩张。以后我们分析宏观经济均衡时所讲的投资要等于储蓄，是指只有计划投资等于计划储蓄，或者说事前投资等于事前储蓄时，才能形成经济的均衡状态，这和我们这里讲的储蓄和投资恒等不是一回事。这里讲的储蓄和投资恒等，是从国民收入会计角度看，事后的储蓄和投资总是相等的。

还要说明，这里所讲的储蓄等于投资，是指整个经济而言，至于某个人、某个企业或某个部门，则完全可以通过借款或贷款，使投资大于或小于储蓄。

二、三部门经济的收入构成及储蓄—投资恒等式

在三部门经济中，把政府部门引了进来。政府的经济活动表现在，一方面有政府收入(主要是向企业和居民征税)，另一方面有政府支出（包括政府对商品和劳务的购买，以及政府给居民的转移支付)。这样，把政府经济活动考虑进去，国民收入的构成情况将是这样的：

从支出角度看，国内生产总值等于消费、投资和政府购买的总和，可用公式表示为：$Y=C+I+G$。按理说，政府给居民的转移支付同样要形成对产品的需求，从而应列入公式，但这一需求已包括在消费和投资中，因为居民得到了转移支付收入，无非是仍用于消费和投资（主要是消费，因为转移支付是政府给居民的救济性收入及津贴)，因此这里的公式中政府支出仅指政府购买。

从收入角度看，国内生产总值仍旧是所有生产要素获得的收入总和，即工资、利息、租金和利润的总和。总收入除了用于消费和储蓄，还先要纳税。然而，居民一方面要纳税，一方面又得到政府的转移支付收入，税金扣除了转移支付才是政府的净收入，也就是国民收入中归于政府的部分。假定用T_0表示全部税金收入，t_r表示政府转移支付，T表

示政府净收入，则$T=T_0-t_r$,这样，从收入方面看国民收入的构成将是：$Y=C+S+T$。

按照前面说过的社会总产出等于总销售（总支出），总产出价值又构成总收入的道理，可以将三部门经济中的国民收入构成的基本公式概括成为：$C+I+G=Y=C+S+T$。公式两边消去C，得$I+G=S+T$，或$I=S+(T-G)$。在这里，$(T-G)$可看做政府储蓄，因为T是政府净收入，G是政府购买性支出，二者的差额即政府储蓄，这可以是正值，也可以是负值。这样，$I=S+(T-G)$的公式，也就表示储蓄（私人储蓄和政府储蓄的总和）和投资的恒等。

三、四部门经济的收入构成及储蓄—投资恒等式

上述三部门经济加进一个国外部门就成了四部门经济。四部门经济中，由于有了对外贸易，国民收入的构成从支出角度看就等于消费、投资、政府购买和净出口的总和，用公式表示是：$Y=C+I+G+(X-M)$。

从收入角度看，国民收入构成的公式可写成：$Y=C+S+T+K_r$，这里，$C+S+T$的意义和三部门经济中的意义一样，K_r则代表本国居民对外国人的转移支付。例如，对外国遭受灾害时的救济性捐款，这种转移支付也来自生产要素的收入。

这样，四部门经济中国民收入构成的基本公式就是：$C+I+G+(X-M)=Y=C+S+T+K_r$，公式两边消去C，则得到：

$$I+G+(X-M)=S+T+K_r$$

$I+G+(X-M)=S+T+K_r$这一等式，也可以看成是四部门经济中的储蓄—投资恒等式，因为这一等式可以转化为以下式子：$I=S+(T-G)+(M-X+K_r)$。这里，S代表居民私人储蓄，$(T-G)$代表政府储蓄，而$(M-X+K_r)$则可代表外国对本国的储蓄，因为从本国的立场看，M（进口）代表其他国家出口商品，从而是这些国家获得的收入，X（出口）代表其他国家从本国购买商品和劳务，从而是这些国家需要的支出，K_r也代表其他国家从本国得到的收入，可见，当$(M+K_r)>X$时，外国对本国的收入大于支出，于是就有了储蓄，反之，则有负储蓄。这样，$I=S+(T-G)+(M-X+K_r)$的公式就代表四部门经济中总储蓄（私人、政府和国外）和投资的恒等关系。

上面我们逐一分析了二部门、三部门和四部门经济中的国民收入构成的基本公式以及储蓄和投资的恒等关系。在分析时是把折旧和企业间接税先撇开的，实际上，即使把它们考虑进来，上述收入构成公式及储蓄和投资的恒等关系也都成立。如果上述Y指GDP，则上述所有等式两边的I和S分别表示把折旧包括在内的总投资和总储蓄。如果Y指NDP，则等式两边的I和S分别表示不含折旧的净投资和净储蓄；如果Y指NI，则C、I、G是按出厂价计量的，等式两边减少了一个相同的等于间接税的量值。可见，不论Y代表哪一种国民收入概念，只要其他变量的意义能和Y的概念相一致，储蓄—投资恒等式总是成立的。

第五节　名义 GDP 和实际 GDP

由于GDP是用货币来计算的，因此，一国GDP的变动由两个因素造成：一是所生产

的物品和劳务的数量的变动，一是物品和劳务的价格的变动。当然，二者也常常会同时变动。为弄清国内生产总值变动究竟是由产量还是由价格变动引起，需要区分名义国内生产总值和实际国内生产总值。

名义 GDP（或货币 GDP）是用生产物品和劳务的当年价格计算的全部最终产品的市场价值。实际 GDP 是用从前某一年作为基期价格计算出来的全部最终产品的市场价值。 假设某国最终产品以香蕉和服装代表。两种物品在 2016 年（现期）和 2006 年（基期）的价格和产量分别如表 11—2 所示，则以 2006 年价格计算的 2016 年的实际国内生产总值为 260 万美元。

表 11—2　　名义 GDP 和实际 GDP

	2006 年名义 GDP	2016 年名义 GDP	2016 年实际 GDP
香蕉	15 万单位×1 美元 =15 万美元	20 万单位×1.5 美元 =30 万美元	20 万单位×1 美元 =20 万美元
服装	5 万单位×40 美元 =200 万美元	6 万单位×50 美元 =300 万美元	6 万单位×40 美元 =240 万美元
合计	215 万美元	330 万美元	260 万美元

2016 年名义国内生产总值和实际国内生产总值的差别，可以反映出这一时期和基期相比价格变动的程度。在上例中，330÷260=126.9%，说明从 2006 年到 2016 年该国物价水平①上升了 26.9%。在这里，126.9%称为 GDP 折算指数。可见，**GDP 折算指数**是名义 GDP 和实际 GDP 的比率。如果知道了 GDP 折算指数，就可以将名义 GDP 折算为实际 GDP，其公式为：

$$\text{实际 GDP}=\text{名义 GDP}\div\text{GDP 折算指数} \tag{11.2}$$

例如，在上例中，从 2006 年到 2016 年，GDP 名义上（即从货币价值看）从 215 万美元增加到 330 万美元，实际只增加到 260 万美元，即如果扣除物价变动因素，GDP 只增长了 20.9%[(260－215)÷215＝20.9%]，而名义上却增长了 53.5%[(330－215)÷215=53.5%]。

由于价格变动，名义 GDP 并不反映实际产出的变动。因此，如果不作特殊说明，以后各章中所讲的产出，总是指实际 GDP，并以英文小写字母来表示实际 GDP 以及其他变量。例如，用 y、c、i、g 分别表示实际的产量（收入）、消费、投资和政府支出。

第六节　失业和物价水平的衡量

一、失业的衡量

失业率是衡量宏观经济运行状况的另一个重要指标，因为失业状况与居民福利和社会

① 关于物价水平的含义，下面一小节中有详细说明。

稳定之间关系最为密切。何谓失业与失业率？失业是有劳动能力的人想工作而找不到工作的社会现象。所有那些未曾受雇以及正在变换工作岗位或者未能按当时通行的实际工资率找到工作的人都是失业者。就业者和失业者的总和就是劳动力。失业者占劳动力的百分比称为失业率。

失业与失业率如何来测定？例如，美国劳工统计局关于美国失业率的统计方式是将全国人口分为三大类：

第一类人口由三部分人组成：(1) 未满 16 周岁的未成年人；(2) 现役军人；(3) 精神病患者以及劳教人员等。

第二类人口是非劳动力，指出于某些原因而未能加入就业行列的潜在成年劳动者，主要包括：(1) 操持家务者；(2) 在校学习者；(3) 年老退休者；(4) 病残者。

第三类人口是劳动力，由两部分人组成：(1) 就业者。其中又分为工作者和非工作者两种情况。工作者指正在工作岗位的人；非工作者指在职中的请假、休假以及临时不工作的人。(2) 失业者。其中又分为被解雇者、自愿离职者、再次求职者和初次求职者这几种情况。被解雇者是就业者中被工作单位解雇的人员；自愿离职者指就业人员中自动退出就业行列者，例如要寻找条件更好、待遇更高工作的人员；再次求职者指被解雇的和自愿离职的再次寻求工作的人员；初次求职者指包括刚成年的初次寻求工作的人。

失业率的计算并不是失业人数和总人口的比率，而是劳动人口中失业人数和劳动力总数的比率，即：

$$劳动力=就业人数+失业人数$$

$$失业率=\frac{失业人数}{劳动力数量}\times 100\%$$

与失业率相关的一个统计数字是劳动力参与率，这是指成年人口中属于劳动力人数的百分比，即：

$$劳动力参与率=\frac{劳动力数量}{成年人口总数}\times 100\%$$

失业在全体公民间的分布是不均衡的，这种不均衡可按不同种族、性别、年龄段等不同劳动力类型来加以测定。在美国，黑人的失业率约为白人的两倍，20 岁以下年轻人的失业率约为老职工失业率的两倍多，女性失业率也高于男性。

20 岁以下的失业者与其他失业者相比在性质上有一个显著的区别。前者比较多地倾向于短期失业，频繁地进入和退出劳动力队伍，老职工的失业时间则会持续较长时间。

需要注意的是，失业率虽是经过复杂的统计计算出来的，但仍有局限性。首先，凡是得到支付报酬的工人都被统计在就业者之中，但不能明确地区分是全日制工作还是打短工。例如，一个每周工作 15 小时的工人和每周工作 40 小时的工人在计算失业率时是没有办法区分的。这样，在统计中忽略了实际工作时间少于劳动者愿意提供的劳动时间的情况，从而低估了失业率。其次，在这种统计计算当中还存在劳动者未能充分利用其技能的问题。例如，一个高级专家，由于经济原因找不到合适的工作，而是在做些简单的工作，实际上他就是处在一种半失业状态。这样也就低估了失业率。最后，劳动者可能由于许多主客观原因而虚报、谎报就业状况以谋取好处、骗取失业救济金等，这都可能导致计算的不准确。

失业率是会变化的，通常来讲，经济繁荣高涨时失业率会下降，那时工作机会较多，也会增多，而经济衰退和萧条时失业率会上升，那时工作机会较少，也会减少。正因为这样，才有经济学家提出 GDP 和失业率变动相关的所谓定律。然而，经济增长与失业率变动究竟有多大关系，还要看经济增长主要是由劳动密集型产业的发展推动的还是由资本密集型产业的发展推动的。前者相比后者，增长对就业的促进会明显得多。

二、物价水平的衡量

通货膨胀是衡量宏观经济运行状况的又一大重要指标，因为这一指标同样与居民福利和社会稳定息息相关。通货膨胀不是这种或者那种商品及劳务价格的上升，而是指物价总水平的上升。物价总水平或者说一般物价水平是指所有商品和劳务交易价格总额的加权平均数值。这个加权平均值就是价格指数。

价格指数之所以要是一个加权平均数，是因为各种商品交易量有大小，各种商品价格也不一样，因此，计算价格指数时不应计算所有交易商品价格的简单算术平均数值，而应计算它们的加权平均数值。不同商品交易量在计算中应有不同权数。下面举个假设的例子来说明如何建立价格指数。假定经济中有 A、B、C 三种商品交易，这些商品的价格和交易量在现期（或称本期或报告期）和基期（从前某一时期）的情况如表 11—3 所示。

表 11—3　　一个假设的价格指数示例

商品品种	基期交易量（件）	基期价格（美元）	现期价格（美元）	价格变化（%）
A	2	1.00	1.50	50
B	1	3.00	4.00	33
C	3	2.00	4.00	100

交易总量＝2 件 A＋1 件 B＋3 件 C

基期价格总额＝1×2＋3×1＋2×3＝11 美元

现期价格总额＝1.5×2＋4×1＋4×3＝19 美元

基期价格指数＝(11/11)×100%＝100%

现期价格指数＝(19/11)×100%＝172.7%

通货膨胀率＝72.7%

在这个例子中，现期物价总水平即价格指数比基期物价总水平上升了 72.7%，这就是这一时期（从基期到现期）的通货膨胀率。

衡量通货膨胀率的价格指数一般有三种：

消费价格指数（CPI），又称生活费用价格指数，指通过计算城市居民日常消费的生活用品和劳务的价格水平变动而得到的指数，计算的公式是

$$\text{CPI}=\frac{\text{现期价格指数}}{\text{基期价格指数}}\times 100\%$$

生产者价格指数（PPI），指通过计算生产者在生产过程中所有阶段上所获得的产品的价格水平变动而得到的指数。这些产品包括制成品和原材料。

国内生产总值的价格指数即国内生产总值折算指数。

在上述 CPI 例子中，计算的交易量都是基期的，只是价格一个以基期的计，一个以现期的计。由于基期交易量是早已存在的，较易获得，因此通常用基期的计。

复习与思考

1. 微观经济学和宏观经济学有什么联系和区别？为什么有些经济活动从微观看是合理的、有效的，而从宏观看却是不合理的、无效的？

2. 举例说明最终产品和中间产品的区别不是根据产品的物质属性而是根据产品是否进入最终使用者手中。

3. 举例说明经济中流量和存量的联系和区别。财富和收入是流量还是存量？

4. 为什么人们从公司债券中得到的利息应计入 GDP，而从政府公债中得到的利息不计入 GDP？

5. 假定一经济社会生产三种产品：书本、面包和菜豆。它们在 1998 年和 1999 年的产量和价格如表 11—4 所示。试求：

表 11—4　　某经济社会生产的产品

	1998 年		1999 年	
	数量	价格	数量	价格
书本	100	10 美元	110	10 美元
面包（条）	200	1 美元	200	1.5 美元
菜豆（千克）	500	0.5 美元	450	1 美元

（1）1998 年和 1999 年名义 GDP；

（2）以 1998 年为基期，这两年实际 GDP 变化多少百分比？通胀率为多少？

第十二章

国民收入的决定：收入—支出模型

上一章讨论了国民收入如何核算，从这一章起将讨论国民收入如何决定，即经济社会的生产或收入水平是怎样决定的。国民收入决定的全部理论涉及四个市场：产品市场、货币市场、劳动市场和国际市场。仅包括产品市场的国民收入决定理论称为简单的国民收入决定理论，也就是国民收入决定的收入—支出模型。

第一节　均衡产出

一、凯恩斯定律

关于一个国家或社会的生产或收入如何决定，历史上很长一段时期内的经济学认为，社会上有多少生产能力就会生产出多少产品或者说收入。但从 20 世纪 30 年代后，经济学家大多认为，不是生产决定需求，而是需求决定供给。好比一个工厂，不是生产能力决定可生产多少，而是市场销路决定生产多少，甚至可以假设不论需求量为多少，经济社会均能以不变的价格提供相应的供给量。这就是说，社会总需求的变动，只会引起产量和收入变动，使供求相等，而不会引起价格变动。这在西方经济学中有时被称为凯恩斯定律。凯恩斯写作《就业、利息和货币通论》时，面对的是 1929—1933 年的大萧条，工人大批失业，资源大量闲置。在这种情况下，社会总需求的增加，只会使闲置的资源得到利用，生产增加，而不会使资源的价格上升，从而使产品成本和价格大体上保持不变。这条所谓凯恩斯定律被认为适用于短期分析，即分析的是短期中收入和就业如何决定。因为在短期中，价格不易变动，当社会需求变动时，企业首先考虑的是调整产量而不是改变价格。

二、均衡产出的概念

根据上文，经济社会的产量或者说国民收入就决定于总需求。**和总需求相等的产出称为均衡产出或收入。**本书的微观部分已经说明均衡的意义，均衡是指一种不再变动的情况。当产出水平等于总需求水平时，企业生产就会稳定下来。若生产（供给）超过需求，企业所不愿意持有的过多的存货会增加，企业就会减少生产；若生产低于需求，企业库存会减少，企业就会增加生产。总之，由于企业要根据产品销路来安排生产，一定会把生产定在和产品需求相一致的水平上。由于二部门经济中没有政府和对外贸易，总需求就只由居民消费和企业投资构成。于是，均衡产出可用公式表示为：

$$y=c+i \tag{12.1}$$

这里，y、c、i 都用小写字母表示，分别代表剔除了价格变动的实际产出或收入、实际消费和投资，而不是上一章里用大写字母表示的名义产出、消费和投资。还要指出的是，公式中的 c 和 i，代表的是居民和企业实际想要有的消费和投资，即意愿消费和投资的数量，而不是国民收入构成公式中实际发生的消费和投资。举例来说，假定企业部门由于错误估计形势，生产了 1 200 亿美元产品，但市场实际需要的只是 1 000 亿美元产品，于是就有 200 亿美元产品成为企业的非意愿存货投资或称非计划存货投资。上一章第二节里说过，存货投资是企业掌握的存货价值的变动。存货是处于生产过程中的产品和待出售的成品的存量，包括在制品和企业暂时持有的待售产成品。企业要正常持续生产经营，必须保有一定数量的存货。符合生产经营所需要的存货变动是意愿存货投资或计划存货投资，超过生产经营所需要的存货变动就是非意愿或非计划存货投资。这部分存货投资在国民收入核算中是投资支出的一部分，但不是计划投资的部分。因此，在国民收入核算中，实际产出就等于计划支出（或称计划需求）加非计划存货投资。但在国民收入决定理论中，均衡产出指与计划需求相一致的产出。因此，在均衡产出水平上，计划支出和计划产出正好相等。因此，非计划存货投资等于零。

均衡产出是和总需求相一致的产出，也就是经济社会的收入正好等于全体居民和企业想要有的支出。若用 E 代表支出，y 代表收入，则经济均衡的条件是 $E=y$ [这和 (12.1) 式的 $y=c+i$ 其实是一个意思，因为 E 表示支出，故二部门的经济中 $E=c+i$]，这个关系可用图 12—1（a）表示。在图中，纵轴表示支出（单位为亿美元），横轴表示收入（单位为亿美元），从原点出发的 45°线上的各点都表示支出和收入相等。例如，A 点表示支出和收入各为 100 亿美元。

均衡产出指与总需求相等的产出这一点，可在图 12—1（b）上得到表现。在图中，假定总支出（即总需求量）为 100 亿美元，则总产出（总收入）为 100 亿美元时就是均衡产出，B 为均衡点。同 B 点相对应的支出和收入都为 100 亿美元，说明生产数额正好等于需要支出（消费加投资）的数额。若产出大于 100 亿美元，非意愿存货投资（图中用 IU 表示）就大于零，企业要削减生产。反之，企业会扩大生产。因此，经济总要趋于 100 亿美元产出水平。再假定总需求为 90 亿美元，则均衡产出必为 90 亿美元。若总需求为 110 亿美元，则均衡产出为 110 亿美元。

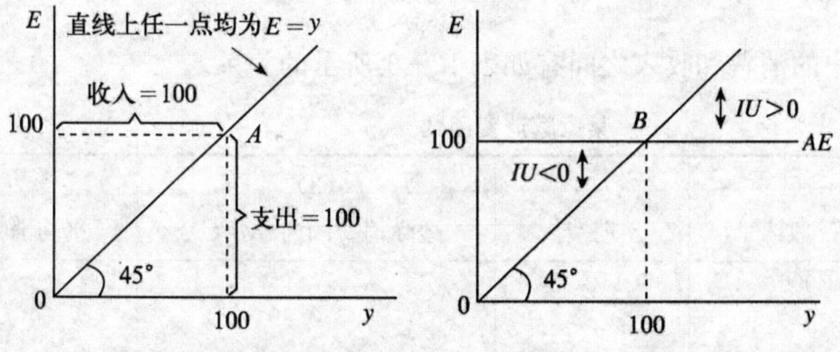

(a) 支出等于收入的45°线　　(b) 支出决定收入

图 12—1　均衡产出

从均衡产出概念可见，要增加均衡产出，关键是要增加总需求，因为均衡产出水平决定于总需求或者说总支出水平。

三、投资等于储蓄

均衡产出或收入的条件 $E=y$，也可用 $i=s$ 表示，因为这里的计划支出等于计划消费加投资，即 $E=c+i$，而生产创造的收入等于计划消费加计划储蓄，即 $y=c+s$（这里，y、c、s 也都是剔除了价格变动的实际收入、实际消费和实际储蓄），因此，$E=y$ 也就是 $c+i=c+s$，等式两边消去 c，则得：

$$i=s \tag{12.2}$$

这就是说，经济要达到均衡，计划投资必须等于计划储蓄。

第二节　凯恩斯的消费理论

一、消费函数

均衡产出既然是指与总需求相一致的产出，则分析均衡产出如何决定，就是要分析总需求的各个组成部分是如何决定的。这里，首先要分析消费如何决定，这不仅是因为消费是总需求中最主要的部分，还因为经济均衡的条件是计划投资等于计划储蓄。要找出储蓄量的大小，必须先找出消费量的大小，一旦知道了消费的数额，便可从国民收入中减掉这一数额求得储蓄量。

消费量由什么决定？在现实生活中，影响各个家户消费的因素很多，如收入水平、商品价格水平、利率水平、收入分配状况、消费者偏好、家庭财产状况、消费信贷状况、消费者年龄构成、社会保障制度、风俗习惯等等。凯恩斯认为，这些因素中有决定意义的是家户收入。

关于收入和消费的关系，凯恩斯认为，存在一条基本心理规律：随着收入的增加，消费也会增加，但是消费增加不及收入增加得多，**消费和收入的这种关系称作消费函数或消费倾向**，用公式表示是：

$$c=c(y) \tag{12.3}$$

假定某家户的消费和收入之间有如表 12—1 所示的关系。

表 12—1 **某家庭消费函数** 单位：美元

	(1) 收入	(2) 消费	(3) 边际消费倾向(*MPC*)	(4) 平均消费倾向(*APC*)
A	9 000	9 110		1.01
			0.89	
B	10 000	10 000		1.00
			0.85	
C	11 000	10 850		0.99
			0.75	
D	12 000	11 600		0.97
			0.64	
E	13 000	12 240		0.94
			0.59	
F	14 000	12 830		0.92
			0.53	
G	15 000	13 360		0.89

表 12—1 的数字表明：当收入是9 000美元时，消费为9 110美元，入不敷出。当收入为10 000美元时，消费为10 000美元，收支平衡。当收入依次增至11 000美元、12 000美元、13 000美元、14 000美元和 15 000美元时，消费依次增加到10 850美元、11 600美元、12 240美元、12 830美元和13 360美元。这就是说，收入增加时，消费随着增加，但增加得越来越少。在表中，收入依次增加1 000美元时，消费依次增加 890 美元、850 美元、750 美元、640 美元、590 美元和 530 美元。**增加的消费与增加的收入之比率**，也就是增加的 1 单位收入中用于增加消费部分的比率，**称为边际消费倾向（*MPC*）**。表 12—1 中第（3）列即边际消费倾向。边际消费倾向的公式是：

$$MPC=\frac{\Delta c}{\Delta y} \quad 或 \quad \beta=\frac{\Delta c}{\Delta y} \tag{12.4}$$

若收入增量和消费增量均为极小时，上述公式可写成：

$$MPC=\frac{\mathrm{d}c}{\mathrm{d}y} \tag{12.5}$$

表 12—1 中第（4）列是平均消费倾向（*APC*），**平均消费倾向指任一收入水平上消费支出在收入中的比率。**平均消费倾向的公式是：

$$APC=\frac{c}{y} \tag{12.6}$$

根据表 12—1 可给出消费曲线，如图 12—2 所示。

在图 12—2 上，横轴表示收入 y，纵轴表示消费 c，45°线上任一点到纵横轴的垂直距离都相等，表示收入全部用于消费。$c=c(y)$ 曲线是消费曲线，表示消费和收入之间的函数关系。B 点是消费曲线和 45°线的交点，表示这时候消费支出和收入相等。B 点左方，表示消费大于收入；B 点右方，表示消费小于收入。随着消费曲线向右延伸，这条曲线和 45°线的距离越来越大，表示消费随收入增加而增加，但增加的幅度越来越小于收入增加的幅度。消费曲线上任一点的斜率，都是与这一点相对应的边际消费倾向，而消费曲线上任一点与原点相连而成的射线的斜率，则是与这一点相对应的平均消费倾向。图上的消费曲线上各点的斜率越来越小，说明边际消费倾向递减，同时曲线上各点与原点的连线的斜率也越来越小，说明平均消费倾向也递减，但平均消费倾向始终大于边际消费倾向。

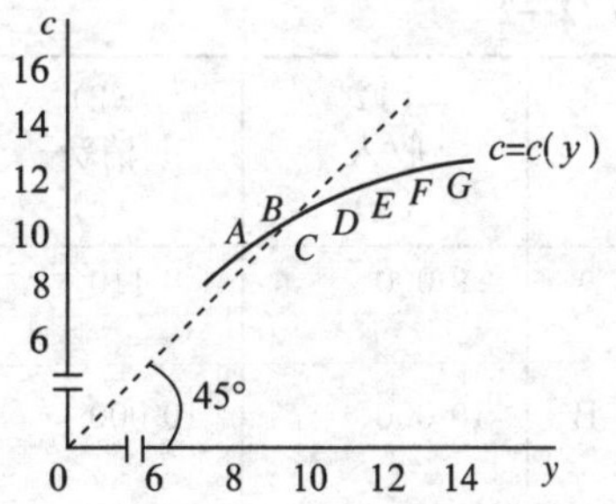

图 12—2　消费曲线

表 12—1 所表示的是边际消费倾向递减的情况。如果消费和收入之间存在线性关系，则边际消费倾向为一常数，这时消费函数可用下列方程表示：

$$c=\alpha+\beta y \tag{12.7}$$

式中，α 为必不可少的自发消费部分，即收入为 0 时举债或动用过去的储蓄也必须要有的基本生活消费；β 为边际消费倾向；β 和 y 的乘积表示收入引致的消费。因此，$c=\alpha+\beta y$ 的经济含义是：消费等于自发消费与引致消费之和。例如，若已知 $\alpha=300$，$\beta=0.75$，则 $c=300+0.75y$，这就是说，若收入增加 1 单位，其中就有 75％用于增加消费，只要 y 为已知，就可算出全部消费支出量。

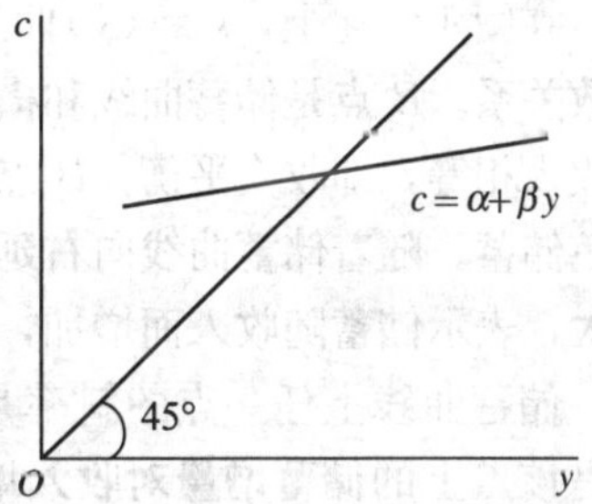

图 12—3　线性消费函数

当消费和收入之间成线性关系时，消费函数就是一条向右上方倾斜的直线，消费函数上每一点的斜率都相等，并且大于 0 而小于 1，如图 12—3 所示。

二、储蓄函数

与消费函数相联系的还有一个储蓄函数的概念。

储蓄是收入中未被消费的部分。既然消费随收入增加而增加的比率是递减的，则可知储蓄随收入增加而增加的比率递增。**储蓄与收入的这种关系就是储蓄函数**，其公式是：

$$s=s(y) \tag{12.8}$$

根据表 12—1 的数据，可列出储蓄函数的数字，如表 12—2 所示。

表 12—2　　某家户储蓄表　　单位：美元

	(1) 收入 (*y*)	(2) 消费 (*c*)	(3) 储蓄 (*s*)	(4) 边际储蓄倾向 (*MPS*)	(5) 平均储蓄倾向 (*APS*)
A	9 000	9 110	−110		−0.01
				0.11	
B	10 000	10 000	0		0
				0.15	
C	11 000	10 850	150		0.01
				0.25	
D	12 000	11 600	400		0.03
				0.36	
E	13 000	12 240	760		0.06
				0.41	
F	14 000	12 830	1 170		0.08
				0.47	
G	15 000	13 360	1 640		0.11

根据上表，可画出储蓄曲线，如图 12—4 所示。

在图 12—4 上，$s=s(y)$曲线表示储蓄和收入之间的函数关系。*B* 点是储蓄曲线和横轴的交点，表示这时消费和收入相等，即收支平衡，*B* 点以右有正储蓄，*B* 点以左有负储蓄。随着储蓄曲线向右延伸，它和横轴的距离越来越大，表示储蓄随收入而增加，且增加的幅度越来越大。

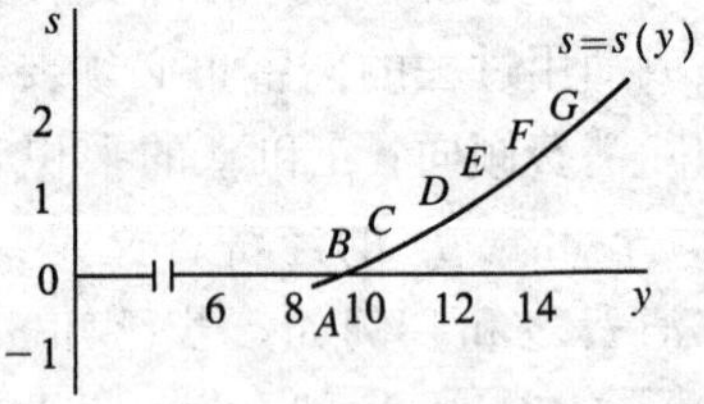

图 12—4　储蓄曲线

储蓄曲线上任一点的斜率是**边际储蓄倾向（*MPS*）**，它是该点上的**储蓄增量对收入增量的比率**，其公式是：

$$MPS=\frac{\Delta s}{\Delta y} \tag{12.9}$$

如果收入与储蓄增量极小，上述公式可写成：

$$MPS=\frac{\mathrm{d}s}{\mathrm{d}y} \tag{12.10}$$

此即储蓄曲线上任一点的斜率。

储蓄曲线上任一点与原点相连而成射线的斜率，则是**平均储蓄倾向**（*APS*）。**平均储蓄倾向是指任一收入水平上储蓄在收入中所占的比率**，其公式是：

$$APS=\frac{s}{y} \tag{12.11}$$

表 12—2 和图 12—4 表示的储蓄和收入的关系是非线性的，如果二者成线性关系，即消费曲线和储蓄曲线为一直线的话，则由于 $s=y-c$，且 $c=\alpha+\beta y$，因此有：

$$s=y-c=y-(\alpha+\beta y)=-\alpha+(1-\beta)y \tag{12.12}$$

上式是线性储蓄函数的方程式。线性储蓄函数的图形如图 12—5 所示。

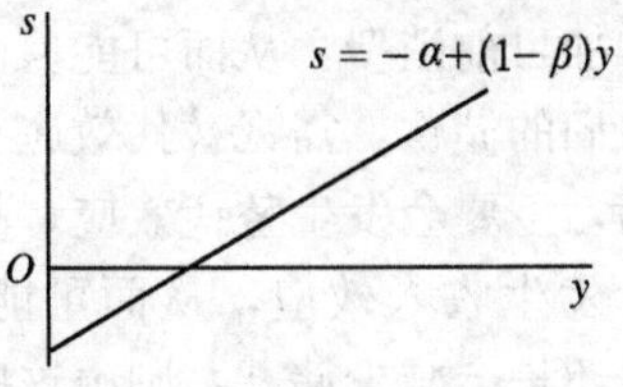

图 12—5　线性储蓄函数

三、家户消费函数和社会消费函数

以上分析的是家户消费函数和储蓄函数。宏观经济学关心的是整个社会的消费函数，即总消费和总收入之间的关系。社会消费函数是家户消费函数的总和。然而，西方经济学家认为，社会消费函数并不是家户消费函数的简单加总。从家户消费函数求取社会消费函数时，还要考虑一系列限制条件。

一是国民收入的分配。人们越是富有，越有能力储蓄，因此，不同收入阶层的边际消费倾向不同。富有者边际消费倾向较低，贫穷者边际消费倾向较高。因此，国民收入分配越不均等，社会消费曲线就越是向下移动，反之亦然。

二是政府税收政策。如果政府实行累进个人所得税，将富有者原来可能用于储蓄的一部分收入征收过来，以政府支出形式花费掉，则按西方经济学者的说法，这些支出通常成为公众的收入，最终用于消费。这样，社会中消费数量增加，社会消费曲线会向上移动。

三是公司未分配利润在利润中所占比例。公司未分配利润无形中是一种储蓄，如分给股东，则必定有一部分会被消费掉，因此，公司未分配利润在利润中所占比例大，消费就少，储蓄就多。反之，则消费就多，储蓄就少，即社会消费曲线就会向上移动。

影响社会消费函数的因素还有其他一些，因此，社会消费曲线并非家庭消费曲线的简单加总，但在考虑了种种限制条件后，社会消费曲线的基本形状仍和家庭消费曲线有很大的相似之处。

以上所述消费函数只是凯恩斯所提出的一种消费函数，它假定消费是人们收入水平的函数，这是西方消费函数最简单的形式，被称为凯恩斯的绝对收入消费理论。凯恩斯的《就业、利息和货币通论》一书出版以后，这一简单的消费函数得到了补充、修改，还产生了其他一些理论，如杜森贝利的相对收入假说、弗里德曼的永久收入假说以及莫迪利安尼的生命周期假说等等。

四、影响消费的其他因素

上面的分析都强调收入是影响消费的最重要因素。但在日常生活中，除了收入，还有其他一些因素会影响消费行为。

1. 利率

传统的看法认为，提高利率可刺激储蓄，但现代西方经济学家认为，提高利率是否会增加储蓄，抑制当前消费，要根据利率变动对储蓄的替代效应和收入效应而定。当利率提高时，人们认为减少目前消费、增加将来消费比较有利，从而鼓励其增加储蓄。利率提高使储蓄增加是利率变动对储蓄的替代效应。利率提高也使人们将来的利息收入增加，会使他们认为自己较为富有，以致增加目前消费，从而可能反而会减少储蓄。这就是利率对储蓄的收入效应。利率如何影响人们的储蓄，需视替代效应与收入效应之总和而定。

就低收入者而言，利率越高，主要会发生替代效应，故利率提高会增加储蓄。就高收入者而言，利率的提高，主要会发生收入效应，从而可能会减少储蓄。就全社会总体而言，利率的提高究竟会增加储蓄还是会减少储蓄，则由这些人的增加和减少储蓄的总和正负净额来决定。

2. 价格水平

这里所谓的价格水平，是价格水平的变动，通过实际收入改变而影响消费。货币收入（名义收入）不变时，若物价上升，实际收入下降，若消费者要保持原有生活消费水平，则消费倾向（平均消费倾向）就会提高；反之，物价下跌时，平均消费倾向就会下降。

若物价与货币收入以相同比例提高，实际收入不变，照理不会影响消费，但假如消费者只注意到货币收入增加而忽略了物价上升，则会误以为实际收入增加，从而平均消费倾向也会上升，这就是所谓的"货币幻觉"。

3. 收入分配

高收入家庭消费倾向较小，低收入家庭消费倾向较大，因此，国民收入分配越是平均，全国性的平均消费倾向就会越大；收入分配越不平均，全国性平均消费倾向就会越小。

4. 社会保障制度

通常说来，社会保障制度越是完善，居民越是敢于消费，否则储蓄意愿要增强。

以上是影响消费和储蓄的非收入因素。在分析国民收入决定时，为简单起见，仍运用凯恩斯的收入决定消费的理论。

第三节　两部门经济中国民收入的决定及变动

一、两部门经济中收入的决定——使用消费函数决定收入

均衡收入指与计划总支出相等的收入。计划支出由消费和投资构成，即 $y=c+i$。消费问题上面分析过了，关于投资如何决定，在收入决定的简单模型中，总是先假定计划净投资是一个给定的外生变量，不随利率和国民收入水平而变化。根据这一假定，只要把收入恒等式和消费函数结合起来就可求得均衡收入：

$$y=c+i \qquad \text{（收入恒等式）}$$

$$c=\alpha+\beta y \qquad \text{（消费函数）}$$

解联立方程，就得到均衡收入：

$$y=\frac{\alpha+i}{1-\beta} \qquad (12.13)$$

可见，如果知道了消费函数和投资量，就可得均衡的国民收入。例如，假定消费函数为 $c=1\,000+0.8y$，自发的计划投资始终为 600 亿美元，则均衡收入：

$$y=\frac{1\,000+600}{1-0.8}=8\,000\text{（亿美元）}$$

均衡收入决定也可用图表示，图 12—6 表示如何用消费曲线加投资曲线和 45°线相交决定收入。图中横轴表示收入，纵轴表示消费加投资，在消费曲线 c 上加投资曲线 i 得到消费投资曲线 $c+i$，这条曲线就是总支出曲线。由于投资被假定为始终等于 600 亿美元的自发投资，因此，消费曲线加投资曲线所形成的总支出曲线与消费曲线相平行，其间垂直距离即 600 亿美元投资。总支出线和 45°线相交于 E 点，E 点决定的收入水平是均衡收入 8 000 亿美元。这时，家庭部门想要有的消费支出与企业部门想要有的投资支出的总和，正好等于收入（即产出）。如果经济离开了这个均衡点，企业部门销售额就会大于或小于它们的产出，从而被迫进行存货负投资或存货投资，即出现意外的存货减少或增加，这就会引起生产的扩大或收缩，直到回到均衡点为止。

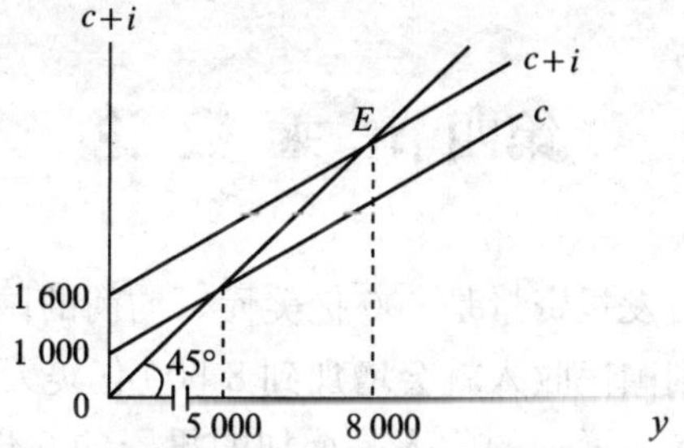

图 12—6　消费加投资曲线和 45°线相交决定收入

二、使用储蓄函数决定收入

上面说明使用总支出等于总收入(总供给)的方法决定均衡收入，下面再用计划投资等于计划储蓄的方法求得均衡收入。计划投资等于计划储蓄即 $i=y-c=s$，而储蓄函数为 $s=-\alpha+(1-\beta)y$。

将此二式联立：

$$\begin{cases}i=s=y-c & \text{（投资等于储蓄）}\\ s=-\alpha+(1-\beta)y & \text{（储蓄函数）}\end{cases}$$

求解同样可得（均衡的）收入：

$$y=\frac{\alpha+i}{1-\beta}$$

上例中，当 $c=1\,000+0.8y$ 时，$s=-1\,000+(1-0.8)y=-1\,000+0.2y$，$i=600$，令$i=s$，即 $600=-1\,000+0.2y$，得 $y=8\,000$亿美元。这一结果也可从表 12—3 上得到，从表中可见，只有当收入 $y=8\,000$亿美元时，s 和 i 才正好相等，为 600 亿美元，从而达到了均衡。

用计划投资等于计划储蓄的方法决定收入，也可用图 12—7 表示。图中横轴表示收入，纵轴表示储蓄和投资，s 代表储蓄曲线，i 代表投资曲线。由于投资是不随收入而变化的自发投资，因而，投资曲线与横轴平行，其间距离始终等于 600 亿美元。投资曲线与储蓄曲线相交于 E 点，与 E 点对应的收入为均衡收入。

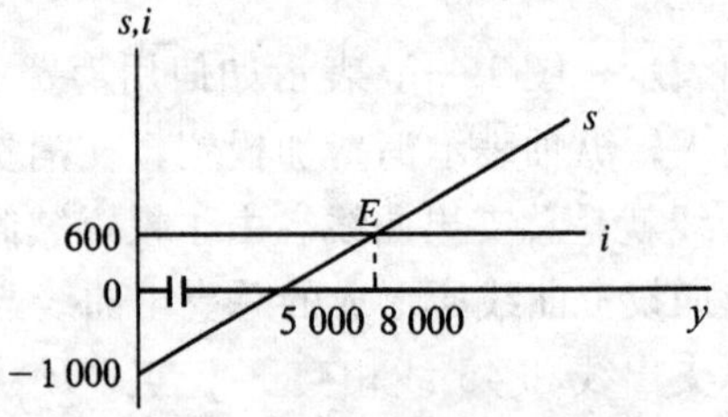

图 12—7 储蓄曲线和投资曲线相交决定收入

以上两种方法其实是从同一关系中引申出来的，因为储蓄函数本来就是从消费函数中派生出来的。因此，无论使用消费函数，还是使用储蓄函数，求得的均衡收入都一样。

第四节 乘 数 论

按上一节的分析，若自发投资量是 600 亿美元，均衡的国民收入是 8 000 亿美元；若投资增加到 700 亿美元，则国民收入就会增加到 8 500 亿美元。在这里，投资增加 100 亿美元，收入增加 500 亿美元，增加的收入是增加的投资的 5 倍。可见，当总投资增加时，收入的增量将是投资增量的数倍。如果以 k 代表倍数，这个 k 称为投资乘数。可见，**投资乘数指收入的变化与带来这种变化的投资支出的变化的比率**，在上例中，投资乘数为 5。

为什么投资增加 100 亿美元时，收入会增加 5 倍呢？这是因为增加 100 亿美元投资用来购买投资品时，实际上是用来购买制造投资品所需要的生产要素。因此，这 100 亿美元以工资、利息、利润和租金的形式流入生产要素的所有者手中，即居民手中，从而居民收入增加了 100 亿美元，这 100 亿美元是投资对国民收入的第一轮增加。

假定该社会的边际消费倾向是 0.8（这在消费函数 $c=1\,000+0.8y$ 中为已知）。因此，增加的这 100 亿美元中会有 80 亿美元用于购买消费品。于是，这 80 亿美元又以工资、利息、利润和租金的形式流入生产消费品的生产要素所有者手中，从而使该社会居民收入又增加 80 亿美元，这是国民收入的第二轮增加。

同样，这些消费品生产者会把这 80 亿美元收入中的 64 亿美元（$100\times0.8\times0.8=64$）用于消费，使社会总需求提高 64 亿美元，这个过程不断继续下去，最后使国民收入增加 500 亿美元，其过程是：

$$
\begin{aligned}
&100+100\times0.8+100\times0.8\times0.8+\cdots+100\times0.8^{n-1}\\
&=100(1+0.8+0.8^2+\cdots+0.8^{n-1})\\
&=\frac{1}{1-0.8}\times100
\end{aligned}
$$

$=500$（亿美元）

此式表明，当投资增加 100 亿美元时，收入最终会增加 500 亿美元。如果以 Δy 代表增加的收入，以 Δi 代表增加的投资，则二者之比率 $k=\frac{\Delta y}{\Delta i}=5$。因此，$\Delta y=k\Delta i$。

上面的例子也说明，

$$乘数=\frac{1}{1-边际消费倾向}$$

或

$$k=\frac{1}{1-MPC} \tag{12.14}$$

如果用 β 代表 MPC，则上式变为：

$$k=\frac{1}{1-\beta}$$

由于 $MPS=1-MPC$，因此，

$$k=\frac{1}{1-MPC}=\frac{1}{MPS} \tag{12.15}$$

可见，乘数大小和边际消费倾向有关，边际消费倾向越大，或边际储蓄倾向越小，则乘数就越大。

以上是从投资增加的方面说明乘数效应的。实际上，投资减少也会引起收入若干倍减少，可见，乘数效应的发挥是两方面的。

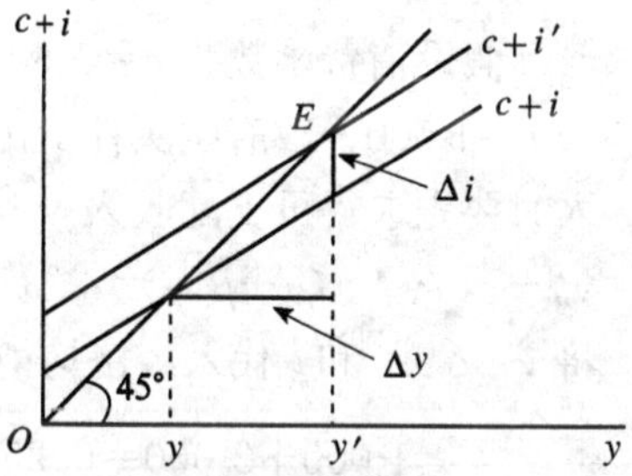

图 12—8　乘数效应

乘数效应也可用图 12—8 来表示。在图中，$c+i$ 代表原来的总支出线，$c+i'$代表新的总支出线，$i'=i+\Delta i$，原来的均衡收入为 y，新的均衡收入为 y'，$\Delta y=y'-y$，$\Delta y=k\Delta i$，相当于上例中投资从 600 亿美元增加到 700 亿美元即 $\Delta i=100$ 亿美元时，收入从8 000亿美元增加到8 500亿美元，即 $\Delta y=500$ 亿美元，$k=5$。

以上说明的是投资变动引起国民收入变动有一乘数效应。实际上，总需求的任何变动，如消费的变动、政府支出的变动、税收的变动、净出口的变动等等，都会引起收入若干倍变动。拿消费来说，假定原来的消费函数为 $c=1\ 000+0.8y$，投资 $i=600$ 亿美元，则均衡收入为 8 000 亿美元。如果自主消费因人们节俭而从 1 000 亿美元减为 800 亿美元，则收入将变为 7 000 亿美元（$y=\frac{800+600}{1-0.8}=7\ 000$）。可见，若消费需求减少 200 亿美元，国民收入将减少1 000 亿美元。

乘数理论在凯恩斯就业理论中具有重要地位，因为凯恩斯认定，消费需求不足所造成的总需求不足，可靠增加投资来弥补；私人投资不足时，可靠政府增加公共投资支出来弥补。在此，说明增加投资或政府支出会使收入和就业若干倍增加的理论就是乘数理论。

第五节　三部门经济的收入决定

上一章第四节里说过，在有政府起作用的三部门经济中，国民收入从总支出角度看，包括消费、投资和政府购买，而从总收入角度看，则包括消费、储蓄和税收，这里的税收，是指总税收减去政府转移支付以后所得的净纳税额。因此，加入政府部门后的均衡收入应是计划的消费、投资和政府购买之总和，同计划的消费、储蓄和净税收之总和相等的收入，即：

$$c+i+g=c+s+t \tag{12.16}$$

消去上式等号两边的 c，得：

$$i+g=s+t \tag{12.17}$$

(12.17) 式是三部门经济中宏观均衡的条件。

在这里，税收可有两种情况：一种为定量税，即税收量不随收入而变动，用 t 来代表；另一种为比例所得税，即随收入增加而增加的税收量。为简化起见，这里只讨论定量税情况。

假设消费函数为 $c=1\,600+0.75y_d$，y_d 表示可支配收入，定量税收为 $t=800$，投资为 $i=1\,000$，政府购买性支出为 $g=2\,000$（单位均为亿美元）。根据这些条件，求均衡收入时要先求得可支配收入 y_d①$=y-t=y-800$，然后可根据消费函数求得储蓄函数 $s=y_d-c=y_d-(\alpha+\beta y_d)=-\alpha+(1-\beta)y_d=-1\,600+0.25(y-800)=0.25y-1\,800$，最后将 i、g、s 和 t 代入经济均衡的公式 $i+g=s+t$，得到：

$$1\,000+2\,000=0.25y-1\,800+800$$

$$\therefore \quad y=\frac{4\,000}{0.25}=16\,000$$，即均衡收入为 16 000 亿美元。

这一情况可用图 12—9 表示。

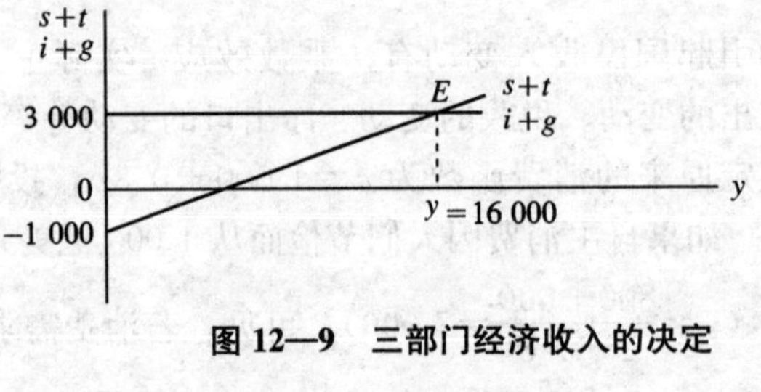

图 12—9　三部门经济收入的决定

① 在宏观经济学中，y_d 可以表示为收入减去税收（未有特别注明的税收都指总税收）加上政府转移支付，用公式可表示为 $y_d=y-t+t_r$。这里略去了政府转移支付。

在图 12—9 中，$i+g=3\ 000$ 亿美元，表示投资加政府支出所形成的支出线，而 $s+t=0.25y-1\ 800+800=0.25y-1\ 000$，表示储蓄加定量税所形成的曲线。当收入为4 000亿美元时，$s+t=0$，这是因为收入为4 000亿美元时，储蓄为－800亿美元（从 $s=0.25y-1\ 800$ 中得到)，税收 t 又假定为 800 亿美元，因此二者之和为零，另一方面，当 $y=0$ 时，$s+t=-1\ 000$ 亿美元（从 $s+t=0.25y-1\ 000$ 中得到)。$i+g$ 线和 $s+t$ 线相交于 E 点，和 E 点相对应的收入为均衡收入 $y=16\ 000$ 亿美元。

现在假定税收从 800 亿美元增加到 $t=1\ 200$ 亿美元，而消费函数仍为$c=\alpha+\beta y_d=1\ 600+0.75y_d$，因而储蓄函数也仍为$s=-1\ 600+0.25y_d$，但 $s+t$ 线就从 $s+t=-1\ 600+0.25(y-800)+800=0.25y-1\ 000$ 变为 $s+t=-1\ 600+0.25(y-1\ 200)+1\ 200=0.25y-700$。可见，$s+t$ 线的斜率未变化，但截距从－1 000 变动到－700。定量税变动会改变 $s+t$ 线的截距，其图示见图 12—10。

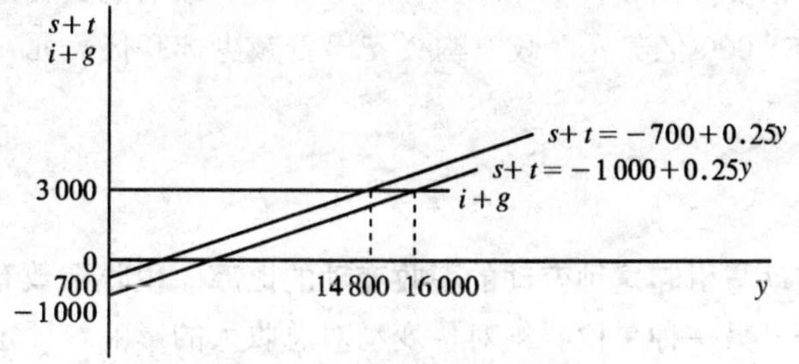

图 12—10　定量税变动改变 $s+t$ 的截距

在图 12—10 中，定量税从 800 亿美元增加到 1 200 亿美元，则 $s+t$ 线的截距从－1 000 增加到－700，从而均衡收入从 16 000 亿美元（$y=\frac{4\ 000}{0.25}=16\ 000$）减至 14 800 亿美元（$y=\frac{3\ 700}{0.25}=14\ 800$），比原来低1 200亿美元，原因是税收从 800 亿美元增加到 1 200 亿美元，$s+t$ 线的截距相应向上移动 300 亿美元。由于该斜率就是储蓄曲线的斜率，而储蓄曲线的斜率 $MPS=0.25$（$MPS=1-MPC=1-0.75=0.25$），因此，收入必须相应下降$\frac{300}{0.25}=1\ 200$。

第六节　三部门经济中各种乘数

西方学者认为，加入政府部门以后，不仅投资支出变动有乘数效应，政府购买、税收和政府转移支付的变动同样有乘数效应，因为政府购买性支出、税收、转移支付都会影响消费。

怎样求得这些乘数呢?

由于三部门经济中总支出为：$y=c+i+g=\alpha+\beta(y-t)+i+g$，这里，$t$ 仍是定量税，在这样的情况下，均衡收入为：

$$y=\frac{\alpha+i+g-\beta t}{1-\beta} \tag{12.18}$$

通过这一公式，就可求得上述几个乘数。

一、政府购买支出乘数

所谓政府购买支出乘数，是指收入变动对引起这种变动的政府购买支出变动的比率。以 Δg 表示政府购买支出变动，Δy 表示收入变动，k_g 表示政府（购买）支出乘数，则：

$$k_g=\frac{\Delta y}{\Delta g}=\frac{1}{1-\beta} \tag{12.19}$$

k_g 为正值，它等于 1 减可支配收入的边际消费倾向（β）的倒数。①

举例来说，若边际消费倾向 $\beta=0.8$，则 $k_g=5$，因此，政府购买支出若增加 200 亿美元，则国民收入可增加 1 000 亿美元；政府购买支出若减少 200 亿美元，国民收入也要减少 1 000 亿美元。

二、税收乘数

税收乘数指收入变动与引起这种变动的税收变动的比率。税收乘数有两种：一种是税率变动对总收入的影响，另一种是税收绝对量变动对总收入的影响，即定量税对总收入的影响。这里仅说明后者。

用 Δy、Δt 分别表示收入和税收变动量，则税收乘数为：

$$\frac{\Delta y}{\Delta t}=k_t=\frac{-\beta}{1-\beta} \tag{12.20}$$

式中，k_t 为税收乘数，税收乘数为负值，这表示收入随税收增加而减少，随税收减少而增加，其原因是税收增加，表明人们可支配收入减少，从而消费会相应减少，因而税收变动和总支出变动方向相反。税收乘数的绝对值等于可支配收入的边际消费倾向对 1 减可支配收入的边际消费倾向之比，或可支配收入的边际消费倾向对可支配收入的边际储蓄倾向之比。②

例如，若 $\beta=0.8$，则 $k_t=\frac{-0.8}{1-0.8}=-4$，如果政府增税 200 亿美元，则国民收入减少 800 亿美元；如果政府减税 200 亿美元，则国民收入增加 800 亿美元。

---

① 政府购买乘数也可通过三部门经济均衡收入的表达式 $y=\frac{\alpha+i+g-\beta t}{1-\beta}$ 对政府购买支出 g 求导而得：

$$\frac{dy}{dg}=\frac{1}{1-\beta}$$

② 税收乘数也可通过三部门经济均衡收入的表达式 $y=\frac{\alpha+i+g-\beta t}{1-\beta}$ 对税收 t 求导而得：

$$\frac{dy}{dt}=\frac{-\beta}{1-\beta}$$

三、政府转移支付乘数

政府转移支付乘数指收入变动与引起这种变动的政府转移支付变动的比率。政府转移支付的增加，增加了人们的可支配收入，因而消费会增加，总支出和国民收入也增加，因而政府转移支付乘数为正值。用 k_{t_r} 表示政府转移支付乘数，则：

$$k_{t_r}=\frac{\beta}{1-\beta} \tag{12.21}$$

政府转移支付乘数也等于可支配收入的边际消费倾向与 1 减可支配收入的边际消费倾向之比，或可支配收入的边际消费倾向与可支配收入的边际储蓄倾向之比，其绝对值和税收乘数相同，但符号相反。①

例如，若边际消费倾向 $\beta=0.8$，$k_{t_r}=\frac{0.8}{1-0.8}=4$。如果政府增加转移支付 200 亿美元，则国民收入增加 800 亿美元；如果转移支付减少 200 亿美元，则国民收入减少 800 亿美元。

由于政府购买支出乘数大于税收乘数以及政府转移支付乘数，因此，西方学者认为，改变政府购买水平对宏观经济活动的效果要大于改变税收和转移支付的效果，改变政府购买水平是财政政策中最有效的手段。

同时，也正是由于政府购买乘数大于税收乘数，因此，如果政府购买和税收同样地各增加一定数量，也会使国民收入增加。这就是所谓平衡预算乘数的作用。

四、平衡预算乘数

平衡预算乘数指政府收入和支出同时以相等数量增加或减少时国民收入变动与政府收支变动的比率。上面的例子告诉我们，政府购买支出增加 200 亿美元时，国民收入增加 1 000 亿美元；税收增加 200 亿美元时，国民收入会减少 800 亿美元。因此，政府购买和税收同时增加 200 亿美元时，从政府预算看是平衡的，但国民收入增加 200 亿美元，即收入增加了一个与政府支出和税收变动相等的数量。以上结果可用公式 $k_b=1$ 来表示。

第七节　四部门经济中国民收入的决定

一、四部门经济中的收入决定

当今世界各国的经济都是不同程度的开放经济，即与外国有贸易往来或其他经济往来的经济。在开放经济中，一国均衡的国民收入不仅取决于国内消费、投资和政府支出，还取决于净出口，即：

---

① 转移支付乘数也可通过三部门经济均衡收入的表达式 $y=\frac{\alpha+i+g+\beta t_r-\beta t}{1-\beta}$ 对转移支付 t_r 求导而得：$\frac{dy}{dt_r}=\frac{\beta}{1-\beta}$

$$y=c+i+g+nx \tag{12.22}$$

式中，nx 指净出口，为出口与进口之差额：$nx=x-m$，它现在成了总需求的一部分，其中出口 x 表示本国商品在外国的销售，代表着国外对本国商品的需求；进口 m 表示外国商品在本国的销售，即代表本国对外国商品的需求。因此，应当从国内总支出（$c+i+g$）中扣除进口部分的支出，才真正代表对本国产品的总支出或总需求。于是，$c+i+g+x-m$ 才成为对本国产品的真正需求。显然，进出口变动也会同其他变量（如消费、投资、政府购买、税收、储蓄等）一样，影响国民收入。可见，这里有两个概念要加以区分：一是本国对产品的需求（包括对本国产品的需求和对外国产品的需求（即进口需求）），二是对本国产品的需求（包括本国对本国产品的需求和外国对本国产品的需求（即出口需求））。

在净出口 $nx=x-m$ 中，出口 x 是由外国的购买力和购买需求决定的，本国难以左右，因而一般假定是一个外生变量，即 $x=\bar{x}$。反之，进口却会随本国收入提高而增加，因为本国收入提高后，人们对进口消费品和投资品（如机器设备、仪器等）的需求会增加。影响净出口的因素除了本国收入外，还有汇率。关于这方面的情况，留到本书后面讲国际经济部门的作用时再讲。这里只讨论净出口和收入的关系。这样，可以把进口写成收入的一个函数：

$$m=m_0+\gamma y \tag{12.23}$$

式中，m_0 为自发性进口，即和收入没有关系或者说不取决于收入的进口部分，例如本国不能生产，但又为国计民生所必需的产品，不管收入水平如何，是必须进口的。γ 表示边际进口倾向，即收入增加 1 单位时进口会增加多少。

有了净出口以后，国民收入决定的模型可以表示如下：

$$
\begin{aligned}
&y=c+i+g+x-m\\
&c=\alpha+\beta y_d\\
&y_d=y-t+t_r\\
&t=\bar{t}\\
&i=\bar{i}\\
&g=\bar{g}\\
&t_r=\bar{t}_r\\
&x=\bar{x}\\
&m=m_0+\gamma y
\end{aligned}
$$

得四部门经济中的均衡收入为：

$$y=\frac{1}{1-\beta+\gamma}(\alpha+\bar{i}+\bar{g}-\beta\bar{t}+\beta\bar{t}_r+\bar{x}-m_0) \tag{12.24}$$

二、四部门经济中的乘数

由上述四部门经济中均衡收入决定的公式可以得到：

$$\frac{dy}{dx}=\frac{1}{1-\beta+\gamma} \tag{12.25}$$

这就是对外贸易乘数，表示出口增加1单位引起国民收入变动多少。由于公式中$1>\gamma>0$，因此，$\frac{1}{1-\beta}>\frac{1}{1-\beta+\gamma}$。

由公式（12.25）可见，有了对外贸易之后，不仅出口的变动，而且投资、政府支出、税收的变动对国民收入变动的影响，与封闭经济相比，也发生了变化。在封闭经济中，投资、政府支出增加，使国民收入增加的倍数是$\frac{1}{1-\beta}$，而现在成了$\frac{1}{1-\beta+\gamma}$，乘数小了。这主要是由于增加的收入的一部分现在要用到进口商品上去了。

复习与思考

1. 在均衡产出水平上，是否计划存货投资和非计划存货投资都必然为零？

2. 能否说边际消费倾向和平均消费倾向都总是大于0而小于1？

3. 什么是凯恩斯定律？提出凯恩斯定律的社会经济背景是什么？

4. 为什么一些西方经济学家认为，将一部分国民收入从富者转给贫者会提高总收入水平？

5. 为什么政府（购买）支出乘数的绝对值大于政府税收乘数和政府转移支付乘数的绝对值？

6. 平衡预算乘数作用的机理是什么？

7. 为什么有了对外贸易之后，封闭经济中的一些乘数的绝对值会变小？

8. 假设某经济的消费函数$c=100+0.8y_d$，投资$i=50$，政府购买性支出$g=200$，政府转移支付$t_r=62.5$，税收$t=250$（单位均为10亿美元）。

（1）求均衡收入。

（2）试求投资乘数、政府支出乘数、税收乘数、转移支付乘数、平衡预算乘数。

（3）假定该社会达到充分就业所需要的国民收入为1 200。试问增加政府购买，或减少税收，或以同一数额增加政府购买和税收（以便预算平衡）以实现充分就业，各需多少数额？

第十三章

国民收入的决定：*IS—LM* 模型

上一章讨论了消费、投资、政府支出和净出口这四方面的总支出水平如何决定经济社会的总需求，从而决定了均衡的国民收入或产量。那里分析的只是产品市场的均衡，可是，市场经济不但是产品经济，还是货币经济，不但有产品市场，还有货币市场，而且这两个市场是相互影响、相互依存的：产品市场上总产出或总收入增加了，需要使用货币的交易量增加了，在利率不变时，货币需求会增加，如果货币供给量不变，利率会上升，而利率上升，会影响投资支出，从而对整个产品市场产生影响。产品市场上的国民收入和货币市场上的利率水平正是在这两个市场的相互影响过程中被共同决定的。凯恩斯经济学的一个重要特点是说明产品市场和货币市场并非相互独立，货币对经济并非中性。本章就来说明产品市场和货币市场一般均衡的国民收入决定的*IS—LM* 模型。这一模型是由英国学者希克斯根据凯恩斯的《就业、利息和货币通论》而发展出来的。[①] 一直到现在，*IS—LM* 模型被大多数西方学者认为是凯恩斯经济学的最核心的理论。它勾画了凯恩斯的整个思想体系，并为以后分析宏观经济政策效果提供了一个工具。

第一节 投资的决定

上一章关于国民收入决定的简单模型里，净投资只是作为一个既定的外生变量参与总需求的决定。而在现实生活中，投资并不是外生变量，而是一个应当放到模型中来分析的内生变量，因此，要研究国民收入如何决定，就必须研究投资本身如何决定。

① 参见希克斯：《凯恩斯先生与“古典学派”》，载《计量经济学杂志》，第5卷，第2期，1937年4月，147～159页。

在日常生活中，人们购买证券、土地和其他财产，都被说成投资，但在经济学中，这些都不能算是投资，只是产权的转移。经济学中所讲的投资，是指资本的形成，即社会实际资本的增加，包括厂房、设备和存货的增加以及新住宅的建筑等。下面分析这样的投资。

决定投资的因素有很多，主要的因素有实际利率水平、预期收益率和投资风险等。

一、实际利率与投资

凯恩斯认为，是否要对新的实物资本如机器、设备、厂房、仓库等进行投资，取决于这些新投资的预期利润率与为购买这些资产而必须借进的款项（即使购买资产是用自有资金，同样要计算资金的机会成本）所要求的利率的比较。当前者大于后者时，投资是值得的；当前者小于后者时，投资就不值得。因此，在决定投资的诸因素中，利率是首要因素。这里的利率，是指实际利率。实际利率大致上等于名义利率减通货膨胀率。假定某年名义利率（货币利率）为 8%，通货膨胀率为 3%，则实际利率等于 5%。在投资的预期利润率既定时，企业是否进行投资，首先就决定于实际利率的高低。当利率上升时，投资需求量就会减少；当利率下降时，投资需求量就会增加。总之，投资是利率的减函数。投资与利率之间的这种反方向变动关系称为投资函数，可写作：

$$i=i(r) \tag{13.1}$$

例如，可假定 $i=i(r)=1\,250-250r$（亿美元）。这里，1 250表示**即使利率 r 为零时也有的投资量，称自主投资**。250 是系数，表示利率每上升或下降一个百分点，投资会减少或增加的数量，可称为利率对投资需求的影响系数。如果把投资函数写成 $i=i(r)=e-dr$，则式中 e 即自主投资，$-dr$ 即投资需求中与利率有关的部分，投资与利率之间的这种函数关系可用图 13—1 表示。

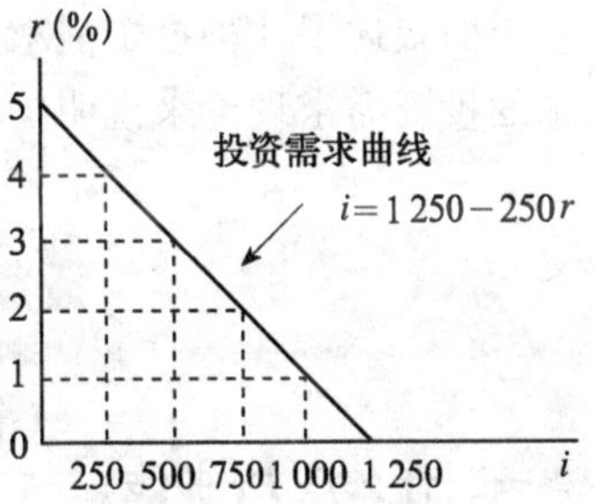

图 13—1 投资函数

图 13—1 中的投资需求曲线，又称投资的边际效率曲线，投资的边际效率是从资本的边际效率这一概念引申而来的。①

二、预期收益与投资

影响投资需求的另一个重要因素是投资的预期收益，即一个投资项目在未来各个时期估计可得到的收益。影响这种预期收益的因素也是多方面的，这里可指出如下三点：

1. 对投资项目的产出的需求预期

企业决定对某项目是否投资及投资多少时，首先会考虑市场对该项目的产品在未来的需求情况，因为这种需求状况，不但会决定产品能否销售出去，还会影响产品价格的走势。

2. 产品成本

投资的预期收益在很大程度上也取决于投资项目的产品的生产成本，尤其是劳动者的

① 资本边际效率概念解释这里从略。

工资成本。

3. 投资税抵免

影响投资预期收益的还有政府的税收政策，因为税收直接影响收益。在一些国家，政府为鼓励企业投资，会采用一种**投资税抵免的政策，即政府规定，投资的厂商可从他们的所得税税单中扣除其投资总值的一定百分比**。例如，假定某企业在某一年投资1亿元，若规定投资抵免率是10%，则该企业就可少缴所得税1 000万元，这1 000万元等于是政府为企业支付的投资项目的成本。

三、风险与投资

投资是现在的事，收益是未来的事，未来的结果究竟如何，总有不确定性。投资总有风险，并且高的投资收益往往伴随着高的投资风险，如果收益不足以补偿风险可能带来的损失，企业就不愿意投资。这里所谓的风险，包括未来的市场走势、产品价格的变化、生产成本的变化、实际利率的变化、政府宏观经济政策的变化等等，都具有不确定性。一般说来，整个经济趋于繁荣时，企业对未来会看好，从而会认为投资风险较小；而经济呈下降趋势时，企业对未来的看法会悲观，从而会感觉投资风险较大。因而凯恩斯认为，投资需求与投资者的乐观和悲观情绪大有关系，实际上，这说明投资需求会随人们承担风险的意愿和能力变化而变动。

上面叙述了几种投资需求理论，下面根据理论表述的需要，仍然只根据投资和利率的关系的投资需求理论来说明国民收入决定的*IS*—*LM*模型。

第二节 *IS* 曲线

一、什么是 *IS* 曲线

把投资当做利率的函数以后，西方学者进一步用*IS*曲线来说明产品市场均衡的条件。所谓**产品市场的均衡，是指产品市场上总供给与总需求相等**。上一章已说过，三部门经济中总需求等于总供给是指$c+i+g=c+s+t$，经济均衡的条件是$i+g=s+t$；而二部门经济中总需求等于总供给是指$c+i=c+s$，均衡的条件是$i=s$。假定消费函数为$c=\alpha+\beta y$，二部门经济中均衡收入决定的公式是$y=\frac{\alpha+i}{1-\beta}$，如果把投资作为利率的函数，即$i=e-dr$，则均衡收入的公式就变为：

$$y=\frac{\alpha+e-dr}{1-\beta} \tag{13.2}$$

这一公式是从投资($i=e-dr$)等于储蓄[$s=y-c=y-\alpha-\beta y=-\alpha+(1-\beta)y$]的均衡条件中得来的。从(13.2)式可以看到，要使产品市场保持均衡，即储蓄等于投资，则均衡的国民收入与利率之间存在着反方向变化的关系。

现举例说明这一点。假设投资函数$i=1\ 250-250r$，消费函数$c=500+0.5y$，即储蓄函数为$s=y-c=-500+0.5y$，于是有：

$$y=\frac{\alpha+e-dr}{1-\beta}=\frac{500+1\ 250-250r}{1-0.5}=3\ 500-500r$$

当 $r=1$ 时，$y=3\ 000$

当 $r=2$ 时，$y=2\ 500$

当 $r=3$ 时，$y=2\ 000$

当 $r=4$ 时，$y=1\ 500$

当 $r=5$ 时，$y=1\ 000$

…………①

如果画一个如图 13—2 所示的坐标图，以纵轴代表利率，以横轴代表收入，则可得到**一条反映利率和收入间相互关系的曲线。这条曲线上的任何一点都代表一定的利率和收入的组合，在这些组合下，投资和储蓄都是相等的，即 $i=s$，从而产品市场是均衡的，因此这条曲线称为 *IS* 曲线。**

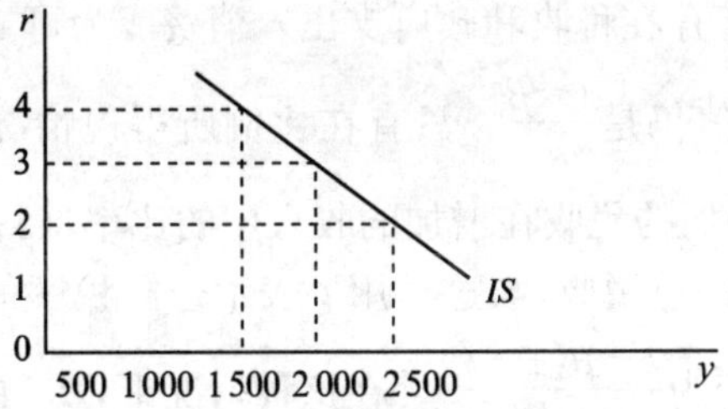

图 13—2 *IS* 曲线

可见，*IS* 曲线是从投资与利率的关系（投资函数）、储蓄与收入的关系（储蓄函数）以及储蓄与投资的关系（储蓄等于投资）中推导出来的。

由于利率下降意味着一个较高的投资水平，从而一个较高的储蓄和收入水平，因此，*IS* 曲线的斜率是负值。

二、*IS* 曲线的斜率

图 13—2 中 *IS* 曲线的斜率的大小，或者说倾斜的程度，可以从 *IS* 曲线的代数表达式中看出。

上面说过，在二部门的经济中，均衡收入的代数表达式（13.2）为：

$$y=\frac{\alpha+e-dr}{1-\beta}$$

上式可化为：

$$r=\frac{\alpha+e}{d}-\frac{1-\beta}{d}y \tag{13.3}$$

① 这里的 $r=1$ 或 2，3，4，5 等实指 1%或 2%，3%，4%，5%等。

(13.3) 式就是 IS 曲线的代数表达式，因为 IS 曲线图形上的纵轴代表利率，而横轴代表收入，(13.3) 式中 y 前面的$\frac{1-\beta}{d}$就是 IS 曲线斜率的绝对值，显然，它既取决于 β，也取决于 d。

d 是投资需求对于利率变动的反应系数，它表示利率变动一定幅度时投资变动的程度。如果 d 的值较大，即投资对于利率变化比较敏感，IS 曲线斜率的绝对值就较小，即 IS 曲线较平缓。这是因为，投资对利率较敏感时，利率的较小变动就会引起投资较大的变化，进而引起收入较大的变化，反映在 IS 曲线上是：利率较小变动就要求有收入较大的变动与之相配合，才能使产品市场达到均衡。

β 是边际消费倾向，如果 β 较大，IS 曲线斜率的绝对值也会较小，这是因为，β 较大，意味着支出乘数较大，从而当利率变动引起投资变动时，收入会以较大幅度变动，因而 IS 曲线就较平缓。从公式 (13.3) 中也可看出，当边际消费倾向 β 较大时，IS 曲线斜率的绝对值较小，因而 IS 曲线也较平缓。

在三部门经济中，由于存在税收和政府支出，消费成为可支配收入的函数，但在定量税情况下，IS 斜率的绝对值仍是$\frac{1-\beta}{d}$，只有在比例所得税情况下，即 $c=\alpha+\beta(1-t)y$，式中 t 表示边际税率，即增加的税收在增加的收入中的比率(而在前面第十二章第六节讲税收乘数时，曾用 t 表示定量的总税收，与这里用 t 表示边际税率的含义不同)，上述 IS 曲线斜率的绝对值才要相应地变为$\frac{1-\beta(1-t)}{d}$。在这种情况下，IS 曲线的斜率除了与 d 及 β 有关外，还与边际税率 t 的大小有关：当 d 和 β 一定时，税率 t 越小，IS 曲线越平缓；t 越大，IS 曲线越陡峭。这是因为在边际消费倾向一定时，税率越小，乘数会越大；税率越大，乘数会越小。

西方学者认为，影响 IS 曲线斜率大小的，主要是投资对利率的敏感度，原因是边际消费倾向比较稳定，税率也不会轻易变动。

三、*IS* 曲线的移动

如果投资函数或储蓄函数变动，IS 曲线就会变动。

先看投资需求的变动。如果由于种种原因（例如，投资效率提高，或出现了技术革新，或企业家对经济前景预期乐观等），在同样的利率水平上投资需求增加了，比方说上例中的 $i=1\,250-250r$ 变成了 $i=1\,500-250r$，即投资需求曲线向右上方移动，于是，IS 曲线就会向右上方移动，其向右的移动量等于投资需求曲线的移动量乘以乘数。在上例中，投资需求曲线移动 250 亿美元，即 $1\,500-1\,250=250$，乘数 $k=\frac{1}{1-0.5}=2$，因此，IS 曲线右移 500 亿美元。反之，若投资需求下降，则 IS 曲线向左移动。

再看储蓄函数的变动。假定人们的储蓄意愿增加了，即人们更节俭了，比方说，上例中的储蓄函数从 $s=-500+0.5y$ 变成了 $s=-250+0.5y$（即消费函数从 $c=500+0.5y$ 变成 $c=250+0.5y$），这样，储蓄曲线就要向左移动。如果投资需求不变，则同样的投资水平现在要求有的均衡收入水平就要下降，因为同样的储蓄，现在只要有较低的收入就可以提供出来，因此 IS 曲线就会向左移动，其移动量等于储蓄增量乘以乘数。

上述 IS 曲线的移动，只是考虑二部门经济中产品市场均衡的情况。在三部门经济中，IS 曲线则是根据国民收入均衡的条件从 $i+g=s+t$ 的等式推导出来的，因此，不仅 i 曲线和 s 曲线移动会使 IS 曲线移动，而且 i、g、s、t 中任何一条曲线移动或几条曲线同时移动，都会引起 IS 曲线移动。如果考虑到开放经济情况，则引起 IS 曲线移动的因素还要包括进出口的变动。总之，一切自发支出量的变动，都会使 IS 曲线移动。下面分析一下税收和政府支出变动如何使 IS 曲线移动。

增加政府购买性支出，在自发支出量变动的作用中等于增加投资支出，因此，会使 IS 曲线向右平行移动。IS 曲线移动的幅度取决于两个因素：政府支出增量和支出乘数的大小，即均衡收入增加量 $\Delta y=k_g\Delta g$。例如，假定把上述投资需求从 $i=1\ 250-250r$ 变为 $i=1\ 500-250r$ 看成是原来的投资加一笔政府购买 250 亿美元，即 $i+g=1\ 250-250r+250$，则 IS 曲线同样向右移动 500 亿美元，即 $\Delta y=k_g\Delta g=\frac{1}{1-0.5}\times 250=500$ 亿美元；相反，减少政府支出，则会使 IS 曲线左移。

政府增加一笔税收，则会使 IS 曲线向左移动，这是因为，一笔税收的增加，会增加企业负担，使投资相应减少，减少了投资需求，从而会使 IS 曲线向左移动；同样，税收的增加，增加了居民个人的负担，使他们的可支配收入减少，使他们的消费支出相应减少，会使 IS 曲线向左移动。相反，如果政府减税，则会使 IS 曲线右移，移动幅度为 $\Delta y=-k_t\Delta t$。

增加政府支出和减税，都属于增加总需求的扩张性财政政策，而减少政府支出和增税，都属于降低总需求的紧缩性财政政策。因此，政府实行扩张性财政政策，就表现为 IS 向右上方移动，实行紧缩性财政政策，就表现为 IS 向左下方移动。实际上西方经济学家提出 IS 曲线的重要目的之一，就在于分析财政政策如何影响国民收入的变动。

第三节　利率的决定

一、利率决定于货币的需求和供给

以上两节说明，利率决定投资，并进而影响国民收入。然而，利率本身又是怎样决定的呢？凯恩斯以前的所谓古典学派认为，投资是资本需求，储蓄是资本的供给，利率由资本供求决定即投资与储蓄的对比关系决定。

凯恩斯否定了上述观点，认为利率不由储蓄与投资决定，而由货币的供给量和对货币的需求量决定。货币的实际供给量（用 m 表示）一般由国家加以控制，是一个外生变量，因此，需要分析的主要是货币的需求。

二、流动性偏好与货币需求动机

对货币的需求，又称“流动性偏好”（也译为“灵活偏好”或“流动偏好”）。所谓“流动性偏好”是指，由于货币具有使用上的灵活性，人们宁肯以牺牲利息收入而储存不生息的货币来保持财富的心理倾向。这一概念首先由凯恩斯提出。

众所周知，人们的财富如果不以货币形式持有，而以其他形式持有，会给他们带来收益。例如，以债券形式持有，会有债息收入；以股票形式持有，会有股息及红利收入；以房产形式持有，会有租金收入，等等。那么，为什么人们愿意持有不生利息或其他形式收入的货币呢?凯恩斯认为，就是因为货币具有使用上的灵活性，随时可满足以下三类不同的动机。

第一，**交易动机，指个人和企业需要货币是为了进行正常的交易活动。**出于交易动机的货币需求量主要决定于收入，收入越高，交易数量越大。交易数量越大，所交换的商品和劳务的价格越高，从而为应付日常开支所需的货币量就越大。

第二，**谨慎动机或称预防性动机，指为预防意外支出而持有一部分货币的动机，如个人或企业为应付事故、失业、疾病等意外事件而需要事先持有一定数量的货币。**这一货币需求量大体上也和收入成正比，是收入的函数。

因此，如果用 L_1 表示交易动机和谨慎动机所产生的全部实际货币需求量，用 y 表示实际收入，则这种货币需求量和收入的关系可表示为：

$$L_1=L_1(y)$$

或者

$$L_1=ky \tag{13.4}$$

(13.4) 式中的 k 为出于上述两动机所需货币量同实际收入的比例关系；y 为具有不变购买力的实际收入。例如，若实际收入 $y=1\ 000$万美元，交易和谨慎需要的货币量占实际收入的 20%，则 $L_1=1\ 000\times0.2=200$ 万美元。

第三，**投机动机，指人们为了抓住有利的购买有价证券的机会而持有一部分货币的动机。**假定人们一时不用的财富只能用货币形式或债券形式来保存，债券能带来收益，而闲置货币则没有收益，那么人们为什么不全部购买债券而要在二者间作选择呢？原来是因为人们想利用利率水平或有价证券价格水平的变化进行投机。在实际生活中，债券价格的高低与利率的高低成反比。假定一张债券一年可获利息 10 美元，而若利率为 10%，则这张债券的市价就为 100 美元，若市场利率为 5%，则这张债券的市价就为 200 美元，因为 200 美元在利率为 5%时可得利息 10 美元。可见，债券价格一般随利率变化而变化。由于债券市场的价格是经常波动的，凡预计债券价格将上涨（即预期利率将下降）的人，就会用货币买进债券以备日后以更高价格卖出；反之，凡预计债券价格将下跌的人，就会卖出债券保存货币以备日后债券价格下跌时再买进。这种预计债券价格将下跌（即利率上升）而需要把货币保留在手中的情况，就是对货币的投机性需求。可见，有价证券价格的未来不确定性是对货币投机需求的必要前提，这一需求与利率成反方向变化。利率越高，即有价证券价格越低，人们认为这一价格已降低到正常水平以下，很快会回升，就会抓住机会及时买进有价证券，于是，人们手中出于投机动机而持有的货币量就会减少。相反，利率越低，人们手中出于投机动机而持有的货币量就会增加。

如果用 L_2 表示货币的投机需求，用 r 表示利率，则这一货币需求量和利率的关系可表示为：

$$L_2=L_2(r) \tag{13.5}$$

或者 $L_2=-hr$，这里 h 是货币投机需求的利率系数，负号表示货币投机需求与利率变动有负向关系。

三、流动偏好陷阱

以上分析说明，对利率的预期是人们调节货币和债券配置比例的重要依据，利率越高，货币需求量越小。当利率极高时，这一需求量等于零，因为人们认为这时利率不大可能再上升，或者说有价证券的价格不大可能再下降，因而将所持有的货币全部换成有价证券。反之，**当利率极低时**，比方说 2%，**人们会认为这时利率不大可能再下降，或者说有价证券市场的价格不大可能再上升，而只会跌落，**因而会将所持有的有价证券全部换成货币。人们有了货币也决不肯再去买有价证券，以免证券价格下跌时遭受损失。**人们不管有多少货币都愿意持在手中，这种情况称为"凯恩斯陷阱"或"流动偏好陷阱"。**货币需求关于利率的系数也称作流动偏好的利率系数。当利率极低时，人们手中无论增加多少货币，都不会再去购买有价证券，都要留在手中，因而流动偏好趋向于无限大；这时候即使银行增加货币供给，也不会再使利率下降。

四、货币需求函数

对货币的总需求是人们对货币的交易需求、预防性需求和投机需求的总和。因此，对货币的总需求函数可描述为：

$$L=L_1+L_2=L_1(y)+L_2(r)=ky-hr \tag{13.6}$$

在（13.6）式①中的 L、L_1 和 L_2 都代表对货币的实际需求，即具有不变购买力的实际货币需求量。名义货币量和实际货币量是有区别的。名义货币量是不管货币购买力如何而仅计算其票面值的货币量。把名义货币量折算成具有不变购买力的实际货币量，必须用价格指数加以调整。如用 M、m 和 P 依次代表名义货币量、实际货币量和价格指数，则：

$$m=\frac{M}{P} \tag{13.7}$$

或

$$M=Pm$$

例如，若实际货币余额 $m=1\ 000$ 美元，价格水平 $P=1.1$，则名义货币余额为 $M=1.1\times1\ 000=1\ 100$ 美元。

由于 $L=ky-hr$ 仅代表对货币的实际需求量或者说需要的实际货币量，因此，名义货币需求函数还应是实际货币需求函数乘以价格指数，即：

---

① 有必要向读者说明：（13.6）式是一个不精确的表达方式，因为，根据该式，L_2 应该等于 $-hr$；这意味着，当 r 为正值时，L_2 必为负值，这种结果显然不符合现实。因此，即使在假设 L_2 与 r 之间存在线性关系的情况下也有 $L_2=A-hr$，其中的 A 是一个数值为正的常数。这样，$L=L_1+L_2=ky+A-hr$。然而，许多流行的西方教材仍然使用 $L=ky-hr$。其原因很可能是由于 ky 一般被认为是数值为正的量，从而可以避免上述 L_2 均为负值的结果，所以作为教学用的简化公式，$L=ky-hr$ 被它们所采用。本书也引用西方教材的办法。

$$L=(ky-hr)P \tag{13.8}$$

(13.8) 式代表名义货币需求函数，而（13.6）式则代表实际货币需求函数。式中，k 和 h 是常数，k 衡量收入增加时货币需求增加多少，这是货币需求关于收入变动的系数，h 衡量利率提高时货币需求变动多少，这是货币需求关于利率变动的系数。如果知道了 k、h、y、r 和 P 的值，就不难求得货币需求量。

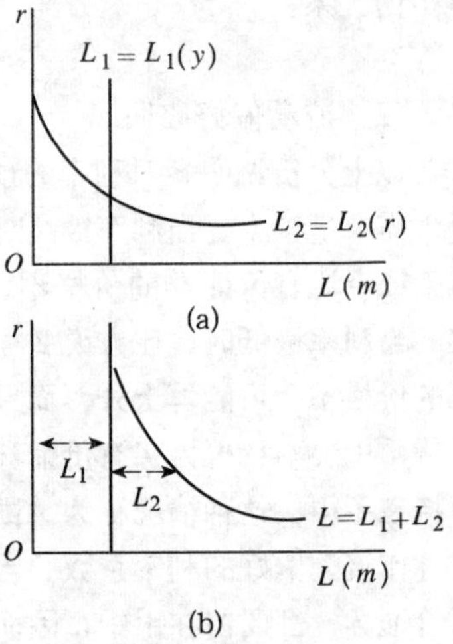

图 13—3 货币需求曲线

货币需求函数可用图 13—3 来表示。图 13—3(a)中的垂线 L_1 表示为满足交易动机和谨慎动机的货币需求曲线，它和利率无关，因而垂直于横轴。L_2 线表示满足投机动机的货币需求曲线，它起初向右下方倾斜，表示货币的投机需求量随利率下降而增加，最后为水平状，表示“流动偏好陷阱”。图 13—3(b)中的 L 线则是包括 L_1 和 L_2 在内的全部货币需求曲线，其纵轴表示利率，横轴表示货币需求量。由于具有不变购买力的实际货币一般用 m 表示，因此横轴也可用 m 表示。这条货币需求曲线表示在一定收入水平上货币需求量和利率的关系：当利率上升时，货币需求量减少；当利率下降时，货币需求量增加。

五、货币供求均衡和利率的决定

货币供给有狭义的货币供给和广义的货币供给之分。**狭义的货币供给是指流通中的硬币、纸币和银行活期存款的总和（一般用 M1 表示）**。活期存款可随时提取，并可当做货币在市面上流通，因而是狭义货币的一个组成部分。**在狭义的货币供给上加上定期存款，便是广义的货币供给（一般用 M2 表示）。M2 再加上个人和企业所持有的政府债券等流动资产或“货币近似物”，便是意义更广泛的货币供给（一般用 M3 表示）**。下面所讲的货币供给指 M1。

货币供给是一个存量概念，它是一个国家在某一时点上所保持的不属政府和银行所有的硬币、纸币和银行存款的总和。货币供给量是由国家用货币政策来调节的，因而是一个外生变量，其大小与利率高低无关，因此货币供给曲线是一条垂直于横轴的直线。如图 13—4 中的 m 直线，这条货币供给曲线和货币需求曲线 L 相交的点 E 决定了利率的均衡水平 r_0。它表示，只有当货币供给等于货币需求时，货币市场才达到均衡状态。

货币需求曲线和供给曲线会变动。当人们对货币的交易需求或投机需求增加时，货币需求曲线就会向右上方移动；当政府增加货币供给量时，货币供给曲线则会向右移动。在图 13—5 中，若货币供给不变，货币需求曲线从 L 移到 L' 时，均衡利率就会从 r_0 上升到 r_1；相反，若货币需求不变，货币供给曲线从 m 右移到 m' 时，均衡利率就会从 r_0 下降到 r_2。如果货币需求和供给同时变动，利率就会受到二者的共同影响，在移动后的需求曲线和供给曲线的交点上达到均衡。

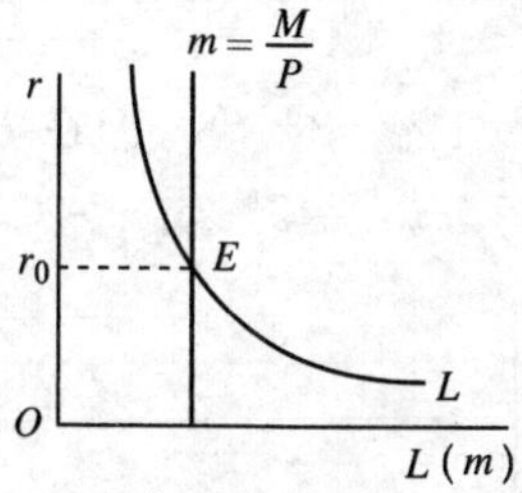

图 13—4　货币供给和需求的均衡

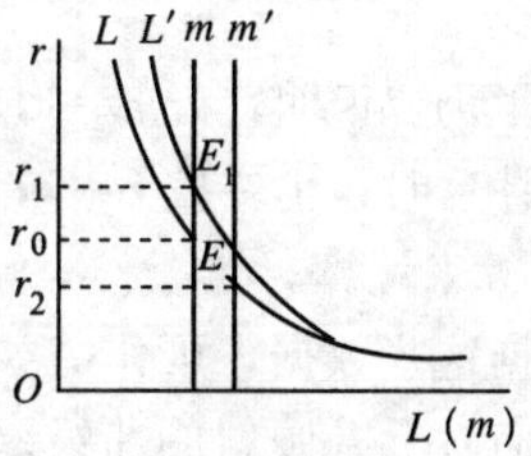

图 13—5　货币需求和供给曲线的变动

第四节　LM 曲线

一、什么是 LM 曲线

货币的供给量是由代表政府的中央银行所控制的，因而可假定它是一个外生变量。在货币供给量既定情况下，货币市场的均衡只能通过调节对货币的需求来实现。

假定 m 代表实际货币供给量，则货币市场的均衡就是 $m=L=L_1(y)+L_2(r)=ky-hr$。从这个等式中可知，当 m 为一定量时，L_1 增加时，L_2 必须减少，否则不能保持货币市场的均衡。L_1 是货币的交易需求（由交易动机和谨慎动机引起），它随收入增加而增加。L_2 是货币的投机需求，它随利率上升而减少。因此，国民收入增加使货币交易需求增加时，利率必须相应提高，使货币投机需求减少，才能维持货币市场的均衡。反之，收入减少时，利率必须相应下降，否则，货币市场就不能保持均衡。

总之，当 m 给定时，$m=ky-hr$ 的公式可表示为**满足货币市场的均衡条件下的收入 y 与利率 r 的关系，这一关系的图形就被称为 LM 曲线**。由于货币市场均衡时 $m=ky-hr$，因此：

$$y=\frac{hr}{k}+\frac{m}{k}$$

或

$$r=\frac{ky}{h}-\frac{m}{h} \tag{13.9}$$

这两个公式都可以表示 LM 曲线的代数表达式，由于该曲线图形的纵坐标表示的是利率，横坐标表示的是收入，因此一般用公式(13.9)代表 LM 曲线。

现在举一例子来说明 LM 曲线。假定对货币的交易需求函数为 $m_1=L_1(y)=0.5y$，对货币的投机需求函数为 $m_2=L_2(r)=1\ 000-250r$，货币供给量 $m=1\ 250$亿美元，并假定这一实际货币供给量就是名义货币供给量（M）（这暗含价格指数 $P=1$），则货币市场均衡时，$1\ 250=0.5y+1\ 000-250r$，得 $y=500+500r$ 或 $r=0.002y-1$，因此：

当 $y=1\ 000$ 时，$r=1$
当 $y=1\ 500$ 时，$r=2$
当 $y=2\ 000$ 时，$r=3$
当 $y=2\ 500$ 时，$r=4$

…………

这里仍要说明，说 $r=1$，$r=2$ 等等，实际上是指利率为 1%，2%等，但在 IS—LM 模型中计算时，仍要按 $r=1$，$r=2$ 等等计算，而不能按 $r=1\%$，$r=2\%$或 $r=0.01$，$r=0.02$ 等等来计算。

根据这些数据，可作一如图 13—6 的坐标图。图中这条向右上方倾斜的曲线（在这里，此曲线代表的是一线性方程，故是直线）就是 ***LM* 曲线**，此线上任**一点都代表一定利率和收入的组合，在这样的组合下，货币需求（*L*）与供给（*M*）都是相等的，亦即货币市场是均衡的。**

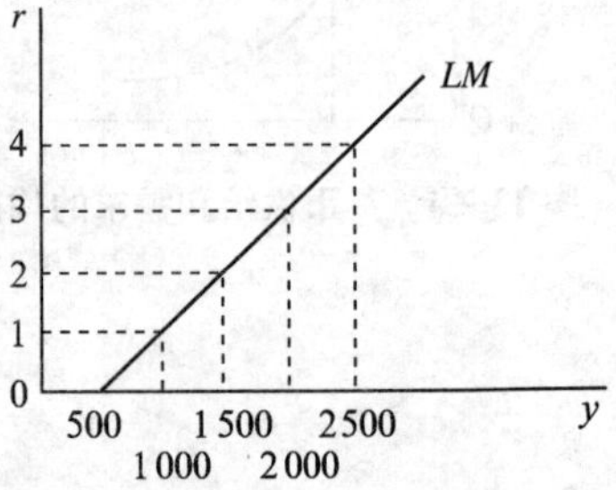

图 13—6　*LM* 曲线

二、*LM* 曲线的移动

在 LM 曲线的代数表达式 $r=\frac{k}{h}y-\frac{m}{h}$ 中，$\frac{k}{h}$ 是 LM 曲线的斜率，而 $\frac{m}{h}$ 是 LM 曲线的截距的绝对值，因此，只有 $\frac{m}{h}$ 的数值发生变动，LM 曲线才会移动。而由于我们这里讨论的是 LM 曲线的移动，而不是 LM 曲线的转动，因此是假定 LM 曲线的斜率不变，也就是假定 k 和 h 都不变。这样，LM 曲线移动就只能是实际货币供给量 m 变动。实际货币供给是由名义货币供给 M 和价格水平 P 决定的，即 $m=\frac{M}{P}$。因此，造成 LM 曲线移动的因素只能是：

第一，名义货币供给量 M 变动。在价格水平不变时，M 增加，LM 曲线向右下方移动，反之，LM 曲线向左上方移动。实际上，央行实行变动货币供给量的货币政策，在 IS—LM模型中就表现为 LM 曲线的移动。

第二，价格水平的变动。价格水平 P 上升，实际货币供给量 m 就变小，LM 曲线就向左上方移动；反之，LM 曲线就向右下方移动，利率就下降，收入就增加。

第五节　*IS*—*LM* 分析

一、两个市场同时均衡的利率和收入

从前面的分析中已经知道，在 IS 曲线上，有一系列利率与相应收入的组合可使产品市场均衡；在 LM 曲线上，又有一系列利率和相应收入的组合可使货币市场均衡。但能够使产品市场和货币市场同时达到均衡的利率和收入组合却只有一个。这一均衡的利率和收入可以在 IS 曲线和 LM 曲线的交点上求得，其数值可通过求解 IS 曲线和 LM 曲线的联立方程得到。

仍以图 13—2 和图 13—6 中的例子来说明。图 13—2 说的是产品市场均衡：

$i=1\ 250-250r$，$s=-500+0.5y$

$i=s$ 时，$y=3\ 500-500r$ ……………………………………………… IS 曲线

图 13—6 说的是货币市场均衡：

$M=m=1\,250$，$L=0.5y+1\,000-250r$

$L=m$ 时，$y=500+500r$ ………………………………………………………… LM 曲线

两个市场同时达到均衡时的利率和收入可通过求解以下联立方程而得：

$$\begin{cases}y=3\,500-500r\\ y=500+500r\end{cases}$$

得 $r=3$（%），$y=3\,500-500\times3=2\,000$（亿美元）。

一般来说，

$i(r)=s(y)$ ………………………………………………………………………… IS 曲线

$M=L_1(y)+L_2(r)$ …………………………………………………………… LM 曲线

由于货币供给量 M 被假定为既定，因此，在这个二元方程组中，变量只有利率 r 和收入 y，解出这个方程组，就可得到 r 和 y 的一般解。

上述一般解可在图 13—7 中 IS 曲线和 LM 曲线的交点 E 上获得。

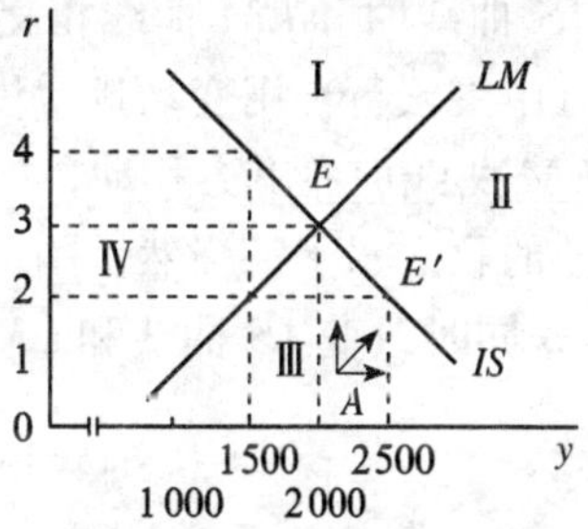

图 13—7　产品市场和货币市场的一般均衡

在图中，由 E 点代表的2 000亿美元和 3%是能使产品市场和货币市场同时实现均衡的收入和利率。这时候，投资 $i=1\,250-250\times3=500$ 亿美元，储蓄 $s=-500+0.5\times2\,000=500$ 亿美元，因而实现了产品市场均衡。再说，货币的需求为 $L=0.5\times2\,000+1\,000-250\times3=1\,250$亿美元，正好等于货币供给量，因而实现了货币市场均衡。在 E 点同时实现了两个市场的均衡。只要投资、储蓄、货币需求和供给的关系不变，任何失衡情况的出现也都是不稳定的，最终会趋向均衡。

为了理解这一点，可把图 13—7 中的坐标平面分成四个区域：Ⅰ、Ⅱ、Ⅲ、Ⅳ，在这四个区域中都存在产品市场和货币市场的非均衡状态。例如，区域Ⅰ中任何一点，一方面在 IS 曲线右上方，因此有投资小于储蓄的非均衡；另一方面又在 LM 曲线左上方，因此有货币需求小于供给的非均衡。其余三个区域中的非均衡关系也可这样推知。这四个区域中的非均衡关系可见表 13—1。

表 13—1　产品市场和货币市场的非均衡

区域	产品市场	货币市场
Ⅰ	$i<s$ 有超额产品供给	$L<M$ 有超额货币供给
Ⅱ	$i<s$ 有超额产品供给	$L>M$ 有超额货币需求
Ⅲ	$i>s$ 有超额产品需求	$L>M$ 有超额货币需求
Ⅳ	$i>s$ 有超额产品需求	$L<M$ 有超额货币供给

各个区域中存在的各种不同组合的 IS 和 LM 非均衡状态会得到调整，IS 不均衡会导

致收入变动：投资大于储蓄会导致收入上升，投资小于储蓄会导致收入下降；LM 不均衡会导致利率变动：货币需求大于货币供给会导致利率上升，货币需求小于货币供给会导致利率下降。这种调整最终都会趋向均衡利率和均衡收入。

二、均衡收入和利率的变动

在 IS 曲线和 LM 曲线的交点上同时实现了产品市场和货币市场的均衡。然而，这一均衡不一定是充分就业的均衡。例如在图 13—8 中，IS 曲线和 LM 曲线的交点 E 所决定的均衡收入和利率是 $\bar{y}$ 和 $\bar{r}$，但充分就业的收入则是 y^*，均衡收入低于充分就业收入。在这种情况下，仅靠市场的自发调节，无法实现充分就业均衡，这就需要依靠国家用财政政策或货币政策进行调节。财政政策是政府变动支出和税收来调节国民收入。如果政府增加支出，或降低税收，或者双管齐下，IS 曲线就会向右上方移动。当 IS 曲线上移到 IS′曲线时和 LM 曲线相交于 E′点，就会达到充分就业的收入水平。货币政策是货币当局（中央银行）用变动货币供应量的办法来改变利率和收入，当中央银行增加货币供给时，LM 曲线向右下方移动。如果移动到 LM′曲线时和 IS 曲线相交于 E″点，也会达到充分就业的收入水平。当然，国家也可以同时改变税收（t）、政府支出（g）和货币供给量（M）来同时改变 IS 曲线和 LM 曲线的位置，使二者相交于 y^* 的垂直线上，以实现充分就业。

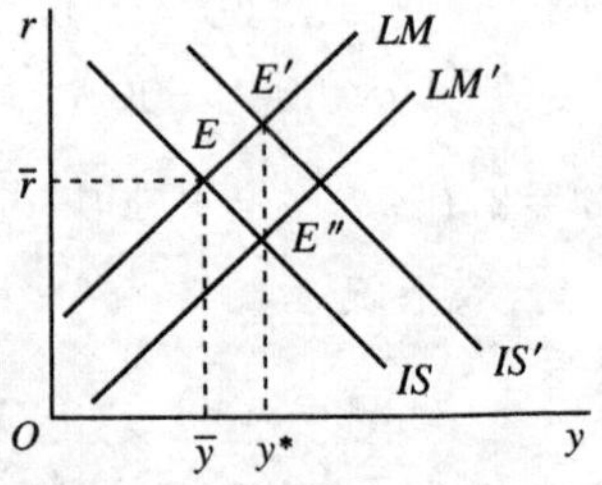

图 13—8　均衡收入和均衡利率的变动

复习与思考

1. 什么是 IS 曲线和 LM 曲线？

2. 在 IS 和 LM 两条曲线相交时所形成的均衡收入是否就是充分就业的国民收入？为什么？

3. 如果产品市场和货币市场没有同时达到均衡而市场又往往能使其走向均衡或者说一般均衡，为什么还要政府干预经济生活？

4. 假设在一个只有家庭和企业的两部门经济中，消费 $c=100+0.8y$，投资 $i=150-6r$，实际货币供给 $m=150$，货币需求 $L=0.2y-4r$（单位都是亿美元）。

（1）求 IS 曲线和 LM 曲线；

（2）求产品市场和货币市场同时均衡时的利率和收入。

第十四章

宏观经济政策

前面几章分析了国民收入决定的三个基本模型以及国民收入波动引发的失业和通胀问题。这些模型表明，国民收入在短期内的波动主要来自需求方面，同时与供给方面的变动也有关。为此有必要由政府采取一定的政策对经济波动加以调节和管理。

第一节　宏观经济政策目标以及经济政策影响

一、宏观经济政策目标

宏观经济政策可以表述为，政府为了增进整体经济福利、改善整体经济运行状况，以达到一定的政策目标而对宏观经济领域进行的有意识的干预。在宏观经济学中，宏观经济政策的目标主要有四种，即：充分就业、价格稳定、经济持续均衡增长和国际收支平衡。[①] 宏观经济政策就是为了达到这些目标而制定的手段和措施。

充分就业是宏观经济政策的第一目标。**它在广泛意义上是指一切生产要素（包含劳动）都有机会以自己愿意的报酬参加生产的状态**。但通常指劳动这一要素的充分就业。由于测量各种经济资源的就业程度非常困难，因此西方经济学家通常以失业率高低作为衡量充分就业与否的尺度。前面已经说过，**失业率指失业者人数对劳动力人数的比率**。失业给失业者本人及其家庭在物质生活和精神生活上带来了莫大痛苦，也使社会损失了本来应当

① 除了上述目标，一些经济政策也在其他方面发挥作用。例如，累进所得税和社会保障支出有平均收入分配的作用，某些税收措施可用于扶持某些产业和地区的经济发展或防止环境污染，因而财政政策也可作为调节收入分配、调整产业结构、平衡地区发展和治理环境污染的工具。同样，货币政策也可以在这些方面发挥某些作用。然而，这里的分析仅限于宏观经济政策如何为实现上述四个目标服务。

可以得到的产出量。失业的成本是巨大的。因此，降低失业率，实现充分就业，常常成为西方宏观经济政策的首要的或重要的目标。然而，什么是充分就业呢？凯恩斯认为，如果"非自愿失业"已消除，失业仅限于摩擦性失业和自愿失业，那么就是实现了充分就业。另外一些经济学家则认为，如果空缺职位总额恰好等于寻找工作的人数，那么就是充分就业。虽然这些经济学家对于充分就业存在不同的看法，但他们都认为充分就业不是百分之百就业，充分就业并不排除像摩擦性失业这样的失业情况存在。在目前，大多数西方经济学家认为存在4%～6%的失业率是正常的，此时社会经济就已处于充分就业状态。

价格稳定是宏观经济政策的第二个目标。**价格稳定是指价格总水平的稳定，它是一个宏观经济概念**。由于各种商品价格变化繁杂的统计困难，西方学者一般用价格指数来表达一般价格水平的变化。价格稳定成为宏观经济政策的目标，是由于通货膨胀对经济有不良影响。值得注意的是，价格稳定不是指每种商品的价格固定不变，而是指价格指数的相对稳定，即不出现通货膨胀。实践表明，西方国家的通货膨胀已经无法完全消除，因此大部分西方国家已把一般的轻微通货膨胀的存在，看做基本正常的经济现象。

宏观经济政策的第三个目标是**经济持续均衡增长**。**经济增长是指在一个特定时期内经济社会所生产的人均产量和人均收入的持续增长**，通常用一定时期内实际国内生产总值年均增长率来衡量。第二次世界大战后西方国家的经济增长经历了一个从高速增长到低速增长的过程。经济增长和失业常常是相互关联的。如何维持较高的增长率以实现充分就业，是西方国家宏观经济政策追求的目标之一。

随着国际经济交往的密切，如何**平衡国际收支**也成为一国宏观经济政策的重要目标之一。国际收支对现代开放型经济的国家是至关重要的。西方经济学家认为，一国的国际收支状况不仅反映了这个国家的对外经济交往情况，还反映出该国经济的稳定程度。当一国国际收支处于失衡状态时，就必然会对国内经济形成冲击，从而影响该国国内的就业水平、价格水平及经济增长。

西方学者认为，要实现既定的经济政策目标，首先，政府运用的各种政策手段，必须相互配合、协调一致。如果财政当局与货币当局的政策手段和目标发生冲突，那么就达不到理想的经济效果，甚至可能偏离政策目标更远。其次，政府在制定目标时，不能追求单一目标，而应该综合考虑，否则会带来经济上和政治上的副作用。因为经济政策目标相互之间不但会存在互补性，也存在一定的冲突，如充分就业与价格稳定之间就存在两难选择。

二、宏观经济政策的作用和影响

宏观经济政策可分为需求管理政策和供给管理政策，前者包括财政政策和货币政策，后者包括人力政策和收入政策。

财政政策是政府变动税收和支出以便影响总需求进而影响就业和国民收入的政策。变动税收是指改变税率和税收结构。例如，经济萧条时，政府采用减税措施，给个人和企业多留些可支配收入，以刺激消费和投资需求从而增加生产和就业。尽管这又会增加对货币的需求，使利率上升、私人投资受到一些影响、削弱一些减税对增加总需求的作用，但总的说来国民收入还是增加了。再如，高收入者边际消费倾向较低，低收入者边际消费倾向较高，因而改变所得税结构，使高收入者增加些赋税负担，使低收入者减少些负担，同样可起到刺激社会总需求的作用。变动政府支出指改变政府对商品与劳务的购买支出以及转移支付。例如，在经济萧条时，政府扩大对商品和劳务的购买，多搞些公共建设，就可以扩大私人企业的商品销路，还可以增加消费，刺激总需求。尽管这样做也会增加对货币的需求，从而使利率上升，影响一些私人投资，但总的说来，生产和就业还是会增加。政府还可以采用投资税收抵免或加速折旧等办法给私人投资以津贴，直接刺激私人投资，增加生产和就业。以上所有这些措施，都是扩张性财政政策。当然，在经济高涨、通货膨胀率上升太快时，政府也可以采用增税、减少政府支出等紧缩性财政措施以控制物价上涨。

货币政策是货币当局即中央银行通过银行体系变动货币供给量来调节总需求的政策。例如，在经济萧条时增加货币供给，一方面可降低利率，刺激私人投资，另一方面货币供给增加可直接支持企业扩大投资，进而刺激消费，使生产和就业增加；反之，在经济过热、通货膨胀率太高时，可紧缩货币供给量以提高利率，抑制投资和消费，使生产和就业减少些或增长慢一些。前者是扩张性货币政策，后者是紧缩性货币政策。

可见，无论是财政政策还是货币政策，都是通过影响利率、消费、投资进而影响总需求，使就业和国民收入得到调节。

第二节　财政政策及其效果

一、财政的构成与财政政策工具

西方国家的经济是市场经济，但政府也直接参与经济活动，并在经济生活中起着十分重要的作用。这种作用与财政直接有关。在西方国家中，近几十年来政府参与经济活动的规模有了显著增长。拿政府支出来说，现在的美国政府支出大约占 GDP 的 1/3，而在第一次世界大战前的 1913 年，政府支出还不足 GDP 的 1/10。还要指出，美国政府支出在 GDP 中的比例按经济规模来说在主要工业化国家中还是比较小的，在法国和德国，政府支出接近 GDP 的一半。国家财政由政府收入和支出两个方面构成，其中政府支出包括政府购买和转移支付，而政府收入则包含税收和公债两个部分。

政府支出是指整个国家中各级政府支出的总和，由许多具体的支出项目构成，主要可分为政府购买和政府转移支付两类。**政府购买是指政府对商品和劳务的购买。如购买军需品、购买机关办公用品、发放政府雇员报酬、实施公共项目工程所需的支出等都属于政府购买**。政府购买是一种实质性支出，有着商品和劳务的实际交易，因而直接形成社会需求和购买力，是国民收入的一个组成部分。因此，政府购买支出是决定国民收入大小的重要因素之一，其规模直接关系到社会总需求的增减。政府购买支出对整个社会总支出水平具有十分重要的调节作用。在社会总支出水平过低时，政府可以提高购买支出水平，如举办公共工程，增加社会整体需求水平，以此同衰退进行斗争。反之，当总支出水平过高时，政府可以采取减少购买支出的政策，降低社会总体需求，以此来抑制通货膨胀。因此，变动政府购买支出水平是财政政策的有力手段。

政府支出中另一部分是转移支付。与政府购买不同，**政府转移支付是指政府在社会福利保险、贫困救济和补助及公债利息等方面的支出。**这是一种货币性支出，政府在付出这些货币时并无相应的商品和劳务的交换发生，是一种不以取得本年生产出来的商品和劳务作为报偿的支出。因此，转移支付不能算作国民收入的组成部分。它所做的仅仅是通过政府将收入在不同社会成员之间进行转移和重新分配，全社会的总收入并没有变动。据此，政府对农业的补贴也被看做是政府转移支付。既然转移支付是政府支出的重要组成部分，因此，政府转移支付也是一项重要的财政政策工具。在前面的乘数分析中我们已经知道，它同样能够通过转移支付乘数作用于国民收入，但乘数效应要小于政府购买支出的乘数效应。一般来讲，在总支出不足时，失业会增加，这时政府应增加社会福利费用，提高转移支付水平，从而增加人们的可支配收入和消费支出水平，社会有效需求因而增加；在总支出水平过高时，通货膨胀率上升，政府应减少社会福利支出，降低转移支付水平，从而降低人们的可支配收入和社会总需求水平。除了失业救济、养老金等福利费用外，其他转移支付项目如农产品价格补贴也应随经济风向而改变。

政府支出中各个构成部分在支出总额中的相对重要性是会变化的。拿美国来说，从1950年到1970年再到1990年，随着“冷战”的逐步结束，国防费在联邦支出中的比重从51%降到45%再降到27%，但由于老龄人口的增加，包括为老龄人口支付养老金在内的社会保障支出所占比重从11%增加到22%再增加到33%，同时，由于公债利息支出所占比重逐渐增长，因而，在政府支出中政府购买部分相对变小而转移支付部分相对变大了。

再看政府的收入。税收是政府收入中最主要的部分，它是国家为了实现其职能按照法律预先规定的标准，强制地、无偿地取得财政收入的一种手段，因此税收具有强制性、无偿性、固定性三个基本特征。正因为如此，税收可作为实行财政政策的有力手段之一。西方国家财政收入的增长，在很大程度上来源于税收收入的增长。税收依据不同标准可以作不同的分类。根据课税对象，税收可分为三类：财产税、所得税和流转税。财产税主要指对不动产即土地和土地上建筑物等所征收的税。遗产税一般包含在财产税中。所得税是对个人和公司的所得征税。在西方政府税收中，所得税占有很大比重，因此所得税税率的变动对经济活动会产生重大影响。流转税则是对流通中商品和劳务买卖的总额征税。增值税是流转税的主要税种之一。根据收入中被扣除的比例，税收可以分为累退税、累进税和比例税。累退税是税率随征税客体总量增加而递减的一种税。比例税是税率不随征税客体总量变动而变动的一种税，即按固定比率征收，多适用于流转税和财产税。累进税是税率随征税客体总量增加而增加的一种税。西方国家的所得税多属于累进税。这三种税通过税率的高低及其变动来反映赋税负担轻重和税收总量的关系。因此税率的大小及其变动方向对经济活动如个人收入和消费会直接产生很大影响。税收作为一种政府收入手段，既是西方国家财政收入的主要来源，也是国家实施财政政策的一个重要手段。与政府购买支出、转移支付一样，税收同样具有乘数效应，即税收的变动对国民收入的变动具有倍增作用。由于税收乘数有两种：一种是税率的变动对总收入的影响，另一种是税收绝对量的变动对总收入的影响，因此税收作为政策工具，当被用来调节社会总需求时，既可以通过改变税率来实现，也可以通过变动税收总量来实现，如通过一次性减税来达到刺激社会总需求增加的目的。就税率而言，由于所得税是税收的主要来源，因此，改变税率主要是变动所得税的税率。一般来说，降低税率、减少税收都会引致社会总需求增加和国民产出的增长，反之则引起社会总需求和国民产出的降低。因此在需求不足时，可采取减税措施来抑制经济衰退；在需求过旺时可采取增税措施来抑制通货膨胀。

当政府税收不足以弥补政府支出时，政府就会发行公债，使公债成为政府财政收入的又一组成部分。**公债是政府对公众的债务，或公众对政府的债权**。它不同于税收，是政府运用信用形式筹集财政资金的特殊形式，包括中央政府的债务和地方政府的债务。中央政府的债务称国债。政府借债一般有短期债、中期债和长期债三种形式。短期债一般通过出售国库券取得，主要进入短期资金市场（货币市场），利率较低，期限一般为 3 个月、6 个月和 1 年三种。中长期债一般通过发行中长期债券取得，期限在 1 年以上 5 年以下的为中期债券，5 年以上的为长期债券。美国长期债券最长的为 40 年。中长期债券利率也因时间长、风险大而较高。中长期债券是西方国家资本市场（长期资金市场）上最主要的交易品种之一。因此，政府公债的发行，一方面能增加财政收入，影响财政收支，属于财政政策；另一方面又能对包括货币市场和资本市场在内的金融市场的扩张和紧缩起重要作用，影响货币的供求，从而调节社会的总需求水平。因此，公债也是政府实施宏观调控的经济政策工具。

二、自动稳定与斟酌使用

政府的财政收支及其变动会直接、间接地影响宏观经济的运行。第二次世界大战后，西方国家经济虽然仍有周期性波动，但同 20 世纪 30 年代的大危机相比，波动幅度大为减小，衰退持续时间也大为缩短。其原因是多方面的，其中与西方财政制度与财政政策对经济的自动调节与主动调节不无关系。自动调节指西方财政制度本身有着自动地抑制经济波动的作用，即自动稳定器；主动调节指政府有意识地实行所谓反周期的相机抉择的积极财政政策。

1. 自动稳定器

自动稳定器，亦称内在稳定器，是指经济系统本身存在的一种会减少各种干扰对国民收入冲击的机制，能够在经济繁荣时期自动抑制通货膨胀，在经济衰退时期自动减轻萧条，无须政府采取任何行动。财政政策的这种内在稳定经济的功能主要通过下述三项制度得到发挥。

首先是政府税收的自动变化。当经济衰退时，国民产出水平下降，个人收入减少；在税率不变的情况下，政府税收会自动减少，留给人们的可支配收入也会自动地少减少一些，从而使消费和需求也自动地少下降一些。在实行累进税的情况下，经济衰退使纳税人的收入自动进入较低纳税档次，政府税收下降的幅度会超过个人收入下降的幅度，从而可起到抑制衰退的作用；反之，当经济繁荣时，失业率下降，人们的收入自动增加，税收会随个人收入的增加而自动增加，可支配收入也就会自动地少增加一些，从而使消费和总需求自动地少增加一些。在实行累进税的情况下，繁荣使纳税人的收入自动进入较高的纳税档次，政府税收上升的幅度会超过个人收入上升的幅度，从而起到抑制通货膨胀的作用。由此西方学者认为，税收的这种因经济变动而自动发生变化的内在机动性和伸缩性是一种有助于减轻经济波动的自动稳定因素。

其次是政府转移支付的自动变化，包括政府的失业救济和其他社会福利支出。当经济出现衰退与萧条时，失业增加，符合救济条件的人数增多，失业救济和其他社会福利开支就会相应增加，这可以抑制人们收入特别是可支配收入的下降，进而抑制消费需求的下降。当经济繁荣时，失业人数减少，失业救济和其他福利费支出也会自然减少，从而抑制可支配收入和消费的增长。

最后是农产品价格维持制度。经济萧条时，国民收入下降，农产品价格下降，政府依照农产品价格维持制度，按支持价格收购农产品，可使农民收入和消费维持在一定水平上。经济繁荣时，国民收入水平上升，农产品价格上升，这时政府减少对农产品的收购并抛售农产品，限制农产品价格上升，也就抑制了农民收入的增长，从而也就减少了总需求的增加量。

总之，政府税收和转移支付的自动变化、农产品价格维持制度对宏观经济活动都能起到稳定作用。它们都是财政制度的内在稳定器和应对经济波动的第一道防线。

2. 斟酌使用的财政政策

由于政府收支中转移支付和税收通过乘数作用所产生的效果都比一般自发性支出（如投资支出和政府购买支出）所能产生的效果要小，因此虽然各种自动稳定器一直在起作用，但作用毕竟有限，特别是对于剧烈的经济波动，自动稳定器更难以扭转。因此，西方经济学者认为，为确保经济稳定，**政府要审时度势，主动采取一些财政措施，变动支出水平或税收以稳定总需求水平，使之接近物价稳定的充分就业水平**。这就是**斟酌使用的或权衡性的财政政策**。当认为总需求非常低，即出现经济衰退时，政府应削减税收、降低税率、增加支出或双管齐下以刺激总需求；反之，当认为总需求非常高，即出现通货膨胀时，政府应增加税收或削减开支以抑制总需求。前者称为扩张性财政政策，后者称为紧缩性财政政策。这种**交替使用的扩张性和紧缩性财政政策，被称为补偿性财政政策**。究竟什么时候采取扩张性财政政策，什么时候采取紧缩性财政政策，应由政府对经济运行的形势加以分析权衡，斟酌使用。这样一套经济政策就是凯恩斯主义的相机抉择的“需求管理”。由于凯恩斯分析的是需求不足型萧条经济，因此他认为调节经济的重点要放在总需求的管理方面。凯恩斯主义者则认为，当总需求水平过低，产生衰退和失业时，政府应采取刺激需求的扩张性财政措施；当总需求水平过高，产生通货膨胀时，政府应采取抑制总需求的紧缩性财政措施。简言之，要“逆经济风向行事”。

从20世纪30年代初美国罗斯福的“新政”到60年代初肯尼迪的繁荣，在一定的限度内，都是政府运用这套财政政策来提高有效需求的结果。但是20世纪60年代后期以来“滞胀”局面的出现，使人们对这种政策提出了怀疑。这说明斟酌使用的财政政策的作用同样具有局限性，因为在实际经济活动中存在各种各样的限制因素影响着这种财政政策作用的发挥。首先是时滞。认识总需求的变化，变动财政政策以及乘数作用的发挥，都需要时间。其次是不确定性。实行财政政策时，政府主要面临两个方面的不确定：第一，乘数大小难以准确地确定；第二，政府必须预测总需求水平通过财政政策的作用达到预定目标究竟需要多少时间。而在这一时间内，总需求特别是投资可能会发生戏剧性的变化，这就可能导致决策失误。最后，外在的不可预测的随机因素的干扰，也可能导致财政政策达不到预期结果。此外还存在下面要分析的财政政策的“挤出效应”问题。所以实行积极的财政政策时必须全面考虑这些因素的影响，尽量使其效果接近预期目标。

三、功能财政和预算盈余

根据权衡性财政政策，政府实施财政方面的积极政策主要是为了实现无通货膨胀的充分就业水平。当实现这一目标时，预算可以是盈余，也可以是赤字。这样的财政称为功能财政。

预算赤字是政府财政支出大于收入的差额。实行扩张性财政政策，即减税和扩大政府支出就会造成预算赤字。**预算盈余是政府收入超过支出的余额**。实行紧缩性财政政策，即增税和减少政府支出，会产生预算盈余。

功能财政思想是凯恩斯主义者的财政思想。他们认为不能机械地用财政预算收支平衡的观点来对待预算赤字和预算盈余，而应根据反经济周期的需要来利用预算赤字和预算盈余。当国民收入低于充分就业的收入水平（即存在通货紧缩缺口）时，政府有义务实行扩张性财政政策，增加支出或减少税收，以实现充分就业。如果起初存在财政盈余，则政府有责任减少盈余甚至不惜出现赤字，坚定地实行扩张性政策。反之，当存在通货膨胀缺口时，政府有责任减少支出，增加税收。如果起初存在预算盈余，则不应担心出现更大盈余，而宁可盈余增大也要实行紧缩性政策；如果起初存在预算赤字，则应通过紧缩性政策减少赤字，甚至出现盈余。总之，功能财政思想认为，政府为了实现充分就业和消除通货膨胀，需要赤字就赤字，需要盈余就盈余，而不应为实现财政收支平衡妨碍政府财政政策的正确制定和实行。可见功能财政是斟酌使用的财政政策的指导思想，而斟酌使用的财政政策是功能财政思想的实现和贯彻。它的提出，是对原有财政平衡预算思想的否定。西方学者认为原有财政预算平衡思想主要是年度平衡预算和周期平衡预算两种。

年度平衡预算要求每个财政年度的收支平衡。这是在20世纪30年代大危机以前普遍采取的政策原则。后来这个原则遭到凯恩斯主义者的攻击。他们认为，衰退时，税收必然会随收入的减少而减少，如果坚持年度平衡预算的观点，那么为了减少赤字，只有减少政府支出或提高税率，其结果会加深衰退；当经济过热，出现通货膨胀时，税收必然随收入的增加而增加，为了减少盈余，要增加政府支出或降低税率，其结果反而会加剧通货膨胀。这样，坚持年度平衡预算只会使经济波动更加严重。

所谓**周期平衡预算是指政府收支在一个经济周期中保持平衡**。在经济衰退时实行扩张性政策，有意安排预算赤字，在繁荣时期实行紧缩性政策，有意安排预算盈余，以繁荣时的盈余弥补衰退时的赤字，使整个经济周期的盈余和赤字相抵而实现预算平衡。这种思想在理论上似乎非常完美，但实行起来非常困难。这是因为在一个预算周期内，很难准确估计繁荣与衰退的时间与程度，两者更不会完全相等，因此连预算都难以事先确定，从而周期预算平衡也无法实现。

四、赤字与公债

按照功能财政的思想，二战后西方国家普遍实行了干预经济的积极的财政政策。这种政策从理论上说是逆经济风向行事的“相机抉择”，但事实上多数是搞扩张性财政，结果是财政赤字的上升和国家债务的积累。财政赤字是预算开支超过收入的结果。

弥补赤字的途径无非是：借债和出售政府资产。政府借债又可分两类：一类是向中央银行借债，这实际上就是中央银行增发货币或者说增加基础货币，这可称为货币筹资，其结果是通货膨胀，因而它本质上是用征收通货膨胀税（政府向银行透支、增发纸币来弥补财政赤字，降低人们手中货币购买力）的方式来解决赤字问题。另一类借债是向国内公众（商业银行及其他金融机构、企业和居民）和外国举债，这可称为债务筹资。一般说来，向国内公众和外国举债，不过是国内外购买力向政府部门转移，并不立即直接引起通货膨胀，因为基础货币并没有增加。然而，政府发行公债时往往会引起利率上升（因为发行或者说卖出公债时货币供给量要减少），中央银行如果想稳定利率，则必然要通过公开市场业务买进债券，从而增加货币供给。这样，预算赤字增加也会引起通货膨胀。

公债作为政府取得收入的一种形式可以为预算赤字融资，使赤字得到弥补。然而，政府发行了公债要还本付息，一年年未清偿的债务会逐渐累积成巨大的债务净存量，这些债务净存量所要支付的利息又构成政府预算支出中一个十分庞大的支出。在美国，政府的利息支出在 GDP 中的比重在 1960—1969 年即 20 世纪 60 年代为 1.3%，而在 90 年代初已上升到 3.5%，即政府利息支出占 GDP 的份额在这 30 年左右增长了将近 2 倍，利息支出已成为政府支出中的重要组成部分。一国政府预算的总赤字等于非利息赤字（由不包括利息支付的全部政府开支减全部政府收入构成）和利息支出的总和，因此，即使非利息赤字为零或不变，只要利息支出增长，且不能为增税所抵消，总赤字也会增加。赤字的增长如果仍是通过债务融资予以解决，则利息支出又会增加，从而使赤字进一步增加。可见，在其他条件不变时，赤字增长引起债务增长，债务增长引起利息负担增长，会使赤字进一步增长，如此循环往复，使公债利息支出本身成为赤字和公债逐步增长的重要因素之一。在美国，1992 年底政府债务总量达 4 万亿美元，平均每个美国人分摊到 1.6 万美元，看上去这简直是天文数字了，但由于美国的经济总量大，因而仍可以承受。一国债务与 GDP 之比称为债务—收入比率，这一比率的变动主要取决于公债的实际利率、实际 GDP 的增长率和非利息预算盈余的状况。在非利息预算盈余不变时，公债利率越高，产出增长率越低，债务—收入比率就越有可能上升。如果非利息预算能不断有盈余，实际利率有所下降，实际 GDP 不断有所增长，则债务—收入比率会逐步下降。

近几年来，美国以及许多西方国家的财政赤字始终居高不下，财政支出总快于财政收入和 GDP 的增长。从收入看，由于经济增长乏力以及减税等原因，财政收入占 GDP 的比重逐步下降，而财政支出占 GDP 的比重由于人口老龄化、医保、社保这些刚性支出等因素而持续快速攀升，加上国家债务规模以及利息支出大幅上升，使得财政赤字不断增加。解决财政赤字问题无非是通过增加税收、减少支出和举债三个途径。增加税收会得罪有钱的选民，减少支出主要是压缩医保、社保等支出，这就会得罪钱少的选民。为争取选民，最好的办法还是政府举债。从 2001 年到 2010 年全球公共债务的大量增加，就是这样形成的。

五、西方财政的分级管理模式

任何财政政策的制定和实施都是在一定的财政预算管理体制下进行的。一国政府通过财政政策所进行的一切干预活动，都必须以本国的财政管理体制为基础。因此，财政管理体制对政府调控宏观经济具有十分强烈的制约作用。

根据财权和事权相一致的原则，西方国家普遍采取分级管理的财政体制。在财政分级管理体制下，税收被划分为中央税、地方税和中央与地方共享税三种，分别规定为中央政府和地方政府的财政收入来源；支出也同样被划分为中央政府支出和地方政府支出，并各自规定了相应的支出范围。至于中央政府对地方政府的调节，则主要依靠税收返还制度和中央政府支出对地方政府的财政补助形式进行，中央政府财政预算与地方财政预算各自分开，自求平衡。美国是这种财政分级管理体制的典型代表。它实行联邦、州和地方的三级财政预算管理体系。就税收种类而言，联邦税主要包括个人所得税、财产税、社会保险税等。地方税包括财产税、公共设施税等。其中财产税为地方、州、联邦三级共同分享。联邦政府财政收入约占全部收入的60%，主要来自个人所得税、公司所得税、社会保险税这三项税收，州和地方约占40%。在联邦政府的预算支出中，约有10%用于补助州与地方。这样联邦政府既可以凭借其财力，对州和地方的发展进行干预和影响，并可在一定程度上，促进全美国经济较平衡地发展，又可调动地方理财的积极性，克服一切依赖中央的倾向。就支出而言，联邦政府的支出主要用于国防和国际关系，其次是社会保险。州与地方政府的财政支出则主要用于教育、道路、公共福利及公共设施等。在这种财政分级管理体制下，政府的预算收入与支出、所制定的税制结构与累进所得税制、失业保险等，都成为美国政府调控宏观经济、调整中央与地方关系以及帮助政府实施经济政策目标的重要手段。

六、财政政策效果的 *IS—LM* 图形分析

西方学者认为，财政政策效果可以通过 *IS—LM* 图形加以分析。财政政策效果的大小是指政府收支变化（包括变动税收、政府购买和转移支付等）使 *IS* 曲线变动对国民收入变动产生的影响。从 *IS—LM* 图形看，这种影响的大小随 *IS* 曲线和 *LM* 曲线的斜率不同而有所区别。

在 *LM* 曲线不变时，若投资对利率变动的反应较敏感，则一项扩张性财政政策使利率上升时，就会使私人投资下降很多，就是“挤出效应”较大。**“挤出效应”是指政府支出增加所引起的私人消费或投资降低的效果**。实行扩张性财政政策时被挤出的私人投资越多，国民收入增加得就越少，即政策效果越小。反之，政府支出的“挤出效应”较小时，政策效果就较大。

在投资与利率的关系以及储蓄与收入的关系都不变的情况下，若货币需求对利率的反应较不灵敏，则政府支出增加而来的一定的货币需求增加将使利率上升较多，从而对私人部门投资产生较大的挤出效应，会使财政政策效果较小。相反，当货币需求利率反应较敏感时，政府增加支出就不会使利率上升很多，从而不会对私人投资产生很大的挤出效应，这样，政府增加支出就会使国民收入增加较多，即财政政策效果较大。

上面说明了投资需求的利率敏感程度和货币需求的利率敏感程度对财政政策效果的影响。此外，支出乘数也会影响政策效果。较大的支出乘数意味着一笔政府支出会带来较多的收入增加，从而有较大的政策效果。然而，如果经济处于投资对利率高度敏感而货币需求对利率不敏感的状态，则即使支出乘数很大，也无法使财政政策产生强有力的效果。

第三节　货币政策及其效果

一、商业银行和中央银行

要了解货币政策，必须先具备一些西方银行制度的知识，因为货币政策要通过银行制度来实现。

在银行制度方面，西方主要国家的金融机构包括金融中介机构和中央银行两类。金融中介机构中最主要是商业银行，其他还有储蓄和贷款协会、信用协会、保险公司、私人养老基金等。

商业银行之所以称为商业银行，是因为早先向银行借款的人都经营商业，但后来工业、农业、建筑业、消费者也都日益依赖商业银行融通资金，故其客户遍及经济各部门，业务也多种多样，这时之所以仍叫商业银行，只是沿用旧称罢了。商业银行的主要业务是负债业务、资产业务和中间业务。负债业务主要是吸收存款，包括活期存款、定期存款和储蓄存款。资产业务主要包括放款和投资两类业务。放款业务是为企业提供短期贷款，包括票据贴现、抵押贷款等。投资业务就是购买有价证券以取得利息收入。中间业务是指代为顾客办理支付事项和其他委托事项，从中收取手续费的业务。

中央银行是一国的最高金融当局，它统筹管理全国的金融活动，实施货币政策以影响经济。当今世界除了少数地区和国家外，几乎所有已独立的国家和地区都设立了中央银行，如美国联邦储备体系（简称美联储）、英国英格兰银行、法国法兰西银行、德国德意志联邦银行、日本的日本银行和中国的中国人民银行。一般认为，中央银行具有三个职能：

（1）作为发行的银行，发行国家的货币。

（2）作为银行的银行，既为商业银行提供贷款（用票据再贴现、抵押贷款等办法），又为商业银行集中保管存款准备金，还为商业银行集中办理全国的结算业务。

（3）作为国家的银行，第一，它代理国库，一方面根据国库委托代收各种税款和公债价款等收入作为国库的活期存款，另一方面代理国库拨付各项经费，代办各种付款与转账；第二，提供政府所需资金，既用贴现短期国库券等形式为政府提供短期资金，也用帮助政府发行公债或直接购买公债方式为政府提供长期资金；第三，代表政府与外国发生金融业务关系；第四，执行货币政策；第五，监督、管理全国金融市场的活动。

前面已经说过，狭义的货币供给（M1）是指流通中的硬币、纸币和银行活期存款的总和。在西方经济学中，货币可被定义为在商品和劳务的交换及债务清偿中作为交换媒介或者支付工具而被法定为普遍接受的物品，因此最符合这个定义的是流通中的硬币、纸币和活期存款。流通中的硬币和纸币被称为通货，而活期存款同通货一样随时可用来支付债务，因而也可被看做严格意义上的货币，而且是最重要的货币，因为货币供给量中的大部分是活期存款，同时通过活期存款的派生机制还会创造货币。

二、存款创造和货币供给

商业银行吸收的存款不管是否为活期存款，银行都有随时给客户提取的义务，因为即使是定期存款或者储蓄存款，客户也可以在一定条件下（例如放弃原来的存款利率）变成活期存款。尽管如此，很少会出现所有储户在同一时间里取走全部存款的现象。因此，银行可以把绝大部分存款用于从事贷款或购买短期债券等盈利活动，只需要留下一部分存款作为应付提款需要的准备金就可以了。**这种为银行经常保留的供支付存款提取用的一定金额，称为存款准备金**。在现代银行制度中，**这种准备金在存款中起码应当占的比率是由政府（具体由中央银行）规定的。这一比率称为法定准备率。按法定准备率提留的准备金是法定准备金**。法定准备金的一部分是银行库存现金，另一部分存放在中央银行的存款账户上。由于商业银行都想赚取尽可能多的利润，因此它们会把法定准备金以上的那部分存款当做超额准备金贷放出去或用于短期债券投资。正是这种较小比率的准备金支持活期存款的能力，使得银行体系得以创造货币。举个例子来说明。

假定法定准备率为 20%，再假定银行客户会将其一切货币收入以活期存款形式存入银行。在这种情况下，甲客户将 100 万美元存入自己有账户的 A 银行，银行系统就因此增加了 100 万美元的存款。A 银行按法定准备率保留 20 万美元作为准备金存入中央银行，其余 80 万美元全部贷出，假定是借给一家公司用来买机器，机器制造厂乙得到这笔从 A 银行开来的支票后又全部存入与自己有往来的 B 银行，B 银行得到这 80 万美元支票存款后留下 16 万美元作为准备金存入中央银行，然后再贷放出 64 万美元，得到这笔贷款的丙厂商又会把它存入与自己有业务往来的 C 银行，C 银行留下其中 12.8 万美元作为准备金存入自己在中央银行的账户上，然后再贷出 51.2 万美元。由此，不断存贷下去，各银行的存款总和是：

$$\begin{aligned}&100+80+64+51.2+\cdots\\&=100(1+0.8+0.8^2+0.8^3+\cdots+0.8^{n-1}+\cdots)\\&=\frac{100}{1-0.8}=500\ (\text{万美元})\end{aligned}$$ ①

而贷款总和是：

$$\begin{aligned}&80+64+51.2+\cdots\\&=100(0.8+0.8^2+0.8^3+\cdots+0.8^n+\cdots)=400\ (\text{万美元})\end{aligned}$$

从以上例子可见，存款总和（用 D 表示）同这笔原始存款（用 R 表示）及法定准备率（用 r_d 表示）之间的关系为：$D=\frac{R}{r_d}$。

上面例子中这笔原始存款假定来自中央银行增加的一笔原始货币供给，则**中央银行新增一笔原始货币供给将使活期存款总和（亦即货币供给量）扩大为这笔新增原始货币供给量的$\frac{1}{r_d}$倍**。

在上例中就是 5 倍，$\frac{1}{r_d}$称为**货币创造乘数**，用 k 表示，则 $k=\frac{1}{r_d}$，它是法定准备率的

① $1+0.8+0.8^2+0.8^3+\cdots+0.8^{n-1}+\cdots$是一个递减等比数列，其和为：$\frac{1}{1-0.8}$。

倒数。若法定准备率是 0.2，则 $k=5$。

上述例子中的派生存款及贷款情况如表 14—1 所示。

表 14—1　　银行存款的多倍派生存款　　单位：万美元

存款人 (1)	银行存款 (2)=(3)+(4)	银行贷款 (3)=(2)×0.8	存款准备金 (4)=(2)×0.2
甲	100	80	20
乙	80	64	16
丙	64	51.2	12.8
⋮	⋮	⋮	⋮
合计	500	400	100

从上面的分析可知，货币的供给不能只看到中央银行起初投放了多少货币，而必须更为重视派生存款或者说派生货币，即由于货币创造乘数的作用而增加的货币供给量，而货币创造乘数的大小和法定准备率有关，法定准备率越大，乘数就越小，因为准备率越大，说明商业银行吸收的每一轮存款中可用于贷款的份额越小，由于贷款会转化为存款，因而，下一轮存款就越少。

但应看到，以上所说货币创造乘数为法定准备率的倒数是有条件的。

第一，商业银行没有超额储备，即商业银行得到的存款扣除法定准备金后会全部贷放出去。但是，如果银行找不到可靠的贷款对象，或厂商由于预期利润率太低而不愿借款，或银行认为给客户的贷款的市场利率太低而不愿贷款，诸如此类原因都会使银行的实际贷款低于其本身的贷款能力。这部分没有贷放出去的款额就形成了**超额准备金，即超过法定准备金要求的准备金**（可用 *ER* 表示）。**超额准备金对存款的比率可称超额准备率**（可用 r_e 来表示），法定准备金加超额准备金是银行的实际准备金。法定准备率加超额准备率是实际准备率。考虑到有超额准备金时，货币创造乘数就不再是 $k=\frac{1}{r_d}$，而应当是 $k=\frac{1}{r_d+r_e}$，即实际准备率的倒数。派生存款总额 $D=\frac{R}{r_d+r_e}$。例如，上面例子中的这笔 100 万美元的原始存款在法定准备率 $r_d=20\%$时本来可派生出 500 万美元的存款，但如果超额准备率 $r_e=5\%$，则只能派生出 400 万美元的存款，因为本来银行应有的 80 万美元的贷款能力，现在实际只贷出 75 万美元，还有 5 万美元的超额准备金未能形成派生存款，是一种漏出，于是货币创造乘数从 5 变成了 4。有了漏出，货币创造乘数就变为 $k=\frac{1}{r_d+r_e}$。可见，货币创造乘数不但和法定准备金有关，和超额准备金也有关。一般说来，市场贷款利率（用 r 表示）越高，银行越不愿多留超额准备金，因为准备金不能生利。因此，市场利率上升，超额准备率下降从而实际准备率会下降，货币乘数就会增大。货币乘数除了和法定准备率及市场利率有关外，还和商业银行向中央银行借款的利率或者说再贴现率有关。再贴现率或者说贴现率上升，表示商业银行向中央银行借款的成本上升，这会促使商业银行自己多留准备金，从而会提高实际准备率。可见，当贴现率上升时，货币创造乘数就会变小。

第二，银行客户将一切货币收入存入银行，支付完全以支票形式进行。假若客户未将得到的贷款全部存入银行，而是抽出一定比例的现金，则又会形成一种漏出。例如，在上面的例子中，假定银行客户（甲、乙、丙、丁等）在每一轮存款中都抽出5%的现金，则A银行能贷出的款项将不再是75万美元（仍假定超额准备率 $r_e=5\%$），而是70万美元（70=100−20−5−5），B银行贷出的款项将是49万美元（49=70−0.2×70−0.05×70−0.05×70），如此继续下去最后形成的派生存款将是 $\frac{100}{1-0.7}=333.3$ 万美元。现金和准备金一样不能形成派生存款。因此，若用 r_c 表示现金在存款中的比率，则有超额准备金和现金漏出时，货币创造乘数就为：$k=\frac{1}{r_d+r_e+r_c}$（注意：这里仅把活期存款当做货币供给）。

从这个式子中可以看到，货币创造乘数除了和法定准备率、超额准备率有关外，还和现金—存款比率有关。这一比率上升时，货币创造乘数会变小。

上面说过，客户甲把100万美元存入银行时，这笔原始存款成为以后一轮一轮派生存款的来源或者说基础。可见，如果非银行部门（个人或企业）缩减其持有的货币，并将它存入银行，商业银行的超额准备金就会增加。这就为存款扩张或者说货币创造提供了基础。**存款扩张的基础是商业银行的准备金总额（包括法定的和超额的）加上非银行部门持有的通货，可称为基础货币或货币基础。由于它会派生出货币，因此是一种高能量的或者说活动力强大的货币，故又称高能货币或强力货币**。如果用 C_u 表示非银行部门持有的通货，用 R_d 表示法定准备金，用 R_e 表示超额准备金，用 H 表示基础货币，则有 $H=C_u+R_d+R_e$。这是商业银行借以扩张货币供给的基础。考虑到货币供给（严格意义的货币供给M1）$M=C_u+D$，即为通货和活期存款的总和，则：

$$\frac{M}{H}=\frac{C_u+D}{C_u+R_d+R_e}$$

再将上式中右端的分子、分母都除以 D，则得：

$$\frac{M}{H}=\frac{\frac{C_u}{D}+1}{\frac{C_u}{D}+\frac{R_d}{D}+\frac{R_e}{D}}=\frac{r_c+1}{r_c+r_d+r_e} \tag{14.1}$$

这里，$\frac{M}{H}$ 就是货币创造乘数，它等于 $\frac{r_c+1}{r_c+r_d+r_e}$。它之所以和上面例子中说过的 $k=\frac{1}{r_c+r_d+r_e}$ 不同，是因为上面例子中仅把活期存款总和当成货币供给量，而这里已把活期存款和通货合在一起当成货币供给量。在这里，由于 $\frac{M}{H}=\frac{r_c+1}{r_c+r_d+r_e}$，即 $M=\frac{r_c+1}{r_c+r_d+r_e}\cdot H$，而货币创造乘数 $\frac{r_c+1}{r_c+r_d+r_e}$ 又如上所述，和法定准备率、中央银行贴现率、市场借款利率及现金—存款比率有关，因此总体说来，货币供给可看做是基础货币供给、法定准备率、贴现率、市场利率和现金—存款比率的函数。所有这些影响货币供给的因素，都可以归结到准备金变动对货币供给变动的作用上来，因为准备金是银行创造货币的基础。中央银行正是通过控制准备金的供给来调节整个货币供给的。

这里必须强调指出：上述银行存款的多倍扩大的连锁反应也会发生相反的作用。例如，当客户甲从A银行中取走他的100万美元的存款时，A银行必须支付100万美元的现款，其中的20万美元可由原有的准备金抵消，但为了弥补另外的80万美元，A银行必须收回贷款80万美元。这样，乙为了偿付这80万美元，又必须从B银行取出存款80万美元，依此类推。读者可以自行计算出整个银行体系缩小的存款总额为500万美元。换言之，相反的连锁反应会使整个银行体系按乘数来缩小存款总额。此外还必须强调指出，这种多倍扩大或缩小，只有通过一国的整个银行体系才能做到。例如，在表14—1中合计为500万美元的银行存款是存款人甲、乙、丙等存入不同银行的存款总和。这些不同银行意味着一国的整个银行体系。

三、货币政策及其工具

中央银行通过控制货币供应量以及通过货币供应量来调节利率进而影响投资和整个经济以达到一定经济目标的行为就是货币政策。当然，这主要是凯恩斯主义者的观点，大致也是西方目前的主流观点。他们认为，货币政策和财政政策一样，也可以调节国民收入以达到稳定物价、充分就业的目标，实现经济稳定增长。二者的不同之处在于，财政政策直接影响总需求的规模，这种直接作用是没有任何中间变量的，而货币政策则还多半要通过利率的变动来对总需求发生影响，因而是间接地发挥作用。

货币政策一般也分为扩张性的和紧缩性的。前者是通过增加货币供给来带动总需求的增长。在货币供给增加时，利率会降低，取得信贷更为容易，因此经济萧条时多采用扩张性货币政策；反之，紧缩性货币政策是通过削减货币供给来降低总需求水平，在这种情况下，取得信贷比较困难，利率也随之提高，因此，在通货膨胀严重时，多采用紧缩性货币政策。

西方国家运用的货币政策工具大体上有以下几种：

1. 再贴现率政策

这是美国中央银行最早运用的货币政策工具。**再贴现率是中央银行对商业银行及其他金融机构的贷款或者说放款利率**。本来，这种贴现是指商业银行把商业票据出售给当地的联邦储备银行，联邦储备银行按贴现率扣除一定利息后再把所贷款项加到商业银行的准备金账户上作为增加的准备金，所以把中央银行给商业银行的借款称“贴现”。如果一家存款机构（主要指商业银行）的准备金临时不足，比方说当某一银行的客户出乎意料地要把一大笔存款转到其他银行时，就会使该银行临时出现准备金不足的困难，则这时该银行就可用它持有的政府债券或合格的客户票据向当地的联邦储备银行的贴现窗口（办理这类贴现业务的地点）办理再贴现或申请借款。当这种贴现或借款增加时，就意味着商业银行准备金增加，进而引起货币供给量多倍增加。当这种贴现减少时，会引起货币供给量多倍减少。贴现率政策是指中央银行通过变动给商业银行及其他存款机构的贷款利率来调节货币供应量。贴现率提高，商业银行向中央银行的借款就会减少，准备金减少从而货币供给量就会减少；贴现率降低，商业银行向中央银行的借款就会增加，准备金增加从而货币供给量就会增加。

2. 公开市场业务

公开市场业务是指中央银行在金融市场上公开买卖政府债券以控制货币供给和利率的政策行为。政府债券是政府为筹措弥补财政赤字的资金而发行的支付利息的国库券或债券。这些被初次卖出的债券在普通居民、厂商、银行、养老基金等单位中反复不断被买卖。美联储可参加这种交易，在这种交易中扩大和收缩货币供给。当美联储在公开市场上购买政府债券时，商业银行和其他存款机构的准备金将会增加；当美联储售出政府债券时，情况则相反。准备金的变动会引起货币供给按乘数发生变动。准备金变动了，银行客户取得信贷变得容易或困难了，本身就会影响经济，同时，美联储买卖政府债券的行为，也会引起债券市场上需求和供给的变动，因而影响到债券价格以及市场利率。当中央银行要购买债券时，对债券的市场需求就增加，债券价格会上升，而债券价格的上升，就意味着利率的下降；反之亦然。公开市场业务之所以能成为中央银行控制货币供给最主要的手段，是因为运用这种政策手段有着比用其他手段更多的灵活性。例如在公开市场业务中，中央银行可及时地按照一定的目标来买卖政府债券，从而易于准确地控制银行体系的准备金。

3. 变动法定准备率

中央银行有权决定商业银行和其他存款机构的法定准备率。如果中央银行认为需要增加货币供给，就可以降低法定准备率，使所有的存款机构对每一笔客户存款只需留出更少的准备金，或反过来说，让每一美元的准备金可支撑更多的存款。假定原来法定准备率为20％，则100美元存款必须留出20美元准备金，可贷金额为80美元，这样，增加1万美元的准备金就可以派生出5万美元的存款。若中央银行把法定准备率降低到10％，则100美元存款只需10美元准备金就行了，可贷金额为90美元，这样，增加1万美元的准备金就可以派生出10万美元的存款，货币供给就因此增加了一倍。可见，降低法定准备率，实际上等于增加了银行准备金，而提高法定准备率，就等于减少了银行准备金。然而，变动法定准备率的作用十分猛烈，一旦准备率变动，所有银行的信用就都必须扩张或收缩。因此，这一政策手段很少使用。

上述三大货币政策工具常常需要配合使用。例如，在中央银行在公开市场业务中出售政府债券使市场利率上升（即债券价格下降）后，再贴现率必须相应提高，以防止商业银行增加贴现。于是，商业银行对它的顾客的贷款利率也将提高，以免产生亏损。相反，当中央银行认为需要扩大信用时，在公开市场业务中买进债券的同时，也可同时降低再贴现率。

货币政策除了以上三种主要工具外，还有一些其他工具，道义劝告就是其中之一。所谓**道义劝告，是指中央银行运用自己在金融体系中的特殊地位和威望，通过对银行及其他金融机构的劝告，影响其贷款和投资方向，以达到控制信用的目的**。但由于道义劝告没有可靠的法律地位，因而并不是强有力的货币调控措施。

四、货币政策操作方式和泰勒规则

泰勒规则是美国斯坦福大学经济学教授约翰·泰勒于1993年根据美国的实际经济数据而提出的针对通货膨胀率和产出增长率来调节利率的货币政策规则。具体来说，泰勒通过对美国、英国及加拿大等国货币政策的实践研究发现，在各种影响物价水平和经济增长率的因素中，真实利率是唯一能与物价和经济增长率保持长期稳定关系的变量，因此要使货币政策能真正调节物价（从而通货膨胀）和经济增长（从而就业和失业），货币当局就应把调节真实利率作为主要操作方式。泰勒规则就是这样一种描述短期利率如何针对通货膨胀率和产出率变化调整的准则。

泰勒提出，央行的货币政策应遵循以下规则：

$$i=i^*+a(p-p^*)-b(u-u^*)$$

式中，p 和 p^* 是实际通胀率和目标通胀率，u 和 u^* 是实际失业率和自然失业率，i 和 i^* 是名义利率（以联邦基金利率即银行之间短期资金拆借利率衡量）和名义目标利率，a 和 b 是正的系数，表示央行对通胀和失业的关心程度。

假定经济中存在一个“真实”的均衡联邦基金利率，在该利率水平上，就业率和物价均保持在由其自然法则决定的合理水平上。如果上述真实利率、经济增长率（从而就业率）和通胀率的关系遭到破坏，货币当局就应采取措施予以纠正：若通胀率高于目标值（$p>p^*$），央行就应将名义利率 i 设定为高于 i^*，以抑制通货膨胀；若失业率高于自然失业率（$u>u^*$），央行就应降低名义利率，以降低失业率。

泰勒认为，没有必要刻板执行这个规则。当经济发生严重外来冲击时，货币政策不必拘泥于这个公式。但这个规则确实提供了一个货币政策思路：选择一个通胀目标，不仅考虑当前通胀，也考虑失业情况。研究发现，美、德中央银行在制定货币政策时并不考虑泰勒规则，但这个规则却很好地描述了它们过去 15～20 年的行为。难怪有人认为，1993 年和 1994 年美联储主席格林斯潘两次关于调整货币政策的证词都反映了“泰勒规则”的影响。

五、货币政策效果的 *IS*—*LM* 图形分析

货币政策的效果指变动货币供给量的政策对总需求的影响。货币政策效果同样可用 *IS*—*LM* 模型加以分析。

在 *LM* 曲线不变时，若投资对利率变动的敏感程度较差，则货币供给增加使利率下降时，投资和收入不会增加较多即货币政策效果较小；反之，投资对利率变动反应较敏感时，货币政策效果就较大。

当 *IS* 曲线的斜率不变时，若货币需求受利率的影响较大，即利率稍有变动就会使货币需求变动很多，因而货币供给量变动对利率变动的作用较小，从而增加货币供给量的货币政策就不会对投资和国民收入有较大影响；反之，若货币需求受利率的影响较小，即货币供给量稍有增加就会使利率下降较多，因而使投资和国民收入有较多增加，即货币政策的效果较大。

六、货币政策的局限性

货币政策在实践中也存在一些局限性。

第一，在通货膨胀时期实行紧缩性货币政策可能效果比较显著，但在经济衰退时期实行扩张性货币政策效果就不明显。那时候，厂商对经济前景普遍悲观，即使中央银行松动

银根，降低利率，投资者也不肯增加贷款而从事投资活动，银行为安全起见，也不肯轻易贷款。特别是由于存在着流动偏好陷阱，不论银根如何松动，利率都不会降低。这样，货币政策作为反衰退的政策，其效果就相当微弱。

进一步说，即使从反通货膨胀的角度看，货币政策的作用也主要表现于反对需求拉动的通货膨胀，而对成本推动的通货膨胀，货币政策的效果就很小。因为物价的上升若是由工资上涨幅度超过劳动生产率上升幅度引起或由垄断厂商为获取高额利润引起的，则中央银行想通过控制货币供给来抑制通货膨胀就比较困难了。

第二，从货币市场均衡的情况看，增加或减少货币供给要影响利率，必须以货币流通速度不变为前提。如果这一前提并不存在，货币供给变动对经济的影响就要打折扣。在经济繁荣时期，中央银行为抑制通货膨胀需要紧缩货币供给，或者说放慢货币供给的增长率，然而，那时公众一般会增加支出，而且物价上升快时，公众不愿把货币持有在手中，而希望尽快花出去，从而货币流通速度会加快，这时候，即使中央银行把货币供给减少，也无法把通货膨胀率降下来。反过来说，在经济衰退时期，货币流通速度下降，这时中央银行增加货币供给对经济的影响也就可能被货币流通速度下降所抵消。

第三，货币政策的外部时滞也会影响政策效果。中央银行变动货币供给量，市场利率变动以后，投资规模并不会很快发生相应变动。利率下降以后，厂商扩大生产规模需要一个过程，利率上升以后，厂商缩小生产规模更不是一件容易的事，已经在建的工程难以停建，已经雇用的职工要解雇也不是轻而易举的事。总之，货币政策即使在开始采用时不要花很长时间，但执行后到产生效果却要有一个相当长的过程，在此过程中，经济情况有可能发生与人们原先预料的相反的变化。比方说，经济衰退时中央银行扩大货币供给，但未到这一政策效果完全发挥出来经济就已转入繁荣，物价已开始较快地上升，则原来的扩张性货币政策就不是反衰退，而是对加剧通货膨胀起了火上浇油的作用。

第四，在开放经济中，货币政策的效果还要因为资金在国际上流动而受到影响。例如，一国实行紧缩性货币政策时，利率上升，国外资金会流入。若汇率可自由浮动，则本币会升值，出口会受抑制，进口会受刺激，从而使本国总需求比在封闭经济情况下有更大的下降；若实行固定汇率，则中央银行为使本币不升值，势必抛出本币，按固定汇率收购外币，于是货币市场上本国货币供给增加，使原先实行的紧缩性货币政策效果大打折扣。

第四节　两种政策的混合使用

根据以上几节的分析可知，如果某一时期经济处于萧条状态，则政府既可采用扩张性财政政策，也可采用扩张性货币政策，还可以将两种政策结合起来使用。

财政政策和货币政策可有多种结合，这种结合的政策效应，有的是事先可预计的，有的则必须根据财政政策和货币政策何者更强有力而定，因而是不确定的。表 14—2 就给出了各种政策结合使用的效应。

表 14—2　　财政政策和货币政策混合使用的政策效应

	政策混合	产出	利率
1	扩张性财政政策和紧缩性货币政策	不确定	上　升
2	紧缩性财政政策和紧缩性货币政策	减　少	不确定
3	紧缩性财政政策和扩张性货币政策	不确定	下　降
4	扩张性财政政策和扩张性货币政策	增　加	不确定

政府和中央银行可以根据具体情况和不同目标选择不同的政策组合。例如，当经济萧条但又不太严重时，可采用第一种组合，用扩张性财政政策刺激总需求，又用紧缩性货币政策控制通货膨胀；当经济发生严重通货膨胀时，可采用第二种组合，紧缩货币来提高利率，降低总需求水平，又紧缩财政，以防止利率过分提高；当经济中出现通货膨胀又不太严重时，可用第三种组合，用紧缩性财政政策压缩总需求，又用扩张性货币政策降低利率，以免财政过度紧缩而引起衰退；当经济严重萧条时，可用第四种组合，用扩张性财政政策增加总需求，用扩张性货币政策降低利率以克服“挤出效应”。

在考虑如何混合使用两种政策时，不仅要看当时的经济形势，还要考虑政治上的需要。这是因为，虽然扩张性财政政策和货币政策都可增加总需求，但不同政策的后果可以对不同的人群产生不同的影响，也会使 GDP 的组成比例发生变化。例如，实行扩张性货币政策会使利率下降，投资增加，因而对投资部门尤其是住宅建设部门十分有利。可是，实行减税的扩张性财政政策则有利于增加个人可支配收入，从而可增加消费支出。而同样是采用扩张性财政政策，如果是增加政府支出，例如兴办教育、防止污染、培训工人等，则人们受益的情况又不相同。正因为不同政策措施会对 GDP 的组成比例（投资、消费和政府购买在 GDP 中的构成比例）产生不同的影响，进而影响不同人群的利益，因此，政府在作出混合使用各种政策的决策时，必须考虑各行各业、各个阶层的人群的利益如何协调的问题。

第五节　关于总需求管理政策的争论

在要不要采用政策来稳定经济的问题上，一些经济学家认为，经济波动的根源是外生因素的干扰，社会经济本身会适应这些干扰，市场会对经济环境的变化提供良好的解决办法。比方说，外生的冲击（如技术变革、战争、自然灾害等）造成了失业，只要想工作的人肯降低工资和非货币报酬要求，就总会找到工作，因而失业不会成为问题。政府不用为此干预，干预也无能为力。他们相信市场会对经济变动作出迅速的反应，政府干预政策不但在很大程度上无效，反而还可能带来一些坏处。理由主要有：

一是政府预测能力有限，因此，建立在预测基础上的政策是否能正确调控经济就成问题。

二是政策的时滞。这是指政策从认识到决策，再到实施和产生效果，要有一个时间过程。在此过程中，经济可能发生了与预期目标不同的变化，这就会影响经济政策效果。

三是公众对政策的反应。例如，政府制定增加货币供给的政策时，并没有考虑到理性预期的当事人能够利用有关货币政策规则的知识很快形成未来价格和其他经济变量的正确预期并采取相应的对策。如果公众（经济当事人）作出这种理性预期的对策，那么增加货币供应的政策就会变得无效。

基于以上种种理由，这些经济学家不主张对经济波动作人为干预，相信市场本身会对经济的变动作出自动调整。

然而，凯恩斯主义者则坚持稳定经济的政策是必要的、有效的。他们认为，经济在遭受来自需求方或供给方的冲击后会衰退，工资和价格并不能迅速调整到市场出清状态。如果衰退引起了大规模失业，由于种种原因（例如工资合同未到期）企业并不能立刻降低工资，因而工人并不会很快重新就业。工资和价格即使会调整，这种调整也只能缓慢进行。要让经济调整到实际产量等于正常产量状态需要一个很长的过程。在这个过程中，会出现经济萧条和失业局面，给社会带来长期痛苦。政府采取稳定的政策，即刺激需求的财政政策或货币政策，就会较快恢复经济。

在讲到政府干预政策是否有效时，还有一个政府用发行公债来刺激经济有没有效果问题的争论。凯恩斯主义者认为，国家实行赤字财政政策时，用发公债比增加税收来弥补赤字要好，增加税收会影响消费需求，从而会降低赤字财政政策的效果。

但新古典主义经济学家 R. 巴罗根据当年（1817 年）大卫·李嘉图的一个猜测，认为政府用公债筹资和用增加税收筹资可能对经济的影响是一样的，因为人们会认识到政府还债还是要用增加税收来解决，因此他们会把相当于未来增加税收的一部分财富储蓄起来。尽管李嘉图自己并不认为上述猜测在现实中行得通，但巴罗认为，按理性行事的人们确实是如此行事的，即使政府还债的更高赋税可能部分会落到后代人身上，但人们都是关心后代的，因此还是会增加储蓄给后代以应付还债。这就是所谓的巴罗-李嘉图等价定理。根据这一定理，政府借债只是公民纳税被推迟而已，故不会刺激消费。因此政府用发行公债搞赤字财政的政策是无效的。

巴罗-李嘉图等价定理受到凯恩斯主义者的批评，认为人们通常并没有动机为超出自己生命限度的未来征税而积蓄财富，他们关心的是自己当前的利益，并不关心自己生命以外的事情，并不会认为今天的政府借债就是明天的更重的赋税从而为未来还债增加储蓄，而会把钱用于消费和投资。因此，政府用发行公债搞赤字财政来增加总需求的政策还是有效的。

第六节　供给管理的政策

宏观经济政策除了前面论述的需求管理之外，还包括供给管理的政策。下面介绍凯恩斯主义者用以对付滞胀的收入政策和人力政策以及供给学派的供给管理政策。

一、收入政策和人力政策

收入政策和人力政策是从供给方面分别用来对付通货膨胀和失业的政策措施。面对 20

世纪 70 年代各主要西方国家出现的滞胀局面，调节总需求的宏观经济政策，无论是财政政策还是货币政策都显得无能为力。这些政策只能用来对付单独发生的失业和通胀。为了对付同时出现的失业和通胀，主流的凯恩斯主义经济学家即新古典综合派的主要代表人物如萨缪尔森、托宾等人主张，应当在推行宏观的财政、货币政策的同时配合实行收入政策和人力政策。

收入政策是指用来限制垄断企业和工会对物价和工资操纵的经济政策，即实行以管制工资—物价为主要内容的政策。一般说来，它包括如下不同措施：(1) 工资—物价“指导”线，即由政府当局根据长期劳动生产率增长趋势来确定工资和物价的增长标准，要求企业和工会通过双方协商，自愿把工资和物价的增长率限制在全社会劳动生产率平均增长幅度以内。(2) 对某种具体的较快上涨的工资或者物价形势，由政府进行“权威性”劝说或者施加压力来扭转局势。(3) 实行工资—物价的硬性管制，即由政府颁布法令对工资和物价实施管制，甚至暂时加以冻结。(4) 以税收为基础的收入政策，即政府以税收作为惩罚或者奖励的手段来限制工资增长。如果工资增长率保持在政府规定的界限以下，则以减少个人和公司所得税作为奖励；如果工资增长率超过政府规定的界限，则以增加所得税作为惩罚。

人力政策是用以改进劳动市场状况，消除劳动市场不完全性，以便克服失业和通货膨胀进退两难的困境的。这种政策通常包括以下措施：发展多吸收劳动力的服务部门；由政府直接雇用私人企业不愿招雇的工人和非熟练工人，让他们从事社会有益事业，并使这些处境不利的工人通过有用经验的传授和劳动习惯的养成而能够干那些正规的永久性的工作；加强劳动力的重新训练；指导和协助失业人员寻找工作，以增加就业机会；增大劳工在地区或者职业方面的流动性等。

二、供给学派的政策主张

如果说新古典综合派的收入政策和人力政策还只是财政政策与货币政策的配角，那么 20 世纪 70 年代后期在美国兴起并作为里根总统经济政策重要参考的供给学派的政策思想，则是直接作为凯恩斯主义学派的总需求管理政策的对立面出现的供给管理政策主张。他们的供给管理政策主张的核心是强调激励的作用，认为激励意味着对工作、储蓄、投资和企业家才能足够的报酬，而凯恩斯主义的需求管理政策使政府支出日益增加，为了弥补财政赤字，只能靠增加税收和发行货币，结果严重挫伤工作、储蓄和投资积极性，造成供给不足从而使失业和通胀同时出现。

为了增强激励，供给学派提出了一套供给管理的政策思想，其核心是减税，特别是要降低高边际税率（增加的税收在增加的收入中的比例），因为高边际税率是妨碍工作、储蓄、投资和创新积极性及提高劳动生产率的罪魁祸首。降低了税收，就会提高资产报酬率，鼓励储蓄和投资，提高劳动生产率，降低产品成本，缓和通货膨胀，并导致消费、产出和就业增加。

除了减税政策这一主要思想以外，供给学派还提出以下一些主张：(1) 减少政府开支，削减福利支出。这不但可平衡财政收支，还可提高私人投资能力，增加供给。供给学派认为，创造就业主要得靠私人投资，不能靠公共部门扩张和增加财政支出，财政扩张只会挤出私人部门增长带来的就业。（2）货币供给的稳定、适度和可测，使货币供应量增长和长期经济增长相适应。（3）减少国家对经济的干预和控制，充分发挥企业家的积极性，更多依靠市场力量调节经济。①

复习与思考

1. 什么是财政政策和货币政策？它们在影响总需求的方式上有何区别？

2. 什么是自动稳定器？是否税率越高，税收作为自动稳定器的作用越大？

3. 什么是斟酌使用的财政政策和货币政策？

4. 平衡预算的财政思想和功能财政思想有何区别？

5. 政府发行的公债卖给中央银行和商业银行或其他私人机构对货币供给量变动会产生什么样不同的影响？

6. 什么是货币创造乘数？其大小主要和哪些变量有关？

7. 西方国家的货币政策通常运用哪些政策工具？其中最常用的工具是什么？

8. *IS* 曲线和 *LM* 曲线的斜率对财政政策效果有何影响？

9. *IS* 曲线和 *LM* 曲线的斜率对货币政策效果有何影响？

10. 什么是泰勒规则？

11. 为什么政府在考虑对财政政策和货币政策的混合使用时不仅要看当时的经济形势，还要考虑政治上的需要？

12. 在要不要政府干预经济的问题上，西方经济学家有哪两种不同意见？

13. 凯恩斯主流经济学家的收入政策和人力政策主张，同供给学派的供给政策主张的出发点和侧重点有何区别？

14. 假定现金—存款比率 $r_c=\frac{C_u}{D}=0.38$，准备率（包括法定的和超额的）$r=0.18$，试问货币创造乘数为多少？若增加基础货币 100 亿美元，则货币供给变动多少？

① 参见尹伯成主编：《西方经济学说史》，2 版，289 页，上海，复旦大学出版社，2012。

第十五章

总需求—总供给模型

在西方经济学中，价格和产量是由供求曲线决定的，这一原理在微观经济学和宏观经济学中都适用，而二者不同的地方在于：在微观经济学中，供求所决定的是个别商品的价格和产量，而在宏观经济学中，供求所决定的则是整个社会的价格水平和产量，该产量也就是国民收入。

前面有关宏观经济问题的讨论，都是在一般价格水平固定不变的假定下进行的，这些讨论都没有说明产量（收入）和价格水平之间的关系。本章将要论述的总需求—总供给模型则取消了价格水平固定不变的假定，着重说明产量和价格水平的关系。总需求函数（曲线）和总供给函数（曲线）是宏观经济学重要的分析工具，也是理解宏观经济学中的一些重大问题的基础。

本章的目的在于引出总需求和总供给曲线，并且说明这两条曲线的作用如何造成价格水平和国民收入的波动。

必须指出，对总需求曲线，西方学者的认识大致相同，但是，对总供给曲线，他们之间却存在着重大的分歧，从而，该曲线成为目前最有争议的一个议题。由于这一原因和本书的定位，本章仅对总供给曲线作出初步和概略的介绍。

第一节　总需求曲线

总需求是经济社会对商品和劳务的需求总量，这一需求总量通常以支出水平来表示。总需求由消费需求、投资需求、政府需求和国外需求构成。在不考虑国外需求的情况下，经济社会的总需求是指在价格、收入和其他经济变量既定的条件下，家庭部门、企业部门和政府将要支出的数量。因此，总需求衡量的是经济中各种行为主体的总支出：家庭购买的电冰箱、企业购买的卡车、政府购买的办公设备，等等。西方学者认为，推动总需求的力量除了价格水平、人们的收入、对未来的预期等因素外，还包括诸如税收、政府购买或货币供给等政策变量。

总需求函数被定义为以产量（国民收入）所表示的需求总量和价格水平之间的关系。它表示在某个特定的价格水平下，经济社会需要多高水平的产量。在价格水平为纵坐标、总产量水平为横坐标的坐标系中，总需求函数的几何表示被称为总需求曲线。总需求曲线描述了与每一价格水平相对应的私人和政府的支出，因此，总需求曲线可以从 *IS—LM* 模型中推导出来。

先来看一下价格水平的变化如何导致总支出水平的变化。这里以价格水平上升为例加以说明。

首先，如果价格水平上升，则将导致利率上升，进而导致投资和总支出水平下降。因为，当价格水平上升时，人们需要更多的货币从事交易。假定当价格水平为 1.0 时，社会需要1 000亿元从事交易，那么当价格水平上升到 1.2 时，为了维持同样规模的交易量，社会就需要1 200亿元的货币从事交易。从通常的意义上看，价格水平越高，商品和劳务越贵，所需交易的现金就越多，支付的金额就越大。可见货币的名义需求是价格水平的增函数。[①] 如果货币供给没有变化，则价格上升使货币需求增加时，利率就会上升。利率上升，会使投资水平下降，从而使总支出水平和收入水平下降。在宏观经济学中，将价格水平变动引起利率同方向变动，进而使投资和产出水平反方向变动的情况，称为**利率效应**。

其次，价格水平上升，会使人们所持有的货币及其他以货币衡量的具有固定价值的资产的实际价值降低，人们会变得相对贫穷，于是人们的消费水平就相应地减少，这种效应称为**实际余额效应**。

最后，价格水平上升，会使人们的名义收入增加，名义收入增加会使人们进入更高的纳税档次，从而使人们的税负增加，可支配收入下降，进而使人们的消费水平下降。

现在就来具体说明，如何根据 *IS—LM* 模型推导出总需求曲线。

上面的价格水平上升的例子表明，总需求函数同时涉及产品市场与货币市场。换句话说，总需求函数也可以从产品市场与货币市场的同时均衡中得到。如果暂时略去国际部门，在三部门经济中，*IS* 曲线的方程为：

$$y=c(y-t)+i(r)+g \tag{15.1}$$

LM 曲线的方程为：

$$\frac{M}{P}=L_1(y)+L_2(r) \tag{15.2}$$

在上面两个方程中，如果把 y 和 r 当做未知数，而把其他变量特别是 P 当做参数来对这两个方程联立求解，则所求得的 y 的解式一般包含 P 这一变量。该解式表示了不同

---

① 本书第十三章所说的货币需求主要指的是实际货币需求。根据名义量与实际量的关系，不难理解，名义货币需求是价格水平的增函数。

价格（P）与不同的总需求量（y）之间的函数关系，即总需求函数。现在用一具体例子加以说明。假设在（15.1）式和（15.2）式中，有

$$\begin{cases}0.5y+240r=3\,500\\0.5y-260r=\dfrac{1\,000}{P}\end{cases}$$

求出 y 的解式，得到：

$$y=\frac{3\,640P+960}{P}=3\,640+\frac{960}{P} \tag{15.3}$$

（15.3）式即为总需求函数。

在这种情况下，总需求曲线反映的是产品市场和货币市场同时处于均衡时，价格水平和总产量水平的关系。因此，总需求曲线可以从 IS—LM 图形中求取。

总需求曲线表明了价格水平与总需求量的关系。但是，许多其他因素也影响价格水平既定时的物品与劳务的需求总量。当这些因素的一种发生变动时，在每一种价格下的物品与劳务的需求量变动了，就会引起总需求曲线的移动。

在价格水平既定时，任何使消费者支出增加的事件（如减税、股市高涨）都会使总需求曲线向右移动。在价格水平既定时，任何使消费者支出减少的事件（如增税、股市低迷）都会使总需求曲线向左移动。

在价格水平既定时，任何使企业投资增加的事件（如对未来的乐观，或由于货币当局增加货币供给引起的利率下降）都会使总需求曲线向右移动。在价格水平既定时，任何使企业投资减少的事件（如对未来的悲观，或由于货币当局减少货币供给引起的利率上升）都会使总需求曲线向左移动。

政府购买增加（如增加国防或高速公路建设支出）使总需求曲线向右移动。政府购买减少（如削减国防或高速公路建设支出）使总需求曲线向左移动。

在价格水平既定时，任何增加净出口支出的事件（如国外经济繁荣、引起汇率下降的投机）都会使总需求曲线向右移动。在价格水平既定时，任何减少净出口支出的事件（如国外经济衰退、引起汇率上升的投机）都会使总需求曲线向左移动。

上面的说明其实已经涉及财政政策和货币政策变化对总需求曲线的影响。为明确起见，将其概括为，无论扩张性的财政政策还是扩张性的货币政策都会使总需求曲线向右移动，无论紧缩性的财政政策还是紧缩性的货币政策都会使总需求曲线向左移动。下面，仅对扩张性财政政策的效果加以说明。

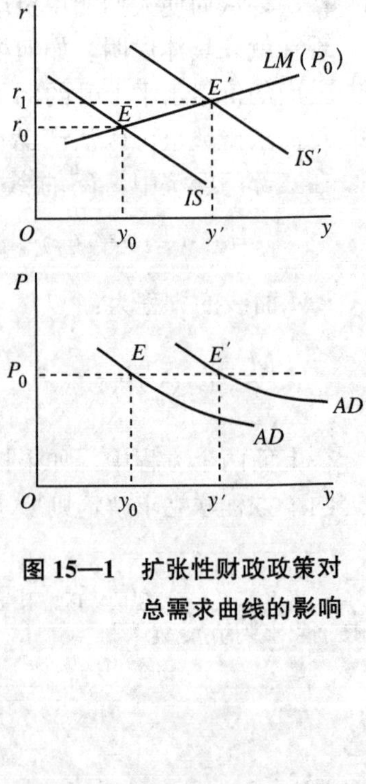

图 15—1　扩张性财政政策对总需求曲线的影响

在图 15—1 的上图中，IS 曲线和 LM 曲线对应于一定的货币数量和价格水平 P_0。均衡点为 E，在下图的

AD 曲线中有与之对应的 E 点。现在增加政府支出，其结果是 IS 曲线向右移动到 IS'。在原来的价格水平下，新的均衡点为 E'，此时，利率提高，收入增加。在下图中，也画出对应的 E'点，E'点是新的总需求曲线 AD'上的一点，AD'曲线反映了增加政府支出对经济的影响。可见，在一个既定的价格水平下，政府支出的增加也就意味着总需求的增加。读者自己可以按以上的分析思路得出，紧缩性的财政政策会造成相反的后果。

总需求曲线不仅在允许价格变动的条件下概括了前面所述的 IS—LM 模型，而且还较为直观地说明了本书前面所述的财政政策和货币政策都是旨在影响总需求的所谓需求管理政策。

总需求曲线只是给出了价格水平和以收入水平来表达的总需求水平之间的关系，并不能决定使整个社会供求相等的价格水平和总产量。为了说明整个经济的价格水平和总产出水平是如何决定的，宏观经济学需要引出另一个分析工具，即总供给曲线。这是本章其他各节的主要内容。

第二节　古典总供给曲线

总供给是经济社会所提供的总产量（或国民收入），即经济社会投入的基本资源所生产的产量。对一国而言，总供给可以用本书第十一章所提出的 GDP 来表示。

总供给函数是指总产量与一般价格水平之间的关系。在以价格水平为纵坐标、总产量为横坐标的坐标系中，总供给函数的几何表达即为**总供给曲线。**

按照货币工资（W）和价格水平（P）进行调整所要求的时间长短的不同，宏观经济学将总产出与价格水平之间的关系分为三种，即古典总供给曲线、凯恩斯总供给曲线和常规总供给曲线，本节和下两节将对三者依次加以说明。

按照西方古典学派的说法，在长期中，价格和货币工资具有伸缩性，这意味着，在长期中，经济的就业水平或产量并不随着价格水平的变动而变动，而始终处在充分就业的状态上。因此，古典学派认为，**总供给曲线是一条位于经济的潜在产量或充分就业产量水平上的垂直线。**如图 15—2 所示，该图所显示的垂直线即为古典总供给曲线。

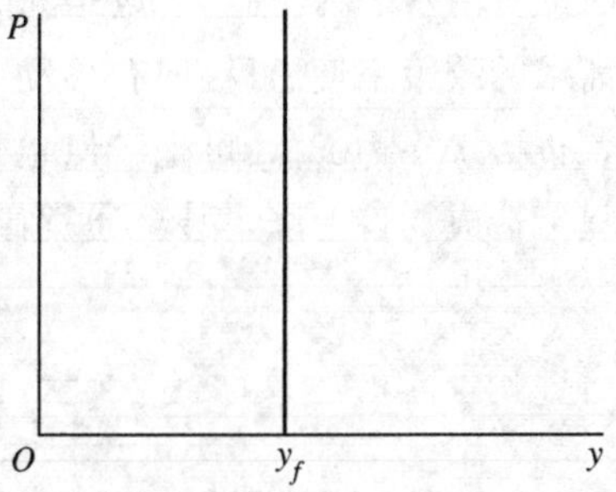

图 15—2　古典总供给曲线

从本章以上的论述中可以看到，古典总供给曲线之所以具有垂直线形状，其理由可以有两个：第一，古典学派假设货币工资（W）和价格水平（P）可以迅速或立即自行调节，使得实际工资$\left(\frac{W}{P}\right)$总是处于充分就业所应有的水平，从而使产量或国民收入也总是处于充分就业的水平，不受价格的影响。根据这一理由，古典总供给曲线并不意味着时期长短。换言之，只要存在着 W 和 P 迅速或立即调整的假设，古典总供给曲线就也是一个短期总供给曲线。第二，古典学派一般研究经济事物的长期状态，而在长期中，即使不采用 W 和 P 能够迅速或立即调整的假设，货币工资和价格水平被认为具有充分的时间来进行调整，使得实际工资$\left(\frac{W}{P}\right)$处于充分就业应有的水平，从而，总供给曲线也是一条垂直线。以此而论，古典总供给曲线又代表长期总供给曲线。

究竟垂直的总供给曲线代表的是短期还是长期的状态？在目前的西方经济学文献中，由于上述两个理由均被使用，所以它究竟代表短期还是长期取决于上述两个理由的使用。在使用第一个理由时，它被认为是短期总供给曲线的一种极端情况，即 W 和 P 能够立即自行调节的情况。在使用第二个理由时，它被认为是长期总供给曲线。为了避免混淆，本书采用了大多数西方文献的办法，把垂直的总供给曲线称为古典总供给曲线，而除了在例外的情况下，一般把它当作短期总供给曲线的极端状态。

古典总供给曲线的政策含义可以用图 15—3 表示出来。

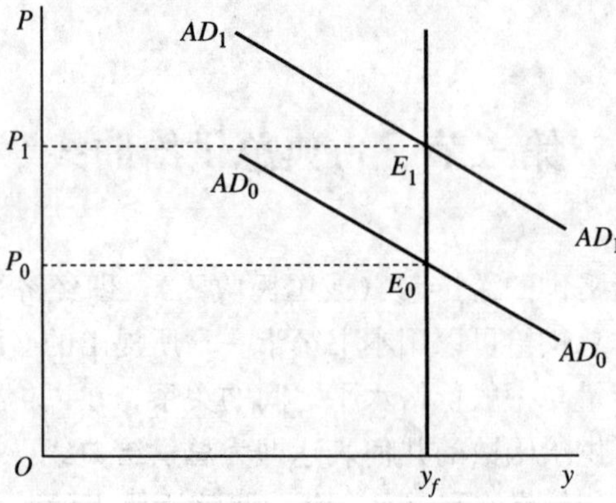

图 15—3　古典总供给曲线的政策含义

在该图中，代表总需求曲线的 AD_0 与代表古典总供给曲线的 y_f 垂直线相交于 E_0 点；此时的价格水平为 P_0，总量是充分就业时的产量 y_f。在 E_0 的状态下，国家即使通过增加需求的政策来使 AD_0 向右移动到 AD_1 的位置，其与 y_f 垂直线的新交点为 E_1，在 E_1 点，价格水平为 P_1，可是产量也仍然是 y_f。换言之，增加需求的政策并不能改变产量，而只能造成物价上涨，甚至通货膨胀。

第三节　凯恩斯总供给曲线

凯恩斯的最重要著作《通论》出版于 1936 年；那时，整个西方世界都处于严重的大萧条时期，经济社会存在着大量的失业人口和生产能力，《通论》基本上是针对这种状态而撰写的。此外，该书也提出了货币工资具有“刚性”的假设，即假设由于种种原因，货币工资不会轻易变动。

处于上述状态，在“刚性”货币工资的假设条件下，当时的事实也表明，当产量（从而国民收入）增加时，价格和货币工资均不会发生变化。因此，凯恩斯的总供给曲线被认为是一条水平线，如图 15—4 中的 P_0E_0 所示。

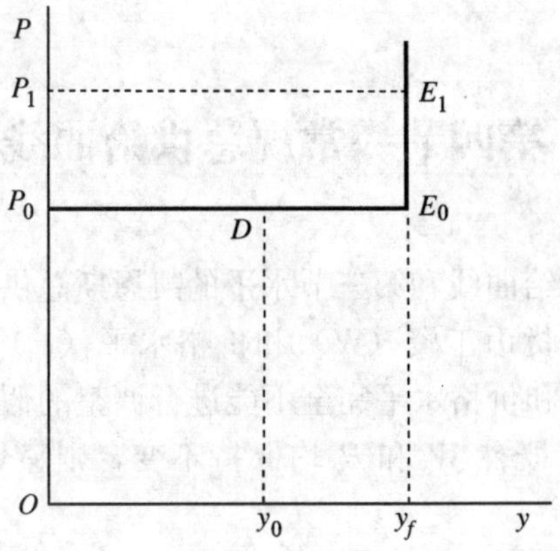

图 15—4　凯恩斯总供给曲线

图中的 y_f 代表充分就业的产量或国民收入。P_0E_0 为水平线的意思是：在产量小于 y_f 的条件下，由于货币工资（W）和价格水平（P）都不会变动，所以在既有的价格（P_0）处，经济社会能提供任何数量的 y，即：在达到充分就业以前，经济社会能按照既定的价格提供任何数量的产量或国民收入（如 y_0）。此外，该图也表明，在达到充分就业（y_f）之后，社会已经没有多余的生产能力，从而，不可能生产出更多的产品，因此，增加的需求不但不会增加产量（y），反而会引起价格的上升，如图中 E_0 点以上的垂直线所示。例如，在 E_1 点，产量仍旧是 y_f，但是，价格已经上升到 P_1。

和古典总供给曲线相对应，凯恩斯总供给曲线之所以具有水平的形状，其理由也有两个：第一，货币工资（W）和价格均具有刚性，也就是说，二者完全不能进行调整。第二，《通论》所研究的是短期的情况，即使不使用刚性工资的假设，由于时间很短，W 和 P 也没有足够的时间来进行调整。

在目前西方经济学的文献中，这两个理由也均被使用。由于这两个理由都过分夸大了《通论》的确切含义，所以西方学者一致认为水平的凯恩斯总供给曲线代表短期总供给曲线的另一极端情况。

凯恩斯总供给曲线的政策含义是：只要国民收入或产量处在小于充分就业的水平，国家就可以使用增加需求的政策来使经济达到充分就业状态，如图 15—5 所示。

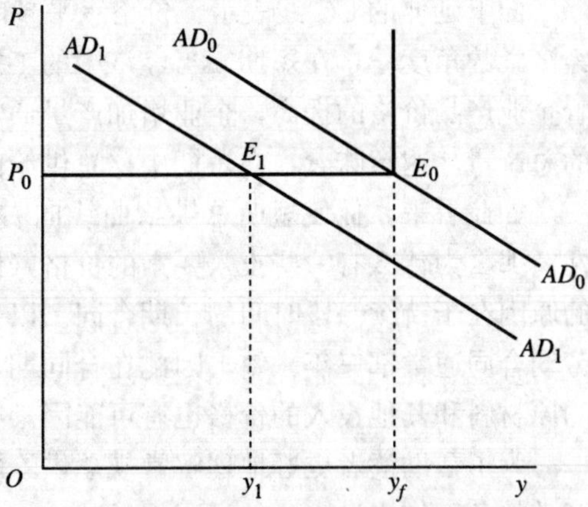

图 15—5　凯恩斯总供给曲线的政策含义

在图 15—5 中，代表总需求曲线的 AD_1 与凯恩斯总供给曲线（P_0E_0）相交于 E_1 点。在 E_1 点，价格水平为 P_0，产量（y_1）处于小于充分就业的萧条状态。为了改善这一状态，国家可以通过增加需求的政策来使总需求曲线（AD_1）向右移动到 AD_0 的位置。这样，P_0E_0

与 AD_0 相交于 E_0 点。该点表明，此时的价格水平仍然为 P_0，但国民收入已经达到充分就业的数量（y_f）。

第四节　常规总供给曲线

第二节垂直的古典总供给曲线和第三节水平的凯恩斯总供给曲线分别代表总供给曲线的两种极端状态。前者来自货币工资（W）和价格水平（P）能够立即进行调整的假设；后者则来自货币工资（W）和价格水平完全不能进行调整的假设，因为在《通论》所针对的严重萧条的特殊情况下，既然 W 和 P 均保持不变，则显然意味着二者完全不能自行调节。

西方学者认为，在通常的或常规的情况下，短期总供给曲线位于两个极端之间，如图 15—6 的 CC 线所示。

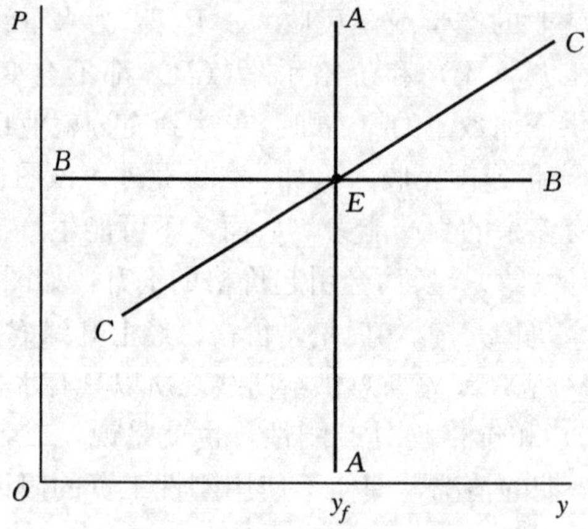

图 15—6　常规总供给曲线（线性的）

向上延伸的 CC 线表示，价格水平越高，经济中的企业提供的总产出就越多。从微观经济学的角度看，在短期，当经济中的工资和其他资源的价格相对固定或不太易变时，随着企业产品价格的提高，企业增加产量通常能够盈利。因此，更高的价格水平将导致更高的总产量。这意味着，在短期中，总供给曲线是向右上方延伸的。

如此看来，促使短期总供给曲线向右上方延伸的一个重要因素是投入要素价格的黏性。那么为什么有一些投入要素的价格（例如工资）在短期中不具有伸缩性呢？一个主要的原因在于持续一段时间的长期合同。以劳动这一要素的价格即工资为例，工会化行业的劳动合同通常都三年一签，因此在合同期，工资至少部分是固定的。同样，企业生产所需的原材料和其他投入的价格也有可能因某些合同而被固定。

为了帮助读者更好地理解常规总供给曲线 CC 向右上方延伸的含义，这里再从微观经济学的角度作出进一步的说明。

考虑一个完全竞争厂商的生产决策问题，见图 15—7。

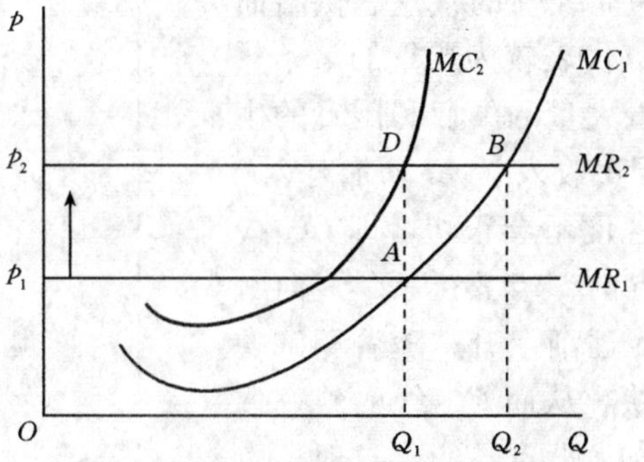

图 15—7　完全竞争厂商的生产决策

图中，当产品价格为 p_1 时，完全竞争厂商利润最大化的产量为 Q_1，它由该厂商的边际成本曲线 MC_1 和边际收益曲线 MR_1 的交点 A 决定。现在假定产品价格从 p_1 上升到 p_2，这也意味着厂商的边际收益曲线从 MR_1 变动到 MR_2。在厂商的投入价格维持不变的情况下，也即厂商的边际成本曲线仍为 MC_1 的情况下，厂商利润最大化的产量从 Q_1 增加到 Q_2，这说明在厂商投入要素价格不变的条件下，追求利润最大化的厂商通常会用增加产量的方式来对产品价格的提高作出反应。

然而，如果投入要素的价格也对产品的价格变动作出反应，那么情况将不一样。一种极端的情况是，厂商投入要素的价格变动迅速且与产品价格同比例上升，在图中，厂商的边际成本曲线从 MC_1 上升到 MC_2，且 MC_2 与 MC_1 的垂直距离刚好等于价格的上升幅度。在这种情况下，厂商利润最大化的产量由 MR_2 与 MC_2 的交点 D 决定，其产量仍然为原来的产量 Q_1。

通过对以上两种情况的分析，我们看到，要素价格（例如工资）相对于产品价格变化的调整速度和调整程度直接影响着厂商产品供给量的多少。利用图 15—7 可以得出这样的结论，如果要素价格（例如工资）相对于产品价格，其调整速度慢，调整幅度小，则相对于价格变动，厂商的供给变动就相对较大。对应总供给曲线的情形，即如果货币工资相对于价格水平，其调整速度慢，调整幅度小，则总供给曲线相对平缓。反之，如果要素价格相对于产品价格，其调整速度快，调整幅度大，则相对于价格变动，厂商的供给变动就相对较小。对应总供给曲线的情形，即如果货币工资相对于价格水平，其调整速度快，调整幅度大，则总供给曲线相对陡峭。

图 15—6 中所显示的 AA 线、BB 线和 CC 线三条直线顺次代表古典、凯恩斯和常规总供给曲线。一方面，CC 线越是接近于 BB 线，W 和 P 被假设的调节速度就越慢，一直到 CC 线和 BB 线相重合的凯恩斯极端，此时二者完全不能调节。另一方面，CC 线越是接近于 AA 线，W 和 P 被假设的调节速度就越快，一直到 CC 线和 AA 线相重合的古典极端。可以看到，CC 线的斜率代表着被假设的调节速度，斜率由 0 到∞，表示从凯恩斯极端的 W 和 P 的完全不能进行调节到古典极端的能立即进行调节。

图 15—6 中的常规总供给曲线（CC）具有线性的形式，由于这种形式易于说明和理解，所以它经常被用于教学中。然而，西方学者认为，能代表实际情况的常规总供给曲线却是非线性的，如图 15—8 所示。

该图中的 CC 线即为非线性的常规总供给曲线。图中，左下方的 C 点代表较为严重的萧条状态。由于这种状态存在着大量的失业和闲置的生产能力，所以当产量或国民收入（y）增加时，P 会稍有上升，但上升的速度不会很快，即 CC 线的斜率相对较小。由左方的 C 点沿着 CC 线向右方行进，产量和国民收入逐渐上升，随着经济的好转，P 的上升越来越快，从而 CC 线的斜率逐渐陡峭，一直到代表充分就业的 E 点。这时，由于充分就业并不意味着整个社会的全部资源和有劳动能力的人口均已就业，所以仍然存在着难以利用的资源和能力较差的劳动者，因此，在 E 点之后，如果产量还要增加，那么，P 的上升还要加快，从而 CC 线的斜率将明显加大。总之，在位于 E 点左方的 CE 线段，离开 E 点的距离越远，曲线的斜率越小；而在位于 E 点右方的 EC 线段，离开 E 点的距离越大，曲线的斜率越大。西方学者认为，这种形状的总供给曲线可以代表西方经济的常规状态。

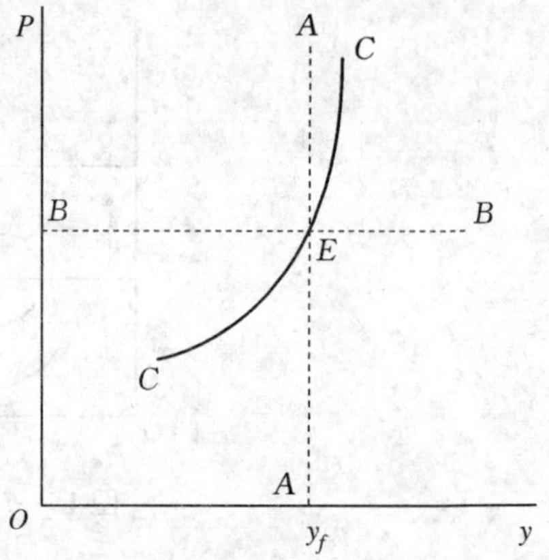

图 15—8　常规总供给曲线（非线性的）

下面考察导致短期总供给曲线移动的因素。

第一，可得到的劳动量增加使短期总供给曲线向右移动；而可得到的劳动量减少使短期总供给曲线向左移动。这意味着，劳动变动会引起短期总供给曲线发生移动。

第二，物质资本或人力资本（指人们通过教育、培训和经验获得的知识与技能）增加使短期总供给曲线向右移动；而物质资本或人力资本减少使短期总供给曲线向左移动。这意味着，资本变动会引起短期总供给曲线发生移动。

第三，自然资源可获得性的增加使短期总供给曲线向右移动；而自然资源可获得性的减少使短期总供给曲线向左移动。这意味着，自然资源变动会引起短期总供给曲线发生移动。

第四，技术知识进步使短期总供给曲线向右移动；可得到的技术减少使短期总供给曲线向左移动。

第五，预期价格水平上升一般会减少物品与劳务的供给量，并使短期总供给曲线向左移动。其原因在于，当工人和企业预期价格水平要上升时，他们就倾向于达成一个高水平名义工资的合同，而高工资增加了企业的成本，进而在既定的价格水平下减少了企业供给的物品与劳务量。反之，当预期价格水平下降时，则增加了物品与劳务的供给量，并使短期总供给曲线向右移动。

第五节　总需求和总供给模型对现实的解释

在得到总需求和总供给曲线之后，运用这两条曲线，总需求和总供给模型便能对现实的经济情况加以解释。

经济情况当然是千变万化的，因此不可能对它们一一加以解释。为了论述方便，可以把它们分为三种情况，即：宏观经济的短期目标、总需求曲线移动的后果和总供给曲线移动的后果。对于这三种情况，我们顺次加以说明。

一、宏观经济的短期目标

在短期中，宏观经济试图达到的目标是充分就业和物价稳定，即：不存在非自愿失业，同时，物价既不上升也不下降，如图 15—9 所示。

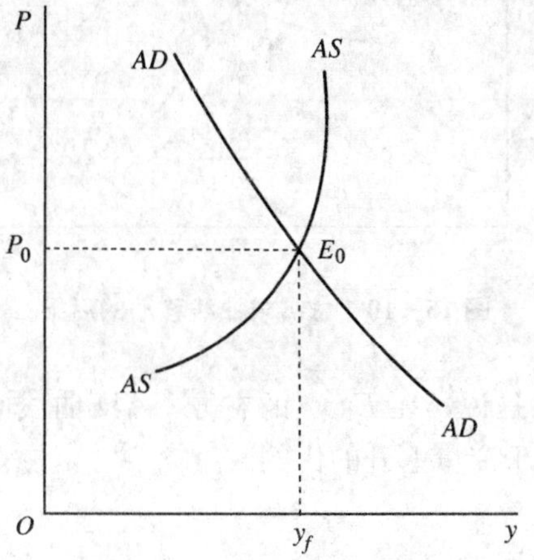

图 15—9　宏观经济的短期目标

该图表明当总需求曲线（AD）和总供给曲线（AS）相交于 E_0 点时，产量（y）处于充分就业的水平（y_f），价格为 P_0，而此时的 P 既不会上升也不会下降。关于为什么 P 既不会上升也不会下降，本书第十六章的菲利普斯曲线部分将有较详细的说明。总之，E_0 点表示宏观经济管理的短期目标，即充分就业和价格稳定。

然而，只有在偶然的情况下，AD 和 AS 曲线才能相交于 E_0 点，经济中的许多因素都会移动 AD 和 AS 曲线的位置，使二者的交点脱离 E_0 点。我们在下面分别论述总需求曲线（AD）和总供给曲线（AS）移动的情况。

二、总需求曲线移动的后果

总需求曲线移动的后果可以用图 15—10 加以说明。

该图表明，在某一时期，AD_0 和 AS 曲线相交于代表充分就业的 E_0 点。E_0 点的产量为 y_f，价格水平为 P_0。假定由于总需求减少，AD 曲线向左移动到 AD_1 的位置，这样，AD_1 和 AS 曲线相交于 E_1 点。这表明，经济社会处于萧条状态，其产量和价格分别为 y_1 和 P_1，二者均低于充分就业的数值。然而，AS 曲线的形状表明，二者下降的比例并不相同。在小于充分就业的水平时，越是偏离充分就业，经济中过剩的生产能力就越多，价格下降的空间就越小，这说明：价格下降的比例要小于产量下降的比例。为了简化图形，我们没有作出 AD 曲线从 AD_0 向右移动的情况。但是，读者可以自行推想，这一情况代表经济处于过热的状态。这时的生产能力比较紧缺，产量增加的可能性越来越小，而价格上

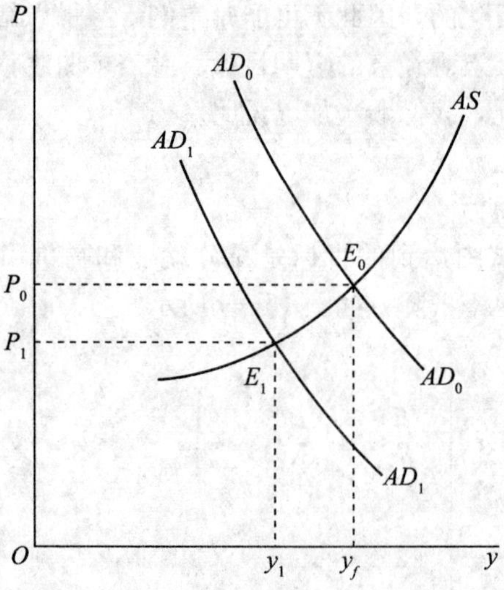

图 15—10　总需求曲线移动的后果

升的压力却越来越大；也就是说，在 E_0 点的右方，AD 曲线向右方移动的距离越大，价格（P）上升的比例越要大于产量上升的比例。

三、总供给曲线移动的后果

总供给曲线移动的后果可以由图 15—11 表示出来。

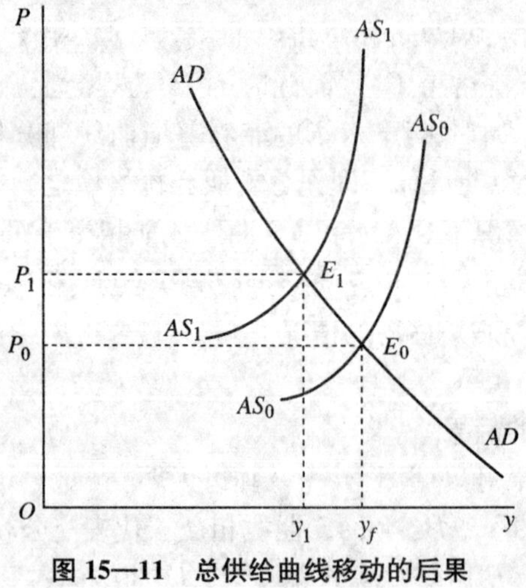

图 15—11　总供给曲线移动的后果

在该图中，AD 和 AS_0 曲线相交于充分就业的 E_0 点。这时的产量和价格水平顺次为 y_f 和 P_0。此时，如果由于某种原因，如大面积的粮食歉收、石油供给紧缺或原料价格猛涨等，AS 曲线由 AS_0 向左移动到 AS_1，使 AD 与 AS_1 曲线相交于 E_1 点，那么，E_1 点就可以表示滞胀的状态，其产量和价格水平顺次为 y_1 和 P_1，即表示失业和通货膨胀的并存。进一步说，AS 曲线向左偏离 AS_0 的程度越大，失业和通货膨胀就都会越严重。但是，失业下降的比例和价格上涨的比例这二者之间的相对关系却并不明确。读者可以设想 AS 曲线向右移动的后果。当生产技术的突然提高使 AS 曲线由 AS_0 向右移动时，产量增加，而价格水平则会下降。然而，必须注意：在短期内，生产技术虽然有可能突然提高，但是，要想很快得到它的成果却是很困难的。因此，AS 曲线从 AS_0 在短期向右方的移动是非常少见的，甚至只是一种理论上的想象而已。

复习与思考

1. 总需求曲线的理论来源是什么？为什么在 IS—LM 模型中，由 P（价格）自由变动，即可得到总需求曲线？

2. 为什么进行宏观调控的财政政策和货币政策一般被称为需求管理政策？

3. 总供给曲线的理论来源是什么？

4. 为什么总供给曲线可以被区分为古典、凯恩斯和常规这三种类型？

5. 用总需求和总供给曲线的互动，说明宏观经济中的萧条、高涨（或过热）和滞胀的状态。

6. 对微观经济学中的供求模型和宏观经济中的 AD—AS 模型加以比较，并说明二者的异同。

7. 设总供给函数为 $y_S = 2\,000 + P$，总需求函数为 $y_D = 2\,400 - P$：

(1) 求供求均衡点。

(2) 如果总需求曲线向左（平行）移动 10%，求新的均衡点并把该点与（1）的结果相比较。

(3) 如果总需求曲线向右（平行）移动 10%，求新的均衡点并把该点与（1）的结果相比较。

(4) 如果总供给曲线向左（平行）移动 10%，求新的均衡点并把该点与（1）的结果相比较。

(5) 本题的总供给曲线具有何种形状？属于何种类型？

8. 导致总需求曲线和总供给曲线变动的因素主要有哪些？

9. 设某一三部门的经济中，消费函数为 $C = 200 + 0.75Y$，投资函数为 $I = 200 - 25r$，货币需求函数为 $L = Y - 100r$，名义货币供给是 1 000，政府购买 $G = 50$，求该经济的总需求函数。

第十六章

失业与通货膨胀

从上一章中可以看到，总需求和总供给曲线未必相交于充分就业点，即使二者偶然相交于充分就业点，二者的向左或向右移动也可以造成失业或（和）物价的变化，即经济波动。从现实情况看，总需求和总供给由于经常受到外界的干扰而经常处于变动中。换言之，西方的市场经济经常遭受失业和通货膨胀的痛苦和损害。

为了避免这种痛苦和损害，西方学者对失业和通货膨胀进行了比较系统的研究。本章对这方面研究的成果加以概略的说明。

第一节　失业的描述

一、失业的数据

西方国家重视失业问题，从而经常通过民间和官方组织来收集和公布失业的数据。例如，美国的盖洛普公司（Gallup）经常进行民意调查，向人们询问什么是美国面临的最主要问题，答案可能包括毒品、犯罪、污染和核战争等。1983 年，由于美国的失业率达到了 9.5%，接受调查的大多数美国人都认为失业是当时美国面临的最主要的问题。而在 1996 年，美国的失业率为 5.6%，美国的民意调查表明，失业已不被认为是主要的问题。也就是说，当失业率高时，失业就被视为美国的全国性问题；而当失业率低时，失业就不被列入重要问题的名单中。

图 16—1 表示了美国 1970 年以来的失业率情况。从图中可以看出，失业率总为正，这表明即便是在经济繁荣时期也有人成为失业者。

失业率是指劳动力中没有工作而又在寻找工作的人所占的比例，失业率的波动反映了

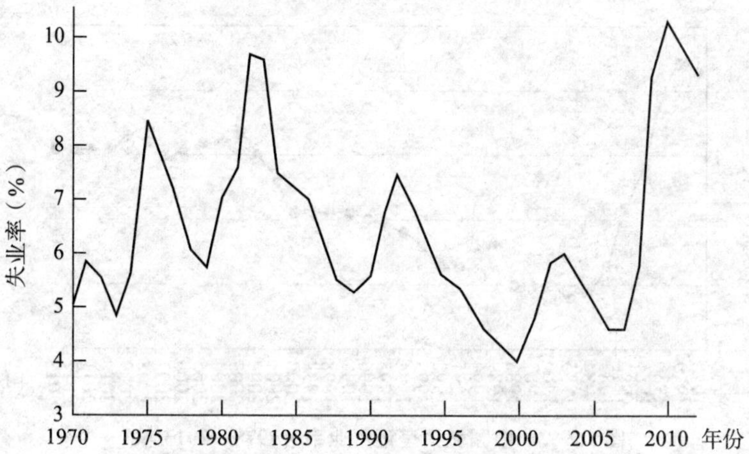

图 16—1 美国 1970 年以来的失业率

资料来源：美国劳工部。

就业的波动情况。当就业率下降时，由于工人被解雇，失业率上升。一般地，失业率在经济衰退期间上升，在经济复苏期间下降。根据美国的统计数据，2007 年 3 月，在衰退开始前，失业率为 4.4%。到 2009 年 10 月，它达到了 10.1%，上升了 5.7 个百分点。

☞专栏 16—1

中国的城镇登记失业率及其存在的问题

中国的城镇登记失业率始于 20 世纪 70 年代末，当时由于中国还处于计划经济体制下，所有城镇无业者都必须首先到政府劳动部门进行登记，处于等待期的劳动者即登记为"待业"，也就是进行"待业登记"。早期的失业登记，对劳动部门而言是直接为劳动力的安置和分配工作岗位服务的，而对于待业登记者来说，是为了获得工作。1992 年党的十四大提出要从计划经济转向市场经济，我国劳动用工制度也发生了重大变化，政府不再统一分配和安置就业，企业和劳动者开始进行双向选择。于是，政府部门 1994 年将"待业登记"更名为"失业登记"，"城镇登记失业率"也由此开始发布并作为国家宏观调控的重要指标。图 16—2 显示了中国城镇登记失业率从 1978 年至 2013 年的情况。

按照中国官方的界定，城镇登记失业率是指在报告期末城镇登记失业人数占期末城镇从业人员总数与期末实有城镇登记失业人数之和的比值。分子是登记的失业人数，分母是从业人数与登记失业人数之和。在城镇登记失业率中，作为分子的登记失业人员必须符合以下条件：(1) 非农业户口；(2) 在一定年龄内（男性为 16～50 岁，女性为 16～45 岁）；(3) 有劳动能力；(4) 无业而要求就业，并在当地就业服务机构进行求职登记。作为分母的城镇劳动人口包括：(1) 城镇单位从业人员（扣除使用的农村劳动力、聘用的离退休人员、港澳台及外方人员）；(2) 城镇单位中的不在岗职工；(3) 城镇私营业主、个体户主；(4) 城镇私营企业和个体从业人员；(5) 城镇失业人员。

从上述统计口径可以看出，城镇登记失业率存在的最大问题就是它低估了真实失业程度。一方面，虽然名为城镇登记失业率，但在统计口径上其并非属地统计而是身份统计，

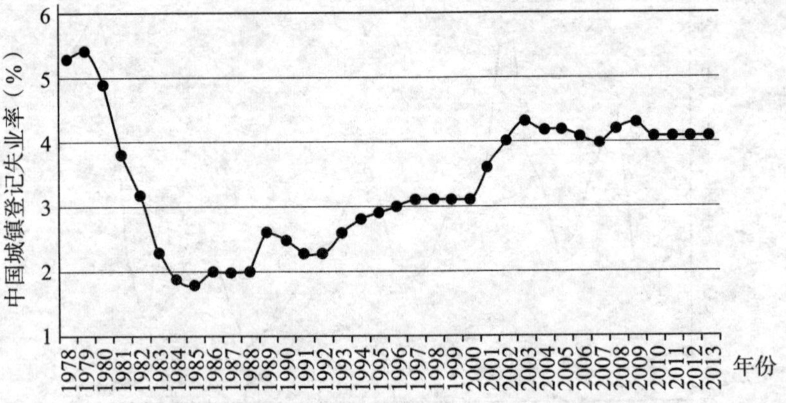

图 16—2　中国城镇登记失业率（1978—2013 年）

仅包括城镇本地非农户口的失业人员，未包括农民工的失业人口、下岗失业人口、高校毕业生中的失业人口、城镇外来人口中的失业人员；另一方面，城镇登记失业率仅仅把那些到当地就业服务机构求职登记的无工作者视为失业人员，而那些没有去登记的失业人员被排除在失业者的统计之外。由于劳动部门登记的只是失业人口的一部分，显然它低估了真实的失业程度。此外，中国的城镇登记失业率是目前官方正式对外公布和使用的唯一失业率指标，这一指标与主要发达国家使用的调查失业率指标有较大的不同，因此不便于国家间失业水平的比较分析。

二、失业的经济学解释

失业现象从表面上看就是过多的劳动力去追逐过少的工作岗位。为了更好地理解失业问题，西方学者使用微观经济学的供给—需求分析框架对不同类型的失业加以解释。见图 16—3。

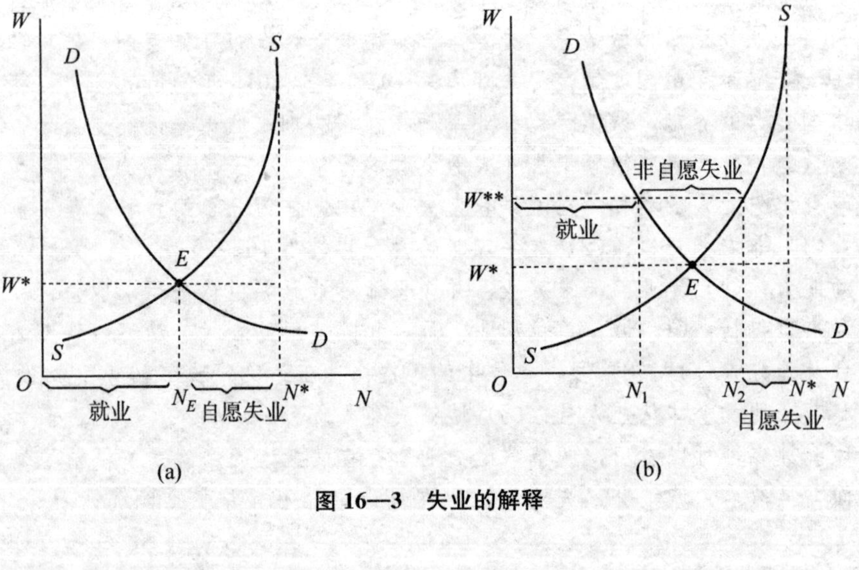

图 16—3　失业的解释

图中，横轴为劳动力数量，纵轴为劳动力价格，即工资率。曲线 DD 为劳动需求曲线，曲线 SS 为劳动供给曲线。图（a）描述的是竞争性的劳动力供给和需求的一般情况。市场均衡点在 E 点，工资水平为 W^*。在竞争性的、市场出清的均衡状态之下，厂商愿意雇用接受市场工资水平为 W^* 的合格工人，雇用的数量为 N_E。在 W^* 的工资水平上，另有数量为（N^*-N_E）的工人，他们虽愿意工作，但却要求较高的工资，由于这部分工人不愿意在现行的市场工资率下工作，所以他们被认为是自愿失业的。在现行工资率下，自愿失业者可能更偏好闲暇或其他活动，而不是工作。他们可能属于摩擦性失业，也可能正在寻找第一份工作；他们可能是生产率较低的劳动力，相对于较低收入的工作，他们更愿意享受福利和失业保险。

图（b）显示的是非出清的劳动市场情况，它用来说明没有伸缩性的工资怎样导致非自愿失业。一次经济波动使劳动市场工资过高，劳动的价格是 W^{**} 而不是均衡工资或市场出清的工资 W^*。

在过高的工资率下，寻找工作的合格工人的数量大于提供的工作职位数。愿意在工资 W^{**} 下工作的工人数量是 N_2，而企业愿意雇用的数量则为 N_1。由于工资高于市场出清水平，于是出现劳动供给过剩，（N_2-N_1）表示的是这部分非自愿失业的失业者的数量。在劳动力供给过剩的情况下，企业雇用劳动力时将会提出更严格的技能要求，雇用最有资格、最有经验的劳动者。

图 16—3（b）所说明的非自愿失业理论假定工资是刚性的，由此引出进一步的问题：为什么工资不上下浮动以便实现市场出清？为什么劳动市场不像谷物、玉米和普通股票那样的市场？这些问题属于现代宏观经济学中富有争议的论题，西方经济学家还没有形成共识。

第二节　失业的原因

为考察失业的原因，这里把失业分为三种类型，即摩擦性失业、结构性失业和周期性失业。其中，周期性失业是由于整体经济的支出和产出水平下降，即经济的需求下降而造成的失业。本书前面所介绍的宏观经济模型或理论实际上已经对周期性失业的原因作出了解释。本节重点考察摩擦性失业和结构性失业的原因。

一、摩擦性失业的原因

在现实中，工人具有不同的偏好与能力，工作也有不同的属性。而且求职者和空缺职位的信息流动是不完全的，工人在不同地区间的流动也不是即刻的。由于这些原因，找一份合适的工作需要时间和努力，这往往会降低入职率。从这一点来说，摩擦性失业又可描述为由于一些原因，工人在工作搜寻过程中所引起的失业。

一般地说，一些摩擦性失业是难以避免的。在现实中，企业和家庭需要的产品类型随着时间的推移而变化。随着产品需求的变动，对生产这些产品的劳动力需求也在改变。例如，个人电脑的发明减少了对打字机的需求和对打字机的劳动力的需求。类似地，由于不同地区生产不同产品，可能一国某个地方的劳动力需求在增加而另一个地方的劳动力需求在下降。在概念上，人们把需求在不同行业和地区之间的构成变动称为部门转移。由于部门转移总在发生，且工人改变部门需要时间，因此，摩擦性失业总是存在。

此外，当工人所在的企业倒闭了，或由于主观和客观的原因，工人离职了，工人们找到新工作都需要花费时间和努力。所有这些意味着，一个经济中的摩擦性失业是无法避免的。

在劳动市场上，企业和工人都在搜寻，但两者的搜寻目标也不相同。工人想得到令人愉快并且体面的高薪工作，而企业则搜寻能够胜任特定工作且索要的工资水平合理的好员工。而工作匹配需要时间，同时自愿或被迫离开工作岗位的工人在找到新工作之前，都将会经历一段失业的时间。

二、结构性失业的原因

结构性失业是指劳动力的供给和需求不匹配所造成的失业，其特点是既有失业，又有职位空缺，失业者或者没有合适的技能，或者居住地点不当，因此无法填补现有的职位空缺。

结构性失业的一个来源是工资刚性（wage rigidity），即工资不能调整到使劳动市场的供给等于需求从而消除失业的水平。本章第一节的图 16—3（b）已经说明了没有伸缩性的工资，即工资刚性如何导致失业。在那里只是解释非自愿失业。由于结构性失业与非自愿失业会有重合和交叉，因此该图形也可以解释结构性失业。在工资刚性的情况下，工人失业并不是因为他们积极寻找最适合于他们个人技能的工作，而是因为愿意工作的人数与可以得到工作的人数之间存在根本性的不匹配。在现行工资水平下，劳动供给量超过劳动需求量，所以许多工人只是在等待招工。

既然工资刚性是结构性失业的一个来源，那么工资刚性的原因又是什么呢？西方学者给出了三个原因：最低工资法、效率工资和工会的垄断力量。下面说明前二者。

为了减少贫困和降低收入不平等，一些国家先后颁布了最低工资法案。以美国为例，美国政府在 1938 年通过了该国的最低工资法《公平劳动标准法案》，该法案规定的最低工资一般为制造业平均工资的 30%～50%，现在是每小时 7.25 美元。对大多数工人来说，最低工资约束不起作用，因为他们的小时工资高于这一最低水平。但对一些工人，特别是不熟练的工人和缺乏经验的工人来说，最低工资将他们的工资提高到均衡水平之上。因此，最低工资减少了企业对劳动的需求。在美国，最低工资常常是一个政治上的争论话题。

效率工资理论认为，高工资使工人的生产效率更高。工资对工人效率的影响可以解释尽管存在超额劳动供给，企业也不能削减工资，因为尽管削减工资减少了企业的工资总额，但它还会降低工人的生产率和企业利润。

西方学者提出了各种理论来解释工资如何影响工人的生产率。一种理论认为，高工资减少了劳动力的更替。在现实中，员工辞职有很多原因，如接受了其他企业更好的职位、改变职业或迁移到另一个地方。企业给工人支付的工资越高，工人留在企业的激励就越大。企业通过支付高工资减少了工人辞职的频率，不仅减少了用于雇用和培训新工人所花费的时间和金钱，而且保证了企业各项业务工作的连续性。另外一种理论认为，高工资提高了工人的努力程度。一般来说，企业不可能完全监督其员工的努力程度，员工必须自己决定工作的努力程度。员工可以选择努力工作，也可以选择偷懒及冒着被发现和被解雇的风险。这便是微观经济学所提出的道德风险的例子。在这种情况下，企业通过支付高工资减少道德风险问题。工资越高，工人被解雇的代价越大。通过支付高工资，企业可以促使更多的员工不偷懒，从而提高了生产效率。

第三节 失业的影响与奥肯定律

一、失业的影响

失业有两种主要的影响，即社会影响和经济影响。失业的社会影响虽然难以估计和衡量，但它最易为人们所感受到。失业威胁着作为社会单位和经济单位的家庭的稳定。没有收入或收入遭受损失，户主就不能起到应有的作用。家庭的要求和需要得不到满足，家庭关系将因此而受到损害。西方学者已经发现，高失业率常常与吸毒、高离婚率以及高犯罪率联系在一起。西方有关心理学研究指出，失业造成的创伤不亚于亲人去世或学业上的失败。此外，家庭之外的人际关系也受到失业的严重影响。一个失业者在就业的人员当中失去了自尊和影响力，面临着被同事拒绝的可能性，并且可能要失去自尊和自信。最终，失业者在情感上会遭受严重打击。

失业的经济影响可以用机会成本的概念来理解。当失业率上升时，经济中本可由失业工人生产出来的产品和劳务就损失了。衰退期间的损失，就好像是将众多的汽车、房屋、衣物和其他物品都销毁掉了。从产出核算的角度看，失业者的收入总损失等于生产的损失，因此，丧失的产量是计量周期性失业损失的主要尺度，因为它表明经济处于非充分就业状态。表 16—1 给出了 20 世纪中的高失业期间，美国实际产出相对潜在 GDP 的减少量。

表 16—1　　高失业时期的经济损失额

时期	产出损失		
	平均失业率（%）	GDP 损失（10 亿美元，2008 年价格）	占该时期 GDP 的百分比
大萧条时期（1930—1939 年）	18.2	2 796	30.0
石油危机和通货膨胀时期（1975—1984 年）	7.7	1 694	2.7
新经济跌落后萧条的时期（2001—2003 年）	5.5	509	1.4

资料来源：萨缪尔森、诺德豪斯：《宏观经济学》（第 19 版），277 页，北京，人民邮电出版社，2012。

从表中可知，美国最大的经济损失发生在大萧条时期。而 20 世纪 70 年代和 80 年代的石油危机与通货膨胀也使产出损失高达 1 万多亿美元。相比之下，2001—2003年这一时期，失业的损失非常小。

二、奥肯定律

20 世纪 60 年代，美国经济学家阿瑟·奥肯根据美国的数据，提出了经济周期中失业变动与产出变动的经验关系，即奥肯定律。

奥肯定律的内容是，失业率每高于自然失业率 1 个百分点，实际 GDP 将低于潜在 GDP 2 个百分点。换一种方式说，相对于潜在 GDP，实际 GDP 每下降 2 个百分点，实际失业率就会比自然失业率上升1个百分点。

西方学者认为，奥肯定律揭示了产品市场和劳动市场之间极为重要的联系。它描述了实际GDP的短期变动与失业率变动的联系。根据奥肯定律，可以通过失业率的变动推测或估计GDP的变动，也可以通过GDP的变动预测失业率的变动。例如，假定经济的自然失业率为6%，如果实际失业率为8%，高于6%的自然失业率2个百分点，则实际GDP就将比潜在GDP低4%左右。在宏观经济学中，GDP偏离其潜在值的百分比被称为GDP缺口。

奥肯定律可以用下面的公式来表示：

$$\frac{y-y_f}{y_f}=-\alpha(u-u^*) \tag{16.1}$$

式中，y为实际产出；y_f为潜在产出；u为实际失业率；u^*为自然失业率；α为大于零的参数。

奥肯定律的一个重要结论是，实际GDP必须保持与潜在GDP同样快的增长，以防止失业率的上升。如果政府想让失业率下降，那么，该经济社会的实际GDP的增长必须快于潜在GDP的增长。

第四节　通货膨胀的描述

一、通货膨胀的数据

描述通货膨胀的主要工具是通货膨胀率的变化。例如，1981年，美国的通货膨胀率达到10.4%，在盖洛普进行的民意调查中，接受调查的大多数美国人都认为当时的通货膨胀是美国面临的最主要问题。此后，从1983年以来，美国的通货膨胀率都维持在6%以下，相关的民意调查显示，通货膨胀在很长一段时间都不被认为是主要问题。[①]

和失业一样，通货膨胀是经济运行状况的主要指示器。图16—4反映了美国1970年以来通货膨胀率的情况。

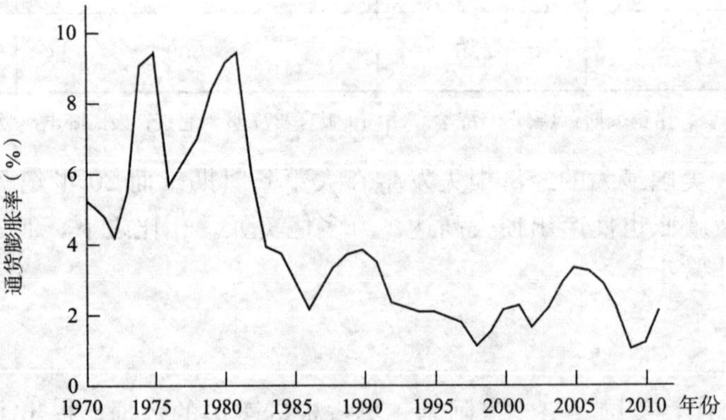

图16—4　美国1970年以来的通货膨胀率

资料来源：美国商务部。

① 参见多恩布什等：《宏观经济学》（第七版），119～120页，北京，中国人民大学出版社，2000。

从图 16—4 中可以看出，在长达 40 多年的时间中，美国的通货膨胀率很不稳定，20 世纪 80 年代初的通货膨胀率曾达到令人难以接受的高水平，而在 20 世纪 90 年代，由于美联储的有效控制和较小的供给冲击，通货膨胀率一直稳定在较低的水平。

二、通货膨胀的衡量

当一个经济中的大多数商品和劳务的价格连续在一段时间内普遍上涨时，宏观经济学就称这个经济经历着通货膨胀。按照这一说明，如果仅有一种商品的价格上升，这不是通货膨胀。只有大多数商品和劳务的价格持续上升才是通货膨胀。

那么，如何理解大多数商品和劳务的价格上升呢？考虑到现实经济当中成千上万种不同商品价格加总的实际情况，以及经济当中一些商品价格上涨的同时，另一些商品的价格却可能在下降，而且各种商品价格涨跌幅度也不尽相同这种复杂情况，宏观经济学运用价格指数这一概念来进行说明。

先看一下人们较熟悉的股票市场的情况。在股票市场上，在开市期间的每时每刻都有许多股票在进行交易。在同一时间里，所交易的股票的价格各异，而且它们都在不断变化。有些股票价格上涨，有些股票价格下跌，且各种股票的涨跌幅度也不相同，有些大，有些小。在这种市场中，单用某一种股票价格的变化来描述整个股票市场的价格变动情况显然是不合适的。那么，究竟怎样描述整个股票市场的价格变动情况呢？为此，人们提出了股票价格指数的概念。股票价格指数是股票市场上各种股票价格的一种平均数，利用股票价格指数及其变化，人们就可以衡量和描述整个股票市场的价格的变化情况。

与股票的情形相类似，宏观经济学用价格指数来描述整个经济中的各种商品和劳务价格的总体平均数，也就是经济中的价格水平。宏观经济学中常涉及的价格指数主要有 GDP 折算指数、消费价格指数（简记为 CPI）和生产者价格指数（简记为 PPI），它们已在本书第十一章做了说明，这里不再重复。

有了价格水平（价格指数）这一概念，就可以将通货膨胀更为精确地描述为经济社会在一定时期价格水平持续地和显著地上涨。通货膨胀的程度通常用通货膨胀率来衡量。**通货膨胀率被定义为从一个时期到另一个时期价格水平变动的百分比。**用公式表示就是：

$$\pi_t = \frac{P_t - P_{t-1}}{P_{t-1}}$$

式中，π_t 为 t 时期的通货膨胀率；P_t 和 P_{t-1} 分别为 t 时期和 $t-1$ 时期的价格水平。如果用上面介绍的消费价格指数来衡量价格水平，则通货膨胀率就是不同时期的消费价格指数变动的百分比。假定一个经济的消费价格指数从上年的 100 增加到今年的 127，那么这一时期的通货膨胀率就为$\frac{127-100}{100}=27\%$。

三、通货膨胀的分类

对于通货膨胀，西方学者从不同角度进行了分类。

1. 按照价格上升的速度进行分类

按照价格上升的速度，西方学者认为存在着三种类型的通货膨胀．第一，**温和的通货**

膨胀，指每年物价上升的比例在10%以内。目前，许多国家都存在着这种温和类型的通货膨胀。一些西方经济学家并不十分害怕温和的通货膨胀，甚至有些人还认为这种缓慢而逐步上升的价格对经济和收入的增长有积极的刺激作用。第二，**奔腾的通货膨胀，指年通货膨胀率在10%～100%之间。**这时，货币流通速度提高而货币购买力下降，并且均具有较快的速度。西方学者认为，当奔腾的通货膨胀发生以后，由于价格上涨率高，公众预期价格还会进一步上涨，因而采取各种措施来保护自己，以免受通货膨胀之害，这使得通货膨胀更为加剧。第三，**超级通货膨胀，指通货膨胀率在100%以上。**发生这种通货膨胀时，价格持续猛涨，人们都尽快地使货币脱手，从而大大加快货币流通速度。其结果是，人们对货币完全失去信任，货币购买力猛降，各种正常的经济联系遭到破坏，以致货币体系和价格体系最后完全崩溃。在严重的情况下，还会出现社会动乱。

2. 按照对价格影响的差别分类

按照对不同商品的价格影响的大小加以区分，存在着两种通货膨胀类型：第一种为**平衡的通货膨胀，即每种商品的价格都按相同比例上升。**这里所指的商品价格还包括生产要素的价格，如工资率、租金、利率等。第二种为**非平衡的通货膨胀，即各种商品价格上升的比例并不完全相同。**例如，甲商品价格的上涨幅度大于乙商品的，或者，利率上升的比例大于工资上升的比例，等等。

3. 按照人们的预期程度加以区分

按照这种区分有两种通货膨胀类型：一种为未预期到的通货膨胀，即价格上升的速度超出人们的预料，或者人们根本没有想到价格会上涨。例如，国际市场原料价格的突然上涨所引起的国内价格的上升，或者在长时期中价格不变的情况下突然出现的价格上涨。另一种为预期到的通货膨胀。例如，当某一国家的物价水平年复一年地按5%的速度上升时，人们便会预计到，物价水平将以同一比例继续上升。既然物价按5%的比例增长成为意料之中的事，则该国居民在日常生活中进行经济核算时会把物价上升的比例考虑在内。例如，银行贷款的利率肯定会高于5%，因为5%的利率仅能起到补偿通货膨胀的作用。由于每个人都把5%的物价上涨考虑在内，所以每个人所要求的价格在每一时期中都要上升5%。每种商品的价格上涨5%，劳动者所要求的工资、厂商所要求的利率都会以相同的速度上涨。因此，预期到的通货膨胀具有自我维持的特点，有点像物理学上的运动中物体的惯性。因此，预期到的通货膨胀有时又被称为惯性的通货膨胀。

☞专栏16—2

1978—2013年中国的通货膨胀

1978—2013年，我国经济快速发展，同时也经历了七次较大的经济波动。其中有五次是通货膨胀，由图16—5可以看出，这五次分别发生在1980年、1985年、1987—1989年、1993—1995年、2007—2008年。通货膨胀对我国的经济和社会产生了不同程度的负面影响。

1. 1980年的通货膨胀

改革开放初期，党的工作重心刚转移到社会主义现代化建设上，宏观上经济增长速度快、投资规模大、财政支出增加导致出现了较严重的财政赤字，盲目扩大进口导致了外贸赤字。为了弥补赤字，央行大量增发货币。1980 年全国物价水平上涨。后来我国实施了压缩基本建设投资、收缩银根、控制物价等一系列措施，通货膨胀得到抑制。

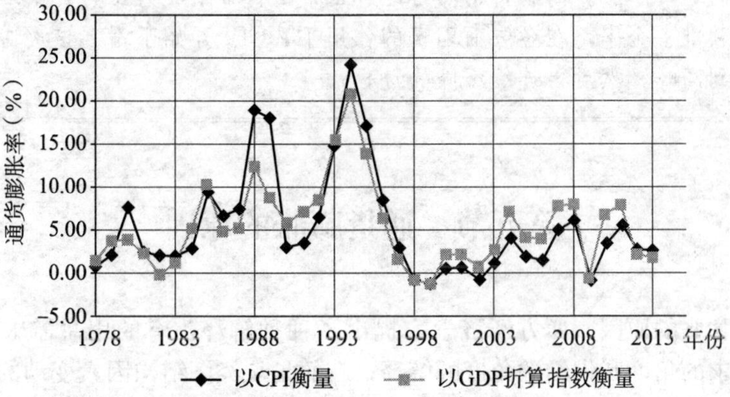

图 16—5 中国的通货膨胀率（1978—2013 年）

2. 1985 年的通货膨胀

在 1985 年发生的通货膨胀体现为固定资产投资规模过大引起社会总需求过旺，工资性收入增长超过劳动生产率提高引起成本上升导致成本推动。伴随着我国基建规模、社会消费总需求和货币信贷投放规模的急剧扩张，我国经济出现过热现象，经济秩序混乱，结构失衡，通货膨胀加剧。为了抑制高通胀，国家出台了一系列宏观调控措施，控制固定资产投资规模，加强物价管理，严格信贷投放。这些措施对经济调控起到了一定的效果。

3. 1987—1989 年的通货膨胀

1987—1988 年，我国经济快速扩张，这一时期的物价指数也在前一期经济增长的带动下开始不断上升，1988 年的物价指数创造了新中国成立 40 年以来上涨的最高纪录。物价的上涨引发了商品的抢购风潮，银行也开始发生挤兑储蓄存款的现象，我国整体经济形势严峻。在冲击面前，政府决定进行全面整顿，严格控制社会固定资产投资规模。随着我国宏观经济的紧缩，市场上的产品销量下降，治理通货膨胀虽然取得了一定的效果，但市场疲软，经济的增长受到严重的阻碍，国民经济发生了“硬着陆”。

4. 1993—1995 年的通货膨胀

1993 年，我国经济发展开始冲向新一轮高峰。基础建设投资快速增长，社会总需求大幅度扩张，货币大量增发，信用扩张更加严重。有人形象地把当时的经济现象总结为“四热”（房地产热、开发区热、集资热、股票热）、“四高”（高投资膨胀、高工业增长、高货币发行和信贷投放、高物价上涨）、“四紧”（交通运输紧张、能源紧张、重要原材料紧张、资金紧张）和“一乱”（经济秩序特别是金融秩序混乱）。我国对此次通货膨胀的治理取得了较好的效果，1996 年实现了经济的“软着陆”，既控制了物价水平的继续上涨，大幅度压缩了通货膨胀，又保证了国民经济的快速增长。

5. 2007—2008 年的通货膨胀

自 2007 年下半年开始，我国的居民消费价格指数（CPI）就一直居高不下，通货膨胀压力逐步增长，经济开始进入“高增长、高通胀”的时期。2007 年底，中央经济工作会议提出宏观调控的重点是“双防”，即防止经济增长由偏快转为过热，防止物价结构性上涨转变为明显的通货膨胀。高物价仍然给经济正常运行带来较大压力，中国人民银行频繁提高利息和存款准备金率。在各方面因素的作用下，CPI 开始下滑，该次通货膨胀形成了一个先上升达到高峰，然后再连续下降的过程。

第五节　通货膨胀的原因

关于通货膨胀的原因，西方经济学家提出了种种解释，有的用总需求与总供给来解释，包括从需求的角度和供给的角度的解释；有的是从经济结构因素变动的角度来说明通货膨胀的原因。下面依次加以说明。

一、需求拉动的通货膨胀

需求拉动的通货膨胀，又称超额需求通货膨胀，是指总需求超过总供给所引起的一般价格水平的持续显著的上涨。需求拉动的通货膨胀理论把通货膨胀解释为“过多的货币追逐过少的商品”。图 16—6 常被用来说明需求拉动的通货膨胀。

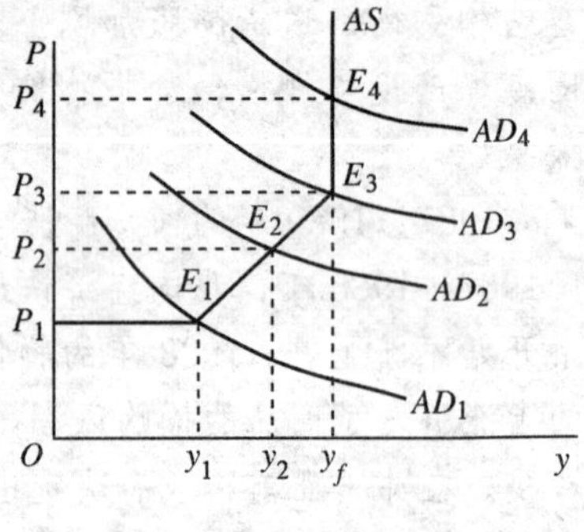

图 16—6　需求拉动的通货膨胀

图中，横轴 y 表示总产量（国民收入），纵轴 P 表示一般价格水平。AD 为总需求曲线，AS 为总供给曲线。总供给曲线 AS 起初呈水平状。这表示，当总产量较低时，总需求的增加不会引起价格水平的上涨。在图 16—6 中，产量从零增加到 y_1，价格水平始终稳定。总需求曲线 AD_1 与总供给曲线 AS 的交点 E_1 决定的价格水平为 P_1，总产量水平为 y_1。当总产量达到 y_1 以后，继续增加总需求，就会遇到生产过程中所谓的**瓶颈现象**，即由于劳动、原料、生产设备等的不足而使成本提高，从而引起价格水平的上涨。图中总需求曲线 AD 继续提高时，总供给曲线 AS 便开始逐渐向右上方倾斜，价格水平逐渐上涨。总需求曲线 AD_2 与总供给曲线 AS 的交点决定的价格水平为 P_2，总产量为 y_2。当总产量达到充分就业的产量 y_f 时，整个社会的经济资源全部得到利用。图中总需求曲线 AD_3 同总供给曲线 AS 的交点 E_3 决定的价格水平为 P_3，总产量水平为 y_f。价格水平从 P_1 上涨到 P_2 和 P_3 的现象被称作**瓶颈式的通货膨胀**。在达到充分就业的产量 y_f 以后，如果总需求继续增加，总供给就不再增加，因而总供给曲线 AS 呈垂直状。这时总需求的增加只会引起价格水平的上涨。例如，图中总需求曲线从 AD_3 提高到 AD_4 时，它同总供给曲线的交点所决定的总产量并没有增加，仍然为 y_f，但是价格水平已经从 P_3 上涨到 P_4，这就是需求拉动的通货膨胀。西方经济学家认为，不论总需求的过度增长是来自消费需求、投资需求，还是来自政府需求、国外需求，都会导致需求拉动的通货膨胀。需求方面的原因或冲击主要包括财政政策、货币政策、消费习惯的突然改变、国际市场的需求变动等等。

二、成本推动的通货膨胀

成本推动的通货膨胀理论，是西方学者试图从供给方面说明为什么会发生一般价格水平上涨的一种理论。**成本推动的通货膨胀，又称成本通货膨胀或供给通货膨胀，是指在没有超额需求的情况下由于供给方面成本的提高所引起的一般价格水平持续和显著的上涨。**

西方学者认为，成本推动的通货膨胀主要是由工资的提高造成的。他们把这种成本推动的通货膨胀叫做工资推动的通货膨胀，以区别于利润提高造成的成本推动的通货膨胀。

工资推动的通货膨胀是指不完全竞争的劳动市场造成的过高工资所导致的一般价格水平的上涨。据西方学者解释，在完全竞争的劳动市场上，工资率完全取决于劳动的供求，工资的提高不会导致通货膨胀；而在不完全竞争的劳动市场上，由于工会组织的存在，工资不再是竞争性的工资，而是工会和雇主集体议价的工资。并且由于工资的增长率超过生产率增长率，工资的提高就导致成本提高，从而导致一般价格水平上涨，这就是所谓**工资推动的通货膨胀**。西方学者进而认为，工资提高和价格上涨之间存在因果关系：工资提高引起价格上涨，价格上涨又引起工资提高。这样，工资提高和价格上涨形成了螺旋式的上升运动，即所谓**工资—价格螺旋**。

利润推动的通货膨胀是指垄断企业和寡头企业利用市场势力谋取过高利润所导致的一般价格水平的上涨。西方学者认为，就像不完全竞争的劳动市场是工资推动通货膨胀的前提一样，不完全竞争的产品市场是利润推动的通货膨胀的前提。在完全竞争的产品市场上，价格完全取决于商品的供求，任何企业都不能通过控制产量来改变市场价格；而在不完全竞争的产品市场上，垄断企业和寡头企业为了追求更大的利润，可以操纵价格，把产品价格定得很高，致使价格上涨的速度超过成本增长的速度。

在总需求曲线不变的情况下，包括工资推动的通货膨胀和利润推动的通货膨胀在内的成本推动的通货膨胀，可以用图 16—7 来说明。

图中，总需求是既定的，不发生变动，变动只出现在总供给方面。当总供给曲线为 AS_1 时，这一总供给曲线和总需求曲线 AD 的交点 E_1 决定的总产量为 y_1，价格水平为 P_1。当总供给曲线由于成本提高而移到 AS_2 时，总供给曲线与总需求曲线的交点 E_2 决定的总产量为 y_2，价格水平为 P_2。这时，总产量比以前下降，而价格水平比以前上涨。当总供给曲线由于成本进一步提高而移动到 AS_3 时，总供给曲线和总需求曲线的交点 E_3 决定的总产量为 y_3，价格水平为 P_3。这时的总产量进一步下降，而价格水平进一步上涨。

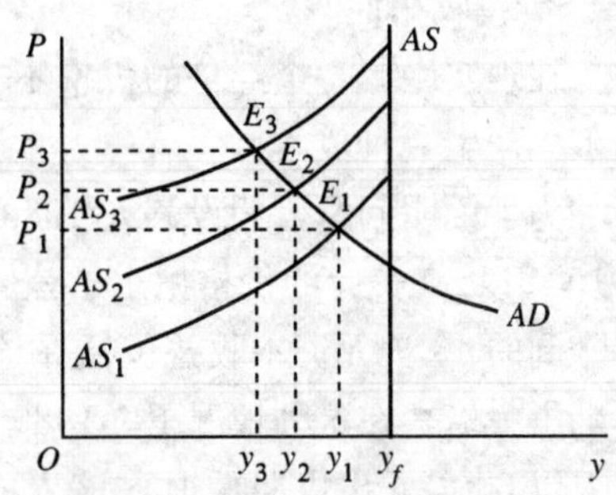

图 16—7　成本推动的通货膨胀

一些西方学者认为，单纯用需求拉动或成本推动都不足以说明一般价格水平持续上涨，而应当同时从需求和供给两个方面以及二者的相互影响说明通货膨胀。于是又有人提出了从供给和需求两个方面及其相互影响说明通货膨胀的理论，即**混合通货膨胀理论**。限于篇幅，本书就不对其进行介绍了。

第六节　通货膨胀的成本

通货膨胀是一个受到密切和广泛关注的宏观经济问题。那么它的后果是什么呢？从理论的角度看，通货膨胀给整个经济施加了两种类型成本：预期到的通货膨胀成本和未预期到的通货膨胀成本。下面分别予以介绍。

一、预期到的通货膨胀成本

1. 菜单成本

大多数企业并不是每天改变其产品的价格。相反，企业往往公布价格，并使其在几周、几个月甚至几年内保持不变。企业不经常改变价格是因为改变价格有成本。调整价格的成本被称为菜单成本（menu costs）。菜单成本包括决定新价格的成本、印刷新清单和目录的成本、把这些新价格表和目录送给中间商和顾客的成本、为新价格做广告的成本，甚至包括处理顾客对价格变动的恼怒的成本。高通货膨胀，哪怕被完全预期到了，要求企业频繁地改变价格，特别是在超级通货膨胀期间，企业必须每天甚至更频繁地变动价格，以便与经济中所有其他价格保持一致。

2. 鞋底成本

当通货膨胀高时，通常名义利率上升以补偿价格水平的上升。结果，把现金放在口袋里的成本更高了，因为现金不能赚取任何利息。例如，假设通货膨胀使名义利率从7%上升到12%。放在你钱包中的现金如果存到银行里，现在能够赚取的利率多了5%，这可能会促使你去一趟银行把现金存入银行账户。往返银行路上所花的时间和汽油钱等开支被称为鞋底成本（shoe-leather cost），因为更经常地去银行会使你的鞋磨损得更快。当然，不能只从字面上理解这个术语，减少货币持有量的实际成本不是鞋的磨损，而是为了使手头保留的钱少于没有通货膨胀时的数量，人们必须牺牲的时间与便利。通货膨胀的鞋底成本似乎是微不足道的，但在经历超级通货膨胀的经济中，这种成本就很重要了。

3. 税收扭曲

在现实中，一个经济的税率不会对预期到的通货膨胀作出充分调整，这会对经济中的当事人产生一种成本。

为了说明问题，假设某人1980年以每股10美元的价格买进了微软公司的股票，并在2010年以50美元的价格抛出了该股票。按照美国的税法，当计算纳税人的收入时，必须把赚到的40美元资本收益包括在该人的收入中。但是，假设从1980年到2010年价格水平翻了一倍，在这种情况下，1980年该人投资的10美元就相当于2010年的20美元。当该人以50美元出售股票时，该人的真实收益仅为30美元。然而，税法并不考虑通货膨胀，而是对该人40美元的收益征税。因此，通货膨胀扩大了资本收益的规模，无形中增加了这种收入的税收负担。

4. 相对价格变动导致的资源配置不当

在通常情况下，市场经济依靠相对价格来配置稀缺资源。消费者通过比较各种物品与劳务的质量和价格决定购买什么，以及购买多少。通过这些决策，市场决定稀缺的生产要素如何在个人与企业中配置。由于在同一市场竞争的企业并不总是同时改变价格，更高的通货膨胀会引起更高的相对价格的变动性。由于相对价格更可能比没有通货膨胀的情况下更高或更低，当通货膨胀扭曲了相对价格时，消费者的决策也被扭曲了，市场也就不能把资源配置到其最好的用途中。

5. 混乱与不方便

货币作为经济中的计价单位是人们用来表示价格和记录债务的东西。换句话说，货币是用以衡量经济交易的尺度。这种尺度的一致性使经济当事人能够轻易地比较产品和服务的价格。当产品和服务的价格上升时，会计师也会错误地衡量企业的收入。因为通货膨胀使不同时期的货币有不同的真实价值，所以，在存在通货膨胀的经济中计算企业的利润要更复杂。因此，在某种程度上，通货膨胀使投资者不能区分成功与不成功的企业，这又抑制了金融市场把经济中的储蓄配置到不同类型投资中的作用。

二、未预期到的通货膨胀成本

上述说明的预期到的通货膨胀成本可能是巨大的，而未预期到的通货膨胀成本甚至可能更高。具体地说，未预期到的通货膨胀成本有以下几种。

1. 不确定性的增加

对经济的当事人来说，与其预期相异的通货膨胀可能导致不正确的投资和储蓄决策，这些不正确的决策对经济当事人来说成本都是高昂的。为了进行说明，先考察通货膨胀低于预期的情况。假定你预期下一年的通货膨胀率为10%，但事实上出现的通货膨胀要低一些，比如说5%。考虑两笔金融交易：

（1）购买定期存单。如果定期存单支付的利率为12%（其中10%是对预期通货膨胀作出的调整，2%是实际利率），那么你将会有意外的收获。你赚取的实际利率不是2%，而是7%（=12%−5%）。如果你早知道你会赚取如此高的收益，你甚至会储蓄更多。你未能预见到更低的通货膨胀，其成本是高昂的。

（2）获取汽车贷款。如果你以12%的利率获取汽车贷款，实际出现的通货膨胀率是5%而不是10%，这笔贷款的实际成本现在是7%（=12%−5%）而非你预期的2%（=12%−10%）。如果你知道贷款的成本会那么高，你也许就不会借钱而会推迟购买汽车了。

现在，再考察通货膨胀高于预期的情况。假定实际出现的通货膨胀率比预期的高，比如说15%。

（1）购买定期存单。你的定期存单赚取的实际收益将是−3%（=12%−15%），你会希望你没有存这么多钱。

(2) 获取汽车贷款。汽车贷款的实际成本将会非常低，为－3%（＝12%－15%），因此你会后悔没有借入更多钱用于投资。

未预期到的通货膨胀也会扭曲关于工作多长时间和企业应该雇用多少劳动的决策。假定你和你老板预期来年的通货膨胀率会增加10%。你收到的工资上涨10%，以补偿预期的价格增加。实际出现的通货膨胀率为5%，因此你的实际工资增加了5%，这5%的增加是未预期到的，你会愿意增加工作时间。而你老板付给你的实际工资比他预期的多了5%，他希望减少你的工作时间，甚至后悔雇用了你。

因此，未预期到的通货膨胀会导致许多有代价的决策，包括储蓄、投资以及就业的劳动量等决策，这会导致经济效率降低。而且，大多数人不喜欢不确定性，因此，未预期到的通货膨胀波动往往降低经济福利。

2. 不合意的财富的再分配

未预期到的通货膨胀以一种既与才能无关又与需要无关的方式在经济中重新分配财富。其表现为：

首先，通货膨胀不利于靠固定的货币收入维持生活的人。对于固定收入阶层来说，其收入是固定的货币数额，落后于上升的物价水平。其实际收入因通货膨胀而减少，他们的每一元收入的购买力将随价格的上升而下降。而且，由于他们的货币收入没有变化，因而他们的生活水平必然相应地降低。

哪些人属于固定收入阶层呢？最为明显的就是那些领取救济金、退休金的人，那些工薪阶层、公务员以及靠福利和其他转移支付维持生活的人，他们在相当长时间内所获得的收入是不变的。特别是那些只获得少量救济金的老人，遇到这种经济灾难，更是苦不堪言，他们是通货膨胀的牺牲品。

相反，那些靠变动收入维持生活的人，则会从通货膨胀中得益，这些人的货币收入会走在价格水平和生活费用上涨之前。例如，在扩张中的行业工作并有强大的工会支持的工人就是这样。他们的工资合同中订有工资随生活费用的上涨而提高的条款，或是有强有力的工会代表他们进行谈判，在每个新合同中都能得到大幅度的工资增长。那些从利润中得到收入的企业主也能从通货膨胀中获利，如果产品价格比资源价格上升得快的话，则企业的收益将比它的成本增长得快。

其次，通货膨胀对储蓄者不利。随着价格上涨，存款的实际价值或购买力就会降低，那些口袋中有闲置货币和存款在银行的人受到沉重的打击。同样，像保险金、养老金以及其他固定价值的证券财产等，它们本来是旨在防患未然和蓄资养老，在通货膨胀中，其实际价值也会下降。

再次，通货膨胀还可以导致债务人和债权人之间发生收入再分配的作用。具体地说，通货膨胀靠牺牲债权人的利益而使债务人获利。假如甲向乙借款1万元，一年后归还，而这段时间内价格水平上升一倍，那么一年后甲归还给乙的1万元相当于借时的一半。这里假定借贷双方没有预期到通货膨胀的影响。但是，一旦预期到通货膨胀，则上述的再分配就会改变。

如果借贷的名义利率为10%，而通货膨胀率为20%，则实际利率为－10%。实际利率为名义利率和通货膨胀率的差额，若名义利率为10%，通货膨胀率为5%，则实际利率为5%。只要通货膨胀率大于名义利率，则实际利率就是负值。

第七节　失业与通货膨胀的关系——菲利普斯曲线

如前所述，失业与通货膨胀是短期宏观经济运行中的两个主要问题。如果经济决策者的目标是低通货膨胀和低失业，则他们会发现低通货膨胀和低失业目标往往是冲突的。利用总需求—总供给模型来理解，假设决策者想用货币政策或财政政策扩大总需求，在理论上，这种政策将使经济沿着短期总供给曲线变动到更高产出和更高物价水平的一点上。较高的产出意味着较低的失业，因为当企业生产更多时，它们需要更多的劳动力，而较高的物价水平则意味着较高的通货膨胀。因此，当决策者使经济沿着短期总供给曲线向上移动时，他们降低了失业率而提高了通货膨胀率。相反，当决策者紧缩总需求并使经济沿短期总供给曲线向下移动时，失业增加了而通货膨胀下降了。因此，有必要从理论上探讨失业和通货膨胀之间的关系。在宏观经济学中，失业和通货膨胀的关系主要是由菲利普斯曲线来说明的。

一、菲利普斯曲线的提出

1958年，在英国任教的新西兰籍经济学家菲利普斯在研究了1861—1957年英国的失业率和货币工资增长率的统计资料后，提出了一条用以表示失业率和货币工资增长率之间替换关系的曲线，**在以横轴表示失业率，纵轴表示货币工资增长率的坐标系中，画出一条向右下方倾斜的曲线，这就是最初的菲利普斯曲线。**该曲线表明：当失业率较低时，货币工资增长率较高；反之，当失业率较高时，货币工资增长率较低，甚至为负数。

以萨缪尔森为代表的新古典综合派随后便把菲利普斯曲线改造为失业和通货膨胀之间的关系，并把它作为新古典综合理论的一个组成部分，用以解释通货膨胀。

新古典综合派对最初的菲利普斯曲线加以改造的出发点在于如下所示的货币工资增长率、劳动生产率和通货膨胀率之间的关系：

通货膨胀率＝货币工资增长率－劳动生产增长率

根据这一关系，若劳动生产的增长率为零，则通货膨胀率就与货币工资增长率一致。因此，经改造的菲利普斯曲线就表示了失业率与通货膨胀率之间的替换关系，即失业率高，则通货膨胀率低；失业率低，则通货膨胀率高。菲利普斯曲线如图16—8所示。

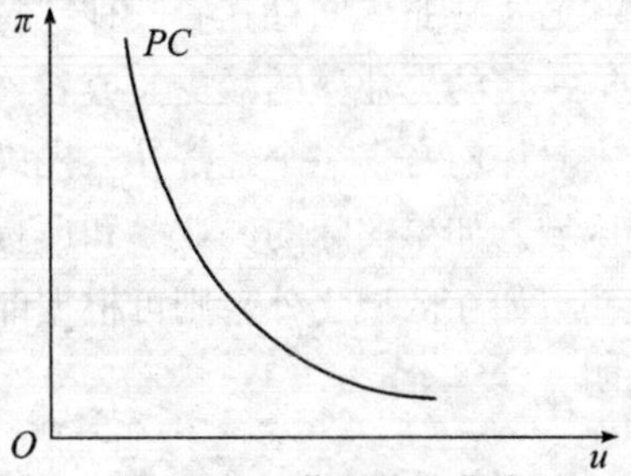

图16—8　菲利普斯曲线

图中，横轴代表失业率 u，纵轴代表通货膨胀率 π，向右下方倾斜的曲线 PC 即为菲利普斯曲线。菲利普斯曲线所揭示的失业与通货膨胀的替换关系与美国 20 世纪 60 年代通货膨胀和失业的数据吻合得很好，如图 16—9 所示。

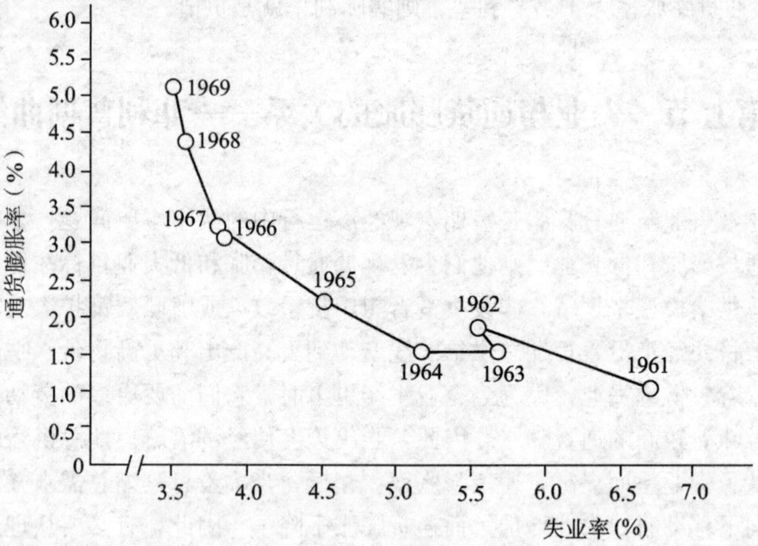

图 16—9　1961—1969 年美国的通货膨胀与失业

资料来源：多恩布什等：《宏观经济学》（第七版），98 页，北京，中国人民大学出版社，2000。

若设 u^* 代表自然失业率，则可以将简单形式的菲利普斯曲线表示为

$$\pi=-a(u-u^*) \tag{16.2}$$

（16.2）式中，参数 a 衡量价格对于失业率变动的反应程度。举例来说，如果 a 是 2，上述方程表示，实际失业率相对于自然失业率每增加一个百分点，则通货膨胀率下降两个百分点。总之，上述方程描述的是，当失业率超过自然失业率，即 $u>u^*$ 时，价格水平就下降；当失业率低于自然失业率时，价格水平就上升。

二、菲利普斯曲线的政策含义

菲利普斯曲线被修正后，迅速成为西方宏观经济政策分析的基石。这表明，政策制定者可以选择不同的失业率和通货膨胀率的组合。例如，只要他们能够容忍高通货膨胀，他们就可以拥有低的失业率，或者他们可以通过高失业来维持低通货膨胀率。换言之，在失业和通货膨胀之间存在着一种“替换关系”（trade-off），即用一定的通货膨胀率的增加来换取一定的失业率的减少，或者，用后者的增加来减少前者。

具体而言，一个经济社会先确定一个社会临界点，由此确定一个失业与通货膨胀的组合区域。如果实际的失业率和通货膨胀率组合在组合区域内，则社会决策者不用采取调节行动，如在区域之外，则可根据菲利普斯曲线所表示的关系进行调节。现用图 16—10 来说明。

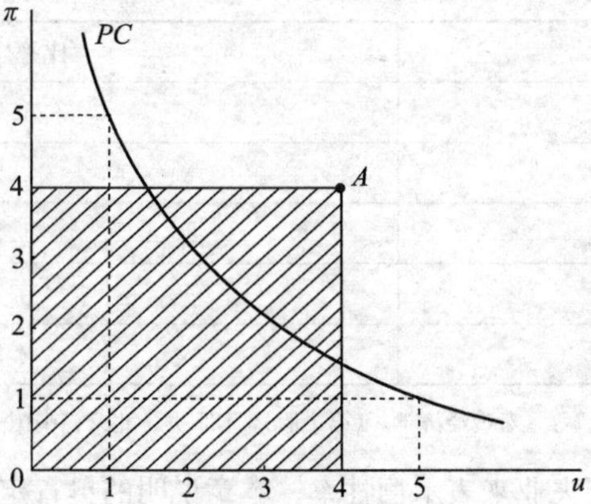

图 16—10 菲利普斯曲线与政策运用

在图中，假定当失业率和通货膨胀率在 4%以内时，经济社会被认为是安全的或可容忍的，这时在图中就得到了一个临界点，即 A 点，由此形成一个四边形的区域，称其为安全区域，如图中的阴影部分所示。如果该经济的实际失业率与通货膨胀率组合落在安全区域内，则决策者无须采取任何措施(即政策)进行调节。

如果实际通货膨胀率高于 4%，例如达到了 5%，这时根据菲利普斯曲线，经济决策者可以采取紧缩性政策，以提高失业率为代价降低通货膨胀率。从图中可以看到，当通货膨胀率降到 4%以下时，经济的失业率仍然在可忍受的范围内。

如果经济社会的失业率高于 4%，例如为 5%，这时根据菲利普斯曲线，决策者可以采取扩张性政策，以提高通货膨胀率为代价降低失业率。从图中可以看到，当失业率降到 4%以下时，经济的通货膨胀率仍然在可忍受的范围内。

三、牺牲率和痛苦指数

在定量研究的意义上，西方学者提出了牺牲率的概念，它是指为了使通货膨胀率降低一个百分点而必须放弃的一年实际 GDP 的百分点数。例如，如果一个经济的牺牲率为 5%，则意味着该经济的通货膨胀率每下降 1 个百分点，则使该经济一年的 GDP 必须牺牲约 5 个百分点。牺牲率通常依时间、地点以及降低通货膨胀的方式而有所变化。尽管如此，还是有一个大致估计，这对进行政策选择还是有用的。表 16—2 给出了一些国家平均牺牲率的估计值。

表 16—2　　一些国家平均牺牲率的估计值

国家	比率（%）
澳大利亚	1.00
加拿大	1.50
法国	0.75
德国	2.92

续前表

国家	比率（%）
意大利	1.74
日本	0.93
瑞士	1.57
英国	0.79
美国	2.39

资料来源：转引自多恩布什等：《宏观经济学》（第十版），130页，北京，中国人民大学出版社，2010。

进一步地，还可以用失业来表示牺牲率。本章说明的奥肯定律告诉我们，失业率变动1%，会使得GDP变动2%。因此，在牺牲率为5%的条件下，通货膨胀率降低1%，则要求周期性失业大约上升2.5%。

一般地说，公众对通货膨胀和失业都不喜欢。在理论上，试图计量失业与通货膨胀的政治效应的一种方式被称为痛苦指数，它被定义为：

痛苦指数＝失业率＋通货膨胀率

西方一些学者认为，如果一个经济的痛苦指数水平低或趋于下降，可以说明政府政绩良好；反之，如果该经济的痛苦指数水平高或者趋于上升，则说明政府的政绩较差。

复习与思考

1. 摩擦性失业与结构性失业相比，哪一种失业问题更严重？
2. 能否说有劳动能力的人都有工作才是充分就业？
3. 什么是自然失业率？哪些因素影响自然失业率的高低？
4. 说明短期菲利普斯曲线与长期菲利普斯曲线的关系。
5. 通货膨胀的成本有哪些？
6. 说明需求拉动的通货膨胀。
7. 若某一经济的价格水平1984年为107.9，1985年为111.5，1986年为114.5。问1985年和1986年的通货膨胀率各是多少？若人们对1987年的通货膨胀率预期是按前两年通货膨胀率的算术平均来形成的，设1987年的利率为6%，问该年的实际利率为多少？
8. 设某经济某一时期有1.75亿成年人，其中1.2亿人有工作，0.1亿人在寻找工作，0.45亿人没工作但也没在找工作。试求：（1）劳动力人数；（2）劳动力参与率；（3）失业率。
9. 设一经济有以下菲利普斯曲线：

$$\pi=\pi_{-1}-0.5(u-0.06)$$

问：（1）该经济的自然失业率为多少？

（2）为使通货膨胀率减少5个百分点，必须有多少周期性失业？

10. 试说明菲利普斯曲线和总供给曲线的关系。

11. 设某一经济的菲利普斯曲线为：$\pi=\pi_{-1}-0.4(u-0.06)$。试求：

(1) 该经济的自然失业率是多少?

(2) 画出该经济的短期和长期菲利普斯曲线。

12. 试根据常规的短期总供给曲线推导出菲利普斯曲线。

第十七章

经济增长和经济周期

在西方经济学中，虽然长期和短期的划分标准并不精确，但是大体说来，本章以前所论述的内容属于短期国民收入决定的范围，而本章的内容则涉及长期国民收入的决定。

长期国民收入的决定包括两个主要问题，即国民收入长期增长的趋势问题和实际国民收入围绕长期趋势而作出周期性波动的问题。本章所论述的经济增长和经济周期理论顺次对这两个问题加以研究。

第一节　国民收入长期增长趋势和波动

图 17—1 说明了随着时间的推移，国民收入长期增长趋势和波动的情况。

图中的细线表示了实际 GDP 的趋势过程。GDP 的趋势过程是经济中当生产要素被充分利用时，GDP 所经历的过程。给定一个特定的时期，细线所对应的产量即为经济中现有资源被充分利用时所能生产的产量，也就是充分就业产量或潜在产量。一般地，随着时间的推移，潜在产量由于下述原因而呈现出上升趋势，即经济中可得到的资源更多了，人口规模增加了，厂商获得了更先进的生产工具并修建了新的工厂，土地得到改良从而利于种植，新产品和新生产方法的发明和采用，知识存量增加了，等等。总之，经济中资源可得性的增加使得经济能生产出更多的商品和劳务。

图中的粗线则表示在不同时期实际 GDP 的路径，从图中可以看出，经济中实际的产量不总是处于其趋势水平即充分就业的水平。更经常地，产量围绕其趋势水平波动。在图中所标志的复苏时期，生产要素的利用量增加，由于人们加班加点工作，几台机器轮班运

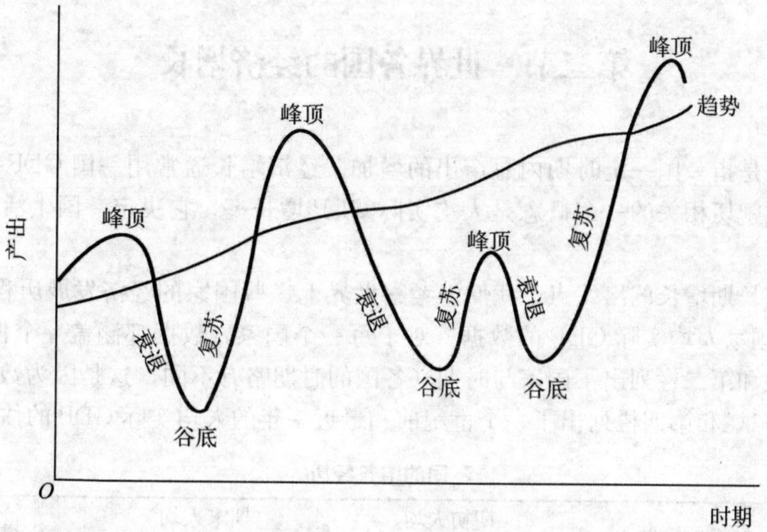

图 17—1　经济波动

转，因此产量有可能超过其趋势水平；反之，衰退时期，由于失业增加，机器设备闲置，因此产量小于现有资源与技术实际能生产的水平。

图 17—2 显示了美国 1965 年以来实际产量的时间路径。

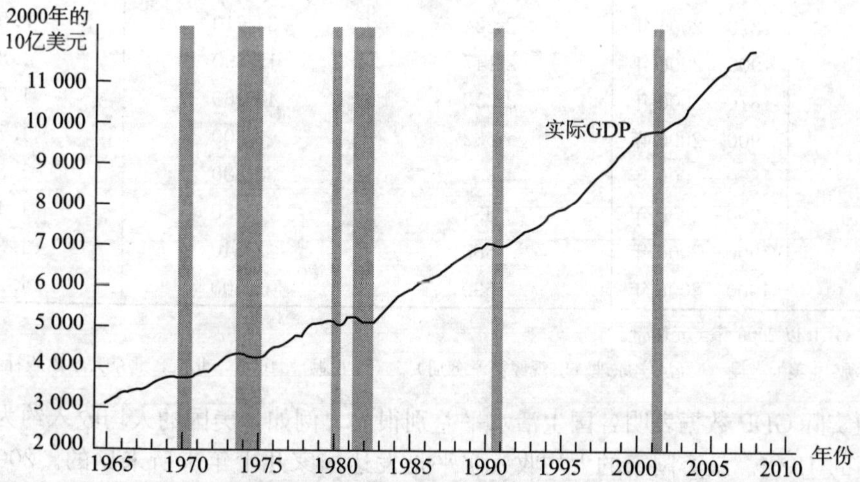

图 17—2　美国 1965 年以来的实际产量

资料来源：[美] 曼昆：《经济学原理（宏观经济学分册）》（第五版），235 页，北京，北京大学出版社，2009。

图中阴影部分的时期表示美国经济正经历着衰退。该图揭示出这样一个事实，即经济波动是无规律的。衰退并不是有规律地间隔发生，而且衰退持续的时间和衰退的严重程度也是不同的。

下面先论述国民收入的长期增长问题。

第二节 世界各国的经济增长

经济增长是指一国一定时期内总产出的增加。经济增长通常用一国 GDP 的年增长率来衡量。与此密切相关的一个概念是人均实际 GDP 增长率，它决定一国生活水平提高的速度。

作为研究长期增长的出发点，我们先考察世界上一些国家的经济发展历程。表 17—1 说明了 13 个国家人均实际 GDP 的数据。对于每一个国家，数据都涵盖一个世纪的历史。该表的第一栏和第二栏列出了国家与时期（各国的时期略有不同，这是因为数据的可获得性不同），第三栏和第四栏列出了一个世纪前和最近一年的人均实际 GDP 的估计值。

表 17—1 不同的增长经历

国家	时期	期初人均实际 GDP[a]（美元）	期末人均实际 GDP[a]（美元）	年增长率（%）
日本	1890—2006 年	1 408	33 150	2.76
巴西	1900—2006 年	729	8 880	2.39
中国	1900—2006 年	670	7 740	2.34
墨西哥	1900—2006 年	1 085	11 410	2.24
德国	1870—2006 年	2 045	31 830	2.04
加拿大	1870—2006 年	2 224	34 610	2.04
阿根廷	1900—2006 年	2 147	15 390	1.88
美国	1870—2006 年	3 752	44 260	1.83
印度	1900—2006 年	632	3 800	1.71
英国	1870—2006 年	4 502	35 580	1.53
印度尼西亚	1900—2006 年	834	3 950	1.48
孟加拉国	1900—2006 年	583	2 340	1.32
巴基斯坦	1900—2006 年	690	2 500	1.22

a. 实际 GDP 以 2006 年美元衡量。

资料来源：［美］曼昆：《经济学原理（宏观经济学分册）》（第五版），46 页，北京，北京大学出版社，2009。

人均实际 GDP 数据表明各国生活水平差别很大。例如，美国的人均收入约为中国的 6 倍、印度的 12 倍。最穷国家的人均收入水平是发达国家几十年来所未见的。2006 年普通印度人的实际收入比 1870 年普通英国人的水平还低。2006 年普通孟加拉国人的实际收入是一个世纪以前普通美国人的三分之二左右。

表 17—1 的最后一栏列出了每个国家的增长率，它衡量的是在正常的一年中人均实际 GDP 增长的速度。例如，美国在 1870 年的人均实际 GDP 是 3 752 美元，而 2006 年是 44 260美元，年增长率为 1.83%。这意味着，如果人均实际 GDP 从 3 752 美元开始，136 年中每年增长 1.83%，那么最后就是 44 260 美元。当然，人均实际 GDP 实际上并不是每年正好增长 1.83%：一些年份增长快而另一些年份增长慢，而在其他年份仍然会下降。每年 1.83%的增长率没有考虑围绕长期趋势的短期波动，它代表许多年来人均实际 GDP 的

平均增长率。

表17—1中的国家按其增长率从高到低排序。日本在最上端，它的年增长率为2.76%。一百年前，日本并不是一个富国，日本的人均收入只比墨西哥略高一些，而且远远落后于阿根廷。日本在1890年的生活水平低于今天印度的一半。但是，由于其惊人的增长速度，日本现在是一个超级经济大国，人均收入是墨西哥和阿根廷的两倍多，与德国、加拿大和英国的水平相当。在这个表的最下面是孟加拉国和巴基斯坦，在过去的一个世纪中它们的年增长率不到1.4%。结果，这些国家的普通居民仍然生活在悲惨的贫困之中。

由于增长率的差别，随着时间的推移，各国按收入的排序会有很大的变动。正如我们所看到的，相对于其他国家，日本一直在上升。一直在下降的其中一个国家是英国。在1870年，英国是世界上最富的国家，人均收入比美国高20%左右，超过加拿大的两倍。现在，英国的人均收入比美国低20%多，而与加拿大相当。

第三节　经济增长的四个轮子

经济增长的良方是什么呢？首先，需要说明的一点是，成功的国家并非经出同一条发展道路，例如，英国最早开始进行工业革命，包括发明蒸汽机、修建铁路、强调自由贸易等，并在19世纪成为世界经济的领导者。日本则相反，它加入经济增长竞赛的时间较晚。它最初是通过模仿外国技术，限制进口、保护国内工业，然后大力发展自己的制造业和电子业，最终成功地发展了本国经济。

虽然发展途径各不相同，但所有曾经快速发展的国家都有一些共同点。经济增长和经济发展的基本机制都是一样的，当初它们成就了英国和日本，如今也开始适用于中国和印度这样的发展中国家。事实上，研究经济增长的经济学家已经发现：经济增长的发动机必定安装在相同的四个轮子上，无论是穷国还是富国。这四个轮子，或者说增长的要素就是：

(1) 人力资源（劳动力的供给、教育、纪律、激励）；

(2) 自然资源（土地、矿产、燃料、环境质量）；

(3) 资本（机器、工厂、道路）；

(4) 技术（科学、工程、管理、企业家才能）。

通常，经济学家使用总量生产函数（aggregate production function）来表明这些因素之间的关系。总量生产函数将国民总产出、总投入和技术联系在一起。它的数学表达式是：

$$Y=AF(K,N,R) \tag{17.1}$$

式中，Y 为产出；K 为资本存量；N 为投入的劳动力；R 为投入的自然资源；A 为经济中的技术水平。随着资本、劳动力、资源等投入要素的增加，我们可以预计产出也会增加，尽管随着生产要素投入的不断增加，这种产出增加会发生收益递减现象。现在，考察一下技术对于提高投入要素生产率的作用。生产率（productivity）是指产出与投入的比例。由于新发明的出现或者对国外先进技术的引进，技术水平（A）得以提高，因此技术的进步可以使一国在相同投入水平条件下生产出更多的产品。

现在，让我们来分析这四个因素对经济增长所分别作出的贡献。

一、人力资源

劳动力投入包括劳动力数量和劳动大军的技术水平。很多经济学家认为，所投入的劳动力的质量，如劳工的技术、知识和纪律性，是一国经济增长的最重要的因素。一个国家可以购买最先进的通信设备、计算机、发电装置和战斗机，但是，这些先进设备只有那些有技术、受过训练的劳动力才能使用，并使它们充分发挥作用。提高劳动力的知识水平、健康程度和纪律意识，以及提高劳工的电脑操作技能，都将极大地提高劳动生产率。

二、自然资源

产出的第二大传统要素是自然资源。这里所指的主要资源包括耕地、石油和天然气、森林、水力及矿产资源等。一些高收入国家，如加拿大和挪威，就是凭借其丰富的资源，在农业、渔业和林业等方面获得高产而发展起来的。与它们类似. 美国因拥有广阔的良田，才成为当今世界最大的谷物生产和出口国。

但在当今世界上，自然资源的拥有量并不是经济发展取得成功的必要条件，美国纽约的繁荣主要源于其高度发展的服务业。许多几乎没有自然资源可言的国家，如日本，通过大力发展劳动密集型和资本密集型产业而获得经济昌盛。再看中国香港，其面积和资源与俄罗斯无法相比，但在国际贸易中所占的份额却远远大于俄罗斯。

三、资本

经济学说史中最典型的故事常涉及资本积累。19 世纪，横跨北美大陆的铁路将工商业引至美国的心脏地带，而在此之前，那里还处于与世隔离的状态。20 世纪以来，对汽车、公路和电厂的投资浪潮大大提高了生产率，而且为创建整个新工业体系提供了基础设施。许多人都认为，电脑和信息高速公路对 21 世纪的作用，将如同铁路和高速公路在当年曾起过的巨大作用一样。

我们知道，积累资本需要牺牲许多当前消费。经济快速增长的国家，一般都在新资本品上大量投资；在大多数的经济高速发展的国家，10%～20%的产出都用于净资本的形成。

说到资本，我们不应该仅局限于电脑和工厂。许多为新兴的私人投资部门提供基础设施的投资只能由政府来承担。这些投资称作社会基础资本（social overhead capital），包括大规模的先于贸易和商业的工程。其中重要的项目如公路、灌溉和引水工程、公众医疗保健事业等。这里所涉及的各类大型投资一般都是整体性的、不可细分的，有时还具有规模效应。这些工程一般都具有外部经济或溢出效应，私人公司无法投资经营，所以政府必须介入，以保证这些社会基础设施投资能够有效进行。

四、技术

除上面讨论的三个传统因素之外，一个国家人民生活水平的快速提高还依赖于第四个重要因素，即技术的进步。历史上，一个国家的经济发展从来都不是一种简单复制的过程，不像增加钢铁厂或电厂的数目那么容易。事实上，使欧洲、北美和日本的生产力获得巨大提高的正是永无止境的发明和技术创新。

技术变革（technological change）是指生产过程中的技术发明或是新产品、新服务的引进。蒸汽机、发电机、内燃机、巨型喷气发动机、复印机和传真机等作业流程方面的发明极大地提高了劳动生产率。这类基础性的生产发明还包括电话、收音机、飞机、照相机、电视机和盒式录像机等。对当今社会最有影响的技术进步发生在电子计算机领域。如今，一台小巧的笔记本电脑的性能已远胜于 20 世纪 60 年代速度最快的电脑，这些发明都是技术变革中最伟大的事件。实际上，技术变革由一系列或小或大的技术进步组成。以美国为例，政府每年颁发十万多个专利许可证，在经济日常运行中还有成千上万的细微之处的革新。

技术进步更主要的是以一种无声的、不为人察觉的方式，不断以微小的改进来提高产品质量和产出数量。偶尔也会有些技术变革产生了划时代的影响，给人们留下了难以磨灭的印象。在 1991 年的海湾战争中，整个世界都为一种强烈的科技水平对比所震惊。美国及其盟国使用了高科技武器——隐形飞机、智能炸弹、反弹道导弹等，从而赢得了巨大优势，而它们的对手使用的却是技术上落后许多年的武器装备。民用技术进步，如电脑、远程通信技术，还有其他高科技产品等，相对来说影响虽没有那么巨大，但对市场经济中生活水平的提高却作出了极大的贡献。

由于技术进步对于提高生活水平十分重要，长期以来经济学家一直都在考虑如何促进技术进步。人们日益明确地认识到，技术进步并不只是简单机械地找到更好的产品和工艺流程；相反，快速创新需要培育一种企业家精神。以当今的计算机工业为例，在该领域，即使业内人士也难以都做到时刻紧跟硬件和软件飞速更新的步伐。

五、增长率的分解式

在研究总量生产函数公式（17.1）时，若不考虑自然资源 R 这一因素，则（17.1）式变为：

$$Y=AF(K,N) \tag{17.2}$$

若进一步假定生产函数（17.2）式具有生产规模报酬不变的特征，即以相同的比例增加两种投入导致产量也增加相同比例，则经济学可以证明下列关系式成立：

$$\frac{\Delta Y}{Y}=(1-a)\cdot\frac{\Delta N}{N}+a\cdot\frac{\Delta K}{K}+\frac{\Delta A}{A} \tag{17.3}$$

式中，$(1-a)$ 和 a 分别为生产中的劳动力和资本份额。上式的经济含义用文字表示就是：

产量的增长率＝(劳动收入在收入中的份额×劳动力增长率)
＋(资本在收入中的份额×资本增长率)＋技术水平

(17.3) 式为人们对经济增长源泉的研究提供了分析准备。这方面早期有名的研究是美国麻省理工学院的诺贝尔经济学奖得主罗伯特·索洛用美国 1909—1949 年间的数据作出的。索洛得出的令人惊奇的结论是，在这段时期每劳动小时产量增长的超过 80%以上的部分是由技术进步引起的。

第四节　新古典增长模型

增长理论的目标在于解释一国增长率的决定因素，以及国与国之间增长率和人均收入差异如此之大的原因。

在增长理论的发展史上，有两个研究成果丰富的时期，第一个时期是 20 世纪 50 年代末和 60 年代，第二个时期是 20 世纪 80 年代末和 90 年代。第一个时期的研究产生了新古典增长理论，这个时期最著名的理论贡献是由罗伯特·索洛作出的。第二个时期的研究则以内生增长理论而知名，早期贡献者是芝加哥大学的罗伯特·卢卡斯和加州大学伯克利分校的保罗·罗默。

本节只对新古典增长理论作一概述。

我们用 (17.2) 式和 (17.3) 式来展示新古典增长理论：

$$Y=AF(K,N)$$

$$\frac{\Delta Y}{Y}=(1-a)\cdot\frac{\Delta N}{N}+a\cdot\frac{\Delta K}{K}+\frac{\Delta A}{A}$$

为方便起见，我们假定一个给定且不变的劳动力增长率，即 $\Delta N/N=n$，也没有任何技术进步，即

$$\Delta A/A=0$$

在生产函数 (17.2) 式具有规模报酬不变性质的条件下，当不存在技术进步时，数学上可将其表示为人均的形式，即

$$y=f(k) \tag{17.4}$$

式中，y 为每个工人的产量；k 为每个工人的资本。图 17—3 显示了每个工人的生产函数即 (17.4) 式，它服从资本的边际报酬递减规律：随着每个工人拥有的资本量上升，每个工人的产量也增加，但增加的速度是递减的。

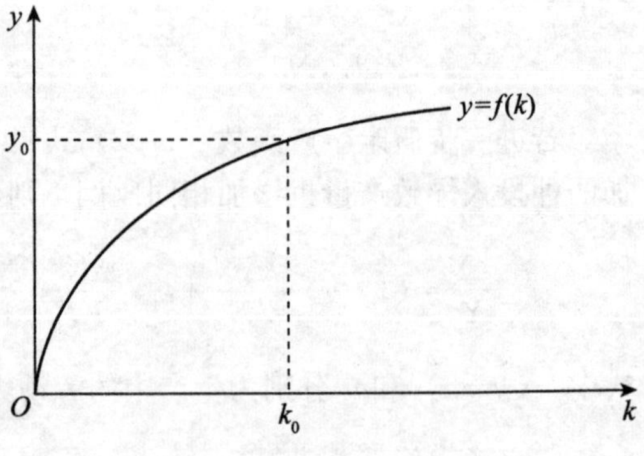

图 17—3　人均生产函数

假定没有技术进步且人口增长率固定，则 (17.3) 式中剩下的唯一可变要素就是资本增长率。资本增长由储蓄决定，而储蓄又依赖于收入，收入或产量又要视资本而定。这样，就在几个变量之间建立了一个相互依赖的体系。在

这个体系中，资本增长通过储蓄和收入又依赖于资本存量。以下分析这个体系是如何运作的。

一、稳态

在新古典增长理论中，稳定状态简称稳态，是指人均产量和人均资本都保持不变的状态。稳态的观点是，如果人均资本不变，在给定技术条件下，则人均产量也不变。尽管人口在增长，但为使人均资本保持不变，资本必须和人口以相同速度增长。

$$\frac{\Delta Y}{Y}=\frac{\Delta N}{N}=\frac{\Delta K}{K}=n \tag{17.5}$$

在 $\Delta A/A=0$ 的情况下，我们确认（17.3）式能得到满足。于是，当总产量、资本存量和劳动力都以速度 n 增长，且人均产量固定时，就可以达到稳态。

图 17—3 可以显示出稳态。在稳态中，经济停留在固定的资本—劳动比率 k_0 上，生产函数显示相应的人均产量为 y_0。

二、储蓄与资本增长

现在，我们来研究储蓄与资本增长之间的关系。在一个没有政府部门的封闭经济中，投资或资本的总增加等于储蓄。但为得到资本存量的增加，我们必须扣除折旧，从而资本存量的净增加等于储蓄减折旧。

$$\Delta K=\text{储蓄}-\text{折旧} \tag{17.6}$$

以下两个假定使我们能从（17.6）式中得出对稳态的完整描述。我们首先假定，储蓄占有收入 Y 的一个固定比例（s）。其次，我们假定折旧率是固定的，为资本存量的 d。具体而言，我们可以假设人们的储蓄等于他们收入的 15%，即 $s=15\%$，且折旧率为每年 10%，即 $d=10\%$，这意味着每年有 10%的资本存量被用来抵消机器的磨损。

把这些假设代入（17.6）式中，得到

$$\Delta K=sY-dK \tag{17.7}$$

再运用（17.5）式 $\frac{\Delta K}{K}=n$，有 $\Delta K=nK$，代入（17.7）式，即可得稳态的条件：

$$sY=(n+d)K \tag{17.8}$$

将（17.8）式两边同除以 N，则稳态条件的人均形式为：

$$sy=(n+d)k \tag{17.9}$$

式中，$y=Y/N$；$k=K/N$。方程（17.8）和（17.9）表明，稳态时储蓄（sY）正好提供了充足的投资来抵消折旧 dK 和为新增的劳动力装备资本设备 nK。如果储蓄超过这个数额，则人均资本将上升，导致人均收入也上升；反之，如果储蓄不足，则人均资本会下降，造成人均收入也下降。

三、增长过程

在图 17—4 中，我们研究使经济从初始的人均资本即资本—劳动比率随着时间的推移运动到稳态的调整过程。这一转变过程中的关键要素是储蓄率和投资率与折旧率和人口增长率之间的比较。

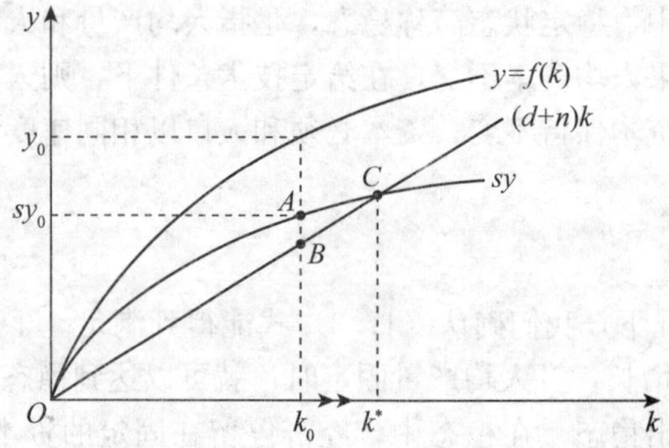

图 17—4　增长过程

由于个人储蓄是其收入中的一个固定部分，所以和产量成固定比例的 sy 曲线表明在每一资本—劳动比率上的储蓄水平，直线$(d+n)k$ 则显示了在每一资本—劳动比率上为保持资本—劳动比率不变所需的投资额。

理解新古典增长模型的关键在于当储蓄 sy 超过为保持资本—劳动比率 k 不变所需的投资额时，k 会上升。相应地，当 sy 超过$(n+d)k$ 时，k 就会上升。例如，如果经济从资本—劳动比率 k_0 开始，由于在 A 点的储蓄超过在 B 点的为保持 k 不变所需的投资，所以水平箭头显示 k 值在增加。

调整过程一直进行到 C 点为止。在这点上，经济达到了资本—劳动比率 k^*，与该资本—劳动比率相关联的储蓄和投资正好等于所要求的投资。由于实际和意愿投资完全相吻合，资本—劳动比率既不上升也不下降，经济达到了稳态。

稳态时 k 和 y 都固定不变。由于人均收入不变，总收入以与人口相同的速度增长，即增长率为 n。由此可以推论，稳态增长率不受储蓄率的影响。这是新古典增长理论的关键结论之一。

四、储蓄率的增加

在图 17—5 中，我们将显示储蓄率的增加是如何影响产量增长的。短期中储蓄率的增加提高了产量增长率，它并不影响产量的长期增长率，但它提高了人均资本和产量的长期水平。

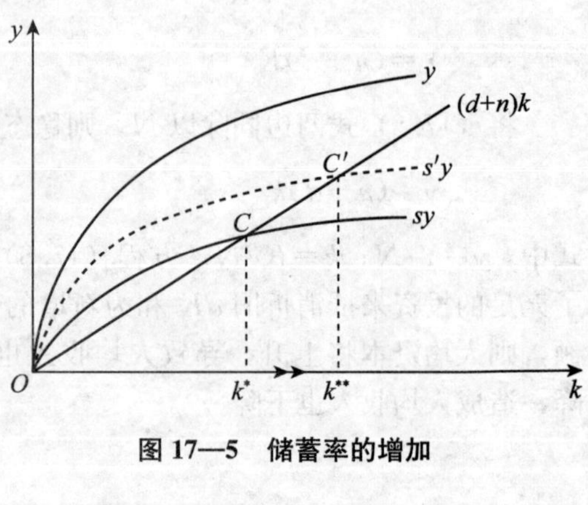

图 17—5　储蓄率的增加

在图 17—5 中，经济最初位于 C 点的稳态均衡，在这点储蓄恰好与要求的投资相匹配。现在人们想储蓄更大比例的收入，相应地引起储蓄曲线上移至虚线的位置。

虽然在 C 点初始状态下有稳态均衡，但现在储蓄相对于投资要求已上升，其结果比为保持人均资本固定而要求的投资额更多，有足够的资金可被省下来使得人均资本存量也上升。人均资本存量 k 将持续上升直至到达 C'点。在 C'点，更高额的储蓄恰好足以维持更多的资本存量。所以在 C'点，人均资本和人均产量都已上升。

然而在 C'点，经济重新回到其稳态增长率 n。这样在规模报酬不变的生产函数中，储蓄率的增加在长期中仅仅提高了人均产量和资本水平，而没有提高人均产量增长率。

为什么长期增长率会独立于储蓄率呢？难道一个有 10%的收入被放到一边用作资本存量的经济，其产量增长不该比另一个只有 5%的收入被储蓄起来的经济更快吗？

事实上在转变过程中，更高的储蓄率也导致了产量增长率和人均产量增长率的增加。这可以简单地从资本—劳动比率从初始稳态的 k^* 上升到新稳态中的 k^{**}这一事实中看出，达到资本—劳动比率增加的唯一途径是资本存量要比劳动力（和折旧）有更快的增长。

图 17—6 总结了储蓄率增加的影响。图 17—6（a）显示了人均产量水平，从 t_0 时的初始长期均衡出发，储蓄率的增加引起储蓄和投资的增加，人均资本存量增加，人均产量也同样增加。在图 17—6（b）中，我们则把目光投向初始稳态中的产量增长率。储蓄率的增加立刻提高了产量的增长率，这是由于资本的更快增长从而引起产量更快增长。随着资本的积累，增长率逐步降低，最终回落到人口增长的水平。

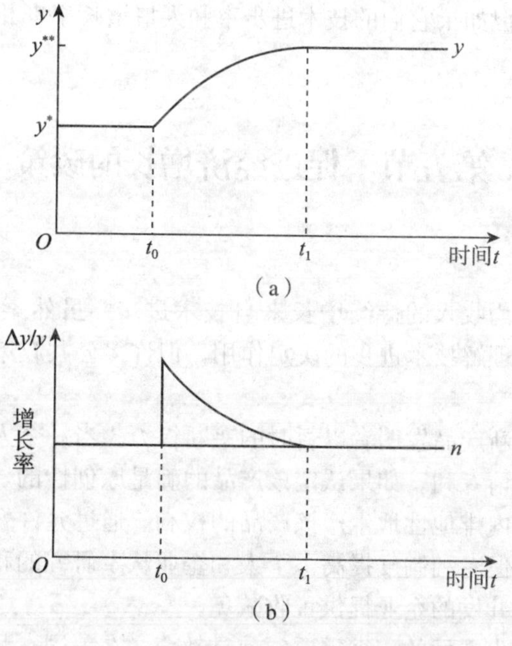

图 17—6　储蓄率增加的影响

五、人口增长

人口增长率的上升影响到图 17—4 中的$(d+n)k$ 线，使其向左上方旋转。利用与上面相类似的分析，可以得出以下结论：

(1) 人口增长率的上升降低了人均资本的稳态水平 k 和人均产量。

（2）人口增长率的上升提高了总产量的稳态增长率。

人口增长率的上升所产生的人均产量下降正是许多发展中国家面临的问题。

六、新古典增长理论的主要结论

新古典增长理论有四个关键结论。前两个是：

（1）从（17.5）式及图17—4中可知，稳态中的产量增长率是外生的；在这个例子中它等于 n，所以它独立于储蓄率 s。

（2）从图17—5和图17—6中可知，尽管储蓄率的增加没有影响到稳态增长率，但通过增加资本—劳动比率，它确实提高了收入的稳态水平。

以上分析是在假定不存在技术进步的条件下作出的，当把技术进步引入新古典增长理论中时，人们又形成了后面两个结论，即（3）和（4）。

（3）产量的稳态增长率保持外生。人均收入的稳态增长率决定于技术进步率。总产量的稳态增长率是技术进步率与人口增长率之和。

（4）如果两个国家有相同的人口增长率、相同的储蓄率和相同的生产函数，那么它们最终会达到相同的收入水平。在这个分析框架中，穷国之所以穷是因为它们拥有的资本更少，但是如果它们有着和富国一样的储蓄率和相同的技术，最终会赶上富国。

进一步说，如果国与国之间有着不同的储蓄率，那么根据这一理论，它们会在稳态中达到不同的收入水平。但如果它们的技术进步率和人口增长率都相同，那么它们的稳态增长率也将相同。

第五节　促进经济增长的政策

一、鼓励技术进步

索洛模型表明，人均收入的持续增长来自技术进步。虽然索洛模型没有解释技术进步，在一定程度上无法理解技术进步的决定作用，但许多公共政策的目的仍在于鼓励技术进步。

例如，专利制度给新产品发明者以暂时的垄断权力。当一个人或一个企业发明了一种新产品，发明者可以申请专利。如果认定该产品的确是原创性的，政府就授予专利，专利给予发明者在规定年限内排他性地生产该产品的权利。通过允许发明者从其发明中获得利润，尽管只是暂时的，但专利制度提高了个人和企业从事研究的积极性。类似的例子还有税收法规为进行研究和开发的企业提供税收减免。

政府在改善技术进步方面的一个重要领域是教育。在美国，州和地方政府提供了对小学、中学和大学的支持中的大部分。一支高素质的研究与开发团队是改善技术进步的一个关键因素。

美国政府长期以来在创造和传播技术知识方面发挥着作用。美国政府很早就资助耕作方法研究，并建议农民如何最好地利用自己的土地。近年来，美国政府通过空军和国家航空航天局支持空间研究，同时，像国家科学基金这样的政府机构持续直接资助大学的基础研究。

二、鼓励资本形成

从直观的角度看，由于资本是被生产出来的生产要素，因此，一个社会可以改变它所拥有的资本量。如果今天经济生产了大量新资本品，那么，明天它就将有大量资本存量，并能生产出更多的各种物品与劳务。此外，资本存量的增长是储蓄和投资推动的，因此，鼓励资本形成便主要归结为鼓励储蓄和投资。这是政府可以促进经济增长的一种方法，而且在长期中，这也是提高一国公民生活水平的一种方法。

图 17—7 显示了 1960—1988 年 17 个国家投资占 GDP 比率与人均 GDP 增长率的散点图。

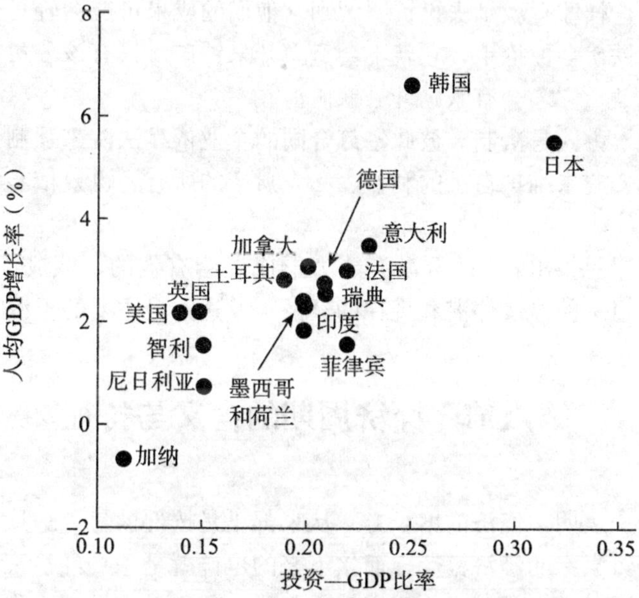

图 17—7　投资与增长

资料来源：法默：《宏观经济学》（第 2 版），316 页，北京，北京大学出版社，2009。

从图中可以看出，投资—GDP 比率高的国家增长率也较高。以墨西哥、荷兰、印度和加拿大为例，尽管这些国家人均 GDP 水平有差异，但它们的增长率相近。另外，像韩国和日本，它们经历了高速的增长，这与它们很高的储蓄率和投资率相关。总之，上述散点图揭示了投资—GDP 比率和人均 GDP 的平均增长率存在着显著的正相关。

三、增加劳动供给

容易理解，所得税的提高减少了工人的工作所得从而会降低工作的积极性；与之相反，所得税减免是加强激励，促使人们努力工作的一个途径。

与劳动供给相关联的一个概念是人力资本，它是指劳动者通过教育和培训所获得的知识和技能。尽管基本的新古典增长模型只包括物质资本，而且没有努力去解释劳动效率，但人力资本在许多方面与物质资本类似。与物质资本一样，人力资本也提高了一国生产物品和劳务的能力。20 世纪 90 年代的一项研究强调了在解释各国生活水平的差别中，人力资本至少与物质资本同样重要。[①] 因此，政府政策可以提高生活水平的一种方法是提供良好的教育、培训体系，并鼓励人们利用这样的体系。

四、建立适当的制度

研究生活水平国际差异的西方学者把这些差异部分归因于物质和人力资本的投入差别，部分归因于使用这些投入的生产效率。各国生产效率水平不同的一个原因是指导稀缺资源配置的制度不同。因此，创建适当的制度对经济增长是非常必要的。

制度是指能支配个人和企业行为的一套规则、体制和惯例。其中，影响经济增长的最基础、最根本的制度是产权（property rights），即对财产的保护，以免被他人占用。经济当事人要求产权，这样才有激励去投资。否则，他们的成果可能会轻易被别人拿走。如果一家铁矿公司预计铁矿会被抢走，它就不会努力开采铁矿。只有该公司相信它将从铁矿随后的销售中获得收益，它才会有激励开采铁矿。

维护产权的基本方式是法制。彼此签订合同的企业依靠法院来强制执行这些合同。发明人依靠专利法的实施来维护自己的利益。私人财产的所有者也要依靠法院和警察保护他们的所有权。

美国经济学家诺思指出："社会没有能力形成一套有效的、低成本执行合同的体系，这是第三世界国家过去的经济停滞和现在的经济不发达的最主要的根源。"[②]

第六节　经济周期的含义与特征

经济发展的历史表明，经济的增长方式从来都不是按部就班、一成不变的。一个国家可以享受好多年令人兴奋的经济繁荣，而接下来的也许就是一场经济衰退，甚至是一场金融危机。于是，经济的总产出下降，利润和实际收入减少，大批工人失业。当经济衰退逐渐落至谷底时，便开始复苏，复苏的步伐可能快也可能慢，有可能恢复不到原先的经济状况，也有可能强劲得足以启动下一轮的经济扩张。简言之，经济在沿着经济发展的总体趋势增长的过程中，常常伴随着经济活动的上下波动，且呈现出周期性变动的特征。因此，在完成了对经济增长理论的论述之后，本节和下一节将论述经济周期理论。

一、经济周期的含义

所谓经济周期（又称商业周期或商业循环），是指国民总产出、总收入和总就业的波动。这种波动以经济中的许多成分普遍而同期地扩张或收缩为特征，持续时间通常为 2～10 年。在现代宏观经济学中，经济周期发生在实际 GDP 相对于潜在 GDP 上升（扩张）或

---

① N. Gregory Mankiw, David Romer, and David N. Weil, "A Contribution to the Empirics of Economic Growth," *Quarterly Journal of Economics*, May 1992: 407 - 437.

② 转引自戴维·N·韦尔：《经济增长》(第二版)，271 页，北京，中国人民大学出版社，2011。

下降（收缩或衰退）的时候。

图 17—8 对经济周期作了一般描述。

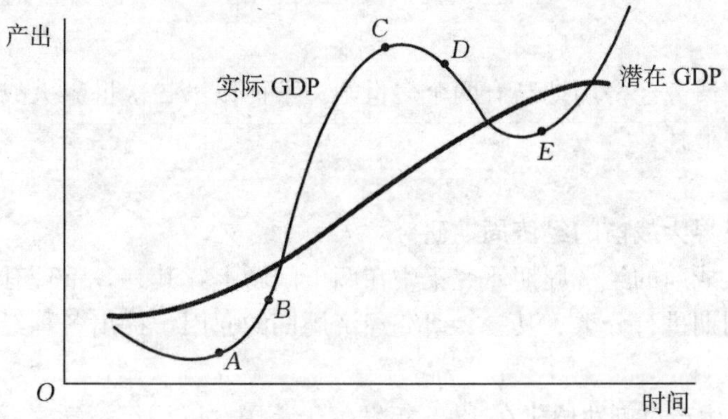

图 17—8　经济周期

粗线表示潜在 GDP 的稳定增长趋势，细线代表实际 GDP 的变化情况。*A* 点对应着经济萧条，它是经济周期的底部。*B* 点表明经济进入了复苏阶段。随着复苏进程的发展，产出到达趋势路径的上方，即图中的 *C* 点，称此时的经济处于繁荣阶段。然后经济进入衰退期，此时产出增长速度慢于产出增长趋势，甚至产出可能为负增长。*E* 点代表经济萧条，然后经济又开始复苏，另一个周期重新开始。

西方学者认为，经济周期的形式是不规则的。没有两个完全相同的经济周期，也没有像测定行星或钟摆那样的精确公式可用来预测经济周期的发生时间和持续时间。相反，经济周期可能更像天气那样变化无常。

二、经济周期的特征

经济周期可以分为两个主要阶段，即衰退阶段和扩张阶段。衰退阶段的特征为：

（1）通常消费者购买急剧下降，同时，汽车和其他耐用品的存货会出人意料地增加。由于厂商会对此作出压缩生产的反应，所以实际 GDP 会下降。紧随其后，对工厂和设备的企业投资也急剧下降。

（2）对劳动的需求下降。首先是平均每周工作时间减少，其后是被解雇员工的数量和失业率上升。

（3）产出下降，导致通货膨胀步伐放慢。对原材料的需求下降，导致其价格跌落。工资和服务的价格下降的可能性比较小，但在经济衰退期它们的增长趋势会放慢。

（4）企业利润在衰退中急剧下滑。由于预期到这种情况，普通股票的价格一般都会下跌，同时，由于对贷款的需求减少，利率在衰退时期一般也会下降。

经济周期扩张阶段的情景是衰退阶段的镜像，上述所有特征正好呈现相反方向的变动。

第七节　经济周期理论简述

西方经济学家研究经济周期已有两个多世纪，下面以第二次世界大战作为分界点，对经济周期理论作一概述。

一、第二次世界大战前的经济周期研究

第二次世界大战前的经济周期研究集中在两个问题上：其一，整理有关经济周期的历史资料，对经济周期进行分类。其二，研究经济周期的原因，提出各种经济周期理论。先来看第一个问题。

世界上第一次生产过剩性危机在1825年发生于英国，以后经济学家就注意并研究了这一问题。但是，他们大多把危机作为一种独立的事件来研究。1860年法国经济学家C. 朱格拉在他的《论法国、英国和美国的商业危机及其发生周期》一书中提出，危机或恐慌并不是一种独立的现象，而是经济中周期性波动的三个连续阶段（繁荣、危机、清算）中的一个。这三个阶段反复出现形成周期性现象。他对较长时期的工业经济周期进行了研究，并根据生产、就业人数、物价等指标，确定了经济中平均每一个周期为9～10年。这就是中周期，又称为朱格拉周期。美国经济学家A. 汉森把这种周期称为“主要经济周期”，并根据统计资料计算出美国1795—1937年间共有17个这样的周期，其平均长度为8.35年。

1923年，英国经济学家J. 基钦在《经济因素中的周期与趋势》中研究了1890—1922年间英国与美国的物价、银行结算、利率等指标，认为经济周期实际上有主要周期与次要周期两种。主要周期即中周期，次要周期为3～4年一次的短周期，又称为基钦周期。A. 汉森根据统计资料计算出美国1807—1937年间共有37个这样的周期，其平均长度为3.51年。

1925年，俄国经济学家N. 康德拉季耶夫在《经济生活中的长期波动》中研究了美国、英国、法国和其他一些国家长期的时间序列资料，认为资本主义社会有一种为期50～60年，平均长度为54年左右的长期波动。这就是长周期，又称康德拉季耶夫周期。

康德拉季耶夫根据美国、英国、法国一百多年内批发物价指数、利率、工资率、对外贸易量、煤铁产量与消耗量等的变动，认为从18世纪末期开始，经历了三个长周期。第一个长周期从1789年到1849年，上升部分为25年，下降部分为35年，共60年。第二个长周期从1849年到1896年，上升部分为24年，下降部分为23年，共47年。第三个长周期从1896年起，上升部分为24年，1920年以后进入下降时期。

1930年，美国经济学家S. 库兹涅茨在《生产和价格的长期运动》中提出了存在一种与房屋建筑业相关的经济周期，这种周期长度在15～25年之间，平均长度为20年左右。这也是一种长周期，被称为库兹涅茨周期，或建筑业周期。

库兹涅茨主要研究了美国、英国、德国、法国、比利时等国从19世纪初期或中期到20世纪初期60种工农业主要产品的产量和35种工农业主要产品的价格变动的长期时间数列资料。他剔除了其间短周期与中周期的变动，着重分析了有关数列资料中反映出的长期消长过程，提出在主要工业国家存在着长度从15年到25年不等、平均长度为20年的长

周期。这种周期与人口增长所引起的建筑业增长和衰退相关，是由建筑业的周期性变动引起的，而且，在工业国家中产量增长呈现出渐减的趋势。库兹涅茨提出的长周期受到了经济学界的重视。

奥地利经济学家J. 熊彼特在1939年出版的两大卷《经济周期》的第一卷中，对朱格拉周期、基钦周期和康德拉季耶夫周期进行了综合分析。

熊彼特认为，每一个长周期包括六个中周期，每一个中周期包括三个短周期。短周期约为40个月，中周期约为9～10年，长周期为48～60年。他以重大的创新为标志，划分了三个长周期。第一个长周期从18世纪80年代到1842年，是“产业革命时期”；第二个长周期从1842年到1897年，是“蒸汽和钢铁时期”；第三个长周期从1897年开始，是“电气、化学和汽车时期”。在每个长周期中仍有中等创新所引起的波动，这就形成了若干个中周期。在每个中周期中还有小创新所引起的波动，这就形成了若干个短周期。

再来看第二个问题。这一时期的西方学者根据对经济周期原因的研究提出了下述经济周期理论。

纯货币理论。这种理论认为，经济周期是一种纯货币现象。经济中周期性的波动完全是由银行体系交替地扩大和紧缩信用所造成的。在发达的资本主义社会，流通工具主要是银行信用。商人运用的资本主要来自银行信用。当银行体系降低利率、扩大信用时，商人就会向银行增加借款，从而增加向生产者的订货。这样就引起生产的扩张和收入的增加，而收入的增加又引起对商品需求的增加和物价上升，经济活动继续扩大，经济进入繁荣阶段。但是，银行扩大信用的能力并不是无限的。当银行体系被迫停止信用扩张，转而紧缩信用时，商人得不到贷款，就减少订货，由此出现生产过剩的危机，经济进入萧条阶段。在萧条时期，资金逐渐回到银行，银行可以通过某些途径来扩大信用，促进经济复苏。根据这一理论，其他非货币因素也会引起局部的萧条，但只有货币因素才能引起普遍的萧条。

投资过度理论。一种用生产资料的投资过多来解释经济周期的理论，这种理论认为，无论是什么原因引起了投资的增加，这种增加都会引起经济繁荣。这种繁荣首先表现在对资本品（即生产资料）需求的增加以及资本品价格的上升上。这就更加刺激了对资本品的投资。资本品的生产过度发展引起了消费品生产的减少，从而形成经济结构的失衡。而资本品生产过多必将引起资本品过剩，于是出现生产过剩危机，经济进入萧条。

创新理论。一种用技术创新来解释经济周期的理论。由熊彼特提出，属于外生经济周期理论。创新是指对生产要素的重新组合，例如，采用新的生产技术、新的企业组织形式，开发新产品和开辟新市场等。这种理论首先用创新来解释繁荣和衰退。这就是，创新提高了生产效率，为创新者带来了盈利，引起其他企业仿效，形成创新浪潮。创新浪潮使银行信用扩大，对资本品的需求增加，引起经济繁荣。随着创新的普及、盈利机会的消失，银行信用紧缩，对资本品的需求减少，这就引起经济衰退。直至另一次创新出现，经济才再次繁荣。

消费不足理论。这是一种历史悠久的理论，主要用于解释经济周期中危机阶段的出现以及生产过剩的原因，并没有形成解释经济周期整个过程的理论。这种理论的早期代表人物是英国经济学家马尔萨斯和法国经济学家西斯蒙第，近期代表人物是英国经济学家J. 霍布森。这种理论认为，经济中出现萧条与危机是因为社会对消费品的需求赶不上消费品的增长，而消费品需求不足又引起对资本品需求不足，进而使整个经济出现生产过剩性危机。消费不足的根源则主要是国民收入分配不平等所造成的穷人购买力不足和富人储蓄过度。

心理周期理论。这种理论强调心理预期对经济周期各个阶段形成的决定作用。这种理论认为，预期对人们的经济行为有决定性的影响，乐观与悲观预期的交替引起了经济周期中繁荣与萧条的交替。在任何一种原因刺激了投资活动，引起高涨之后，人们对未来预期的乐观程度一般总会超过合理的经济考虑下应有的程度。这就会导致过多的投资，形成经济过度繁荣。而在这种过度乐观的情绪所造成的错误被觉察以后，又会变成不合理的过分悲观的预期。由此过度减少投资，引起经济萧条。

太阳黑子理论。这种理论用太阳黑子来解释经济周期。这种理论认为，太阳黑子的活动对农业生产影响很大，而农业生产的状况又会影响工业及整个经济。太阳黑子的周期性决定了经济的周期性。具体来说，太阳黑子活动频繁就使农业生产减产，农业的减产影响到工业、商业、工资、购买力、投资等方面，从而引起整个经济萧条。相反，太阳黑子活动的减少则使农业丰收，整个经济繁荣。他们用长期中太阳黑子活动周期与经济周期基本吻合的资料来证明这种理论。这种理论把经济周期的根本原因归结为太阳黑子的活动，是典型的外生经济周期理论。

二、第二次世界大战后的经济周期理论概述

下面罗列的是第二次世界大战后一些最重要的经济周期理论及其代表人物。

(1) 货币主义经济周期理论。以弗里德曼为代表的货币主义（或货币学派）将经济周期归因于货币和信贷的扩张和收缩。该理论认为货币是影响总需求的最基本的因素。例如，1981—1982 年美联储为对付通货膨胀而将名义利率提高到 18%，就引发过衰退。

(2) 乘数—加速数模型[①]。其代表人物是萨缪尔森。该模型说明乘数和加速数的相互作用如何导致总需求发生有规律的周期波动。

(3) 政治周期理论。代表人物是诺德豪斯。该理论将经济波动归因为政治家为重新当选而对财政政策和货币政策的操纵。

(4) 建立在信息障碍条件下的货币周期模型。代表人物是卢卡斯。该理论的观点是，对价格和工资变动的错觉使人们提供的劳动或者过多或者过少，从而导致产出和就业的周期性波动。

(5) 实际经济周期理论。代表人物是普雷斯科特。该理论认为，经济周期主要是总供给冲击所造成的，某一部门的创新或技术的变动所带来的影响会在经济中传播，进而引起经济的波动。

纵观上面所罗列的各种经济周期理论，可以将西方学者关于经济周期根源的论述划分为两类，即外因论和内因论。外因论是在经济体系之外的某些要素的波动中寻找经济周期的根源，如战争、革命、选择；石油价格、发现金矿、移民；科学突破和技术创新；甚至太阳黑子和天气；等等。

---

① 尽管这一模型最初出现在 1939 年萨缪尔森的一篇论文《乘数和加速原理的相互作用》中，但是，它在学术界的实际影响却是在二战之后。

与外因论不同，内因论在经济体系内部寻找经济周期的机制和原因。这种理论认为，任何一次扩张都孕育着新的衰退和收缩，任何一次收缩也都包含着可能的复苏和扩张。

由以上论述可知，西方经济周期理论众多，系统论述它们并不是本教材的任务。有兴趣的读者可参阅对其有更多介绍的宏观经济学教科书。

复习与思考

1. 经济增长的源泉是什么?

2. 什么是新古典增长模型的基本公式? 它有什么含义?

3. 在新古典增长模型中，储蓄率的变动对经济有哪些影响?

4. 在新古典增长模型中，人口增长对经济有哪些影响?

5. 推导某一时期总产量、人均产量和人口这三者的增长率之间的关系。

6. 在新古典增长模型中，人均生产函数为

$$y=f(k)=2k-0.5k^2$$

人均储蓄率为 0.3，人口增长率为 0.03，求：使经济均衡增长的 k 值和 y 值。

7. 设一个经济的人均生产函数为 $y=\sqrt{k}$。如果储蓄率为 28%，人口增长率为 1%，技术进步速度为 2%，折旧率为 4%，那么，该经济的稳态产出为多少? 如果储蓄率下降到 10%，而人口增长率上升到 4%，那么这时该经济的稳态产出为多少?

8. 已知资本增长率 $g_k=2\%$，劳动增长率 $g_l=0.8\%$，产出增长率 $g_y=3.1\%$，资本的国民收入份额 $\alpha=0.25$，在这些条件下，技术进步对经济增长的贡献为多少?

9. 设一个经济中的总量生产函数为

$$Y_t=A_t f(N_t, K_t)$$

式中，Y_t、N_t 和 K_t 分别为 t 时期的总产量、劳动投入量和资本投入量；A_t 为 t 时期的技术状况。试推导经济增长的分解式，并加以解释。

10. 在新古典增长模型中，总量生产函数为

$$Y=F(K, L)=K^{\frac{1}{3}}L^{\frac{2}{3}}$$

(1) 求稳态时的人均资本量和人均产量。

(2) 用这一模型解释“为什么我们如此富裕，而他们那么贫穷”。

11. 设在新古典增长模型的框架下，生产函数为:

$$Y=F(K, L)=\sqrt{KL}$$

(1) 求人均生产函数 $y=f(k)$。

(2) 若不存在技术进步，求稳态下的人均资本量、人均产量和人均消费量。

12. 在新古典增长模型中，已知生产函数为 $y=2k-0.5k^2$，y 为人均产出，k 为人均资本，储蓄率 $s=0.1$，人口增长率 $n=0.05$，资本折旧率 $\delta=0.05$。试求:

(1) 稳态时的人均资本和人均产量。

(2) 稳态时的人均储蓄和人均消费。

第十八章

国际经济的基本知识

从经济方面来看，可以说没有哪个国家是完全与世隔绝的。今天的世界经济已经进入了全球化的时代。随着通信、交通和贸易政策领域所发生的革命性的进步和发展，各国的经济命运已经被逐渐地联系在一起。

国家之间的经济纽带是什么？国际贸易和国际金融无疑是最重要的经济学范畴。国际的商品贸易和服务贸易使得人们能够受惠于各国比较优势下的专业分工所带来的各种好处。通过出口那些本国生产相对有效率的物品和服务，进口那些本国生产缺乏效率的物品和服务，就可以提高本国人民的生活水平。在现代经济中，国际贸易总是需要许多种货币才能进行，而国际金融体系作为一种润滑剂，在其中发挥着重要的作用。它能够促成那些需要美元、欧元和其他货币的商品贸易和货币兑换。

本章介绍国际经济方面的一些基本知识，以使读者更好地理解经济全球化所导致的一些国际经济事件。

第一节　国际贸易理论的发展概述

一、国际贸易的经济基础

国际贸易使相关国家能够从事专业化生产，提高其资源的生产率，并获得更多的商品和服务。那么，为什么一些国家要进行贸易呢？下面罗列的三个因素有助于回答这一问题。

因素一：自然资源、人力资源和资本资源在国家之间的分配是不平衡的。各国的经济资源禀赋是各不相同的。

因素二：高效率生产各类产品要求使用不同的技术或不同的资源组合。

因素三：各种产品在质量和非价格特性方面是有差别的。在进口商品与国内生产的同类商品方面，有少数人甚至许多人可能更愿意选择进口商品。

对于因素一，考虑日本这个国家，该国拥有一支庞大的受过良好教育的劳动力大军，日本因此拥有丰富的、廉价的、具有专门技能的劳动力。这使得日本可以高效率地生产数码照相机、视频游戏播放器和DVD播放器等产品。与日本相反，澳大利亚拥有广阔的土地，因而可以廉价生产小麦、羊毛和肉类等产品。巴西则拥有高效生产咖啡所必需的廉价土壤、热带气候、降雨和充足的非技术劳动力。

对于因素二，无论其劳动力、土地和资本的密集度如何，所有国家都可以依据其特殊素质生产某种具有世界需求的产品，从而找到自己的立足之地。例如，意大利的时装、德国的豪华汽车、美国的软件和瑞士的名表。

但是，各个国家之间的资源、技术和产品类型的分配却不是一成不变的。当这种分配格局发生变化时，各国生产和销售商品的相对效率和成就也将随之改变。例如，在过去的几十年中，韩国已经提高了它的劳动力的质量，并极大地扩张了它的资本存量。虽然半个世纪前韩国主要出口农产品和原材料，但现在它已经在大量出口制造商品。同样，使我们得以享用合成纤维和合成橡胶的新技术不仅大大改变了生产这些产品的资源组合，而且改变了生产这些合成产品国家的相对效率。

当国民经济演变时，其劳动力的规模和质量将随之改变，其存量资本的数量和构成也将发生变化，新技术将应运而生，甚至其土地的质量和自然资源的数量都将改变。当上述变化发生时，一国生产特定产品的相对效率也将改变。

对于因素三，由于因素一和因素二的存在，各种产品在质量和非价格特性方面就是有差别的，再加上人类偏好的差异性和追求的多样性等，一些国家进行国际贸易便有了现实的经济基础。

有了以上说明，下面对国际贸易理论的发展进行概述。

二、绝对优势理论

绝对优势理论是早期的国际贸易理论，其代表人物是18世纪的英国经济学家亚当·斯密。他用一国中不同的职业分工和交换来解释国际贸易，认为国际贸易的产生就像裁缝不会自己去制作靴子，鞋匠不会自己去缝衣服，而都用自己的产品去交换自己不擅长生产的东西一样。一个国家之所以要进口别国的产品，是因为该国的生产技术处于劣势，自己生产成本太高，购买别国产品反而便宜。而一国之所以能够向别国出口产品，是因为该国在这一产品的生产技术上比别国先进，或者说有绝对优势，因为该国能够用同样的资源生产比别国更多的产品，从而使每单位产品的生产成本低于别国。因此，绝对优势理论认为，各国生产技术上的差别以及由此造成的劳动生产率和生产成本的绝对差别，是国际贸易和国际分工的基础。各国应该集中生产并出口其具有“绝对优势”的产品，进口其不具有“绝对优势”的产品，其结果比自己什么都生产更有利。

绝对优势理论解释了产生贸易的部分原因，但局限性很大，因为在现实社会中，有些国家比较先进发达，有可能在各种产品的生产上都具有绝对优势，而另一些国家可能不具有任何生产技术上的绝对优势，但贸易仍可能在这两种国家之间发生。

三、比较优势理论

在斯密绝对优势理论的基础上，另一位英国经济学家大卫·李嘉图提出了比较优势的贸易理论。比较优势理论认为，国际贸易的基础并不限于生产技术上的绝对差别，只要各国之间存在生产技术上的相对差别，就会出现生产成本和产品价格的相对差别，从而使各国在不同的产品上具有比较优势，使国际分工和国际贸易成为可能。下面用一个例子来加以说明。

假设美国为情人节种植了 1 000 万枝玫瑰。如果将种植这些玫瑰的资源用来生产计算机，则可生产 10 万台。于是，这 1 000 万枝玫瑰的机会成本就是 10 万台计算机。[①]

另一方面，这 1 000 万枝情人节玫瑰也可以在南美种植。这样的话，用计算机来衡量这些玫瑰的机会成本则很可能比在美国的机会成本要低。其一，在南半球种植 2 月玫瑰将容易得多，因为南半球的 2 月是夏季而非冬季。其二，相对于美国工人来说，南美工人在生产复杂产品如计算机时的效率要低一些。也就是说，给定数量的资源用来生产计算机的话，在南美生产的数量会比在美国生产得少。假定这种替换在南美变为 1 000 万枝玫瑰相当于 3 万台计算机。

按照比较优势理论，在机会成本上的差异给世界生产提供了一个互利的重新组合的可能性。让美国停止种植冬季玫瑰，将这些资源转而用来生产计算机；与此同时，让南美计算机工业中的必需资源转而用来种植玫瑰。这样，在生产上的变化结果将如表 18—1 所示。

表 18—1　　　　假定的生产变化

	玫瑰（万枝）	计算机（万台）
美国	－1 000	＋10
南美	＋1 000	－3
合计	0	＋7

从表 18—1 可以看出，生产进行重新组合之后，世界上种植的玫瑰还是与以前一样多，但现在生产了更多的计算机。所以，当美国集中生产计算机且南美集中种植玫瑰时，这种生产上的重新组织将扩大整个世界经济蛋糕的规模。如果一个国家在本国生产一种产品的机会成本（用其他产品来衡量）低于在其他国家生产该产品的机会成本，则称这个国家在生产该种产品上拥有比较优势。

上述例子较清楚地阐述了比较优势和国际贸易的基本原理，即如果每个国家都出口本国具有比较优势的商品，则两国间的贸易能使两国都受益。比较优势理论不仅在理论上更广泛地论证了国际贸易的基础，而且在实践上也部分地解释了为什么先进国家往往出口工业品而落后国家出口原料产品进行贸易。

---

① 这里，机会成本用实物量来计量。在李嘉图的原著中，他是用消耗的劳动时数来衡量机会成本的。

四、赫克歇尔-俄林理论

20 世纪初，瑞典经济学家赫克歇尔和俄林又进一步从生产要素比例的差别来阐述贸易的基础。赫克歇尔、俄林克服了斯密和李嘉图贸易理论中的某些局限性，认为生产商品需要不同的生产要素而不仅仅是劳动力。资本、土地以及其他生产要素也都在生产中起了重要作用，并影响到生产率和生产成本。

他们注意到了不同的商品生产需要不同的生产要素配置。有些产品的生产技术性较高，需要大量的机器设备和资本投入，这种产品称为资本密集型产品；有些产品的生产则主要是手工操作，需要大量的劳动力，这种产品称为劳动密集型产品。另外，各国生产要素的储备比例也是不同的。有的国家资本相对雄厚，有的国家劳动力相对充足。因此，产品生产的相对成本不仅可以由技术差别决定，也可以由要素比例和稀缺程度的不同决定。一般来说，劳动力相对充裕的国家，劳动力价格会偏低，因此劳动密集型产品的生产成本相对低一些。而在资本相对充足的国家里，资本的价格会相对较低，生产资本密集型产品可能会有利。因此，根据赫克歇尔-俄林理论，各国应该集中生产并出口那些能够充分利用本国充裕要素的产品，以换取那些需要密集使用其稀缺要素的产品。国际贸易的基础是生产资源配置或要素储备比例上的差别。

20 世纪 60 年代以来，国际贸易出现了许多新倾向，主要有两方面：第一，发达工业国家之间的贸易量大大增加；第二，同类产品之间的贸易量大大增加。许多国家不仅出口工业产品，也大量进口相似的工业产品，工业国家传统的“进口初级产品—出口工业产品”的模式逐渐改变，出现了许多同一行业既出口又进口的双向贸易或行业内贸易。这些新倾向的出现很快引起了对传统贸易理论，尤其是对赫克歇尔-俄林理论的挑战：这种新的贸易倾向显然是不能用资源配置的论点来解释的，因为发达国家之间的资源比例是相似的，它们都属于资本相对充裕的国家，而同类工业产品的生产技术更具有相似的要素密集性。

五、规模经济理论

为了解释新的贸易倾向以及新出现的各种情况，西方学者提出了许多不同的国际贸易理论。这里以规模经济理论作为例子。

美国经济学家克鲁格曼提出了规模经济的贸易学说，用以解释相似资源储备国家之间和同类工业产品之间的双向贸易。

传统贸易理论（从斯密到赫克歇尔-俄林）都假定产品的规模报酬不变，而规模经济贸易学说认为这一假设是不完全的。在现代社会化大生产中，许多产品的生产具有规模报酬递增的特点，即扩大生产规模，每单位生产要素的投入会有更多的产出。尤其是现代化的工业，大规模的生产反而会降低单位产品成本。另外，传统贸易理论假设各国生产的产品都是同质的，国际市场是完全竞争的。克鲁格曼则认为，工业产品虽然类似但并不是同质的，因此，大多数工业产品的市场是所谓不完全竞争市场，更多情况下表现为垄断竞争市场。现用一个简单的例子来说明规模经济在国际贸易中的重要性。

表 18—2 列出了某一假想行业的投入产出关系，且假定该产品的生产只需要劳动这一种投入。

表 18—2　　某一假定行业的投入产出关系

产出	劳动投入
5	10
10	15
15	20
20	25
25	30
30	35

由表 18—2 可知，规模经济表现在，劳动投入增加 1 倍（从 15 到 30），产出却增加了 1.5 倍。

假定世界上只有 A 和 B 两个国家，二者具有生产这种产品的同样技术，最初都生产 10 个单位。根据表 18—2，该产量在每个国家均需要 15 小时的劳动投入，即全世界用 30 个小时来生产 20 单位产品。现在假定该产品的生产集中到一个国家，譬如说 A 国，且 A 国在这一行业也投入了 30 小时的劳动。然而，一个国家内投入 30 小时的劳动，能生产出 25 件产品，显然，生产集中到 A 国使世界能以同样的劳动投入多产出 25%的产品。

但 A 国从哪里获取生产这种产品所需的额外劳动呢？B 国那些原先从事该产品生产的工人又去干什么呢？为了得到某些产品扩张生产所需的劳动，A 国必须缩减或放弃其他产品的生产。这些放弃的产品将在 B 国生产，B 国则雇用那些原先在 B 国生产而现在在 A 国扩张的行业的工人来从事这些产品的生产。

不妨假定有许多产品具有规模经济，并分别给其编号：1，2，3，…。为了利用规模经济，每个国家必须集中生产有限类别的产品，如 A 国生产 1，3，5 等类产品，而 B 国生产 2，4，6 等类产品。一方面，如果每个国家都只生产几类产品，那么每种产品的生产规模均能比各国什么都生产时更大，世界也生产出更加丰富多样的产品。另一方面，消费者希望能消费花色繁多的商品。假定产品 1 在 A 国生产，产品 2 在 B 国生产。那么 A 国产品 2 的需求者必须买从 B 国进口的产品 2；同样，B 国产品 1 的需求者也只能购买从 A 国进口的产品 1。国际贸易在这一过程中起了重要作用：它使各国既能利用规模经济来生产有限类别的产品，同时又不牺牲消费的多样性。

上述例子说明了，作为规模经济的结果，互利的贸易是如何开始的。各国用比以往更有效的规模来专业化生产有限类别的产品；同时，它们之间的相互贸易又使消费所有产品成为可能。

限于篇幅，本节对国际贸易理论发展的概述到此为止。关于上述贸易理论的详细论述以及其他贸易理论的介绍，读者可阅读国际贸易的专业著作。

第二节　贸易保护的影响和理由

自从大卫·李嘉图在 19 世纪初期提出了比较优势的基本原理之后，很多经济学家就倡导自由贸易。他们认为国家政策不应试图减少或增加出口和进口水平，而应由供给和需求自然地引发进口和出口。虽然经济学家认同自由贸易，但是很多政府仍使用税收和其他方法来限制进口。政府通常用四种工具来影响国际贸易，以此保护国内行业免受来自国外的竞争。这四种工具是：关税、进口配额、其他贸易壁垒、出口补贴。

一、贸易保护的影响

先分析关税的影响。关税是指当进口产品跨越国境时，进口国对进口产品所征收的税种。在过去相当长的一段时间内，关税是一种重要的政府收入来源，因为关税的征收相对容易。但是在当今世界，除了作为政府收入的来源外，关税经常被用于阻止进口以保护国内进口竞争产业的竞争商。

为了分析关税的作用，以美国进口 T 恤衫为例进行分析。图 18—1 阐明了关税对 T 恤衫进口的影响。假定 P_W 是 T 恤衫的世界市场价格。在征收关税之前，进口会推动国内价格降到 P_W，因而征收关税前的国内产量为 Q_1，征收关税前的国内消费量是 C_1，征收关税前的进口量为（C_1-Q_1）。

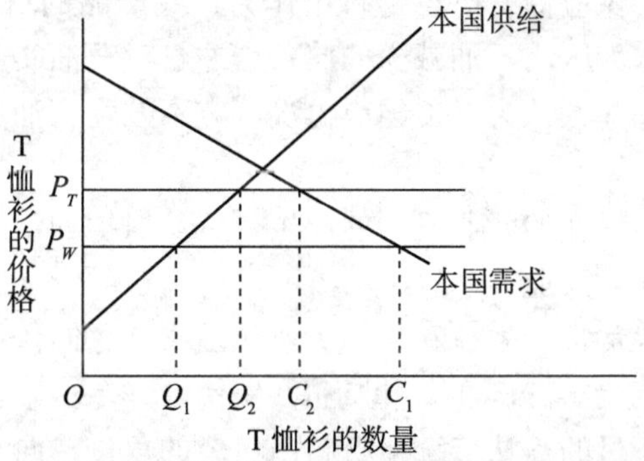

图 18—1　关税效应

现在假定政府对进口 T 恤衫征收关税。这一政策的结果是，进口 T 恤衫对于进口者将不再有利可图，除非国内出售价格高于或等于世界市场价格加关税。因此国内价格上升至 P_T，等于世界市场价格加关税，国内产量升至 Q_2，国内消费量跌至 C_2，进口量跌至（C_2-Q_2）。

关税相对于自由贸易而言，提高了国内价格，导致国内生产量增加，国内消费量减少。

再看进口配额的影响，进口配额是指对进口产品的数量进行限制，确定在一定时间内这种产品可以进口的最大数量。进口配额是另一种形式的贸易保护，一种合法限制进口产品数量的政策。配额使政府能够维护获得进口竞争产业收入的社会群体的利益，但是就像关税一样，对进口产品实施配额，将会减少贸易收益，这不符合社会利益。

进口配额常常通过配额许可证来管理：政府颁发一定数量的配额许可证。大多数美国进口配额的租金给了外国人，国家实施配额的成本大于利用类似的关税的成本。

影响贸易量的另外两项政策分别是：健康、安全以及管制壁垒，自愿出口限制。

健康、安全以及管制壁垒是指诸多详细繁杂的与健康、安全有关的措施，以及其他管制措施对国际贸易产生的影响。例如，美国食品与药物管理局对美国的进口食品进行检验，决定进口的产品是否“纯净、健康、安全”，是否“在干净的条件下生产”。

自愿出口限制类似于分给外国出口商的配额，其对进口的限制作用与配额的情况完全相同，但不同的是外国出口商获取了国内价格和世界价格之间差额所产生的利润。

出口补贴是指一国政府给予某出口产品生产商的支付。美国和欧盟政府对农产品提供补贴，这些补贴在刺激本国或地区农产品生产和出口的同时，使得其他国家，特别是非洲国家和中南美洲国家的农产品生产商在全球市场竞争上步履维艰。出口补贴能够给国内生产商带来好处，但往往会导致国内经济的产能过剩和其他国家经济的产能不足。

二、贸易保护的理由

主张贸易保护有许多理由，三个最为普遍的理由是国家安全、创造就业和保护幼稚产业。

国家安全的理由是基于海外产品的来源比较脆弱且易于受到国家冲突的阻断，因而国家应保护国内重要产品的供应商，以自给自足作为这些产品的目标。20 世纪 60 年代，美国已经着手把进口石油作为国内石油减少的储备缓冲，对石油实施进口配额，这被证明是基于国家安全考虑的。一些人认为，美国应再次制定不鼓励石油进口的政策，特别是对来自中东的石油。

创造就业的理由指出，新的就业机会的产生是贸易保护的结果。经济学家认为这些机会的产生抵消了其他产业的失业。

最后，保护幼稚产业常常发生在新兴的工业化国家，它们认为新兴产业需要经过一段短暂的贸易保护时期才能建立。例如 20 世纪 50 年代，许多拉丁美洲国家对制造业产品征收关税和实施进口配额，目的是从传统原材料出口者的角色转向工业化国家的新角色。

第三节　有关倾销的基本知识

在当今国际贸易的各种纠纷中，倾销（dumping）和反倾销的案例比较常见，从而这两个名词经常出现在新闻媒体的报道中。为了帮助读者认识和理解有关的情况，本节简要介绍有关倾销的基本知识。

一、倾销的含义

在不完全竞争市场中，厂商有时会对同样的产品在国内销售和对外出口时制定不同的价格。通常，把这种针对不同消费者而制定不同价格的行为称为价格歧视。在国际贸易中，价格歧视最普遍的形式就是倾销。倾销是指厂商对其出口的产品制定一个比其在国内市场要低的价格的行为。

从经济学的角度看，倾销的成立需满足两个条件：其一，必须是不完全竞争的行业，只有这样，厂商方可制定价格而不是接受既定的市场价格；其二，市场必须被分割，即国内居民不能轻易回购出口产品。有了这些条件，不完全竞争厂商就会发现从事倾销的确有利可图。

厂商对其产品进行倾销的原因在于国内外市场对其产品的需求价格弹性不同。当厂商认为其产品的国外市场需求价格弹性高于国内市场需求价格弹性时，为了使其利润最大化，厂商通常对具有较高需求弹性的国外市场制定较低的价格，而对具有较低需求弹性的国内市场制定较高的价格，倾销行为由此出现。因此，从某种意义上说，倾销实际上是厂商利润最大化战略的体现。

二、倾销的特征

倾销通常具有以下特征：其一，倾销是一种人为的低价销售措施。它是由出口商根据不同的市场，以低于有关商品在出口国的市场价格对同一商品进行差价销售。其二，倾销的目的和动机具有多样性。有的是为了销售过剩产品；有的是为了维持既定规模的生产；有的是为了争夺国外市场，扩大出口。不论倾销的目的和动机如何，只要倾销对进口国某一产业的建立和发展造成实质性损害、实质性威胁或实质性阻碍，就有可能招致进口国反倾销措施的惩罚。其三，倾销是一种不公平贸易行为。在政府奖励出口的政策下，生产者为获得政府出口补贴，往往以低廉的价格销售产品。另外，有的出口商将产品以倾销的价格在国外市场销售而获得在另一国市场的竞争优势并进而消灭竞争对手，再提高价格以获取垄断高额利润。因此，倾销不仅会影响进口国的经济发展，而且也扰乱了正常的国际竞争秩序。

三、反倾销措施

在美国及其他许多国家，倾销被认为是一种不公平的竞争行为。那些自认为受到外国厂商倾销侵害的本国厂商可以通过一定的程序，向本国政府有关部门提出申诉、寻求救助。如果申诉成功，本国政府就会对外国厂商课以“反倾销税”，其数额相当于进口商品的实际价格与“公平”价格之间的差额。从一定意义上说，为了制止倾销而采取反倾销措施是合理的，但如果滥用反倾销的手段，或者反倾销措施的实施超过了其合理范围或合理程度，反倾销措施也会成为一种贸易保护主义措施，从而对国际贸易的发展造成负面影响。例如，武断地认定原本不存在倾销的商品为倾销商品或无根据地夸大倾销幅度，从而无理地实施反倾销措施或不恰当地提高反倾销税额，都会阻碍正常的国际贸易的进行。

四、倾销的确定

倾销的确定是反倾销措施必备的要件之一，也是裁定倾销贸易纠纷的关键。根据世界贸易组织的规定，如果某一产品从一国出口到另一国，其出口价格低于该出口国正常贸易中用于消费的相同产品的可比价格，该出口产品即被视为倾销产品。这里所指的“可比价格”就是有关产品在出口国销售的“正常价格”。出口价格低于正常价格的差额即为倾销幅度。因此，确定是否存在倾销，必须明确正常价格的确定标准。

正常价格一般是指相同产品在出口国贸易中用于消费时的国内销售价格。使用出口国国内市场价格作为正常价格，必须符合以下几项条件：一是国内销售价格须具有代表性，即有关产品在国内市场中的销售占该产品出口的5%以上，这一条件旨在防止出口商通过较小的国内销售量人为地抬高正常价格，降低倾销幅度或使倾销不存在；二是所采用的国内销售价格应是在正常交易过程中形成的价格，即在独立交易者之间达成的价格；三是不得将低于成本价销售的价格视作正常价格。

上述正常价格的确定方法仅适用于对市场经济国家产品的正常价格或公平价值的确认。对如何确认非市场经济国家出口产品的正常价格，世界贸易组织并没有明文规定，因此，旨在保护本国经济的国家往往利用这一点来索取不正当的利益。

第四节　汇率和汇率制度

每个国家都用一种货币来计量商品和服务的价格，美国用美元、英国用英镑、德国用欧元、中国用人民币，这仅仅是几个例子。汇率在国际贸易中具有核心作用，这是因为汇率使得人们能够比较不同国家的商品和服务的价格。本节主要介绍汇率和汇率制度的基本内容。

一、汇率

汇率是一国货币用另一国货币表示的价格。汇率在支出决策中具有一定作用，因为汇率使我们能够把不同国家的价格转化为可比形式。例如，当美元与欧元的比价为 0.817 8 时，0.817 8 欧元就能够买 1 美元。类似地，花 1.222 8 美元才能买 1 欧元。这两个数字反映了欧元与美元之间的汇率：1 比 1.222 8，即 0.817 8。

任何一种给定的汇率都有两种表示方法。一是外国货币的本币价格，称为直接标价法；二是本国货币的外币价格，称为间接标价法。在大多数国家，人们习惯于用直接标价法来表示汇率，通常用 1 美元等于多少本币的方法来表示汇率。然而，这个规则并不普遍，美元与欧元之间的汇率通常同时用这两种方法表示。重要的是，要明确自己国家所采用的方式。

汇率的变动称为贬值或升值。一种货币的价值相对于其他货币上升的现象为货币升值，而一种货币的价值相对于其他货币下降的现象为货币贬值。假设 1 欧元的价值从 1 美元上升到 1.25 美元，这也就意味着 1 美元的价值从 1 欧元跌落到 0.8 欧元。在这种情况下，欧元升值，美元贬值。当其他条件相同时，一国货币相对于外国货币的贬值，会使本国出口的商品更加便宜，进口的商品更加昂贵；一国货币的升值会使本国出口的商品更加昂贵，进口的商品更加便宜。

二、汇率的决定

汇率由外汇市场决定。国际货币的交易场所称为外汇市场。外汇市场的主要参与者为商业银行、跨国公司、非银行金融机构，以及国家中央银行。

为了使问题简化，我们设想世界上只有两种货币——美元和欧元。欧洲人需要从外汇市场上购买美元，并相应地提供欧元。同样，美国人向外汇市场提供美元，并相应地购入欧元。（为了简化，忽略其他影响外汇市场的因素。）图 18—2 说明了外汇市场是如何运行的。对应于任何一个欧元对美元的汇率水平，横轴表示美元的数量，纵轴表示欧元与美元的汇率。

该图有两条曲线，分别是美元的需求曲线和供给曲线。需求曲线向下倾斜，表示购买

1美元所需要的欧元越多，欧洲人所需要的美元就越少。要理解美元的需求曲线为什么会向下倾斜，我们要知道，在其他条件不变的情况下，汇率决定美国的产品、服务及美元相对于欧洲国家的产品、服务及欧元的价格。如果美元相对于欧元价值上升，相比较而言美国产品就会比欧洲产品贵。这样欧洲人就会减少对美国产品的购买，外汇市场上对美元的需求会降低，因为购买美国产品所需要的欧元增加了，所以美元的需求量减少了。如果美元相对于欧元价值下降，那么美国产品相对于欧洲人来说就变得便宜了，欧洲人就会购买更多的美国产品，在外汇市场上购买更多的美元，因为购买1美元所需求的欧元数量减少了，于是美元的需求量上升。

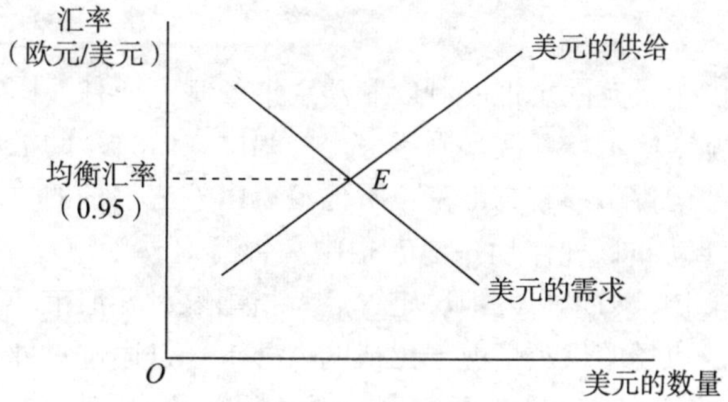

图 18—2　外汇市场

依据上述观点，我们也可以解释图18—2中美元的供给曲线为什么会向上倾斜。用于购买1美元所需要的欧元越多，美国人提供的美元就越多。原因还是汇率对相对价格的影响。如果美元相对于欧元升值，美国人就觉得欧洲产品比较便宜，于是就会需要更多的欧洲产品。这将促使美国人把更多的美元兑换成欧元。

外汇市场上美元的需求量等于美元的供给量时的汇率称为均衡汇率。如图18—2中，在E点达到均衡，均衡汇率是0.95，这表示，当汇率达到1美元等于0.95欧元时，外汇市场上的美元供给量等于美元需求量。下面简单分析一下美元需求的变化是如何影响外汇市场均衡的。假设出于某种原因，从欧洲流向美国的资本增加，比如说由于欧洲投资者的偏好变化。其作用和影响如图18—3所示。假设欧洲的投资者将欧元兑换成美元去美国投资新项目，这导致外汇市场上美元的需求增加，需求曲线从D_1移动到D_2。所以美元升值，均衡汇率时，1美元兑换的欧元数由E_1上升到E_2。

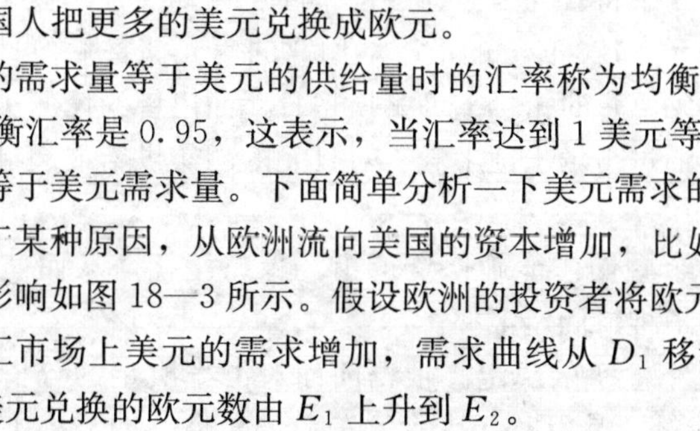

图 18　3　对美元需求的增加

由于不同国家的通货膨胀率不同，经济学家将汇率区分为名义汇率和实际汇率。实际汇率是经过对国际上总价格水平差异的调整后的汇率。而把没有经过对国际上总价格水平差异的调整后的汇率称为名义汇率。实际汇率的计算公式为：

$$e=\frac{E\times P_f}{P}$$

式中，e 为实际汇率；P 和 P_f 分别为国内与国外的价格水平；E 为名义汇率。实际汇率反映了国外价格水平与国内价格水平的相对比值。

三、汇率制度

世界上的汇率制度主要有固定汇率制度和浮动汇率制度两种。固定汇率制是指一国货币同他国货币的汇率基本固定，其波动限于一定的幅度之内。浮动汇率制是指一国中央银行不规定本国货币同他国货币的官方汇率，听任汇率由外汇市场的供求关系自发决定。浮动汇率制又分为自由浮动和管理浮动，前者指中央银行对外汇市场不采取任何干预措施，汇率完全由外汇市场的供求力量自发地决定；后者指国家对外汇市场进行各种形式的干预活动，主要是根据外汇市场的供求情况售出或购入外汇，以通过对外汇供求的影响来影响汇率。

从二战后的情况看，西方各国在 20 世纪 70 年代之前实行固定汇率制，此后，由于美元危机，布雷顿森林体系崩溃，西方各国相继放弃了固定汇率制而采用了浮动汇率制。

(1) 汇率的固定。为了固定汇率，中央银行必须愿意在外汇市场上以固定汇率同私人部门兑换货币。例如，为了将日元与美元的汇率固定在 120 日元兑 1 美元的水平上，日本银行必须愿意按照 1 美元＝120 日元的汇率，用它的美元储备兑换日元，而无论市场需求有多大。日本银行还必须愿意对市场上为了换得日元而出售的任何美元资产按此固定汇率购入。如果日本银行不通过市场干预来轧平对日元的超额供给或超额需求，那么汇率就必然会变动直到重新平衡。

只有当中央银行的金融操作能确保资产市场保持平衡，从而使汇率固定于某一水平时，中央银行才能成功地维持固定汇率。

(2) 自由浮动制度下汇率的决定。根据前面对汇率决定的分析，我们知道，供求双方在均衡时的美元的数量及其以欧元表示的美元的价格，即汇率 E。下面具体考察导致外汇的供求曲线发生移动的一些实际因素。同样，假定市场上只有美元和欧元这两种货币。

第一，在不存在国际借贷的条件下，美元的供给由美国的进口需求决定。当美国的进口需求增加时，美元的供给增加。图 18—4 中，美元的供给曲线由 S 向右移到 S'。

第二，在不存在国际借贷的条件下，美元的需求由欧洲人对美国商品的需求决定。当欧洲人对美国商品的偏好下降时，欧洲人对美国商品的需求减少，因此，在每一个汇率水平上对美元的需求减少。反映在图 18—4 中，美元的需求曲线由 D 向左移到 D'。

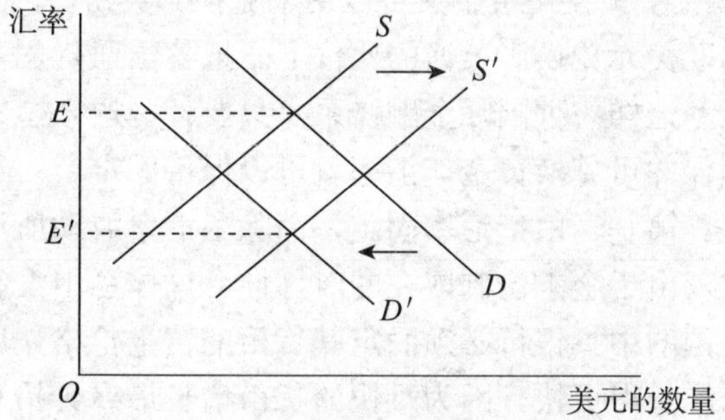

图 18—4　均衡汇率的变动

根据外汇市场供求的比较静态分析，在上述情形中，在其他条件不变时，美元的汇率会下降，即美元贬值。

四、购买力平价理论

购买力平价是分析汇率的有用工具。该理论认为，两国货币的汇率等于两国价格水平之比，即某种货币国内购买力的下降会引起该国货币在外汇市场上的等比例贬值，而购买力的上升则会引起相应的货币升值。

购买力平价的出发点是，每一种货币在本国都有购买商品和劳务的能力，根据所谓同一价格定律，即同一种商品在两个国家的货币购买力应相同，因此，不同货币购买力的比率就构成了相互间汇率的基础。尽管货币的购买力难以衡量，但由于货币购买力与价格水平成反向关系，因此，汇率就由两个国家的价格水平决定。根据购买力平价理论，一国的价格水平上升，该国的货币就会贬值，反之则升值。或者说，通货膨胀率高的国家的货币会贬值，通货膨胀率低的国家的货币会升值。

购买力平价理论是建立在诸如经济中的变化必须来自货币方面，不存在交易费用、关税等一系列假定条件基础上的。由于这些条件在现实中难以完全满足，因此，很多西方学者认为，购买力平价理论不能很好地解释短期汇率的波动。但这一理论给出了货币间兑换的实质，即购买力的比较。因此，购买力平价理论更多的是作为解释汇率长期变化趋势的一种理论。

第五节　国际金融体系的演变

开放经济不仅涉及国家间的贸易，而且涉及国际金融。

一、金本位制

第一次世界大战以前，世界经济是在金本位制下运转的。在金本位体制下，大多数国家的通货可以直接兑换成黄金。例如，美国的 1 美元钞票可以提交美国财政部兑换成大约 1/20 盎司的黄金。同样，英国财政部可将 1 英镑兑换成 1/4 盎司的黄金。因为美国人可以把 20 美元换成 1 盎司黄金，1 盎司黄金又可以用来兑换 4 英镑，因此，英镑与美元之间的汇率有效地固定在大约 5 美元兑换 1 英镑的比价上。把各国通货用黄金联系在一起，导致了各国通货之间固定汇率这样一种国际金融体系。只要各国遵守金本位制下的规则，保持各自的通货用黄金来担保并可兑换黄金，汇率就可以保持固定。

金本位制的优点是：第一，由于汇率固定，消除了汇率波动所产生的不确定性，有助于促进世界贸易。第二，由于金本位制内在的对称性，该体系中没有一个国家拥有特权地位。第三，由于世界各国的中央银行必须固定其货币的黄金价格，所以它们不会允许其货币供给比实际货币需求增长得更快，因为过快的货币增长最终会抬高包括黄金在内的所有产品和服务的货币价格。因此，金本位制天然地能够对中央银行通过扩张性货币政策引起国内价格水平上涨的做法予以限制，这种限制使一国货币的实际价值更加稳定和更具可预测性。

金本位制的不足之处在于：第一，它大大限制了使用货币政策应对失业等问题的能力。第二，只有黄金与其他产品和服务的相对价格是稳定的，将货币与黄金挂钩的做法才能确保总体价格水平的稳定。第三，当各国经济增长时，除非能不断地发现新的黄金，否则中央银行无法增加其持有的国际储备。第四，金本位制给了主要的黄金产出国通过出售黄金来影响世界宏观经济状况的强大的能力。

二、布雷顿森林体系和国际货币基金组织

随着第一次世界大战的到来，世界贸易受到极大挫伤，各国不再能维持货币和黄金的自由兑换。金本位制崩溃。在两次世界大战期间，尽管人们曾试图使它复活，但始于 1929 年的世界性经济萧条使这一努力归于失败。

1944 年 7 月，44 国的代表在美国新罕布什尔州的布雷顿森林召开会议，起草并签署了《国际货币基金组织协定》。在布雷顿森林协定下所建立的国际货币体系要求各国货币对美元保持固定汇率，并且把美元与黄金的比价固定为每盎司黄金 35 美元。成员国官方的国际储备以黄金或美元资产的形式持有，并有权向美国的中央银行即联邦储备银行以官方价格兑换黄金。

布雷顿森林协定创立了国际货币基金组织（IMF），它在 1945 年有 30 个创始成员国，而目前成员国已经超过了 170 个。IMF 被赋予的职责是：制定保持固定汇率的规则并向国际收支发生困难的国家贷款，以促进世界贸易的增长。作为监督成员国遵守规则的任务之一，国际货币基金组织也承担着收集和统计国际经济数据资料的工作。

布雷顿森林协定也建立了世界银行（全称是国际复兴和开发银行），它提供长期贷款以支持发展中国家修建水坝、道路和对其经济发展有作用的其他实物资本。世界银行的贷款资金主要是通过发行世界银行债券筹集的，这些债券在发达国家的资本市场上出售。世界银行和国际货币基金组织有时也被称为布雷顿森林组织。

三、欧洲货币体系的演进

1979 年 3 月，欧洲经济共同体的八个成员国（联邦德国、法国、意大利、荷兰、比利时、卢森堡、丹麦和爱尔兰）建立了欧洲货币体系（EMS），这些国家同意固定任意两国

之间的汇率，并对美元联合浮动。随后，西班牙于1989年、英国于1990年、葡萄牙于1992年也先后加入了欧洲货币体系。一般认为，欧洲货币体系是以联邦德国和法国为首的西欧国家按照布雷顿森林体系的原则创立的。

作为一种固定汇率体系，欧洲货币体系的参加国必须放弃对本国利率的控制权。① 欧洲货币体系内的国家对货币政策控制权的丧失在正常情况下不会出现严重的问题，但当面临经济波动时，实际的货币政策可能就会与理想的货币政策相去甚远。

导致欧洲货币体系出现危机的一个关键因素是1990年的两德统一。德国西部因补贴东部工业而导致其财政政策急剧扩张，进而造成了通货膨胀率的上升。德国中央银行为此不得不提高利率，从而货币政策被用于干预和管理国内的宏观经济。面对上升的德国利率，欧洲货币体系中的其他国家也不得不跟着提高利率，以阻止其货币对德国马克的贬值，并防止汇率波动超出所规定的范围。利率的上升，加上世界性的衰退，以及原计划经济国家在转轨过程中产出急剧下降等问题，都共同将德国以外的欧洲推进了一场愈演愈烈的经济衰退之中。上述这些情况，再加上20世纪90年代早期欧洲国家的汇率受到国际汇率投机者的攻击，几乎摧毁了整个欧洲货币体系，从而促成了货币联盟的产生。

现实使许多欧洲人相信，市场的完全整合势必要求建立使用统一货币的联盟。各国普遍认识到，由于固定汇率制存在基本目标冲突，随着欧洲资本市场的不断整合，货币市场和金融市场将会难以稳定。1992年签署的《马斯特里赫特条约》勾画了一幅货币联盟的蓝图，该条约不仅规定了分阶段过渡到共同货币——欧元（euro）的时间表，还提出了建立欧洲中央银行（FCB）的设想。欧元作为西欧国家的新货币已于1999年1月1日开始启用，2002年1月1日欧元变成了欧洲12国共3亿人口的单一货币。对于欧洲货币联盟这一重要的经济创新，有人表示乐观，有人表示担忧。不管怎样，它的前景都会吸引全世界的关注。

第六节　政府调节国际经济往来的措施

一、国际贸易政策简述

国际贸易理论所体现的一种基本思想是，各国都能从国际贸易中获益。从理论上讲，由于进行贸易的各个国家千差万别，国家就像个人一样，当它们各自从事自己擅长的事情时，就能取长补短，从市场交易中获益。然而，在现实中，自由贸易却受到许多国家各种政策的干预。其中最主要、最普遍的是限制进口和鼓励出口。

限制进口的贸易政策是指一国（或地区）对产品进口水平所设定的一系列措施。限制进口的最主要政策工具有两个：进口关税和进口配额。进口关税是指产品运抵一国时所需缴纳的税款。进口配额则是一国对特定产品进口数量和金额的限制。两者的区别在于控制的内容，进口关税侧重于控制进口产品的价格；进口配额则侧重于控制进口数量。进口关

① 那些实行固定汇率制且具有高度资本流动性的国家都有一个重要的特征，即它们彼此间的利率必须保持密切的联系。这样的两个国家间的任何利率差异都会吸引投机者卖出一种货币并买入另一种货币，直到利率达到同一水平。

税的形式有很多，但大体上可分为从量税和从价税。前者根据数量征收税款；而后者按照进口商品价值征收税款。进口配额的方式也有很多，有在全球范围内的配额，也有分国别的配额；有进口国单方面设置的，也有双方协议的。

除了关税和配额外，一国可能还有其他非关税壁垒，从不同程度上直接或间接地起着限制进口的作用。这些非关税壁垒包括苛刻的技术标准、烦琐的海关手续、歧视性的政府购买、进出口的垄断经营、外汇管制等。

鼓励出口的贸易政策是指一国（或地区）对产品出口水平所设定的一系列措施。政府刺激出口的最常见做法是对出口进行补贴。补贴的方法既可以是直接的现金支付，也可以是间接通过降低出口商品的成本来实现。美国和西欧对某些农产品就采取直接补贴的方法，政府保证支付这些农产品国际市场与国内市场的差价。间接补贴的办法包括低息贷款和外销退税等。政府通过银行系统给予用于出口商品生产和销售的贷款以优惠利率；在商品出口以后，政府允许企业申请退回进口原材料时支付的关税；对于出口商品，免征国内同类商品所缴纳的各种国内税。这些措施的共同结果是降低出口商品的成本，增加出口商品的实际收益。

政府促进出口的另一项贸易政策是低价外销，也就是上一节论述的倾销，或类似的手段，不再赘述。

就宏观经济分析而言，国际贸易政策的意义在于调节一国的国际收支，其目的往往是保持收支的平衡。

二、外汇市场干预

世界上大多数国家都有自己的货币。国与国之间的贸易涉及了不同货币之间的兑换。例如，当一家美国公司购买德国的商品、劳务或金融资产时，美元（通常是以美元计值的银行存款）必须兑换成欧元（以欧元计值的银行存款）。汇率又称汇价，是一个国家的货币折算成另一个国家货币的比率。汇率表示的是两个国家货币之间的互换关系。

汇率在国际经济交往中是很重要的，它不仅影响着国内商品与国外商品之间的相对价格，而且还影响着一国的国际收支。国际货币的交易场所称为外汇市场。外汇市场的主要交易者包括商业银行、从事国际贸易的公司、非银行金融机构和中央银行。出于某些情况的考虑，一国政府有时会对外汇市场进行干预。一国政府对外汇市场进行干预主要是通过该国的中央银行或授权的单位来实施的。

要理解外汇市场中的中央银行干预对汇率的影响，首先看一下它在外汇市场上出售所持有的以外币计值的资产（称为国际储备）对基础货币的影响。假定美国中央银行出售100亿美元外汇资产，以取得100亿美元通货。美国中央银行购买美元会产生两种影响。其一，使中央银行持有的国际储备减少了100亿美元；其二，由于它的购买使通货从公众手中回笼，流通中货币减少了100亿美元。这意味着基础货币减少了100亿美元。一般，一国中央银行在外汇市场上购入本国货币，相应出售国外资产，将使国际储备和基础货币等值减少。中央银行允许本国货币的买卖对基础货币产生影响的这种干预，称为未抵消影响的外汇干预。

如果中央银行不希望本国外汇市场的买卖影响基础货币，它所需要做的就是对政府债券市场采取相反的公开市场操作，来抵消外汇干预的影响。例如，美国中央银行出售 100 亿美元外汇资产获得 100 亿美元，这将减少 100 亿美元的基础货币，中央银行可以在公开市场购买 100 亿美元的政府债券，这将增加 100 亿美元基础货币。这种有了相反的公开市场操作而不影响基础货币的外汇市场干预，称为已抵消影响的外汇干预。

根据以上论述，可得出如下结论：出售本国货币以购买国外资产，这种未抵消影响的干预会导致国际储备增加、货币供给增加以及本国货币贬值；出售国外资产以购买本国货币的同类干预则产生相反的结果；而已抵消影响的外汇干预一般对汇率没有影响。上述结论为政府有意识地干预外汇市场提供了一定的思路。从宏观经济分析的角度看，政府对外汇市场进行干预旨在影响汇率，改善一国的国际收支状况。

复习与思考

1. 简述绝对优势理论与比较优势理论。
2. 解释贸易壁垒如何减少国际贸易。
3. 分析支持贸易保护的理由。
4. 均衡汇率是如何决定的？影响汇率变化的因素有哪些？

附录一

参考文献

· 马克思. 资本论. 2 版. 第一卷，第二卷，第三卷. 北京：人民出版社，2004

· 马克思. 剩余价值理论. 第一卷，第二卷，第三卷. 北京：人民出版社，1976

· 马克思恩格斯全集. 中文 1 版. 第 46 卷. 北京：人民出版社，1980

· 马克思. 政治经济学批判. 北京：人民出版社，1957

· 狄拉德. 凯恩斯经济学. 上海：上海人民出版社，1963

· 多恩布什，费希尔，斯塔兹. 宏观经济学（第十版）. 北京：中国人民大学出版社，2010

· 范里安. 微观经济学：现代观点（第 8 版）. 上海：上海三联书店，上海人民出版社，2011

· 弗里德曼. 货币数量理论的重新表述. 见：弗里德曼文萃. 北京：北京经济学院出版社，1991

· 凯恩斯. 就业、利息和货币通论（重译本）. 北京：商务印书馆，1999

· 凯斯，费尔. 经济学原理. 北京：中国人民大学出版社，2010

· 克鲁格曼，韦尔斯 . 微观经济学（第二版），北京：中国人民大学出版社，2012

· 罗伯茨 . 供给学派的革命 . 上海：上海译文出版社，1987

· 曼昆. 宏观经济学（第七版）. 北京：中国人民大学出版社，2011

· 尼科尔森. 微观经济理论：基本原理与扩展（第九版）. 北京：北京大学出版社，2008

· 琼斯. 宏观经济学. 上海：上海三联书店，2010

· 琼斯. 经济增长导论. 北京：北京大学出版社，2002

· 罗宾逊. 马克思、马歇尔和凯恩斯. 北京：商务印书馆，1963

• 平狄克，鲁宾费尔德．微观经济学（第八版）．北京：中国人民大学出版社，2013
• 萨缪尔森，诺德豪斯．宏观经济学（第19版）．北京：人民邮电出版社，2012
• 斯蒂格利茨．经济学（第四版）．北京：中国人民大学出版社，2013
• 吴汉洪．西方寡头市场理论与中国市场竞争立法．北京：经济科学出版社，1998
• 尹伯成主编．西方经济学说史．2版．上海：复旦大学出版社，2012
• 参考消息，1995-10-12
• 中共中央关于经济体制改革的决定．北京：人民出版社，1984
• Achibald and Lipsey. *Mathematic Economics*. New York，Harper Row Publishers，1976（阿契鲍尔德，利普西．数理经济学引论．纽约：哈珀与罗公司，1976）
• Akerlof. The Market for "Lemons"：Quality Uncertainty and Market Mechanism. *Quarterly Journal of Economics*，vol. 84，No. 3，August 1970，pp. 488-500（阿克洛夫．"柠檬"市场：质量的不确定性和市场机制．经济学季刊，第84卷，1970年8月，488～500页）
• American Economic Association. *Readings in Price Theory*. Homewood，Irwin Inc.，1952（美国经济学会．价格理论论文集．霍姆伍德：欧文公司，1952）
• Asimakopulos. *Microeconomics*. Oxford，Oxford University Press，1978（阿西马科普洛斯．微观经济学．牛津：牛津大学出版社，1978）
• Boskin. *Economics and Human Welfare*. New York，Academic Press，1979（鲍斯金编．经济学与人类福利．纽约：学术出版社，1979）
• Baumol and Blinder. *Economics—Principles and Policy*. Seventh Ed.，New York，Dryden Press，1997（鲍莫尔，布兰德．经济学——原理和政策．7版．纽约：德里顿出版社，1997）
• Bell and Kristal. *The Crisis in Economic Theory*. New York，Basic Books Publishers，1981（贝尔，克里斯多尔．经济理论的危机．纽约：基本图书出版社，1981）
• Blanchard. *Macroeconomics*. 6th Ed.，London，Prentice-Hall Inc.，2012（布兰查德．宏观经济学．6版．伦敦：普伦蒂斯-霍尔公司，2012）
• Blatt. How Economists Misuse Mathematics. in Eichner. *Why Economics Is Not Yet a Science*. N. Y.，Sharpe Inc.，1983（布拉特．经济学者如何误用数学．见：埃克纳编．为什么经济学还不是科学．纽约：夏普公司，1983）
• Blaug. *The Cambridge Revolution—Success or Failure*. London，Institute of Public Affair，1975（布劳．剑桥的革命——成功还是失败了．伦敦：公共事务研究所，1975）
• Blaug. *The Methodology of Economics*. Cambridge，Cambridge University Press，1983（布劳．经济学的方法论．剑桥：剑桥大学出版社，1983）
• Buchanan and Lutz. *The Rebuilding of the World Economy*. New York，the 20th Century Foundation，1947（布坎南，卢茨．世界经济的重建．纽约：美国20世纪基金会，1947）
• Chamberlin. *The Theory of Monopolistic Competition*. 6th Ed.，Boston，Harvard

University Press，1948（张伯伦. 垄断竞争理论. 6 版. 波士顿：哈佛大学出版社，1948）

• Chiang. *Fundamental Methods of Mathematical Economics*. 3rd Ed.，New York，McGraw-Hill Inc.，1984（蒋中一. 数理经济学的基本方法. 3 版. 纽约：麦格劳-希尔公司，1984）

• Coase. The Problem of Social Cost. *Journal of Law and Economics*，vol. 3（October，1960）（科斯. 社会成本问题. 法学和经济学杂志，第 3 卷，1960 年 10 月）

• Colander and Brenner. *Educating Economists*，Ann Arbor，Michigan University Press，1992（柯兰德，布伦纳编. 经济学教育. 安娜堡：密歇根大学出版社，1992）

• Dillard. *Economics of John Maynard Keynes*. New York：Prentice-Hall Inc.，1949（狄拉德. 约翰 • 梅纳德 • 凯恩斯的经济学. 纽约：普伦蒂斯-霍尔公司，1949）

• Domar. *Essays in the Theory of Economic Growth*. Oxford，Oxford University Press，1957（多马. 经济增长论文集. 牛津：牛津大学出版社，1957）

• Dorfman，Samuelson and Solow. *Linear Programming and Economic Analysis*，New York，McGraw-Hill Inc.，1958（道夫曼，萨缪尔森，索洛. 线性规划与经济分析. 纽约：麦格劳-希尔公司，1958）

• Durnbusch and Fischer. *Macroeconomics*，12th Ed.，New York，McGraw-Hill Inc.，2013（多恩布什，费希尔. 宏观经济学. 12 版. 纽约：麦格劳-希尔公司，2013）

• Eichner. *Why Economics Is Not Yet a Science*. New York，Sharpe Inc.，1983（埃克纳编. 为什么经济学还不是科学. 纽约：夏普公司，1983）

• Ferguson. *Microeconomic Theory*，3rd Ed.，Homewood，Irwin Inc.，1972（弗格森. 微观经济理论. 3 版. 霍姆伍德：欧文公司，1972）

• Friedman. The Role of Monetary Policy，*American Economic Review* 58，1968，pp. 1 - 17（弗里德曼. 货币政策的地位. 美国经济评论，58，1968，1～17 页）

• Galbraith. *The New Industrial State*，2nd Ed.，Boston，Hutton and Mifflin Publishers，1971（加尔布雷思. 新工业国. 2 版. 波士顿：霍顿-米夫林公司，1971）

• Georgescu-Roegen. Utility. in Greenwald. *Encyclopedia of Economics*. New York，McGraw-Hill Inc.，1982（乔治斯库-洛京. 效用. 见：格林沃尔德编. 西方经济学百科全书. 纽约：麦格劳-希尔公司，1982）

• Gillie，Levacic and Thompson. *Politics and Economic Policy*. London，Hodder and Stoughton，1987（吉利，赖瓦西，汤普逊编. 政治与经济政策. 伦敦：霍顿与斯特劳顿公司，1987）

• Graaff. *Theoretic Welfare Economics*. Cambridge，Cambridge University Press，1957（格拉夫. 理论福利经济学. 剑桥：剑桥大学出版社，1957）

• Greenwald. *The Dictionary of Modern Economics*，New York，McGraw-Hill Inc.，1983（格林沃尔德编. 现代经济学辞典. 纽约：麦格劳-希尔公司，1983）

• Greenwald. *Encyclopaedia of Economics*，New York，McGraw-Hill Inc.，1982（格林沃尔德编. 西方经济学百科全书. 纽约：麦格劳-希尔公司，1982）

• Greenwald and Stiglitz. New and Old Keynesians，*Journal of Economic Perspec-*

tives，vol. 7，no. 1，Winter 1993，pp. 23－44（格林沃尔德，斯蒂格利茨. 新旧凯恩斯主义. 经济展望杂志，第7卷，1993年冬季第1期，23～44页）

• Haberler. *Prosperity and Depression*，3rd Ed.，New York：United Nations，1946（哈勃勒. 繁荣与萧条. 3版. 纽约：联合国，1946）

• Hall and Hitch. Price Theory and Business Behavior，in *Oxford Economic Papers*. 1939（霍尔，希契. 价格理论和企业行为. 见：牛津经济论文集. 1939）

• Hardin. The Tragedy of the Commons，*Science*，vol. 162，1968（哈丁. 公地的悲剧. 科学，第162卷，1968）

• Harris. *A Survey of Sustainable Development*，Washington，D. C.，Island Press，2001（哈利斯编. 可持续发展文献汇编. 华盛顿：阿伊兰出版社，2001）

• Haslett.*Capitalism and Morality*，Oxford，Oxford University Press，1994（哈斯利特. 资本主义与道德，牛津：牛津大学出版社，1994）

• Heilbroner and Ford. *Economic Relevance—A Second Look*，U. S.，California，Goodyear Publishing Company，1976（海尔布伦纳，福特编. 对经济学现实意义的再度考察. 美国加州，固特异出版社，1976）

• Henderson and Quandt. *Microeconomic Theory*. 3rd Ed.，New York，McGraw-Hill Inc.，1980（亨德森，匡特. 微观经济理论. 3版. 纽约：麦格劳-希尔公司，1980）

• Hicks. *Value and Capital*. Oxford，Oxford University Press，1939（希克斯. 价值与资本. 牛津：牛津大学出版社，1939）

• Hicks. Mr. Keynes and the "Classics". *Econometrica*，vol. 5，no. 2，April 1937 pp. 147－159（希克斯. 凯恩斯先生与"古典学派". 计量经济学杂志，第5卷，第2期，1937年4月，147～159页）

• Hudson. *Business Without Economists*，New York，Amacom Publishers，1987（赫德森. 企业不需要经济学家. 纽约：美国管理学会出版社，1987）

• Hunt and Schwartz. A Critique of Economic Theory. London，Penguin Publisher，1972（亨特，施瓦茨. 对经济理论的批判. 伦敦：企鹅出版社，1972）

• Keynes. *The General Theory of Employment，Interest，and Money*. London，Macmillan，1936（凯恩斯. 就业、利息和货币通论. 伦敦：麦克米伦公司，1936）

• Kregel. *The Reconstruction of Political Economy*. London，Macmillan Press，1978（克里格尔. 政治经济学的重建. 伦敦：麦克米伦公司，1978）

• Krishna.*Social Active Capital*，New York，Columbia University Press，2002（克里希那. 社会无形资金，纽约：哥伦比亚大学出版社，2002）

• Kydland and Prescott. Rules Rather than Discretion：The Inconsistency of Optimal-Plans. *Journal of Political Economy* 85，1977（基德兰德，普雷斯科特. 宁要单一规则，不要相机抉择：最优计划的不一致性. 政治经济学杂志，85，1977）

• Lester. Shortcomings of Marginal Analysis for Wage-Employment Problems. *American Economic Review*，March，1946（莱斯特. 关于工资—就业问题的边际分析的缺陷. 美国经济评论，1946年3月）

· Lipsey and Lancaster. The General Theory of The Second Best, *Review of Economic Studies*, vol. 24, pp. 11 - 32, 1956 - 1957（利普西，兰开斯特. 次优的一般理论. 经济研究评论，第 24 卷，11～32 页，1956—1957）

· Lux, A. *Smiths' Mistake*. London, Shambhala Publications Inc., 1990（勒克斯. 亚当·斯密的错误. 伦敦：香勃拉出版社，1990）

· Lydall. *A Critique of Orthodox Economics*. London, Macmillan Press, 1998（莱德尔. 对正统经济学的批判. 伦敦：麦克米伦公司，1998）

· Mandler. *The Dilemmas in Economic Theory—Persisting Foundational Problems of Mircoeconomics*, Oxford, Oxford University Press, 1999（曼德勒. 经济学的困惑——持续存在的微观经济学的基本问题. 牛津：牛津大学出版社，1999）

· Mankiw, N. Gregory. *Principles of Economics*. 7th Ed., New York, Dryden Press, 2014（曼昆. 经济学原理. 7 版. 纽约：德里顿公司，2014）

· Mankiw, N. Gregory. *Macroeconomics*. 8th Ed. New York, Worth Publishers, Inc., 2012（曼昆. 宏观经济学. 8 版. 纽约：沃斯出版公司，2012）

· Mankiw, N. Gregory, David Romer and David N. Weil. A Contribution to the Empirics of Economic Growth, *Quarterly Journal of Economics*, May 1992（格里高利·曼昆，戴维·罗默和戴维·N. 韦尔. 对经济增长实证的一个贡献. 经济学季刊，5，1992）

· Marshall. *Principles of Economics*, 8th Ed., London, Macmillan, 1920（马歇尔. 经济学原理. 8 版，伦敦：麦克米伦公司，1920）

· Mulberg. *Social Limits to Economic Theory*. New York, Routeledge Co., 1995（穆尔堡. 经济理论的社会限度. 纽约：路特里季公司，1995）

· *New York Times*, 1961-01-31（纽约时报，1961-01-31）

· OECD. *Competition and Economic Development*, Paris, OECD Publication, 1991（经合组织. 竞争与经济发展. 巴黎：欧洲经合组织出版署，1991）

· Pearce. *The Dictionary of Modern Economics*. London, Macmillan Press, 1981（皮尔斯编. 麦克米伦现代经济学词典. 伦敦：麦克米伦公司，1981）

· Plosser. Understanding Real Business Cycles, *Journal of Economic Perspectives*, vol. 3, 1999, pp. 51 - 77（普洛瑟. 理解实际经济周期. 经济展望杂志，第 3 卷，1999，51～77 页）

· Putterman and Rueschemeyer. *State and Market in Development*, London, Lynne Rienner Publishers, 1992（柏特曼，鲁希马耶. 国家与市场在经济发展中的作用. 伦敦：林里纳出版社，1992）

· Robinson. Foreword. in Kregel: *The Reconstruction of Political Economy*, 2nd Ed., London, Macmillan Press, 1978（罗宾逊. 序言. 见：克里格尔. 政治经济学的重建. 2 版. 伦敦：麦克米伦公司，1978）

· Robinson. *The Economics of Imperfect Competition*, 1st ed., London, Macmillan Press, 1933（罗宾逊. 不完全竞争经济学. 1 版，伦敦：麦克米伦公司，1933）

· Robinson. The Production Function and Capital Theory. *Review of Economic*

Studies, pp. 81 - 106, 1953 - 1954（罗宾逊. 生产函数和资本理论. 经济研究评论，81～106 页，1953—1954）

• Root. *International Trade and Investment*, Cincinnati：South-Western Publish Company，1978（鲁特. 国际贸易和投资. 辛辛那提：西南出版公司，1978）

• Rothgeb. *The Myth and Reality of Foreign Investment in Poor Countries*. New York，Preagen Press，1989（罗斯吉勃. 外资在贫困国家的神话与现实. 纽约：普拉格出版社，1989）

• Rothschild. Price Theory and Oligopoly. in Stigler and Boulding ed. *Readings in Price Theory*. Homewood，Irwin Inc.，1952（罗思柴尔德. 价格理论和寡头. 见：施蒂格勒，博尔丁编. 价格理论论文集. 霍姆伍德：欧文公司，1952）

• Samuels. Ideology in Economics. in Weintraub. *Modern Economic Thought*. Philadelphia，Pennsylvania University Press，1980（塞缪尔斯. 经济学中的意识形态. 见：温特劳布编. 现代经济思想. 费城：宾夕法尼亚大学出版社，1980）

• Samuelson and Nordhaus. *Economics*. 19th Ed.，New York，McGraw-Hill Inc.，2009（萨缪尔森，诺德豪斯. 经济学. 19 版. 纽约：麦格劳-希尔公司，2009）

• Samuelson. Parable and Realism in Capital Theory：The Subrogate Production Function，*Review of Economic Studies*，29 (3)，1962，pp. 193 - 206（萨缪尔森. 资本理论中的寓言和真实性：代替生产函数. 经济研究评论，29 (3)，1962，193～206 页）

• Samuelson. *Foundations of Economics Analysis* (revised edition). Boston，Harvard University Press，1975（萨缪尔森. 经济分析的基础（增订版），波士顿：哈佛大学出版社，1975）

• Samuelson. Interactions between the Multiplier Analysis and the Principle of Acceleration，*Review of Economics and Statistics*，vol. 21，1939，pp. 75 - 78.（萨缪尔森. 乘数和加速原理的相互作用，经济学和统计学评论，第 21 期，1939，75～78 页）

• Schultz. *The Moral Conditions of Economic Efficiency*，Cambridge，Cambridge University，2001（舒尔茨. 经济效率的道德条件. 剑桥：剑桥大学出版社，2001）

• Schumpeter. *Theory of Economic Development*. Boston，Harvard University Press，1934（熊彼特. 经济发展理论. 波士顿：哈佛大学出版社，1934）

• Seligman. *Main Currents in Modern Economics*. London，Macmillan Press，1962（塞利格曼. 现代经济学的主流. 伦敦：麦克米伦公司，1962）

• Smith，Adam. *An Inquiry into the Nature and Causes of the Wealth of Nations*，London，Dante Inc.，1955（亚当·斯密. 国民财富的性质和原因的研究. 伦敦：丹特公司，1955）

• Solow. Science and Ideology in Economics. in Crandall and Eckaus ed. *Contemporary Issues in Economics*，Boston，Little Brown Inc.，1972（索洛. 经济学中的科学和意识形态. 见：克兰德尔与埃考斯编. 当代经济问题论文集. 波士顿：利特尔·布朗公司，1972）

• Sraffa，Piero. The Laws of Returns under Competitive Conditions，*Economic Journal*，vol. 36，No. 144 (Dec.，1926)，pp. 535 - 550（斯拉法，皮埃罗. 竞争条件下的收益规律.

经济学杂志，第36卷，第144期（1926年12月），535～550页）

• The London Economist ed. *Vital World Statistics*，London，Huchinson Books，1990（英国《伦敦经济学家》杂志编. 世界主要统计数字. 伦敦：郝青森商业图书出版社，1990）

• *The New Republic*，1940（7）（新共和杂志，1940（7））

• Viner. Cost Curves and Supply Curves. in American Economic Association：*Readings in Price Theory*，Homewood，Irwin Inc.，1952（瓦伊纳. 成本曲线与供给曲线. 见：美国经济学会编. 价格理论论文集. 霍姆伍德：欧文公司，1952）

• Vlachou. *Contemporary Economic Theory*. London：Macmillan Press，1999（弗莱乔编. 当代经济理论. 伦敦：麦克米伦公司，1999）

• von-Neumann and Morgenstern. *Theory of Games and Competitive Behavior*，Princeton，Princeton University Press，1947（冯·诺依曼，摩根斯坦. 博弈论与竞争行为. 普林斯顿：普林斯顿大学出版社，1947）

• Weeks. *A Critic of Neo-classic Macroeconomics*，London，Macmillan Press，1989（威克斯. 对新古典宏观经济学的批判. 伦敦：麦克米伦公司，1989）

• Wilczynski. *An Encyclopaedic*，*Dictionary of Marxism*，*Socialism and Communism*，London，Macmillan Press，1984（威尔辛斯基. 马克思主义、社会主义和共产主义百科辞典. 伦敦：麦克米伦公司，1984）

• Williams. *International Organization and The Third World*，New York，Harvester Wheatsheaf Publishers，1994（威廉斯. 国际经济组织和第三世界. 纽约：哈瓦斯特和惠特西夫出版社，1994）

• Zamajni. *Mircoeconomic Theory*，New York ，Blackwell，1987（沙玛尼. 微观经济理论. 纽约：布莱克威尔公司，1987）

附录二

重要人名译名对照表

Akerlof	阿克洛夫
Arrow	阿罗
Asimakopulos	阿西马科普洛斯
Baumol	鲍莫尔
Barro	巴罗
Blaug	布劳
Blatt	布拉特
Boskin	鲍斯金
Brenner	布伦纳
Buchanan	布坎南
Chamberlin	张伯伦
Chiang	蒋中一
Coase	科斯
Cobb	柯布
Colander	柯兰德
Cournot	古诺
Debreu	德布鲁
Denison	丹尼森
Dillard	狄拉德
Domar	多马
Dorfman	道夫曼
Douglas	道格拉斯

Duesenberry	杜森贝利
Durnbush	多恩布什
Edgeworth	埃奇渥斯
Eichner	埃克纳
Ferguson	弗格森
Fisher	费希尔
Friedman	弗里德曼
Galbraith	加尔布雷思
Giffen	吉芬
Greenwald	格林沃尔德
Harrod	哈罗德
Heckscher	赫克歇尔
Heilbroner	海尔布伦纳
Henderson	亨德森
Hicks	希克斯
Hume	休谟
Hunt	亨特
Jevons	杰文斯
Jones	琼斯
Keynes	凯恩斯
Klein	克莱因
Kydland	基德兰德
Lester	莱斯特
Lipsey	利普西
Lucas	卢卡斯
Mankiw	曼昆
Marshall	马歇尔
Modigliani	莫迪利安尼
Morgenstern	摩根斯坦
Muth	穆思
Ohlin	俄林
Pareto	帕累托
Pigou	庇古
Plosser	普洛瑟
Prescott	普雷斯科特
Ricardo	李嘉图
Robinson	罗宾逊
Rothschild	罗思柴尔德

Samuelson	萨缪尔森
Sargent	萨金特
Say	萨伊
Schultz	舒尔茨
Schumpeter	熊彼特
Smith，Adam	亚当·斯密
Solow	索洛
Sraffa	斯拉法
Stiglitz	斯蒂格利茨
Taybor，John	约翰·泰勒
Tobin	托宾
Viner	瓦伊纳
von-Neuman	冯·诺依曼
Walras	瓦尔拉斯
Zamajni	沙玛尼

附录三

重要术语汉英对照表

A

Absolute advantage	绝对优势
Absolute income hypothesis of consumption	绝对收入消费假说
Acceleration principle	加速原理
Accelerator	加速数
Action lag	实施/行动时滞
Active deposit	活期存款
Adaptive expectation	适应性预期
Adverse selection	逆向选择
Aggregate analysis	总量分析
Aggregate demand	总需求
Aggregate demand (AD) curve	总需求曲线
Aggregate supply	总供给
Aggregate supply (AS) curve	总供给曲线
Allocation of resources	资源配置
Antitrust law	反托拉斯法
Arc elasticity	弧弹性
Asset	资产
Asymmetric information	信息不对称
Auctioneer	拍卖人
Austrian school	奥地利学派

Automatic stabilizer	自动稳定器
Autonomous planned investment	自主投资
Average cost	平均成本
Average fixed cost	平均不变成本
Average product	平均产量
Average propensity to consume	平均消费倾向
Average propensity to saving	平均储蓄倾向
Average revenue	平均收益
Average total cost	平均总成本
Average variable cost	平均可变成本
B	
Balance of international payment	国际收支平衡
Balanced budget	平衡预算
Balanced budget multiplier	平衡预算乘数
Balanced-output	均衡产出
Bank reserves	银行准备金
Barter	物物交换
Base year	基年
Black market	黑市
Bonds	债券
Breakeven point	收支相抵点
Budget deficit	预算赤字
Budget line	预算线
Budget surplus	预算盈余
Budget，balanced	平衡的预算
Built-in stabilizers	内在稳定器
Business cycle	经济周期
Business fluctuation	经济波动
C	
Capital	资本
Capital deeping	资本深化
Capital market	资本市场
Capital widening	资本广化
Capital-output ratio	资本—产出比
Cardinal utility theory	基数效用论
Cartel	卡特尔
Central bank	中央银行
Checking account	支票账户（或活期存款）

Classical economics	古典经济学
Clearing market	出清市场
Coase theorem	科斯定理
Cobb-Douglas production function	柯布-道格拉斯生产函数
Cobweb model	蛛网模型
Collusion	串（共）谋（用于寡头市场分析）
Commercial bank	商业银行
Common resource	公共资源
Common stock	普通股票
Comparative cost theory	比较成本说
Comparative static analysis	比较静态分析
Compensated budget line	补偿预算线
Competition	竞争
Competitive market	竞争性市场
Complement goods	互补品
Complete information	完全信息
Condition for efficiency in exchange	交换的最优条件
Condition for efficiency in production	生产的最优条件
Constant cost industry	成本不变行业
Constant returns to scale	规模收益（或报酬）不变
Consumer	消费者
Consumer price index (CPI)	消费价格指数
Consumer sovereignty	消费者统治
Consumer surplus	消费者剩余
Consumer's preference	消费者的偏好
Consumer's equilibrium	消费者均衡
Consumption	消费
Consumption demand	消费需求
Consumption function	消费函数
Contract curve	契约曲线
Corporate income tax	公司所得税
Corporation	公司
Cost	成本
Cost function	成本函数
Cost-benefit analysis	成本—收益分析
Cost-push inflation	成本推动的通货膨胀
Cournot model	古诺模型
Credit	信贷

Cross price elasticity of demand	需求的交叉弹性
Crowding out	挤出
Cyclical unemployment	周期性失业
D	
Decreasing cost industry	成本递减行业
Decreasing returns to scale	规模收益（或报酬）递减
Deflation	通货收缩
Demand	需求
Demand curve	需求曲线
Demand for money	货币需求
Demand function	需求函数
Demand price	需求价格
Demand schedule	需求表
Demand-pull inflation	需求拉动的通货膨胀
Depreciation	折旧
Depression	萧条
Derived demand	引致需求
Devaluation	贬值
Differentiated oligopoly industry	差别寡头行业
Diminishing returns	收益（或报酬）递减
Discount rate	贴现率
Discounting	贴现
Discretionary	相机抉择
Discretionary fiscal policy	斟酌使用的财政政策
Disequilibrium	非均衡
Disinvestment	负投资
Disposable personal income (DPI)	可支配收入
Dissaving	负储蓄
Distribution	分配
Distribution theory of marginal productivity	边际生产率分配论
Downward-sloping-demand，law of	需求向下倾斜规律
Duopoly	双头垄断
Durable goods	耐用品
Dynamic analysis	动态分析
Dynamic models	动态模型
E	
Easy money policy	扩张性货币政策

Economic development	经济发展
Economic efficiency	经济效率
Economic growth	经济增长
Economic man	经济人
Economic model	经济模型
Economic profit	经济利润
Economic rent	经济租金
Economic stabilization policy	经济稳定政策
Economics of information	信息经济学
Economies of scale	规模经济
Edgeworth box	埃奇渥斯盒
Effective demand	有效需求
Effects of fiscal policy	财政政策效果
Effects of monetary policy	货币政策效果
Efficiency	效率
Elastic demand	有弹性的需求
Elasticity	弹性
Elasticity of demand	需求弹性
Endogenous growth	内生增长
Endogenous variable	内生变量
Engel's curve	恩格尔曲线
Engel's law	恩格尔定律
Entrepreneur	企业家
Entrepreneurship	企业家才能
Envelope curve	包络线
Equation of cost	成本方程
Equation of exchange	交易方程
Equilibrium	均衡
Equilibrium growth	均衡增长
Equilibrium of capital market	资本市场的均衡
Equilibrium output	均衡产出
Equilibrium price	均衡价格
Equilibrium quantity	均衡数量
Euler theorem	欧拉定理
Excess reserve	超额准备金
Excess reserve ratio	超额准备率
Exchange	交换
Exchange contract curve	交换的契约曲线

Exchange rate	汇率
Exclusion principle	排他性原则
Existence of general equilibrium	一般均衡的存在性
Exogenous variable	外生变量
Expansion path	扩展线
Expectation	预期
Expected utility	期望效用
Expenditure method	支出法
Explicit cost	显性成本
Export	出口
External diseconomies	外部不经济
External economies	外部经济
External effects or Externalities	外部影响（外部性）
F	
Factor demand	要素需求
Factor demand curve	要素需求曲线
Factor demand curve of firm	厂商对要素的需求曲线
Factor demand curve of market	市场对要素的需求曲线
Factor market	要素市场
Factor supply	要素供给
Factors of production	生产要素
Federal Reserve System	联邦储备体系
Final goods	最终产品
Financial crisis	金融危机
Financial derivatives	金融衍生品
Financial market	金融市场
Firm	厂商
Fiscal budget	财政预算
Fiscal policy	财政政策
Fiscal restraint	财政紧缩
Fixed cost	不变成本
Fixed exchange rates	固定汇率
Fixed input	不变投入
Flexible exchange rates	浮动汇率
Flow	流量
Foreign exchange	外汇
Foreign trade	对外贸易
Foreign trade multiplier	对外贸易乘数

Free rider	搭便车者
Free trade	自由贸易
Frictional unemployment	摩擦性失业
Full employment	充分就业
Full-employment budget surplus	充分就业预算盈余
Functional finance	功能财政
Future	期货
G	
Galloping inflation	奔腾式通货膨胀
Game theory	博弈论
GDP deflator	国内生产总值折算指数
General equilibrium	一般均衡
General equilibrium position	一般均衡状态
Giffen goods	吉芬品
Gini coefficient	基尼系数
Golden rules of economic growth	经济增长的黄金律
Government expenditure multiplier	政府支出乘数
Government purchase	政府购买
Government regulation	政府管制
Gross domestic product (GDP)	国内生产总值
Gross investment	总投资
Gross national product (GNP)	国民生产总值
H	
High-powered money	高能货币
Human capital	人力资本
Hyperinflation	超级通货膨胀
H-O model	H-O 模型
I	
Ideal output	理想的产量
Identity between saving and investment	储蓄—投资恒等式
Imperfect competition	不完全竞争
Implicit cost	隐含成本
Imports	进口
Impossibility theorem	不可能定理
Income	收入
Income effect	收入效应
Income elasticity of demand	需求的收入弹性
Income method	收入法

Income theory	收入理论
Income velocity of money	货币的收入流通速度
Increasing cost industry	成本递增行业
Increasing returns to scale	规模收益（或报酬）递增
Index number	指数
Indifference curve	无差异曲线
Indirect taxes	间接税
Individual analysis	个量分析
Induced investment	引致投资
Industry	行业
Inefficiency of monopoly	垄断的低效率
Inelasticity	缺乏弹性
Inferior goods	劣等品
Inflation	通货膨胀
Innovation	创新
Input	投入
Input-output	投入—产出
Input-output analysis	投入—产出分析
Inside lag	内在时滞
Instrument of fiscal control	财政政策工具
Instrument of monetary control or Monetary policy tool	货币政策工具
Insurance	保险
Interest	利息
Interest rate	利率
Interest rate elasticity	利率弹性
Intermediate cycle	中周期
Intermediate goods	中间产品
International division of labour	国际分工
Inventory investment	存货投资
Investment	投资
Investment demand	投资需求
Investment function	投资函数
Investment multiplier	投资乘数
Investment tax credit	投资税抵免
Invisible hand theorem	“看不见的手”定理
Involuntary unemployment	非自愿失业
IS curve	*IS* 曲线

IS-LM analysis	*IS*—*LM* 分析
Isocost line	等成本线
Isoquant curve	等产量曲线
K	
Keynesian economics	凯恩斯主义经济学
Keynesian revolution	凯恩斯革命
Keynesian trap	凯恩斯陷阱
Keynesianism	凯恩斯主义
Keynes's law	凯恩斯定律
Kinked demand curve	弯折的需求曲线
L	
Laspeyre's formula	拉斯拜尔公式
Labor	劳动
Labor theory of value	劳动价值论
Laissez faire	自由放任
Land	土地
Land price	土地价格
Lausanne school	洛桑学派
Law of diminishing marginal utility	边际效用递减规律
Least-cost production	最低成本生产
Liabilities	负债
Life cycle hypothesis	生命周期假说
Life-cycle hypothesis of consumption	消费的生命周期假说
Liquidity preference	流动性偏好
Liquidity trap	流动偏好陷阱
LM curve	*LM* 曲线
Long cycle	长周期
Long run	长期
Long run consumption decision	长期消费决策
Lorenz curve	洛伦兹曲线
Lottery ticket	彩票
Low inflation	温和的通货膨胀
Luxury	奢侈品
M	
Macroeconomics	宏观经济学
Marginal cost	边际成本
Marginal cost of factor	边际要素成本
Marginal efficiency of capital (MEC)	资本边际效率

Marginal efficiency of investment (MEI)	投资边际效率
Marginal product	边际产量
Marginal productivity	边际生产率
Marginal propensity to consume	边际消费倾向
Marginal propensity to save	边际储蓄倾向
Marginal rate of substitution of commodities	边际商品替代率
Marginal rate of technical substitution	边际技术替代率
Marginal rate of transformation	边际转换率
Marginal revenue	边际收益
Marginal revenue product	边际收益产品
Marginal tax rate	边际税率
Marginal utility	边际效用
Market	市场
Market failures	市场失灵
Market structure	市场结构
Menu cost	菜单成本
Mercantilism	重商主义
Microeconomics	微观经济学
Misery index	痛苦指数
Mixed economy	混合经济
Model	模型
Monetarism	货币主义
Monetary base	基础货币
Monetary illusion	货币幻觉
Monetary policy	货币政策
Monetary-fiscal policy mix	政策的混合使用
Money	货币
Money markets	货币市场
Money multiplier	货币乘数
Money supply	货币供给
Monopolistic competition	垄断竞争
Monopoly	垄断，卖方垄断
Monopsony	买方垄断
Moral hazard	道德风险
Moral suasion	道义上的劝告
Mortgage credit	抵押贷款
Multiplier	乘数
Multiplier effect	乘数效应

Multiplier theory	乘数理论
Multiplier-accelerator interaction	乘数—加速数相互作用
N	
Nash equilibrium	纳什均衡
National income (NI)	国民收入
Natural monopoly	自然垄断
Natural rate of unemployment	自然失业率
Natural supply	自然供给
Necessity	必需品
Net domestic products，NDP	国内生产净值
Net exports	净出口
Net investment	净投资
New institution school	新制度学派
New-Austrian school	新奥地利学派
New-Cambridge school	新剑桥学派
New-Classic school	新古典学派
New-Classical growth model	新古典增长模型
New-Classical synthesis	新古典综合派
New-Keynesian school	新凯恩斯学派
Nominal GDP	名义 GDP
Normal goods	正常品
Normal profit	正常利润
Normative economics	规范经济学
O	
Okun's law	奥肯定律
Oligopoly	寡头垄断
Oligopoly market	寡头市场
Open market operation	公开市场业务
Opportunity cost	机会成本
Optimality of general equilibrium	一般均衡最优性
Optimum plant size	最优生产规模
Option	期权
Ordinal utility theory	序数效用论
Outside lag	外在时滞
P	
Paasche's formula	帕煦公式
Parameter	参数
Pareto criterion	帕累托标准

Pareto efficiency	帕累托效率
Pareto improvement	帕累托改进
Pareto optimality	帕累托最优
Partial equilibrium	局部均衡
Payment or Expenditure	支出
Perfect competition market	完全竞争市场
Perfect elasticity	完全弹性
Perfect inelasticity	完全无弹性
Permanent income hypothesis	永久收入假说
Permanent income hypothesis of consumption	永久收入消费假说
Personal disposable income，PDI	个人可支配收入
Personal income (PI)	个人收入
Personal income tax	个人所得税
Philips curve	菲利普斯曲线
Point elasticity	点弹性
Positive economics	实证经济学
Potential GDP	潜在 GDP
Precautionary demand	预防需求
Precautionary motive	谨慎动机（或预防动机）
Preference	偏好
Present value	现值
Price discrimination	价格歧视
Price elasticity of demand	需求的价格弹性
Price elasticity of supply	供给的价格弹性
Price expansion path	价格扩展线
Price index	价格指数
Price rigidity	价格刚性
Price stabilization	价格稳定
Price theory	价格理论
Price-consumption curve	价格—消费曲线
Principal-agent	委托—代理
Prisoner's dilemma	囚犯困境
Private cost	私人成本
Private goods	私人物品
Producer	生产者
Producer surplus	生产者剩余
Product differentiation	产品差别
Product function	生产函数

Product markets	产品市场
Production contract curve	生产的契约曲线
Production group	生产集团
Production possibility curve	生产可能性曲线
Productivity	生产率（力）
Profit	利润
Progressive tax	累进税
Proportional tax	比例税
Prosperity	繁荣
Public choice	公共选择
Public debt	公债
Public goods	公共物品
Purchasing power parity	购买力平价
Pure oligopoly industry	纯粹寡头行业
Q	
Quantity equation of exchange	数量交易方程
Quantity theory of money	货币数量论
Quasi-rent	准租金
Quotas	配额
R	
Rate of rediscount policy	再贴现率政策
Rate of unemployment	失业率
Rational expectations	理性预期
Rational man	理性人
Real business cycle	实际经济周期
Real GDP	实际 GDP，实际国内生产总值
Real interest rate	实际利率
Real wages	实际工资
Recession	衰退
Regressive tax	累退税
Relative income hypothesis	相对收入假说
Relative income hypothesis of consumption	相对收入消费假说
Rent	地租/租金
Rent-seeking	寻租
Replacement investment	重置投资
Reputation	信誉
Required reserves or Legal reserve	法定准备金
Reserve	准备金

Reserve rate	准备率
Revenue	收益
Rigid price	刚性价格
Risk	风险
Risk averter	风险回避者
Risk lover	风险爱好者
Risk neutral	风险中立者
S	
Saving	储蓄
Say's law	萨伊定律
Scarcity	稀缺
Second best	次优
Security market	证券市场
Service	劳务/服务
Short cycles	短周期
Short run	短期
Single rule	单一规则
Social cost	社会成本
Social walfare function	社会福利函数
Speculative demand	投机需求
Speculative motive	投机动机
Stability of general equilibrium	一般均衡的稳定性
Stagflation	滞胀
Staggered contracts	交错合同
Static analysis	静态分析
Static model	静态模型
Sticky price	黏性价格
Sticky wages	黏性工资
Stock	存量/股票
Structural inflation	结构性通货膨胀
Structural unemployment	结构性失业
Subprime lending crisis	次贷危机
Subsidy	津贴
Substitutes	替代品
Substitution effect	替代效应
Supply	供给
Supply curve	供给曲线
Supply curve of capital	资本供给曲线

Supply curve of factor	要素供给曲线
Supply curve of labor	劳动供给曲线
Supply curve of land	土地供给曲线
Supply-side economics	供给经济学
Supply function	供给函数
Supply schedule	供给表
Supply-side School	供给学派
System of material product balances	物质产品平衡体系
System of national accounts	国民经济核算体系
T	
Tariff	关税
Tatonnement process	"试探"过程
Tax multiplier	税收乘数
Taylor rule	泰勒规则
Technological advance	技术进步
Theory of economics of scale	规模经济理论
Tight-money policy	紧缩性货币政策
Time deposit	定期存款
Time inconsistency	时间不一致性
Tobin's q theory	托宾 q 理论
Total cost	总成本
Total fixed cost	总不变成本
Total product	总产量
Total revenue	总收益
Total utility	总效用
Total variable cost	总可变成本
Transaction demand	交易需求
Transaction cost	交易成本
Transaction motive	交易动机
Transfer payment	转移支付
Transfer payment multiplier	转移支付乘数
Treasury bills	国库券
U	
Uncertainty	不确定性
Undistributed profit	未分配利润
Unemployment	失业
Unintended investment	非意愿的投资
Uniqueness of general equilibrium	一般均衡的唯一性

Unitary elasticity	单一弹性
Utility	效用
Utility function	效用函数
Utility possibility curve	效用可能性曲线
V	
Value of marginal product	边际产品价值
Value-added tax	增值税
Variable cost	可变成本
Variable input	可变投入
Velocity of money	货币流通速度
Voluntary unemployment	自愿失业
Vulgar economics	庸俗经济学
W	
Wage	工资
Walras general equilibrium	瓦尔拉斯一般均衡
Wealth	财富
Welfarc	福利
Welfare economics	福利经济学
Wholesale price index，WPI	批发价格指数

高鸿业《西方经济学》（第六版）教材、教辅书列表

书名	作者	ISBN	定价	出版日期	简介
西方经济学（微观部分·第六版）	高鸿业等	978-7-300-19436-3	36.00	2014-6	微观部分教材
西方经济学（宏观部分·第六版）	高鸿业等	978-7-300-19496-7	36.00	2014-7	宏观部分教材
西方经济学（第六版）	高鸿业等	978-7-300-19497-4	72.00	2014-7	合订本教材
西方经济学（微观部分·第六版）（数字学习平台版）	高鸿业等	978-7-300-19550-6	49.80	2014-9	配套有数字学习平台
西方经济学（宏观部分·第六版）（数字学习平台版）	高鸿业等	978-7-300-19549-0	49.80	2015-1	配套有数字学习平台
西方经济学（微观部分·第六版）（名师导读版）	高鸿业等	978-7-300-21155-8	46.00	2015-5	附作者之一刘文忻教授精讲视频
西方经济学（宏观部分·第六版）（名师导读版）	高鸿业等	978-7-300-21154-1	46.00	2015-5	附作者之一吴汉洪教授精讲视频
西方经济学（微观部分·第六版）（专栏案例版）	高鸿业等	978-7-300-21633-1	39.80	2015-10	配套有辅助教学案例
西方经济学（宏观部分·第六版）（专栏案例版）	高鸿业等	978-7-300-21632-4	39.80	2015-10	配套有辅助教学案例
微观经济学原理（第二版）	高鸿业等	978-7-300-22519-7	30.00	2016-4	高鸿业微观经济学教材简明版
宏观经济学原理（第二版）	高鸿业等	978-7-300-22522-7	30.00	2016-4	高鸿业宏观经济学教材简明版
经济学原理（第二版）	高鸿业等	978-7-300-22535-7	60.00	2016-4	高鸿业西方经济学教材简明版
经济学基础（第二版）	高鸿业等	978-7-300-23448-9	38.00	2016-10	高鸿业西方经济学基础版
高鸿业西方经济学（第六版）典型题题解	高鸿业等	978-7-300-20386-7	35.00	2015-1	含教材课后习题答案，另增加了较多的有代表性的题目及其解答，共500余道题目
高鸿业西方经济学学习与教学手册	高鸿业等	待出			含案例分析、重点理论的背景资料等，深化和丰富对教材的理解
经济学沙盘实验教程	马丽、高峻峰	978-7-300-21152-7	18.00	2015-7	配套于“经济学沙盘模拟实验”，模拟宏观和微观经济经营过程，营造真实的经济环境

书名	作者	ISBN	定价	出版日期	简介
高鸿业版《西方经济学》（微观部分・第六版）学习手册	王海滨等	978-7-300-20071-2	32.00	2014-10	精析西经微观部分各知识点，供学生自学提高
高鸿业版《西方经济学》（宏观部分・第六版）学习手册	王海滨等	978-7-300-20963-0	32.00	2015-3	精析西经宏观部分各知识点，供学生自学提高
西方经济学・微观部分习题册（第二版）	王海滨等	待出			1 000 道左右微观题目，供学生练习
西方经济学・宏观部分习题册（第二版）	王海滨等	待出			1 000 道左右宏观题目，供学生练习
高鸿业版西方经济学（微观部分・第六版）学习笔记与经典题详解	李政军	待出			精析西经微观部分各知识点与经典题
高鸿业版西方经济学（宏观部分・第六版）学习笔记与经典题详解	李政军	待出			精析西经宏观部分各知识点与经典题
微观经济学习题集	张顺	978-7-300-20388-1	29.80	2015-1	1 000 道左右微观题目，供学生练习
宏观经济学习题集	张顺	978-7-300-21168-8	32.00	2015-6	1 000 道左右宏观题目，供学生练习

“西方经济学”数字学习平台简介

您是否还在为如何丰富课堂的教学资源而奔忙，是否还在为没有庞大的试题库、案例库而苦恼，是否还在为找不到监控学生的知识点掌握情况的好方法而困惑……

您是否还在为没有自学资料而烦恼，是否还在为如何了解自己知识点掌握情况而焦虑，是否还在为获得一流名校名师的教学资料和素材而苦苦思索，是否还在为期末考试而忧心，是否还在为考研而夜不能眠……

中国人民大学出版社整合国内最优秀的教学资源，倾全力开发的“西方经济学”数字学习平台将会最大限度地解决您的烦恼。在我们的平台上，

教师将可以：

享受一流丰富的教学资源，教学质量轻松监控，为学生提供精彩一流的西经课程。

拥有西经数字教材、知识点列表、名师教学 PPT、名师教学视频、试题库、预制作业试卷等资源。

拥有开设课程、设定上课学生的权利。

拥有学生学习进度监控、学生知识点掌握情况监控、作业测试安排、成绩管理、在线答疑讨论等多项权限。

学生将可以：

拥有精彩丰富的学习资源和考试考研必备利器，享受一流名师的教学辅导。

拥有西经数字教材、知识点列表、名师教学 PPT、名师教学视频等资源。

拥有个人知识点掌握监控、学习进度监控、成绩管理、在线答疑和讨论等多项权限。

图书在版编目（CIP）数据

经济学基础/高鸿业主编．—2版．—北京：中国人民大学出版社，2016.10
21世纪经济学系列教材
ISBN 978-7-300-23448-9

Ⅰ．①经…　Ⅱ．①高…　Ⅲ．①经济学-高等学校-教材　Ⅳ．①F0

中国版本图书馆CIP数据核字（2016）第237369号

21世纪经济学系列教材
经济学基础（第二版）
高鸿业　名誉主编
本书编写组　编
Jingjixue Jichu

出版发行	中国人民大学出版社		
社　　址	北京中关村大街31号	**邮政编码**	100080
电　　话	010－62511242（总编室）		010－62511770（质管部）
	010－82501766（邮购部）		010－62514148（门市部）
	010－62515195（发行公司）		010－62515275（盗版举报）
网　　址	http://www.crup.com.cn		
经　　销	新华书店		
印　　刷	北京昌联印刷有限公司	**版　　次**	2013年1月第1版
规　　格	185mm×260mm　16开本		2016年10月第2版
印　　张	23.5插页1	**印　　次**	2019年8月第9次印刷
字　　数	538 000	**定　　价**	49.00元

教学支持说明

为秉承中国人民大学出版社对教材类产品一贯的教学支持，我们将向采纳本书作为教材的教师免费提供教学课件。为确保此资源仅为教师教学所使用，烦请填写（字迹清晰）如下信息调查表，并寄至北京市海淀区中关村大街甲 59 号文化大厦 1506 室中国人民大学出版社经济分社收，邮编：100872；或传真至（010）62514775。我们收到后将尽快发送教学课件。

证 明

兹证明______________大学______________系/院_______学年（学期）开设的课程，采用中国人民大学出版社出版的______________（作者/书名）为主要教材。任课教师为_______，学生_______个班，共_______人。

学生层次：

本科低年级　本科高年级　研究生　MBA　EMBA　在职培训

联系电话：

E-mail：

联系地址：

邮政编码：

系/院主任：_______（签字）

（系/院办公室章）

____年____月____日

中国人民大学出版社经济分社

北京市海淀区中关村大街甲 59 号文化大厦 1506 室　100872

联系电话：010-62515807

传真：010-62514775

E-mail：gaoxiaofei11111@sina. com

《西方经济学》（第六版）配套数字教辅资源列表（本教辅仅向一线任课教师免费提供）

资源名称	资源内容
习题答案	教材课后习题答案
案例汇总	200 余个教材之外的案例
教学 PPT	教学用课件
精美 PPT	用 PPT 动画将西方经济学中经典的图表生动地表现出来，同时加入大量的资料、漫画、案例、视频等教学素材
知识结构图	各章知识点的结构图
教材原图汇总	教材中所有图形的高分辨率图片

教学支持说明

中国人民大学出版社经济分社与人大经济论坛（www.pinggu.org）于2007年结成战略合作伙伴后，一直以来都以种种方式服务、回馈广大读者。

为了更好地服务于教学一线的任课教师与广大学子，现中国人民大学出版社经济分社与人大经济论坛作出决定，凡使用中国人民大学出版社经济分社教材的读者，填写以下信息调查表后，发送电子邮件、邮寄或者传真给我们，经过认证后，我们将会向教师读者赠送人大经济论坛论坛币200个，向学生读者赠送人大经济论坛论坛币50个。

教师信息表	学生信息表
姓名：	姓名：
大学：	所读大学：
院系：	所读院系：
教授课程：	所读专业：
联系电话：	入学年份：
Email：	QQ等联系方式：
论坛id：	Email：
使用教材：	论坛id：
论坛识别码（请抄下面的识别码）：	使用教材：
	论坛识别码（请抄下面的识别码）：

我们的联系方式：

Email：gaoxiaofei11111@sina.com

邮寄地址：北京市海淀区中关村大街甲59号文化大厦1506室中国人民大学出版社经济分社，100872

传 真 号：010－62514775

附：人大经济论坛（www.pinggu.org）简介

人大经济论坛依托中国人民大学经济学院，于2003年成立，致力于推动经济学科的进步，传播优秀教育资源。目前已经发展成为国内最大的经济、管理、金融、统计类在线教育和咨询网站，也是国内最活跃和最具影响力的经济类网站：

- 拥有国内经济类教育网站最多的关注人数，注册用户以百万计，日均数十万经济相关人士访问本站
- 是国内最丰富的经管类教育资源共享数据库和发布平台
- 提供学术交流与讨论的平台、经管类在线辞典、数据定制和数据处理分析服务、免费的经济金融数据库、完善的经管统计类培训和教学相关软件

论坛识别码：pinggu_com_1545967_4210768